ま　え　が　き

総務省統計局では，我が国の人口について，国勢調査によって５年ごとに詳細に把握するとともに，国勢調査の間の時点においては,毎月の男女，年齢別人口を推計し，公表しています。

しかし，国勢調査による人口を基に推計した５年後の人口は，次回国勢調査の人口とは必ずしも一致しないことから，５年ごとに，国勢調査間の各月における人口推計について補間補正を行うこととしています。

本報告書は，2015年（平成27年）11月から2020年（令和２年）９月までの年齢，男女別人口について，平成27年（2015年）及び令和２年（2020年）国勢調査の確定人口に基づき補間補正を行った結果を収録したもので，今後，この期間における全国及び都道府県別の人口推計の結果となります。

人口推計の結果が，各種施策の基礎資料として，また，我が国の人口動向の分析資料として，各方面で活用されることを期待しています。

令和４年３月

総務省統計局長

井　上　　卓

PREFACE

Japan's population is grasped in detail through the Population Census every five years, and for the intercensal period, population by age and sex are estimated monthly by the Statistics Bureau.

In this way, the population estimated by using the Population Census as the base, as of five years after the Census is slightly different from the population of the next Census. Therefore, adjustment of the estimated population is made every five years for the intercensal period.

This report contains the intercensal adjustment of the estimated population by age and sex from November 2015 to September 2020, by using the final counts of the 2015 and 2020 Population Censuses. Hereafter, the figures in this report will be the estimated population for Japan and prefectures for this period.

We hope this report will be of use in many fields as basic data for various policies and as data for various analyses on Japan's population.

March　2022

INOUE Takashi
Director-General
Statistics Bureau
Ministry of Internal Affairs and Communications
Japan

目　　次

結果の概要

統　計　表

全国

都道府県

CONTENTS

結果の概要

Ⅰ　全国人口

1　人口の動向

我が国の総人口は，国勢調査によると2015年が１億2709万５千人，2020年が１億2614万６千人で，この５年間に94万９千人減少した。各年について，前年と比べてみると，2016年が５万３千人，2017年が12万３千人，2018年が17万人，2019年が19万３千人，2020年が40万９千人の減少となった。　（表１，図１）

表１　全国人口の推移（総人口）

（単位　千人）

年　次	各年10月1日現在総人口	人口増減（前年10月～当年９月）							
		総　数	自然動態			社会動態			補間補正数
			出生児数	死亡者数	自然増減	入国者数	出国者数	社会増減	
2015年	127,095	…	…	…	…	…	…	…	…
2016年	127,042	-53	1,004	1,300	-296	3,361	3,228	134	110
2017年	126,919	-123	966	1,343	-377	3,615	3,464	151	103
2018年	126,749	-170	945	1,370	-425	3,848	3,687	161	94
2019年	126,555	-193	895	1,380	-485	4,182	3,973	209	83
2020年	126,146	-409	871	1,372	-501	1,997	1,955	42	50

注）千人未満は四捨五入しているため，合計の数値と内訳の計は必ずしも一致しない。

図１　全国人口の推移（総人口）

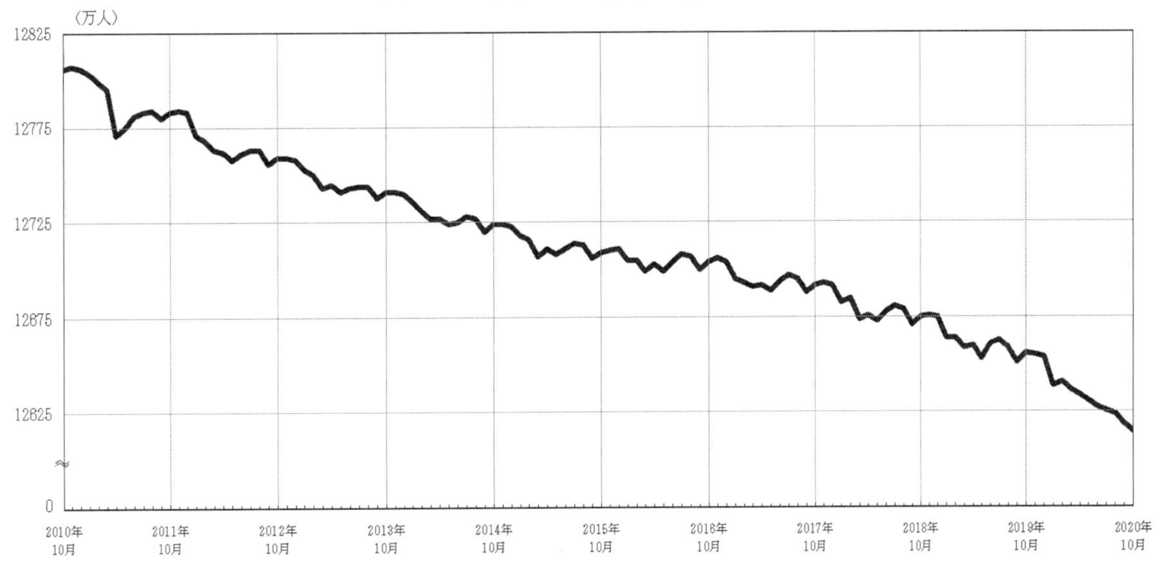

2　年齢別人口

各年の年齢３区分別人口について，前年と比べてみると，15歳未満人口は，2016年が13万６千人，2017年及び2018年が16万８千人，2019年が21万４千人，2020年が22万７千人の減少となった。

15～64歳人口は，2016年が60万９千人，2017年が48万２千人，2018年が39万５千人，2019年が25万４千人，2020年が45万４千人の減少となった。

65歳以上人口は，2016年が69万２千人，2017年が52万７千人，2018年が39万２千人，2019年が27万５千人，2020年が27万２千人の増加となった。

なお，75歳以上人口は，2016年が56万９千人，2017年が55万３千人，2018年が46万８千人，2019年が48万９千人，2020年が20万人の増加となった。　**（表２）**

表２　年齢３区分別人口の推移（総人口）

（単位　千人）

年次	総　人　口				人　口　増　減			
	15歳未満	15～64歳	65歳以上	うち 75歳以上	15歳未満	15～64歳	65歳以上	うち 75歳以上
2015年	15, 945	77, 282	33, 868	16, 322	…	…	…	…
2016年	15, 809	76, 673	34, 560	16, 891	-136	-609	692	569
2017年	15, 641	76, 190	35, 087	17, 444	-168	-482	527	553
2018年	15, 473	75, 796	35, 479	17, 913	-168	-395	392	468
2019年	15, 259	75, 542	35, 754	18, 402	-214	-254	275	489
2020年	15, 032	75, 088	36, 027	18, 602	-227	-454	272	200

注１）各年10月１日現在。2015年は平成27年（2015年）国勢調査人口（年齢不詳をあん分した人口），2020年は令和２年（2020年）国勢調査人口（不詳補完値）による。
注２）千人未満は四捨五入しているため，合計の数値と内訳の計は必ずしも一致しない。

Ⅱ　都道府県別人口

1　人口の動向

都道府県別に人口増減をみると，2016年は９都府県が増加し38道府県が減少，2017年及び2018年は８都県が増加し39道府県が減少，2019年は９都府県が増加し38道府県が減少，2020年は６都県が増加し41道府県が減少となった。　**（表３，表５）**

表３　都道府県別総人口及び人口増減率*の推移（千人比）

都道府県	2015年（国勢調査）	2016年		2017年		2018年		2019年		2020年（国勢調査）	
	総人口（千人）	総人口（千人）	人口増減率（‰）	総人口（千人）	人口増減率（‰）	総人口（千人）	人口増減率（‰）	総人口（千人）	人口増減率（‰）	総人口（千人）	人口増減率（‰）
全国	127,095	127,042	-0.4	126,919	-1.0	126,749	-1.3	126,555	-1.5	126,146	-3.2
北海道	5,382	5,355	-5.1	5,325	-5.5	5,293	-6.0	5,259	-6.4	5,225	-6.6
青森県	1,308	1,295	-10.0	1,282	-10.3	1,268	-11.0	1,253	-11.9	1,238	-11.6
岩手県	1,280	1,268	-9.2	1,254	-10.6	1,240	-11.5	1,226	-11.6	1,211	-12.3
宮城県	2,334	2,332	-0.9	2,326	-2.3	2,320	-2.8	2,312	-3.5	2,302	-4.2
秋田県	1,023	1,011	-11.5	999	-12.6	985	-13.3	972	-13.4	960	-13.0
山形県	1,124	1,114	-9.1	1,103	-9.8	1,092	-9.9	1,080	-11.1	1,068	-10.9
福島県	1,914	1,903	-6.0	1,886	-8.8	1,869	-9.0	1,852	-9.1	1,833	-10.1
茨城県	2,917	2,910	-2.5	2,902	-2.6	2,892	-3.6	2,879	-4.4	2,867	-4.2
栃木県	1,974	1,969	-2.9	1,962	-3.4	1,953	-4.4	1,943	-5.1	1,933	-5.2
群馬県	1,973	1,969	-2.0	1,963	-2.9	1,957	-3.2	1,949	-4.3	1,939	-5.0
埼玉県	7,267	7,288	3.0	7,307	2.6	7,325	2.5	7,342	2.3	7,345	0.4
千葉県	6,223	6,242	3.1	6,258	2.5	6,273	2.4	6,283	1.6	6,284	0.3
東京都	13,515	13,646	9.7	13,768	8.9	13,887	8.7	14,007	8.6	14,048	2.9
神奈川県	9,126	9,152	2.8	9,173	2.3	9,197	2.6	9,224	3.0	9,237	1.4
新潟県	2,304	2,286	-7.8	2,267	-8.4	2,246	-9.1	2,224	-10.0	2,201	-10.2
富山県	1,066	1,061	-4.7	1,056	-5.0	1,050	-5.3	1,043	-6.8	1,035	-8.1
石川県	1,154	1,151	-2.3	1,148	-2.5	1,145	-3.2	1,139	-4.8	1,133	-6.0
福井県	787	783	-4.3	780	-3.7	777	-4.8	771	-6.8	767	-5.9
山梨県	835	831	-4.9	826	-6.4	821	-5.8	815	-6.8	810	-6.3
長野県	2,099	2,091	-3.6	2,082	-4.3	2,073	-4.6	2,061	-5.6	2,048	-6.3
岐阜県	2,032	2,024	-4.1	2,012	-5.9	2,001	-5.1	1,992	-4.5	1,979	-6.9
静岡県	3,700	3,690	-2.7	3,681	-2.6	3,667	-3.8	3,653	-3.7	3,633	-5.4
愛知県	7,483	7,509	3.4	7,528	2.6	7,541	1.7	7,557	2.1	7,542	-1.9
三重県	1,816	1,809	-3.8	1,801	-4.5	1,793	-4.4	1,783	-5.7	1,770	-6.9
滋賀県	1,413	1,414	0.4	1,414	0.3	1,414	0.3	1,416	1.3	1,414	-1.7
京都府	2,610	2,608	-1.0	2,604	-1.5	2,598	-2.4	2,592	-2.3	2,578	-5.2
大阪府	8,839	8,841	0.2	8,841	-0.1	8,838	-0.3	8,842	0.4	8,838	-0.5
兵庫県	5,535	5,526	-1.6	5,515	-2.0	5,501	-2.5	5,488	-2.5	5,465	-4.1
奈良県	1,364	1,357	-5.2	1,349	-5.8	1,341	-5.8	1,333	-6.2	1,324	-6.5
和歌山県	964	956	-8.2	948	-7.8	940	-9.1	931	-8.8	923	-9.3
鳥取県	573	570	-5.9	566	-6.9	562	-7.6	557	-7.9	553	-7.1
島根県	694	691	-5.2	687	-6.1	682	-6.0	677	-7.3	671	-9.3
岡山県	1,922	1,917	-2.5	1,911	-2.9	1,904	-3.9	1,897	-3.6	1,888	-4.4
広島県	2,844	2,840	-1.5	2,833	-2.3	2,824	-3.4	2,813	-4.0	2,800	-4.6
山口県	1,405	1,394	-7.6	1,382	-8.5	1,369	-9.4	1,357	-9.3	1,342	-10.7
徳島県	756	750	-7.2	744	-9.1	736	-10.0	728	-11.3	720	-11.3
香川県	976	973	-3.7	968	-4.4	963	-5.3	958	-5.7	950	-7.8
愛媛県	1,385	1,377	-6.0	1,368	-6.5	1,357	-7.8	1,346	-8.1	1,335	-8.5
高知県	728	721	-9.5	714	-9.6	707	-10.2	699	-11.1	692	-11.1
福岡県	5,102	5,113	2.2	5,123	2.0	5,131	1.6	5,134	0.6	5,135	0.2
佐賀県	833	829	-4.7	825	-4.9	821	-5.0	817	-5.1	811	-6.3
長崎県	1,377	1,367	-7.3	1,355	-9.2	1,341	-9.9	1,327	-10.6	1,312	-11.1
熊本県	1,786	1,775	-6.3	1,767	-4.6	1,759	-4.5	1,749	-5.2	1,738	-6.4
大分県	1,166	1,160	-5.8	1,152	-6.6	1,143	-7.8	1,134	-7.4	1,124	-9.4
宮崎県	1,104	1,097	-6.1	1,091	-5.8	1,084	-6.6	1,077	-6.1	1,070	-7.0
鹿児島県	1,648	1,637	-6.5	1,626	-7.0	1,614	-7.1	1,602	-7.7	1,588	-8.5
沖縄県	1,434	1,442	5.6	1,448	4.1	1,454	4.5	1,462	5.1	1,467	4.1

＊増減数（前年10月から当年９月まで）を期首人口で除したもの（千人比，‰）

注）千人未満は四捨五入しているため，合計の数値と内訳の計は必ずしも一致しない。

都道府県別総人口をみると，人口順位上位10位までの都道府県は，この5年間変わっていない。 **（表4）**

表4　人口規模上位10都道府県の推移（総人口）

（単位　千人）

人口順位	2015年（国勢調査）		2016年		2017年		2018年		2019年		2020年（国勢調査）	
	都道府県名	総人口	都道府県名	総人口	都道府県名	総人口	都道府県名	総人口	都道府県名	総人口	都道府県名	総人口
1	東京都	13,515	東京都	13,646	東京都	13,768	東京都	13,887	東京都	14,007	東京都	14,048
2	神奈川県	9,126	神奈川県	9,152	神奈川県	9,173	神奈川県	9,197	神奈川県	9,224	神奈川県	9,237
3	大阪府	8,839	大阪府	8,841	大阪府	8,841	大阪府	8,838	大阪府	8,842	大阪府	8,838
4	愛知県	7,483	愛知県	7,509	愛知県	7,528	愛知県	7,541	愛知県	7,557	愛知県	7,542
5	埼玉県	7,267	埼玉県	7,288	埼玉県	7,307	埼玉県	7,325	埼玉県	7,342	埼玉県	7,345
6	千葉県	6,223	千葉県	6,242	千葉県	6,258	千葉県	6,273	千葉県	6,283	千葉県	6,284
7	兵庫県	5,535	兵庫県	5,526	兵庫県	5,515	兵庫県	5,501	兵庫県	5,488	兵庫県	5,465
8	北海道	5,382	北海道	5,355	北海道	5,325	北海道	5,293	北海道	5,259	北海道	5,225
9	福岡県	5,102	福岡県	5,113	福岡県	5,123	福岡県	5,131	福岡県	5,134	福岡県	5,135
10	静岡県	3,700	静岡県	3,690	静岡県	3,681	静岡県	3,667	静岡県	3,653	静岡県	3,633

表5　人口増減率*の分布の推移（千人比）

	人口増減率（‰）	2016年 県数	2016年 県名	2017年 県数	2017年 県名	2018年 県数	2018年 県名	2019年 県数	2019年 県名	2020年 県数	2020年 県名
人口増加	4.0以上	2	東京都，沖縄県	2	東京都，沖縄県	2	東京都，沖縄県	2	東京都，沖縄県	1	沖縄県
	2.0～4.0未満	5	埼玉県，千葉県，神奈川県，愛知県，福岡県	5	埼玉県，千葉県，神奈川県，愛知県，福岡県	3	埼玉県，千葉県，神奈川県	3	埼玉県，神奈川県，愛知県	1	東京都
	0.0～2.0未満	2	滋賀県，大阪府	1	滋賀県	3	愛知県，滋賀県，福岡県	4	千葉県，滋賀県，大阪府，福岡県	4	埼玉県，千葉県，神奈川県，福岡県
	計	9		8		8		9		6	
人口減少	-0.0～-2.0未満	4	宮城県，京都府，兵庫県，広島県	2	京都府，大阪府	1	大阪府	0		3	愛知県，滋賀県，大阪府
	-2.0～-4.0未満	9	茨城県，栃木県，群馬県，石川県，長野県，静岡県，三重県，岡山県，香川県	10	宮城県，茨城県，栃木県，群馬県，石川県，福井県，静岡県，兵庫県，岡山県，広島県	9	宮城県，茨城県，群馬県，石川県，静岡県，京都府，兵庫県，岡山県，広島県	5	宮城県，静岡県，京都府，兵庫県，岡山県	0	
	-4.0～-6.0未満	10	北海道，富山県，福井県，山梨県，岐阜県，奈良県，鳥取県，島根県，佐賀県，大分県	10	北海道，富山県，長野県，岐阜県，三重県，奈良県，香川県，佐賀県，熊本県，宮崎県	11	栃木県，富山県，福井県，山梨県，長野県，岐阜県，三重県，奈良県，香川県，佐賀県，熊本県	11	茨城県，栃木県，群馬県，石川県，長野県，岐阜県，三重県，広島県，香川県，佐賀県，熊本県	10	宮城県，茨城県，栃木県，群馬県，福井県，静岡県，京都府，兵庫県，岡山県，広島県
	-6.0～-8.0未満	9	福島県，新潟県，山口県，徳島県，愛媛県，長崎県，熊本県，宮崎県，鹿児島県	7	山梨県，和歌山県，鳥取県，島根県，愛媛県，大分県，鹿児島県	7	北海道，鳥取県，島根県，愛媛県，大分県，宮崎県，鹿児島県	10	北海道，富山県，福井県，山梨県，奈良県，鳥取県，島根県，大分県，宮崎県，鹿児島県	12	北海道，石川県，山梨県，長野県，岐阜県，三重県，奈良県，鳥取県，香川県，佐賀県，熊本県，宮崎県
	-8.0～-10.0未満	4	岩手県，山形県，和歌山県，高知県	7	山形県，福島県，新潟県，山口県，徳島県，高知県，長崎県	6	山形県，福島県，新潟県，和歌山県，山口県，長崎県	4	福島県，和歌山県，山口県，愛媛県	6	富山県，和歌山県，島根県，愛媛県，大分県，鹿児島県
	-10.0以下	2	青森県，秋田県	3	青森県，岩手県，秋田県	5	青森県，岩手県，秋田県，徳島県，高知県	8	青森県，岩手県，秋田県，山形県，新潟県，徳島県，高知県，長崎県	10	青森県，岩手県，秋田県，山形県，福島県，新潟県，山口県，徳島県，高知県，長崎県
	計	38		39		39		38		41	

＊増減数（前年10月から当年9月まで）を期首人口で除したもの（千人比，‰）

2　年齢別人口

〔 15 歳未満人口割合 〕

都道府県別 15 歳未満人口割合をみると，この 5 年間，人口割合順位上位 3 位は沖縄県，滋賀県，佐賀県となっている。　（表 6）

表 6　15 歳未満人口割合上位 10 都道府県の推移（総人口）

（単位　%）

2015年（国勢調査）			2016年			2017年			2018年			2019年			2020年（国勢調査）		
順位	都道府県名	割合	順位	都道府県名	割合	順位	都道府県名	割合	順位	都道府県名	割合	順位	都道府県名	割合	順位	都道府県名	割合
1	沖縄県	17.3	1	沖縄県	17.2	1	沖縄県	17.1	1	沖縄県	17.0	1	沖縄県	16.8	1	沖縄県	16.6
2	滋賀県	14.5	2	滋賀県	14.3	2	滋賀県	14.1	2	滋賀県	14.0	2	滋賀県	13.8	2	滋賀県	13.6
3	佐賀県	14.0	3	佐賀県	13.9	3	佐賀県	13.8	3	佐賀県	13.7	3	佐賀県	13.6	3	佐賀県	13.5
4	愛知県	13.7	4	愛知県	13.6	4	愛知県	13.4	4	熊本県	13.4	4	熊本県	13.3	4	熊本県	13.2
5	宮崎県	13.6	5	熊本県	13.5	4	熊本県	13.4	4	宮崎県	13.4	5	宮崎県	13.2	5	宮崎県	13.1
6	熊本県	13.5	5	宮崎県	13.5	4	宮崎県	13.4	6	愛知県	13.3	5	鹿児島県	13.2	5	鹿児島県	13.1
7	鹿児島県	13.4	7	鹿児島県	13.4	4	鹿児島県	13.4	6	鹿児島県	13.3	7	愛知県	13.1	7	愛知県	13.0
8	福岡県	13.3	8	福岡県	13.3	8	福岡県	13.2	8	福岡県	13.2	7	福岡県	13.1	7	福岡県	13.0
9	福井県	13.2	9	福井県	13.1	9	福井県	13.0	9	広島県	12.9	9	広島県	12.8	9	広島県	12.6
9	岐阜県	13.2	9	広島県	13.1	9	広島県	13.0	10	福井県	12.8	10	福井県	12.7	10	福井県	12.5
9	広島県	13.2							10	長崎県	12.8	10	長崎県	12.7	10	長崎県	12.5

〔 15～64 歳人口割合 〕

都道府県別 15～64 歳人口割合をみると，この 5 年間，人口割合順位上位 2 位は東京都，神奈川県となっている。　（表 7）

表 7　15～64 歳人口割合上位 10 都道府県の推移（総人口）

（単位　%）

2015年（国勢調査）			2016年			2017年			2018年			2019年			2020年（国勢調査）		
順位	都道府県名	割合	順位	都道府県名	割合	順位	都道府県名	割合	順位	都道府県名	割合	順位	都道府県名	割合	順位	都道府県名	割合
1	東京都	66.0	1	東京都	65.9	1	東京都	65.9	1	東京都	65.9	1	東京都	66.1	1	東京都	66.1
2	神奈川県	63.6	2	神奈川県	63.2	2	神奈川県	62.9	2	神奈川県	62.8	2	神奈川県	62.8	2	神奈川県	62.7
3	沖縄県	63.0	3	沖縄県	62.4	3	愛知県	62.0	3	愛知県	61.8	3	愛知県	61.8	3	愛知県	61.7
4	埼玉県	62.6	4	愛知県	62.2	4	沖縄県	61.9	4	沖縄県	61.5	4	埼玉県	61.3	4	埼玉県	61.1
5	愛知県	62.5	5	埼玉県	62.1	5	埼玉県	61.7	5	埼玉県	61.4	5	沖縄県	61.1	5	沖縄県	60.8
6	宮城県	61.9	6	宮城県	61.4	6	宮城県	61.0	6	千葉県	60.8	6	千葉県	60.8	6	千葉県	60.7
7	千葉県	61.8	7	千葉県	61.3	6	千葉県	61.0	7	宮城県	60.6	7	大阪府	60.7	6	大阪府	60.7
8	滋賀県	61.4	8	大阪府	61.0	8	大阪府	60.8	7	大阪府	60.6	8	宮城県	60.4	8	宮城県	60.2
9	栃木県	61.3	9	滋賀県	60.9	9	滋賀県	60.6	9	滋賀県	60.4	9	滋賀県	60.3	9	滋賀県	60.1
9	大阪府	61.3	10	栃木県	60.7	10	栃木県	60.2	10	栃木県	59.8	10	栃木県	59.4	10	京都府	59.2
												10	京都府	59.4			

〔 65 歳以上人口割合 〕

都道府県別 65 歳以上人口割合をみると，この 5 年間，人口割合順位上位 2 位は秋田県，高知県となっている。　（表 8）

表 8　65 歳以上人口割合上位 10 都道府県の推移（総人口）

（単位　%）

2015年（国勢調査）			2016年			2017年			2018年			2019年			2020年（国勢調査）		
順位	都道府県名	割合	順位	都道府県名	割合	順位	都道府県名	割合	順位	都道府県名	割合	順位	都道府県名	割合	順位	都道府県名	割合
1	秋田県	33.8	1	秋田県	34.7	1	秋田県	35.4	1	秋田県	36.2	1	秋田県	36.8	1	秋田県	37.5
2	高知県	32.9	2	高知県	33.6	2	高知県	34.2	2	高知県	34.6	2	高知県	35.0	2	高知県	35.5
3	島根県	32.5	3	島根県	33.0	3	島根県	33.4	3	山口県	33.9	3	山口県	34.2	3	山口県	34.6
4	山口県	32.1	4	山口県	32.8	3	山口県	33.4	4	島根県	33.7	4	島根県	33.9	4	島根県	34.2
5	徳島県	31.0	5	徳島県	31.7	5	徳島県	32.4	5	徳島県	33.0	5	徳島県	33.6	4	徳島県	34.2
6	和歌山県	30.9	6	和歌山県	31.6	6	山形県	32.2	6	山形県	32.8	6	山形県	33.3	6	山形県	33.8
7	山形県	30.8	7	山形県	31.5	7	和歌山県	32.1	7	和歌山県	32.6	7	青森県	33.1	7	青森県	33.7
8	富山県	30.6	8	愛媛県	31.3	8	愛媛県	31.9	8	青森県	32.5	8	岩手県	33.0	8	岩手県	33.6
8	愛媛県	30.6	9	大分県	31.2	9	岩手県	31.8	8	岩手県	32.5	9	和歌山県	32.9	9	和歌山県	33.4
10	岩手県	30.4	10	岩手県	31.1	9	大分県	31.8	10	愛媛県	32.4	10	愛媛県	32.8	10	大分県	33.3
10	大分県	30.4	10	富山県	31.1							10	大分県	32.8			

Summary of the Results

1 Population for Japan

[Total Population]

- Total population was 127,095 thousand of the 2015 Population Census, and 126,146 thousand of the 2020 Population Census. It has decreased by 949 thousand during five years. Population change of 2016 was a decrease of 53 thousand compared with the previous year, that of 2017 was a decrease of 123 thousand, that of 2018 was a decrease of 170 thousand, that of 2019 was a decrease of 193 thousand, that of 2020 was a decrease of 409 thousand.

Table Population Change (Total population)

(thousand)

year	Total population as of Oct. 1	Population change (from October of the previous year to September of the stated year)							
		Total	Natural change			Migration change			Intercensal adjustment
			Live births	Deaths	Natural change	Entries	Exits	Net migration	
2015	127,095	…	…	…	…	…	…	…	…
2016	127,042	-53	1,004	1,300	-296	3,361	3,228	134	110
2017	126,919	-123	966	1,343	-377	3,615	3,464	151	103
2018	126,749	-170	945	1,370	-425	3,848	3,687	161	94
2019	126,555	-193	895	1,380	-485	4,182	3,973	209	83
2020	126,146	-409	871	1,372	-501	1,997	1,955	42	50

Note : Figures may not add up to the totals because of rounding.

2 Population for Prefectures

- As of October 1, 2016, there were 38 prefectures in which the population decreased.
- As of October 1, 2017, there were 39 prefectures in which the population decreased.
- As of October 1, 2018, there were 39 prefectures in which the population decreased.
- As of October 1, 2019, there were 38 prefectures in which the population decreased.
- As of October 1, 2020, there were 41 prefectures in which the population decreased.

統　　計　　表

STATISTICAL　TABLES

〔注　意〕

単位未満は四捨五入してあるので，合計の数字と内訳の計は必ずしも一致しない。

Note : Figures may not add up to the totals because of rounding.

第1表　年　齢　(各　歳)，男　女　別　人　口
Table 1. Population by Age (Single Years), Sex and Sex ratio

(単位　千人)

年齢 Age	総人口 Total population				日本人人口 Japanese population			
	男女計 Both sexes	男 Male	女 Female	人口性比 Sex ratio *	男女計 Both sexes	男 Male	女 Female	人口性比 Sex ratio *
総数 Total	127, 042	61, 816	65, 226	94. 8	125, 071	60, 892	64, 180	94. 9
0 歳 years old	996	512	485	105. 6	981	504	477	105. 6
1	968	495	473	104. 5	955	488	467	104. 4
2	979	502	478	105. 0	965	494	471	105. 0
3	1, 014	518	496	104. 5	1, 000	511	489	104. 5
4	1, 019	521	498	104. 7	1, 005	514	491	104. 7
5	1, 046	536	510	105. 1	1, 034	530	504	105. 1
6	1, 050	539	512	105. 3	1, 039	533	506	105. 2
7	1, 061	543	517	105. 1	1, 050	538	512	105. 1
8	1, 081	553	527	105. 0	1, 070	548	522	105. 0
9	1, 073	550	523	105. 1	1, 063	544	518	105. 1
10	1, 065	545	520	104. 8	1, 055	540	515	104. 8
11	1, 067	547	521	105. 0	1, 058	542	516	105. 0
12	1, 106	566	540	104. 8	1, 097	561	535	104. 8
13	1, 124	576	548	105. 3	1, 115	572	543	105. 3
14	1, 159	594	565	105. 2	1, 149	589	560	105. 2
15	1, 176	603	573	105. 2	1, 165	597	568	105. 2
16	1, 198	616	582	106. 0	1, 186	610	576	106. 0
17	1, 199	616	584	105. 5	1, 187	609	578	105. 5
18	1, 225	628	597	105. 2	1, 205	619	587	105. 4
19	1, 231	630	601	104. 9	1, 196	613	583	105. 1
20	1, 227	630	597	105. 6	1, 183	608	575	105. 8
21	1, 244	638	606	105. 3	1, 195	613	582	105. 3
22	1, 242	637	605	105. 3	1, 190	610	581	105. 0
23	1, 219	626	594	105. 4	1, 163	595	567	104. 9
24	1, 234	633	601	105. 5	1, 177	602	575	104. 8
25	1, 227	629	598	105. 0	1, 171	598	573	104. 4
26	1, 249	639	610	104. 6	1, 190	607	583	104. 1
27	1, 276	652	624	104. 4	1, 220	622	598	104. 0
28	1, 317	673	644	104. 6	1, 265	646	619	104. 4
29	1, 353	690	663	104. 1	1, 302	664	638	104. 1
30	1, 376	702	674	104. 2	1, 328	678	650	104. 3
31	1, 429	726	703	103. 3	1, 384	704	680	103. 5
32	1, 476	749	727	103. 0	1, 431	727	704	103. 3
33	1, 498	760	738	103. 0	1, 452	738	714	103. 5
34	1, 500	760	740	102. 7	1, 453	738	714	103. 4
35	1, 515	769	746	103. 0	1, 474	750	724	103. 6
36	1, 581	802	780	102. 9	1, 540	784	757	103. 5
37	1, 622	823	799	103. 0	1, 582	806	776	103. 8
38	1, 685	854	831	102. 8	1, 648	838	810	103. 5
39	1, 730	878	852	103. 0	1, 695	862	832	103. 6
40	1, 813	920	893	102. 9	1, 778	905	873	103. 6
41	1, 891	959	932	102. 8	1, 858	945	913	103. 4
42	1, 997	1, 013	983	103. 1	1, 964	1, 000	964	103. 7
43	2, 031	1, 027	1, 004	102. 3	1, 998	1, 014	984	103. 0
44	1, 995	1, 011	984	102. 7	1, 961	997	964	103. 5
45	1, 941	981	959	102. 3	1, 907	968	939	103. 1
46	1, 882	951	931	102. 2	1, 849	938	910	103. 1
47	1, 853	935	918	101. 9	1, 821	923	898	102. 8
48	1, 811	913	898	101. 7	1, 780	901	879	102. 5
49	1, 807	911	896	101. 7	1, 780	900	879	102. 4

注）＊ 女性100人に対する男性の数

及 び 人 口 性 比－総人口，日本人人口（2016年10月１日現在）
- Total population, Japanese population, October 1, 2016

(Thousand persons)

年齢 Age	総人口 Total population 男女計 Both sexes	男 Male	女 Female	人口性比 Sex ratio *	日本人人口 Japanese population 男女計 Both sexes	男 Male	女 Female	人口性比 Sex ratio *
50 歳 years old	1, 412	709	703	100. 9	1, 386	699	687	101. 7
51	1, 742	876	866	101. 1	1, 715	865	850	101. 7
52	1, 632	820	812	101. 0	1, 606	809	797	101. 6
53	1, 590	798	792	100. 7	1, 565	788	777	101. 3
54	1, 537	770	767	100. 5	1, 515	761	754	101. 0
55	1, 512	757	755	100. 3	1, 492	749	743	100. 7
56	1, 521	759	762	99. 6	1, 502	751	751	100. 0
57	1, 549	772	776	99. 5	1, 532	765	767	99. 8
58	1, 506	748	757	98. 8	1, 489	741	748	99. 1
59	1, 463	726	737	98. 5	1, 447	719	728	98. 8
60	1, 536	761	775	98. 2	1, 521	755	767	98. 4
61	1, 585	785	801	98. 0	1, 571	779	792	98. 2
62	1, 584	781	802	97. 4	1, 570	775	795	97. 5
63	1, 680	825	856	96. 4	1, 668	819	849	96. 5
64	1, 774	868	906	95. 8	1, 762	863	900	95. 9
65	1, 874	915	959	95. 4	1, 863	909	953	95. 4
66	2, 006	974	1, 032	94. 4	1, 995	969	1, 026	94. 5
67	2, 190	1, 060	1, 130	93. 8	2, 179	1, 055	1, 124	93. 8
68	2, 160	1, 040	1, 120	92. 9	2, 150	1, 035	1, 114	92. 9
69	2, 039	980	1, 059	92. 5	2, 030	976	1, 054	92. 5
70	1, 265	601	664	90. 5	1, 258	597	660	90. 5
71	1, 348	632	716	88. 3	1, 341	629	712	88. 3
72	1, 630	758	872	87. 0	1, 623	755	868	87. 0
73	1, 564	724	840	86. 2	1, 557	721	836	86. 2
74	1, 591	730	861	84. 8	1, 585	727	858	84. 8
75	1, 528	696	832	83. 7	1, 522	693	828	83. 7
76	1, 368	616	752	82. 0	1, 363	614	749	82. 0
77	1, 171	522	649	80. 4	1, 166	520	646	80. 4
78	1, 225	537	689	77. 9	1, 221	535	686	77. 9
79	1, 228	530	698	75. 9	1, 224	528	696	76. 0
80	1, 198	508	690	73. 7	1, 194	506	687	73. 7
81	1, 107	458	649	70. 6	1, 103	457	647	70. 6
82	1, 010	407	603	67. 5	1, 006	406	601	67. 5
83	968	378	590	64. 1	965	377	588	64. 1
84	896	342	555	61. 6	894	341	553	61. 6
85	816	299	516	58. 0	814	299	515	58. 0
86	721	255	466	54. 6	719	254	465	54. 6
87	653	220	433	50. 9	651	220	432	50. 9
88	580	188	392	47. 9	579	187	391	47. 9
89	503	156	347	44. 9	502	155	346	44. 8
90	436	127	309	41. 2	435	127	308	41. 1
91	357	96	261	36. 8	356	96	260	36. 8
92	281	70	211	32. 9	280	69	211	32. 9
93	225	49	176	28. 0	225	49	175	27. 9
94	171	34	137	25. 2	170	34	136	25. 1
95	131	25	106	23. 2	130	25	106	23. 2
96	105	19	87	21. 4	105	18	87	21. 3
97	64	11	53	20. 4	64	11	53	20. 3
98	49	8	41	18. 8	49	8	41	18. 8
99	35	5	30	17. 2	35	5	30	17. 2
100 歳以上 and over	66	9	57	15. 4	66	9	57	15. 3

Note) * Males per 100 females

第1表　年　齢　(各　歳)，男　女　別　人　口
Table 1. Population by Age (Single Years), Sex and Sex ratio

(単位　千人)

年齢 Age	総人口 Total population				日本人人口 Japanese population			
	男女計 Both sexes	男 Male	女 Female	人口性比 Sex ratio *	男女計 Both sexes	男 Male	女 Female	人口性比 Sex ratio *
総数 Total	126, 919	61, 753	65, 165	94. 8	124, 745	60, 722	64, 022	94. 8
0 歳 years old	957	490	467	104. 9	942	482	460	104. 9
1	991	508	482	105. 5	975	501	475	105. 5
2	977	499	477	104. 6	963	492	470	104. 6
3	985	505	480	105. 1	970	497	473	105. 1
4	1, 016	520	497	104. 6	1, 002	512	490	104. 5
5	1, 021	523	499	104. 8	1, 007	515	492	104. 7
6	1, 048	537	511	105. 2	1, 035	531	505	105. 1
7	1, 053	540	513	105. 3	1, 042	534	507	105. 2
8	1, 062	544	518	105. 1	1, 051	539	512	105. 1
9	1, 082	554	528	105. 0	1, 071	549	522	105. 0
10	1, 075	551	524	105. 1	1, 064	545	519	105. 1
11	1, 068	546	521	104. 9	1, 057	541	516	104. 9
12	1, 070	548	522	105. 1	1, 060	543	517	105. 1
13	1, 110	568	541	105. 0	1, 099	563	536	105. 0
14	1, 126	578	548	105. 4	1, 116	573	543	105. 4
15	1, 162	596	566	105. 2	1, 151	590	561	105. 2
16	1, 178	604	574	105. 2	1, 166	598	568	105. 2
17	1, 196	615	581	105. 8	1, 183	608	575	105. 8
18	1, 206	617	588	104. 9	1, 184	607	577	105. 1
19	1, 241	635	606	104. 6	1, 199	614	584	105. 1
20	1, 244	636	608	104. 7	1, 189	609	580	105. 0
21	1, 241	637	604	105. 5	1, 181	606	575	105. 3
22	1, 263	648	615	105. 3	1, 199	613	586	104. 7
23	1, 262	648	614	105. 5	1, 194	611	583	104. 8
24	1, 235	634	601	105. 5	1, 165	596	569	104. 8
25	1, 245	640	606	105. 6	1, 180	604	576	104. 7
26	1, 237	634	603	105. 1	1, 173	599	574	104. 4
27	1, 259	644	615	104. 7	1, 193	608	584	104. 0
28	1, 284	656	628	104. 4	1, 222	623	599	104. 0
29	1, 324	677	647	104. 6	1, 267	647	620	104. 4
30	1, 360	693	666	104. 1	1, 305	665	639	104. 1
31	1, 381	705	676	104. 2	1, 330	679	651	104. 3
32	1, 434	729	705	103. 3	1, 386	705	681	103. 5
33	1, 481	752	730	103. 0	1, 434	729	705	103. 4
34	1, 502	762	740	103. 0	1, 454	740	714	103. 5
35	1, 504	762	742	102. 7	1, 455	740	715	103. 4
36	1, 519	771	748	103. 1	1, 475	751	724	103. 7
37	1, 585	804	781	102. 9	1, 542	785	757	103. 6
38	1, 625	825	800	103. 1	1, 583	807	777	103. 9
39	1, 687	856	832	102. 9	1, 649	839	810	103. 6
40	1, 732	879	853	103. 0	1, 696	863	833	103. 6
41	1, 814	921	894	103. 0	1, 779	906	874	103. 7
42	1, 892	960	933	102. 9	1, 858	945	913	103. 5
43	1, 998	1, 014	984	103. 0	1, 964	1, 000	965	103. 7
44	2, 033	1, 028	1, 005	102. 3	1, 999	1, 014	985	103. 0
45	1, 996	1, 011	985	102. 7	1, 962	998	964	103. 5
46	1, 942	982	960	102. 3	1, 907	968	939	103. 1
47	1, 883	951	931	102. 1	1, 848	938	910	103. 0
48	1, 853	935	918	101. 8	1, 820	922	898	102. 7
49	1, 810	913	898	101. 6	1, 779	900	878	102. 5

注）＊女性100人に対する男性の数

及　び　人　口　性　比－総人口，日本人人口（2017年10月１日現在）（続き）
- Total population, Japanese population, October 1, 2017 - Continued

(Thousand persons)

年齢 Age	総人口 Total population 男女計 Both sexes	男 Male	女 Female	人口性比 Sex ratio *	日本人人口 Japanese population 男女計 Both sexes	男 Male	女 Female	人口性比 Sex ratio *
50 歳 years old	1, 806	910	896	101. 6	1, 778	899	879	102. 3
51	1, 410	708	703	100. 8	1, 384	697	686	101. 6
52	1, 739	874	865	101. 0	1, 713	863	849	101. 6
53	1, 629	818	811	100. 9	1, 603	808	796	101. 5
54	1, 587	796	791	100. 6	1, 562	785	776	101. 2
55	1, 535	769	766	100. 4	1, 513	760	753	100. 9
56	1, 508	754	754	100. 1	1, 488	746	742	100. 5
57	1, 517	756	761	99. 4	1, 497	748	749	99. 8
58	1, 544	769	775	99. 3	1, 527	762	765	99. 6
59	1, 500	744	755	98. 5	1, 483	738	746	98. 9
60	1, 457	722	735	98. 3	1, 441	716	726	98. 6
61	1, 529	756	773	97. 9	1, 514	750	764	98. 1
62	1, 577	779	798	97. 7	1, 562	773	789	97. 9
63	1, 574	775	799	97. 0	1, 561	769	792	97. 1
64	1, 670	818	852	96. 0	1, 657	812	845	96. 1
65	1, 761	859	902	95. 3	1, 749	854	895	95. 4
66	1, 858	904	954	94. 8	1, 847	899	948	94. 8
67	1, 987	962	1, 026	93. 8	1, 977	957	1, 020	93. 8
68	2, 168	1, 045	1, 123	93. 1	2, 158	1, 040	1, 117	93. 1
69	2, 136	1, 024	1, 112	92. 1	2, 126	1, 019	1, 107	92. 1
70	2, 015	964	1, 051	91. 6	2, 006	959	1, 047	91. 6
71	1, 248	589	659	89. 5	1, 240	586	655	89. 5
72	1, 328	618	710	87. 2	1, 320	615	705	87. 2
73	1, 605	741	864	85. 8	1, 597	738	860	85. 8
74	1, 537	706	832	84. 9	1, 531	703	828	84. 9
75	1, 562	710	851	83. 5	1, 555	708	848	83. 5
76	1, 497	676	821	82. 3	1, 491	673	818	82. 3
77	1, 337	596	741	80. 4	1, 332	594	738	80. 5
78	1, 141	503	639	78. 7	1, 136	501	636	78. 7
79	1, 191	515	676	76. 2	1, 186	513	673	76. 2
80	1, 189	506	683	74. 1	1, 185	504	681	74. 1
81	1, 155	482	673	71. 6	1, 151	480	671	71. 6
82	1, 062	431	631	68. 4	1, 059	430	629	68. 4
83	964	380	583	65. 2	960	379	581	65. 2
84	918	350	568	61. 7	915	349	566	61. 7
85	844	313	531	59. 0	842	313	529	59. 0
86	762	272	491	55. 3	760	271	490	55. 4
87	668	228	440	51. 8	666	227	439	51. 8
88	598	194	404	48. 1	597	194	403	48. 1
89	525	163	362	45. 0	524	163	361	45. 0
90	446	132	313	42. 1	445	132	313	42. 1
91	380	106	275	38. 5	380	105	274	38. 5
92	306	78	228	34. 3	306	78	228	34. 3
93	237	56	181	30. 6	237	55	181	30. 6
94	186	38	148	26. 0	186	38	147	26. 0
95	139	26	113	23. 0	139	26	113	23. 0
96	104	18	85	21. 2	103	18	85	21. 2
97	81	13	68	19. 4	81	13	68	19. 4
98	48	7	40	18. 4	48	7	40	18. 4
99	36	5	30	17. 1	36	5	30	17. 1
100 歳以上 and over	68	9	59	14. 8	68	9	59	14. 8

Note) * Males per 100 females

第1表　年齢（各歳），男女別人口
Table 1. Population by Age (Single Years), Sex and Sex ratio

（単位　千人）

年齢 Age	総人口 Total population				日本人人口 Japanese population			
	男女計 Both sexes	男 Male	女 Female	人口性比 Sex ratio *	男女計 Both sexes	男 Male	女 Female	人口性比 Sex ratio *
総数 Total	126, 749	61, 673	65, 076	94. 8	124, 349	60, 518	63, 831	94. 8
0 歳 years old	933	478	455	105. 1	917	470	447	105. 0
1	950	486	464	104. 9	935	478	456	104. 8
2	986	506	480	105. 4	970	498	472	105. 4
3	986	504	481	104. 8	971	496	474	104. 7
4	990	508	482	105. 2	974	499	475	105. 2
5	1, 019	521	498	104. 6	1, 004	513	491	104. 6
6	1, 023	524	500	104. 8	1, 009	516	493	104. 7
7	1, 050	538	512	105. 2	1, 037	531	505	105. 1
8	1, 056	542	514	105. 3	1, 044	535	509	105. 2
9	1, 064	545	519	105. 2	1, 052	539	513	105. 2
10	1, 084	555	529	105. 0	1, 072	549	523	105. 1
11	1, 078	552	525	105. 2	1, 066	547	520	105. 2
12	1, 070	548	522	104. 9	1, 059	542	517	104. 9
13	1, 072	550	522	105. 2	1, 061	544	517	105. 2
14	1, 113	570	542	105. 2	1, 102	565	537	105. 1
15	1, 127	579	548	105. 6	1, 116	573	543	105. 6
16	1, 165	598	567	105. 4	1, 152	591	561	105. 4
17	1, 180	605	575	105. 2	1, 166	598	569	105. 2
18	1, 205	618	587	105. 4	1, 180	606	574	105. 5
19	1, 225	626	599	104. 5	1, 177	603	575	104. 9
20	1, 256	642	614	104. 5	1, 191	610	581	105. 0
21	1, 258	644	614	104. 8	1, 185	606	580	104. 5
22	1, 260	647	613	105. 5	1, 184	605	578	104. 7
23	1, 281	658	624	105. 5	1, 200	613	587	104. 4
24	1, 277	656	621	105. 7	1, 196	612	584	104. 7
25	1, 247	641	606	105. 8	1, 167	597	570	104. 7
26	1, 255	645	610	105. 7	1, 182	605	578	104. 7
27	1, 246	639	607	105. 2	1, 176	601	576	104. 3
28	1, 268	649	619	104. 7	1, 196	610	586	104. 0
29	1, 292	660	632	104. 5	1, 225	624	600	104. 0
30	1, 331	681	650	104. 7	1, 270	648	621	104. 4
31	1, 366	697	669	104. 2	1, 307	667	641	104. 1
32	1, 386	708	679	104. 3	1, 333	680	653	104. 3
33	1, 438	731	707	103. 4	1, 388	706	682	103. 6
34	1, 486	754	731	103. 1	1, 436	730	706	103. 4
35	1, 506	764	742	103. 0	1, 456	740	715	103. 5
36	1, 508	764	743	102. 8	1, 456	741	716	103. 5
37	1, 521	772	749	103. 1	1, 476	751	725	103. 7
38	1, 588	806	782	103. 0	1, 544	786	758	103. 7
39	1, 628	826	801	103. 1	1, 585	808	777	103. 9
40	1, 690	857	833	102. 9	1, 650	840	811	103. 6
41	1, 734	880	854	103. 0	1, 697	864	833	103. 7
42	1, 816	922	894	103. 1	1, 780	906	874	103. 7
43	1, 893	960	933	102. 9	1, 858	945	913	103. 5
44	2, 000	1, 015	985	103. 0	1, 965	1, 000	965	103. 7
45	2, 035	1, 029	1, 006	102. 3	1, 999	1, 014	985	103. 0
46	1, 998	1, 012	986	102. 7	1, 962	998	965	103. 4
47	1, 942	982	960	102. 3	1, 906	968	939	103. 1
48	1, 883	951	931	102. 1	1, 847	937	910	103. 0
49	1, 853	935	919	101. 7	1, 819	922	898	102. 7

注）＊女性100人に対する男性の数

及　び　人　口　性　比－総人口，日本人人口（2018年10月１日現在）（続き）
- Total population, Japanese population, October 1, 2018 - Continued

(Thousand persons)

年齢 Age	総人口 Total population 男女計 Both sexes	男 Male	女 Female	人口性比 Sex ratio *	日本人人口 Japanese population 男女計 Both sexes	男 Male	女 Female	人口性比 Sex ratio *
50 歳 years old	1, 809	912	898	101. 6	1, 777	899	878	102. 5
51	1, 805	909	896	101. 5	1, 776	898	878	102. 2
52	1, 409	707	702	100. 6	1, 382	696	686	101. 5
53	1, 736	872	864	100. 9	1, 709	861	848	101. 5
54	1, 627	816	810	100. 7	1, 600	805	795	101. 3
55	1, 585	794	791	100. 4	1, 558	783	775	101. 0
56	1, 532	767	765	100. 2	1, 510	757	752	100. 7
57	1, 503	751	752	99. 9	1, 483	743	740	100. 3
58	1, 512	753	759	99. 2	1, 492	745	748	99. 6
59	1, 538	765	773	99. 0	1, 521	758	763	99. 3
60	1, 494	740	753	98. 3	1, 477	733	744	98. 6
61	1, 451	718	733	98. 0	1, 434	711	723	98. 3
62	1, 521	751	770	97. 5	1, 506	745	761	97. 8
63	1, 567	773	795	97. 3	1, 552	766	786	97. 5
64	1, 564	768	796	96. 5	1, 551	762	788	96. 7
65	1, 657	809	848	95. 5	1, 645	804	841	95. 6
66	1, 746	849	896	94. 8	1, 734	844	890	94. 9
67	1, 841	893	948	94. 2	1, 830	888	942	94. 2
68	1, 967	948	1, 019	93. 0	1, 956	943	1, 014	93. 0
69	2, 145	1, 030	1, 115	92. 3	2, 134	1, 024	1, 110	92. 3
70	2, 110	1, 007	1, 103	91. 2	2, 100	1, 002	1, 098	91. 2
71	1, 988	945	1, 043	90. 6	1, 979	941	1, 038	90. 6
72	1, 229	576	652	88. 3	1, 221	573	649	88. 3
73	1, 306	604	702	85. 9	1, 298	600	698	85. 9
74	1, 577	722	855	84. 5	1, 570	719	851	84. 5
75	1, 508	686	822	83. 5	1, 501	683	818	83. 5
76	1, 529	689	840	82. 1	1, 523	686	836	82. 1
77	1, 463	654	809	80. 8	1, 457	651	806	80. 8
78	1, 304	574	729	78. 7	1, 298	572	726	78. 8
79	1, 109	482	627	76. 9	1, 104	480	624	77. 0
80	1, 153	491	661	74. 3	1, 148	490	658	74. 3
81	1, 148	481	667	72. 1	1, 144	479	664	72. 1
82	1, 109	455	654	69. 5	1, 105	453	652	69. 5
83	1, 015	404	611	66. 1	1, 011	402	609	66. 1
84	914	353	561	62. 8	911	352	560	62. 8
85	865	322	543	59. 2	862	321	542	59. 2
86	789	284	505	56. 3	787	284	503	56. 4
87	706	243	463	52. 5	705	243	462	52. 6
88	613	201	411	49. 0	611	201	410	49. 0
89	543	169	374	45. 3	541	169	373	45. 3
90	470	139	331	42. 1	469	139	330	42. 1
91	389	110	279	39. 4	388	110	278	39. 4
92	327	86	240	35. 9	326	86	240	35. 9
93	258	62	196	31. 9	258	62	195	31. 9
94	196	43	152	28. 3	195	43	152	28. 3
95	151	29	121	24. 0	150	29	121	24. 0
96	110	19	91	21. 0	110	19	91	21. 0
97	80	13	67	19. 3	80	13	67	19. 3
98	61	9	52	17. 8	61	9	52	17. 8
99	35	5	30	16. 9	35	5	30	16. 8
100 歳以上 and over	70	9	61	14. 5	70	9	61	14. 5

Note) * Males per 100 females

第1表　年　齢　(各　歳)，男　女　別　人　口
Table 1. Population by Age (Single Years), Sex and Sex ratio

（単位　千人）

年齢 Age	総人口 Total population 男女計 Both sexes	男 Male	女 Female	人口性比 Sex ratio *	日本人人口 Japanese population 男女計 Both sexes	男 Male	女 Female	人口性比 Sex ratio *
総数 Total	126, 555	61, 588	64, 967	94. 8	123, 886	60, 282	63, 605	94. 8
0 歳 years old	883	452	430	105. 1	866	444	422	105. 1
1	924	473	451	104. 9	907	465	443	104. 9
2	944	483	461	104. 8	928	475	453	104. 7
3	982	504	478	105. 4	966	495	470	105. 3
4	994	509	485	104. 9	979	501	478	104. 9
5	995	511	485	105. 3	979	502	477	105. 3
6	1, 022	523	499	104. 7	1, 007	515	492	104. 6
7	1, 026	525	501	104. 7	1, 011	517	494	104. 7
8	1, 051	539	512	105. 2	1, 038	532	506	105. 2
9	1, 059	543	516	105. 3	1, 047	537	510	105. 2
10	1, 066	546	519	105. 2	1, 054	540	513	105. 2
11	1, 086	556	530	105. 0	1, 074	550	524	105. 1
12	1, 080	554	526	105. 2	1, 068	548	521	105. 2
13	1, 072	549	523	105. 0	1, 061	543	518	104. 9
14	1, 074	551	523	105. 3	1, 062	545	517	105. 3
15	1, 116	573	544	105. 4	1, 104	567	538	105. 3
16	1, 128	580	548	105. 8	1, 116	574	542	105. 8
17	1, 167	599	568	105. 5	1, 153	592	561	105. 4
18	1, 195	612	583	104. 9	1, 168	598	570	105. 0
19	1, 230	630	599	105. 2	1, 173	602	571	105. 5
20	1, 242	634	607	104. 4	1, 170	599	571	104. 8
21	1, 270	649	620	104. 6	1, 186	606	580	104. 5
22	1, 275	653	622	105. 1	1, 185	604	581	103. 9
23	1, 278	657	621	105. 7	1, 185	605	580	104. 3
24	1, 296	666	630	105. 6	1, 201	613	588	104. 1
25	1, 289	663	626	106. 0	1, 198	612	586	104. 5
26	1, 257	647	610	106. 1	1, 169	598	571	104. 7
27	1, 266	651	615	105. 9	1, 185	606	579	104. 6
28	1, 255	644	611	105. 4	1, 179	602	577	104. 3
29	1, 279	655	624	104. 9	1, 199	611	588	104. 0
30	1, 301	665	636	104. 7	1, 227	626	602	104. 0
31	1, 339	686	654	104. 9	1, 272	650	623	104. 4
32	1, 374	702	672	104. 4	1, 310	668	642	104. 1
33	1, 393	711	682	104. 3	1, 335	681	654	104. 2
34	1, 444	735	709	103. 6	1, 390	707	682	103. 6
35	1, 492	758	734	103. 3	1, 438	732	707	103. 5
36	1, 511	767	744	103. 1	1, 458	742	716	103. 5
37	1, 513	767	746	102. 9	1, 458	742	716	103. 5
38	1, 525	774	751	103. 2	1, 477	752	725	103. 7
39	1, 591	808	784	103. 0	1, 545	787	759	103. 7
40	1, 631	828	803	103. 2	1, 586	808	778	103. 9
41	1, 693	858	834	102. 9	1, 651	840	811	103. 6
42	1, 737	881	855	103. 1	1, 697	864	833	103. 7
43	1, 819	923	896	103. 1	1, 781	907	874	103. 8
44	1, 894	961	934	102. 9	1, 858	945	913	103. 5
45	2, 001	1, 016	986	103. 0	1, 965	1, 000	965	103. 7
46	2, 037	1, 030	1, 007	102. 3	2, 000	1, 015	985	103. 0
47	1, 999	1, 013	987	102. 7	1, 963	998	965	103. 4
48	1, 942	982	960	102. 3	1, 906	967	938	103. 1
49	1, 883	951	932	102. 1	1, 846	937	910	103. 0

注）＊ 女性100人に対する男性の数

及 び 人 口 性 比－総人口，日本人人口（2019年10月１日現在）（続き）
- Total population, Japanese population, October 1, 2019 - Continued

(Thousand persons)

年齢 Age	総人口 Total population 男女計 Both sexes	男 Male	女 Female	人口性比 Sex ratio *	日本人人口 Japanese population 男女計 Both sexes	男 Male	女 Female	人口性比 Sex ratio *
50 歳 years old	1, 853	934	919	101. 7	1, 818	921	897	102. 6
51	1, 809	911	897	101. 5	1, 775	898	877	102. 4
52	1, 804	908	896	101. 4	1, 774	896	878	102. 1
53	1, 408	706	702	100. 5	1, 379	694	685	101. 3
54	1, 733	870	864	100. 7	1, 705	858	847	101. 3
55	1, 624	814	810	100. 5	1, 597	803	794	101. 2
56	1, 582	792	790	100. 2	1, 555	781	774	100. 8
57	1, 529	765	765	100. 0	1, 506	755	751	100. 5
58	1, 499	748	751	99. 6	1, 478	739	738	100. 1
59	1, 506	749	757	98. 9	1, 487	741	746	99. 3
60	1, 532	761	771	98. 8	1, 514	754	761	99. 1
61	1, 487	736	751	97. 9	1, 470	728	741	98. 3
62	1, 444	713	730	97. 6	1, 427	706	721	97. 9
63	1, 513	746	768	97. 1	1, 497	739	759	97. 4
64	1, 557	766	791	96. 8	1, 542	760	783	97. 1
65	1, 554	761	792	96. 0	1, 540	755	785	96. 2
66	1, 644	801	844	94. 9	1, 632	795	837	95. 0
67	1, 730	839	891	94. 2	1, 718	834	884	94. 3
68	1, 823	881	942	93. 5	1, 812	876	936	93. 5
69	1, 946	934	1, 013	92. 2	1, 935	929	1, 007	92. 2
70	2, 120	1, 013	1, 107	91. 5	2, 109	1, 008	1, 101	91. 5
71	2, 083	988	1, 095	90. 3	2, 073	984	1, 089	90. 3
72	1, 960	926	1, 034	89. 6	1, 950	922	1, 029	89. 6
73	1, 209	563	646	87. 1	1, 202	559	642	87. 1
74	1, 283	588	695	84. 6	1, 275	585	691	84. 7
75	1, 548	702	845	83. 1	1, 541	699	841	83. 1
76	1, 477	666	811	82. 0	1, 470	663	807	82. 1
77	1, 495	667	828	80. 6	1, 488	664	824	80. 6
78	1, 427	630	796	79. 2	1, 421	628	793	79. 2
79	1, 268	552	716	77. 0	1, 263	550	713	77. 1
80	1, 075	461	614	75. 0	1, 070	459	611	75. 1
81	1, 112	467	645	72. 3	1, 108	465	643	72. 4
82	1, 103	454	649	70. 0	1, 099	453	647	70. 0
83	1, 060	426	634	67. 2	1, 057	425	632	67. 2
84	964	375	589	63. 7	961	374	587	63. 7
85	863	325	538	60. 4	860	324	536	60. 4
86	810	293	517	56. 7	807	292	515	56. 7
87	733	256	477	53. 6	731	255	476	53. 6
88	649	215	433	49. 7	647	215	432	49. 8
89	557	176	381	46. 2	556	176	380	46. 2
90	487	145	342	42. 5	486	145	341	42. 5
91	416	117	299	39. 2	415	117	298	39. 2
92	334	90	244	36. 7	333	89	243	36. 7
93	275	69	206	33. 4	275	69	206	33. 4
94	213	48	164	29. 5	212	48	164	29. 5
95	158	33	125	26. 3	158	33	125	26. 3
96	119	22	97	22. 1	118	21	97	22. 1
97	86	14	72	19. 4	86	14	72	19. 3
98	61	9	51	17. 8	60	9	51	17. 8
99	45	6	38	16. 1	44	6	38	16. 1
100 歳以上 and over	71	9	62	14. 3	71	9	62	14. 3

Note) * Males per 100 females

第1表　年　齢　（各　歳），男　女　別　人　口
Table 1.　Population by Age (Single Years), Sex and Sex ratio

（単位　千人）

年齢 Age	総人口 Total population 男女計 Both sexes	男 Male	女 Female	人口性比 Sex ratio *	日本人人口 Japanese population 男女計 Both sexes	男 Male	女 Female	人口性比 Sex ratio *
総数 Total	126, 146	61, 350	64, 797	94. 7	123, 399	60, 003	63, 396	94. 6
0 歳 years old	837	428	409	104. 6	821	420	401	104. 6
1	872	446	426	104. 8	855	437	417	104. 8
2	915	468	447	104. 9	899	460	439	104. 8
3	939	480	459	104. 7	922	472	451	104. 6
4	979	502	477	105. 3	962	493	469	105. 3
5	1, 004	514	490	105. 0	988	506	482	105. 0
6	1, 002	514	488	105. 4	985	505	480	105. 4
7	1, 026	525	501	104. 8	1, 010	517	493	104. 7
8	1, 029	527	503	104. 8	1, 014	519	495	104. 7
9	1, 054	541	513	105. 3	1, 040	533	507	105. 2
10	1, 063	545	518	105. 3	1, 050	538	512	105. 2
11	1, 068	548	521	105. 2	1, 056	541	514	105. 2
12	1, 088	558	531	105. 0	1, 076	551	525	105. 1
13	1, 082	555	527	105. 3	1, 070	549	522	105. 3
14	1, 074	550	524	105. 0	1, 063	544	518	105. 0
15	1, 077	553	524	105. 4	1, 065	546	518	105. 4
16	1, 120	575	545	105. 5	1, 108	569	539	105. 5
17	1, 130	581	549	105. 9	1, 118	575	543	105. 9
18	1, 172	601	571	105. 4	1, 157	593	563	105. 3
19	1, 208	617	590	104. 6	1, 172	600	572	104. 8
20	1, 242	635	607	104. 7	1, 176	602	574	104. 9
21	1, 247	636	611	104. 2	1, 174	599	576	104. 0
22	1, 272	651	622	104. 7	1, 190	606	584	103. 8
23	1, 277	654	623	105. 0	1, 187	604	583	103. 5
24	1, 282	658	624	105. 4	1, 188	605	583	103. 9
25	1, 298	666	632	105. 5	1, 203	613	590	103. 9
26	1, 292	664	628	105. 7	1, 202	614	588	104. 3
27	1, 261	649	613	105. 9	1, 173	599	574	104. 5
28	1, 271	653	618	105. 7	1, 190	608	582	104. 4
29	1, 261	647	615	105. 2	1, 183	604	580	104. 1
30	1, 286	658	628	104. 9	1, 204	614	591	103. 9
31	1, 307	668	639	104. 6	1, 231	628	604	103. 9
32	1, 345	688	657	104. 7	1, 276	651	625	104. 2
33	1, 379	704	675	104. 2	1, 314	670	644	104. 0
34	1, 397	713	684	104. 2	1, 338	682	656	104. 1
35	1, 448	736	712	103. 4	1, 392	708	684	103. 5
36	1, 495	759	736	103. 2	1, 440	732	708	103. 4
37	1, 514	768	746	103. 0	1, 459	742	717	103. 4
38	1, 515	768	747	102. 7	1, 459	742	717	103. 4
39	1, 527	775	752	103. 0	1, 478	752	726	103. 6
40	1, 594	808	786	102. 9	1, 546	787	760	103. 6
41	1, 633	828	804	103. 0	1, 586	808	778	103. 8
42	1, 694	858	835	102. 7	1, 651	839	811	103. 5
43	1, 737	881	856	102. 9	1, 697	863	834	103. 6
44	1, 819	923	896	103. 0	1, 780	906	874	103. 6
45	1, 893	959	934	102. 7	1, 855	943	912	103. 4
46	2, 001	1, 014	986	102. 9	1, 963	999	965	103. 5
47	2, 036	1, 029	1, 007	102. 1	1, 998	1, 013	985	102. 9
48	1, 998	1, 011	987	102. 4	1, 961	996	965	103. 2
49	1, 940	980	960	102. 1	1, 902	965	937	102. 9

注）総務省統計局　「国勢調査」（不詳補完値）
　＊　女性100人に対する男性の数

及 び 人 口 性 比－総人口，日本人人口（2020年10月１日現在）（続き）
- Total population, Japanese population, October 1, 2020 - Continued

(Thousand persons)

年齢 Age	総人口 Total population				日本人人口 Japanese population			
	男女計 Both sexes	男 Male	女 Female	人口性比 Sex ratio *	男女計 Both sexes	男 Male	女 Female	人口性比 Sex ratio *
50 歳 years old	1,880	949	932	101.8	1,843	934	909	102.7
51	1,850	931	919	101.4	1,814	917	896	102.3
52	1,805	908	897	101.2	1,770	894	876	102.2
53	1,799	904	895	101.0	1,768	892	876	101.8
54	1,404	702	701	100.1	1,375	691	684	101.0
55	1,728	866	863	100.3	1,699	854	845	101.0
56	1,619	810	809	100.1	1,590	798	792	100.8
57	1,576	788	789	99.8	1,549	776	772	100.5
58	1,524	761	764	99.6	1,500	751	750	100.1
59	1,492	743	749	99.2	1,471	734	736	99.7
60	1,500	744	755	98.5	1,479	736	743	99.0
61	1,524	756	769	98.3	1,506	748	758	98.7
62	1,479	730	749	97.5	1,461	723	738	97.9
63	1,435	707	728	97.2	1,418	700	718	97.5
64	1,504	739	765	96.7	1,488	732	755	97.0
65	1,546	759	788	96.4	1,531	752	779	96.6
66	1,542	753	789	95.5	1,528	747	781	95.6
67	1,630	791	839	94.3	1,618	785	832	94.4
68	1,714	828	886	93.5	1,701	822	879	93.6
69	1,804	868	936	92.8	1,793	863	930	92.8
70	1,924	918	1,005	91.3	1,913	913	1,000	91.4
71	2,093	995	1,098	90.6	2,082	990	1,093	90.6
72	2,054	969	1,085	89.3	2,044	964	1,080	89.3
73	1,930	906	1,024	88.5	1,920	902	1,019	88.5
74	1,188	549	639	85.9	1,180	545	635	85.9
75	1,258	572	687	83.3	1,251	568	682	83.3
76	1,517	682	835	81.7	1,510	679	831	81.7
77	1,444	644	800	80.5	1,437	641	796	80.5
78	1,458	643	815	79.0	1,452	641	811	79.0
79	1,388	606	782	77.4	1,382	603	779	77.5
80	1,230	528	702	75.2	1,225	526	699	75.2
81	1,038	438	600	73.1	1,033	437	597	73.1
82	1,070	441	629	70.2	1,066	440	626	70.2
83	1,056	427	629	67.8	1,052	425	627	67.8
84	1,010	397	612	64.9	1,006	396	610	64.9
85	911	346	565	61.3	908	345	563	61.3
86	810	297	513	57.8	807	296	511	57.8
87	754	265	489	54.1	752	264	488	54.1
88	675	228	448	50.9	674	227	446	50.9
89	592	189	403	46.9	591	189	402	47.0
90	503	152	350	43.5	502	152	350	43.5
91	433	123	309	39.9	432	123	309	39.8
92	365	98	267	36.6	364	97	267	36.6
93	282	72	211	34.1	282	72	210	34.1
94	228	54	174	31.0	227	54	174	30.9
95	173	37	136	27.5	172	37	135	27.4
96	125	24	101	24.3	125	24	100	24.3
97	91	16	76	20.5	91	15	76	20.5
98	66	10	56	17.8	66	10	56	17.8
99	45	6	39	16.2	45	6	39	16.1
100 歳以上 and over	80	10	71	13.9	80	10	70	13.9

Note) Statistics Bureau, Ministry of Internal Affairs and Communications, "Population Census" (Result with Imputation)
* Males per 100 females

第2表　年　齢　（5　歳　階　級），男　女，月　別
Table 2. Population and Percentage distribution by Age (Five-Year Groups) and Sex,

年齢階級 Age groups	男女計 2015年10月 October 2015 ＊	2015年11月 November 2015	2015年12月 December 2015	2016年1月 January 2016	2016年2月 February 2016	2016年3月 March 2016	2016年4月 April 2016
	総人口（単位　千人）						
総数 Total	127, 095	127, 104	127, 106	127, 053	127, 050	126, 992	127, 029
0 ～ 4 歳 years old	5, 006	5, 003	4, 999	4, 994	4, 993	4, 995	4, 996
5 ～ 9	5, 319	5, 320	5, 325	5, 332	5, 329	5, 324	5, 328
10 ～ 14	5, 620	5, 608	5, 596	5, 587	5, 577	5, 571	5, 571
15 ～ 19	6, 054	6, 061	6, 064	6, 066	6, 064	6, 054	6, 055
20 ～ 24	6, 091	6, 099	6, 102	6, 097	6, 109	6, 096	6, 115
25 ～ 29	6, 532	6, 522	6, 514	6, 482	6, 485	6, 470	6, 469
30 ～ 34	7, 396	7, 389	7, 384	7, 365	7, 363	7, 354	7, 348
35 ～ 39	8, 417	8, 398	8, 379	8, 347	8, 320	8, 294	8, 268
40 ～ 44	9, 847	9, 848	9, 844	9, 834	9, 820	9, 808	9, 799
45 ～ 49	8, 766	8, 760	8, 767	8, 790	8, 839	8, 883	8, 938
50 ～ 54	8, 024	8, 059	8, 082	8, 101	8, 066	8, 041	8, 011
55 ～ 59	7, 601	7, 593	7, 587	7, 584	7, 569	7, 560	7, 552
60 ～ 64	8, 552	8, 514	8, 474	8, 435	8, 371	8, 328	8, 295
65 ～ 69	9, 759	9, 809	9, 870	9, 933	10, 035	10, 097	10, 161
70 ～ 74	7, 787	7, 759	7, 711	7, 677	7, 587	7, 536	7, 478
75 ～ 79	6, 354	6, 357	6, 356	6, 363	6, 376	6, 388	6, 399
80 ～ 84	5, 026	5, 045	5, 065	5, 074	5, 103	5, 121	5, 128
85 ～ 89	3, 156	3, 164	3, 179	3, 176	3, 203	3, 216	3, 233
90 ～ 94	1, 363	1, 372	1, 380	1, 387	1, 404	1, 416	1, 435
95 ～ 99	362	363	365	364	371	375	381
100 歳以上 and over	62	63	63	64	65	66	67
（再掲） Regrouped							
15 歳未満 Under	15, 945	15, 931	15, 919	15, 914	15, 899	15, 891	15, 895
15 ～ 64	77, 282	77, 242	77, 197	77, 100	77, 007	76, 888	76, 852
65 歳以上 and over	33, 868	33, 931	33, 990	34, 039	34, 144	34, 214	34, 283
うち 75 歳以上 and over	16, 322	16, 363	16, 409	16, 428	16, 522	16, 580	16, 643
うち 85 歳以上 and over	4, 943	4, 962	4, 987	4, 991	5, 043	5, 072	5, 117
	割合（単位　%）－総人口						
15 歳未満 Under	12. 5	12. 5	12. 5	12. 5	12. 5	12. 5	12. 5
15 ～ 64	60. 8	60. 8	60. 7	60. 7	60. 6	60. 5	60. 5
65 歳以上 and over	26. 6	26. 7	26. 7	26. 8	26. 9	26. 9	27. 0
うち 75 歳以上 and over	12. 8	12. 9	12. 9	12. 9	13. 0	13. 1	13. 1
うち 85 歳以上 and over	3. 9	3. 9	3. 9	3. 9	4. 0	4. 0	4. 0
	日本人人口（単位　千人）						
総数 Total	125, 319	125, 295	125, 275	125, 340	125, 235	125, 193	125, 189
0 ～ 4 歳 years old	4, 943	4, 939	4, 934	4, 933	4, 930	4, 931	4, 930
5 ～ 9	5, 268	5, 268	5, 273	5, 283	5, 276	5, 272	5, 275
10 ～ 14	5, 574	5, 562	5, 549	5, 544	5, 530	5, 524	5, 524
15 ～ 19	5, 978	5, 981	5, 984	5, 993	5, 986	5, 980	5, 978
20 ～ 24	5, 883	5, 880	5, 881	5, 893	5, 892	5, 895	5, 894
25 ～ 29	6, 293	6, 275	6, 263	6, 256	6, 238	6, 225	6, 214
30 ～ 34	7, 184	7, 174	7, 166	7, 167	7, 149	7, 137	7, 128
35 ～ 39	8, 238	8, 217	8, 196	8, 177	8, 138	8, 111	8, 084
40 ～ 44	9, 686	9, 686	9, 681	9, 681	9, 659	9, 646	9, 638
45 ～ 49	8, 619	8, 613	8, 618	8, 649	8, 691	8, 735	8, 789
50 ～ 54	7, 909	7, 941	7, 962	7, 986	7, 946	7, 921	7, 891
55 ～ 59	7, 520	7, 512	7, 505	7, 504	7, 487	7, 477	7, 469
60 ～ 64	8, 490	8, 450	8, 410	8, 372	8, 307	8, 264	8, 231
65 ～ 69	9, 710	9, 759	9, 820	9, 884	9, 984	10, 046	10, 110
70 ～ 74	7, 752	7, 724	7, 676	7, 642	7, 553	7, 501	7, 443
75 ～ 79	6, 329	6, 332	6, 332	6, 338	6, 351	6, 363	6, 374
80 ～ 84	5, 012	5, 030	5, 051	5, 060	5, 088	5, 106	5, 112
85 ～ 89	3, 149	3, 157	3, 171	3, 169	3, 196	3, 208	3, 226
90 ～ 94	1, 360	1, 369	1, 377	1, 384	1, 401	1, 413	1, 432
95 ～ 99	361	362	364	363	370	374	381
100 歳以上 and over	62	63	63	63	65	66	67
（再掲） Regrouped							
15 歳未満 Under	15, 785	15, 769	15, 756	15, 760	15, 736	15, 726	15, 730
15 ～ 64	75, 800	75, 729	75, 665	75, 677	75, 492	75, 390	75, 315
65 歳以上 and over	33, 734	33, 796	33, 854	33, 903	34, 007	34, 076	34, 144
うち 75 歳以上 and over	16, 272	16, 313	16, 358	16, 377	16, 470	16, 529	16, 591
うち 85 歳以上 and over	4, 931	4, 951	4, 975	4, 979	5, 031	5, 060	5, 105
	割合（単位　%）－日本人人口						
15 歳未満 Under	12. 6	12. 6	12. 6	12. 6	12. 6	12. 6	12. 6
15 ～ 64	60. 5	60. 4	60. 4	60. 4	60. 3	60. 2	60. 2
65 歳以上 and over	26. 9	27. 0	27. 0	27. 0	27. 2	27. 2	27. 3
うち 75 歳以上 and over	13. 0	13. 0	13. 1	13. 1	13. 2	13. 2	13. 3
うち 85 歳以上 and over	3. 9	4. 0	4. 0	4. 0	4. 0	4. 0	4. 1

＊　総務省統計局「国勢調査」（年齢・国籍不詳をあん分した人口）

人 口 及 び 割 合－総人口，日本人人口（各月１日現在）
Monthly Estimates - Total population, Japanese population, the First Day, Each Month

Both sexes								
2016年5月 May 2016	2016年6月 June 2016	2016年7月 July 2016	2016年8月 August 2016	2016年9月 September 2016	2016年10月 October 2016	2016年11月 November 2016	2016年12月 December 2016	2017年1月 January 2017
Total population (thousand persons)								
126,988	127,042	127,076	127,067	127,002	127,042	127,055	127,044	126,955
4,993	4,992	4,991	4,988	4,980	4,976	4,973	4,968	4,963
5,321	5,318	5,324	5,321	5,310	5,311	5,306	5,301	5,298
5,561	5,555	5,555	5,548	5,533	5,522	5,512	5,507	5,507
6,057	6,052	6,049	6,041	6,031	6,029	6,030	6,026	6,020
6,131	6,145	6,156	6,163	6,142	6,166	6,181	6,186	6,176
6,453	6,459	6,450	6,437	6,424	6,422	6,421	6,416	6,383
7,325	7,324	7,315	7,303	7,289	7,279	7,271	7,266	7,243
8,236	8,220	8,200	8,171	8,150	8,134	8,119	8,102	8,075
9,781	9,778	9,772	9,758	9,740	9,727	9,709	9,693	9,672
8,991	9,056	9,117	9,178	9,236	9,294	9,348	9,390	9,423
7,980	7,962	7,951	7,938	7,924	7,912	7,902	7,900	7,902
7,554	7,554	7,550	7,551	7,551	7,550	7,545	7,541	7,549
8,271	8,251	8,233	8,202	8,176	8,160	8,140	8,113	8,082
10,213	10,249	10,267	10,283	10,286	10,269	10,249	10,231	10,237
7,442	7,417	7,403	7,394	7,389	7,400	7,409	7,414	7,411
6,413	6,425	6,444	6,469	6,495	6,521	6,548	6,575	6,600
5,139	5,146	5,152	5,160	5,169	5,179	5,184	5,191	5,192
3,239	3,241	3,246	3,255	3,264	3,272	3,279	3,282	3,281
1,441	1,448	1,453	1,458	1,463	1,469	1,477	1,485	1,485
381	381	381	382	383	384	387	390	389
67	67	67	66	66	66	66	67	67
15,875	15,865	15,869	15,857	15,823	15,809	15,791	15,777	15,768
76,779	76,802	76,794	76,743	76,664	76,673	76,666	76,632	76,526
34,334	34,375	34,413	34,467	34,515	34,560	34,599	34,634	34,661
16,680	16,709	16,742	16,790	16,840	16,891	16,941	16,989	17,014
5,128	5,137	5,147	5,161	5,176	5,191	5,209	5,223	5,222
Percentage distribution (%) - Total population								
12.5	12.5	12.5	12.5	12.5	12.4	12.4	12.4	12.4
60.5	60.5	60.4	60.4	60.4	60.4	60.3	60.3	60.3
27.0	27.1	27.1	27.1	27.2	27.2	27.2	27.3	27.3
13.1	13.2	13.2	13.2	13.3	13.3	13.3	13.4	13.4
4.0	4.0	4.0	4.1	4.1	4.1	4.1	4.1	4.1
Japanese population (thousand persons)								
125,140	125,125	125,155	125,177	125,091	125,071	125,044	125,013	125,070
4,927	4,923	4,922	4,922	4,911	4,906	4,902	4,897	4,896
5,268	5,263	5,269	5,271	5,255	5,255	5,250	5,245	5,246
5,513	5,507	5,507	5,502	5,484	5,473	5,463	5,458	5,461
5,969	5,964	5,963	5,958	5,946	5,940	5,937	5,934	5,938
5,895	5,903	5,911	5,919	5,912	5,908	5,909	5,911	5,925
6,203	6,193	6,182	6,170	6,158	6,147	6,136	6,128	6,125
7,113	7,099	7,089	7,079	7,062	7,048	7,037	7,030	7,029
8,055	8,030	8,010	7,986	7,958	7,939	7,921	7,902	7,891
9,621	9,613	9,607	9,598	9,575	9,560	9,541	9,523	9,514
8,842	8,902	8,963	9,026	9,079	9,135	9,187	9,227	9,269
7,861	7,839	7,828	7,816	7,801	7,787	7,777	7,773	7,782
7,471	7,469	7,465	7,465	7,465	7,463	7,457	7,452	7,463
8,206	8,185	8,167	8,136	8,110	8,093	8,072	8,044	8,015
10,161	10,197	10,215	10,231	10,234	10,216	10,196	10,177	10,184
7,407	7,382	7,368	7,359	7,354	7,364	7,373	7,378	7,375
6,388	6,400	6,418	6,443	6,469	6,495	6,522	6,548	6,573
5,123	5,131	5,136	5,145	5,154	5,163	5,168	5,175	5,176
3,232	3,233	3,238	3,247	3,256	3,264	3,271	3,274	3,273
1,438	1,445	1,450	1,454	1,460	1,466	1,474	1,481	1,482
380	380	380	381	382	383	386	389	389
67	67	66	66	66	66	66	67	66
15,708	15,693	15,698	15,695	15,650	15,635	15,614	15,600	15,603
75,236	75,197	75,184	75,155	75,066	75,019	74,974	74,924	74,949
34,195	34,235	34,273	34,327	34,375	34,417	34,456	34,490	34,517
16,627	16,656	16,689	16,737	16,787	16,837	16,887	16,934	16,959
5,116	5,125	5,135	5,149	5,164	5,179	5,197	5,211	5,210
Percentage distribution (%) - Japanese population								
12.6	12.5	12.5	12.5	12.5	12.5	12.5	12.5	12.5
60.1	60.1	60.1	60.0	60.0	60.0	60.0	59.9	59.9
27.3	27.4	27.4	27.4	27.5	27.5	27.6	27.6	27.6
13.3	13.3	13.3	13.4	13.4	13.5	13.5	13.5	13.6
4.1	4.1	4.1	4.1	4.1	4.1	4.2	4.2	4.2

* Statistics Bureau, Ministry of Internal Affairs and Communications, "Population Census"

(Unknown age and nationality population is included after being prorated to each age and nationality population.)

第2表　年齢（5歳階級），男女，月別
Table 2. Population and Percentage distribution by Age (Five-Year Groups) and Sex,

年齢階級 Age groups	男女計						
	2017年2月 February 2017	2017年3月 March 2017	2017年4月 April 2017	2017年5月 May 2017	2017年6月 June 2017	2017年7月 July 2017	2017年8月 August 2017
	総人口（単位 千人）						
総数 Total	126,933	126,906	126,920	126,893	126,943	126,972	126,949
0 ～ 4 歳 years old	4,957	4,953	4,954	4,950	4,948	4,946	4,938
5 ～ 9	5,294	5,294	5,294	5,285	5,282	5,285	5,281
10 ～ 14	5,500	5,492	5,490	5,480	5,475	5,476	5,468
15 ～ 19	6,016	6,011	6,011	6,019	6,011	6,005	5,997
20 ～ 24	6,186	6,175	6,194	6,213	6,230	6,240	6,246
25 ～ 29	6,384	6,388	6,383	6,370	6,376	6,369	6,359
30 ～ 34	7,239	7,235	7,232	7,216	7,219	7,207	7,191
35 ～ 39	8,062	8,049	8,030	7,999	7,984	7,968	7,946
40 ～ 44	9,642	9,612	9,587	9,564	9,553	9,540	9,517
45 ～ 49	9,408	9,402	9,390	9,390	9,404	9,426	9,443
50 ～ 54	7,930	7,957	7,994	8,019	8,055	8,089	8,121
55 ～ 59	7,543	7,549	7,557	7,563	7,570	7,572	7,579
60 ～ 64	8,037	7,994	7,955	7,929	7,909	7,887	7,862
65 ～ 69	10,195	10,178	10,151	10,127	10,098	10,062	10,015
70 ～ 74	7,431	7,447	7,470	7,504	7,540	7,580	7,629
75 ～ 79	6,627	6,644	6,648	6,662	6,670	6,682	6,702
80 ～ 84	5,219	5,232	5,240	5,249	5,254	5,258	5,264
85 ～ 89	3,296	3,310	3,333	3,344	3,355	3,363	3,374
90 ～ 94	1,503	1,515	1,532	1,535	1,538	1,540	1,544
95 ～ 99	396	400	406	406	405	405	405
100 歳以上 and over	68	68	70	69	69	69	68
(再掲) Regrouped							
15 歳未満 Under	15,752	15,739	15,737	15,714	15,704	15,707	15,687
15 ～ 64	76,446	76,372	76,334	76,282	76,310	76,305	76,261
65 歳以上 and over	34,735	34,794	34,850	34,896	34,929	34,960	35,002
うち 75 歳以上 and over	17,108	17,169	17,229	17,266	17,291	17,318	17,357
うち 85 歳以上 and over	5,262	5,293	5,340	5,354	5,367	5,377	5,391
	割合（単位 %）－総人口						
15 歳未満 Under	12.4	12.4	12.4	12.4	12.4	12.4	12.4
15 ～ 64	60.2	60.2	60.1	60.1	60.1	60.1	60.1
65 歳以上 and over	27.4	27.4	27.5	27.5	27.5	27.5	27.6
うち 75 歳以上 and over	13.5	13.5	13.6	13.6	13.6	13.6	13.7
うち 85 歳以上 and over	4.1	4.2	4.2	4.2	4.2	4.2	4.2
	日本人人口（単位 千人）						
総数 Total	124,964	124,900	124,886	124,835	124,821	124,848	124,857
0 ～ 4 歳 years old	4,890	4,882	4,882	4,879	4,874	4,873	4,867
5 ～ 9	5,238	5,237	5,237	5,227	5,222	5,226	5,227
10 ～ 14	5,450	5,442	5,440	5,429	5,423	5,425	5,420
15 ～ 19	5,928	5,926	5,923	5,919	5,911	5,907	5,903
20 ～ 24	5,924	5,921	5,922	5,921	5,930	5,939	5,946
25 ～ 29	6,110	6,102	6,090	6,080	6,071	6,062	6,052
30 ～ 34	7,012	6,998	6,993	6,983	6,973	6,962	6,948
35 ～ 39	7,866	7,847	7,828	7,799	7,775	7,759	7,742
40 ～ 44	9,477	9,443	9,420	9,397	9,381	9,369	9,351
45 ～ 49	9,249	9,240	9,229	9,229	9,238	9,261	9,280
50 ～ 54	7,806	7,830	7,867	7,892	7,925	7,958	7,991
55 ～ 59	7,455	7,459	7,467	7,473	7,478	7,480	7,486
60 ～ 64	7,969	7,925	7,886	7,860	7,838	7,817	7,791
65 ～ 69	10,142	10,124	10,097	10,073	10,043	10,007	9,961
70 ～ 74	7,395	7,410	7,434	7,467	7,502	7,542	7,592
75 ～ 79	6,600	6,617	6,621	6,635	6,642	6,655	6,675
80 ～ 84	5,203	5,216	5,224	5,233	5,238	5,242	5,247
85 ～ 89	3,288	3,302	3,325	3,336	3,347	3,355	3,366
90 ～ 94	1,500	1,511	1,528	1,532	1,535	1,537	1,540
95 ～ 99	395	399	405	405	404	404	404
100 歳以上 and over	67	68	70	69	69	69	68
(再掲) Regrouped							
15 歳未満 Under	15,578	15,561	15,559	15,534	15,519	15,523	15,514
15 ～ 64	74,796	74,691	74,625	74,552	74,522	74,513	74,490
65 歳以上 and over	34,590	34,648	34,703	34,749	34,780	34,811	34,853
うち 75 歳以上 and over	17,053	17,114	17,173	17,209	17,235	17,262	17,300
うち 85 歳以上 and over	5,250	5,280	5,328	5,342	5,355	5,365	5,379
	割合（単位 %）－日本人人口						
15 歳未満 Under	12.5	12.5	12.5	12.4	12.4	12.4	12.4
15 ～ 64	59.9	59.8	59.8	59.7	59.7	59.7	59.7
65 歳以上 and over	27.7	27.7	27.8	27.8	27.9	27.9	27.9
うち 75 歳以上 and over	13.6	13.7	13.8	13.8	13.8	13.8	13.9
うち 85 歳以上 and over	4.2	4.2	4.3	4.3	4.3	4.3	4.3

人 口 及 び 割 合－総人口，日本人人口（各月１日現在）（続き）
Monthly Estimates - Total population, Japanese population, the First Day, Each Month - Continued

Both sexes								
2017年9月 September 2017	2017年10月 October 2017	2017年11月 November 2017	2017年12月 December 2017	2018年1月 January 2018	2018年2月 February 2018	2018年3月 March 2018	2018年4月 April 2018	2018年5月 May 2018
Total population (thousand persons)								
126,881	126,919	126,934	126,922	126,825	126,851	126,743	126,760	126,732
4,929	4,926	4,918	4,910	4,903	4,899	4,893	4,891	4,884
5,269	5,267	5,260	5,257	5,256	5,250	5,242	5,240	5,231
5,455	5,448	5,446	5,446	5,445	5,439	5,439	5,439	5,433
5,985	5,983	5,983	5,978	5,970	5,966	5,954	5,948	5,955
6,223	6,245	6,259	6,266	6,257	6,279	6,247	6,269	6,292
6,346	6,349	6,354	6,350	6,318	6,344	6,326	6,331	6,320
7,173	7,158	7,148	7,140	7,110	7,110	7,094	7,082	7,057
7,932	7,919	7,904	7,892	7,870	7,864	7,847	7,836	7,817
9,491	9,470	9,447	9,425	9,394	9,360	9,326	9,295	9,259
9,462	9,484	9,506	9,525	9,545	9,562	9,575	9,592	9,602
8,148	8,173	8,192	8,212	8,232	8,229	8,232	8,244	8,258
7,587	7,603	7,616	7,622	7,630	7,623	7,628	7,632	7,639
7,836	7,807	7,777	7,755	7,738	7,710	7,687	7,667	7,656
9,961	9,910	9,858	9,813	9,786	9,710	9,650	9,597	9,554
7,682	7,733	7,783	7,820	7,850	7,914	7,962	8,000	8,042
6,717	6,728	6,729	6,723	6,725	6,730	6,743	6,756	6,775
5,275	5,288	5,297	5,307	5,316	5,329	5,338	5,341	5,349
3,385	3,398	3,414	3,431	3,433	3,460	3,472	3,487	3,494
1,549	1,556	1,562	1,569	1,567	1,582	1,592	1,609	1,612
406	407	410	412	411	419	424	433	434
68	68	69	69	69	70	70	72	71
15,654	15,641	15,624	15,613	15,604	15,589	15,574	15,570	15,547
76,183	76,190	76,187	76,164	76,065	76,049	75,918	75,896	75,853
35,044	35,087	35,123	35,145	35,157	35,214	35,251	35,294	35,331
17,400	17,444	17,482	17,511	17,521	17,591	17,639	17,697	17,735
5,408	5,429	5,455	5,481	5,480	5,532	5,558	5,600	5,611
Percentage distribution (%) - Total population								
12.3	12.3	12.3	12.3	12.3	12.3	12.3	12.3	12.3
60.0	60.0	60.0	60.0	60.0	60.0	59.9	59.9	59.9
27.6	27.6	27.7	27.7	27.7	27.8	27.8	27.8	27.9
13.7	13.7	13.8	13.8	13.8	13.9	13.9	14.0	14.0
4.3	4.3	4.3	4.3	4.3	4.4	4.4	4.4	4.4
Japanese population (thousand persons)								
124,770	124,745	124,713	124,678	124,732	124,602	124,547	124,526	124,471
4,856	4,852	4,843	4,835	4,832	4,825	4,819	4,815	4,809
5,210	5,206	5,199	5,195	5,199	5,187	5,180	5,179	5,168
5,404	5,396	5,394	5,393	5,395	5,385	5,385	5,386	5,378
5,889	5,883	5,879	5,875	5,878	5,867	5,861	5,854	5,845
5,938	5,929	5,927	5,930	5,946	5,943	5,942	5,942	5,943
6,041	6,035	6,028	6,020	6,019	6,010	6,003	5,997	5,990
6,927	6,909	6,895	6,883	6,876	6,852	6,839	6,824	6,805
7,721	7,704	7,686	7,672	7,667	7,643	7,627	7,615	7,599
9,319	9,297	9,272	9,248	9,229	9,183	9,150	9,120	9,084
9,295	9,316	9,336	9,354	9,383	9,391	9,405	9,423	9,433
8,016	8,039	8,058	8,076	8,101	8,093	8,096	8,107	8,122
7,494	7,508	7,520	7,524	7,535	7,525	7,530	7,532	7,539
7,765	7,735	7,705	7,682	7,666	7,637	7,614	7,593	7,582
9,907	9,855	9,803	9,758	9,731	9,654	9,594	9,541	9,498
7,644	7,694	7,744	7,781	7,810	7,874	7,922	7,960	8,002
6,690	6,700	6,701	6,695	6,697	6,702	6,714	6,727	6,746
5,258	5,271	5,280	5,290	5,298	5,311	5,320	5,323	5,331
3,377	3,390	3,405	3,423	3,425	3,452	3,463	3,478	3,485
1,546	1,552	1,559	1,565	1,564	1,579	1,589	1,605	1,608
405	406	409	411	410	418	423	432	433
68	68	69	69	69	70	70	72	71
15,470	15,454	15,436	15,423	15,427	15,398	15,384	15,380	15,355
74,406	74,355	74,307	74,263	74,302	74,145	74,068	74,008	73,942
34,894	34,936	34,970	34,991	35,003	35,059	35,096	35,138	35,174
17,343	17,386	17,423	17,452	17,462	17,532	17,580	17,637	17,675
5,396	5,416	5,442	5,468	5,467	5,519	5,545	5,587	5,598
Percentage distribution (%) - Japanese population								
12.4	12.4	12.4	12.4	12.4	12.4	12.4	12.4	12.3
59.6	59.6	59.6	59.6	59.6	59.5	59.5	59.4	59.4
28.0	28.0	28.0	28.1	28.1	28.1	28.2	28.2	28.3
13.9	13.9	14.0	14.0	14.0	14.1	14.1	14.2	14.2
4.3	4.3	4.4	4.4	4.4	4.4	4.5	4.5	4.5

第2表　年齢（5歳階級），男女，月別
Table 2. Population and Percentage distribution by Age (Five-Year Groups) and Sex,

年齢階級 Age groups		男女計					
	2018年6月 June 2018	2018年7月 July 2018	2018年8月 August 2018	2018年9月 September 2018	2018年10月 October 2018	2018年11月 November 2018	2018年12月 December 2018
	総人口（単位 千人）						
総数 Total	126, 783	126, 811	126, 785	126, 714	126, 749	126, 765	126, 753
0 ～ 4 歳 years old	4, 881	4, 878	4, 868	4, 855	4, 845	4, 833	4, 825
5 ～ 9	5, 227	5, 231	5, 225	5, 216	5, 212	5, 207	5, 204
10 ～ 14	5, 430	5, 432	5, 427	5, 417	5, 417	5, 415	5, 413
15 ～ 19	5, 947	5, 940	5, 929	5, 911	5, 901	5, 901	5, 895
20 ～ 24	6, 305	6, 317	6, 325	6, 301	6, 331	6, 353	6, 358
25 ～ 29	6, 331	6, 328	6, 322	6, 309	6, 307	6, 303	6, 299
30 ～ 34	7, 054	7, 044	7, 026	7, 015	7, 008	7, 005	7, 000
35 ～ 39	7, 806	7, 791	7, 771	7, 759	7, 750	7, 738	7, 728
40 ～ 44	9, 240	9, 220	9, 190	9, 159	9, 134	9, 105	9, 080
45 ～ 49	9, 627	9, 653	9, 672	9, 690	9, 711	9, 731	9, 746
50 ～ 54	8, 283	8, 309	8, 339	8, 363	8, 386	8, 408	8, 431
55 ～ 59	7, 647	7, 651	7, 656	7, 664	7, 670	7, 669	7, 666
60 ～ 64	7, 646	7, 637	7, 621	7, 605	7, 597	7, 600	7, 600
65 ～ 69	9, 517	9, 481	9, 446	9, 404	9, 356	9, 297	9, 238
70 ～ 74	8, 086	8, 124	8, 158	8, 185	8, 210	8, 238	8, 271
75 ～ 79	6, 787	6, 806	6, 834	6, 872	6, 913	6, 948	6, 973
80 ～ 84	5, 349	5, 346	5, 343	5, 341	5, 338	5, 330	5, 324
85 ～ 89	3, 498	3, 501	3, 504	3, 510	3, 516	3, 523	3, 529
90 ～ 94	1, 615	1, 619	1, 625	1, 631	1, 639	1, 648	1, 657
95 ～ 99	434	434	435	436	437	441	445
100 歳以上 and over	71	71	71	70	70	70	71
(再掲) Regrouped							
15 歳未満 Under	15, 538	15, 541	15, 520	15, 488	15, 473	15, 456	15, 443
15 ～ 64	75, 887	75, 888	75, 850	75, 776	75, 796	75, 814	75, 803
65 歳以上 and over	35, 357	35, 381	35, 415	35, 450	35, 479	35, 496	35, 508
うち 75 歳以上 and over	17, 755	17, 776	17, 812	17, 861	17, 913	17, 960	17, 999
うち 85 歳以上 and over	5, 619	5, 625	5, 635	5, 647	5, 662	5, 682	5, 702
	割合（単位 %）－総人口						
15 歳未満 Under	12. 3	12. 3	12. 2	12. 2	12. 2	12. 2	12. 2
15 ～ 64	59. 9	59. 8	59. 8	59. 8	59. 8	59. 8	59. 8
65 歳以上 and over	27. 9	27. 9	27. 9	28. 0	28. 0	28. 0	28. 0
うち 75 歳以上 and over	14. 0	14. 0	14. 0	14. 1	14. 1	14. 2	14. 2
うち 85 歳以上 and over	4. 4	4. 4	4. 4	4. 5	4. 5	4. 5	4. 5
	日本人人口（単位 千人）						
総数 Total	124, 450	124, 471	124, 477	124, 387	124, 349	124, 315	124, 279
0 ～ 4 歳 years old	4, 803	4, 801	4, 793	4, 778	4, 767	4, 755	4, 747
5 ～ 9	5, 163	5, 166	5, 166	5, 152	5, 146	5, 141	5, 137
10 ～ 14	5, 375	5, 377	5, 376	5, 361	5, 360	5, 358	5, 357
15 ～ 19	5, 838	5, 832	5, 826	5, 806	5, 793	5, 787	5, 782
20 ～ 24	5, 949	5, 958	5, 968	5, 960	5, 957	5, 961	5, 961
25 ～ 29	5, 984	5, 978	5, 971	5, 958	5, 946	5, 931	5, 922
30 ～ 34	6, 789	6, 776	6, 760	6, 746	6, 734	6, 725	6, 716
35 ～ 39	7, 578	7, 562	7, 548	7, 529	7, 517	7, 502	7, 489
40 ～ 44	9, 059	9, 040	9, 014	8, 978	8, 950	8, 919	8, 892
45 ～ 49	9, 454	9, 479	9, 501	9, 516	9, 535	9, 554	9, 568
50 ～ 54	8, 144	8, 169	8, 199	8, 222	8, 243	8, 263	8, 285
55 ～ 59	7, 545	7, 548	7, 553	7, 560	7, 564	7, 562	7, 557
60 ～ 64	7, 571	7, 561	7, 546	7, 529	7, 520	7, 522	7, 522
65 ～ 69	9, 460	9, 424	9, 389	9, 347	9, 299	9, 239	9, 179
70 ～ 74	8, 045	8, 083	8, 117	8, 144	8, 169	8, 196	8, 229
75 ～ 79	6, 758	6, 777	6, 805	6, 843	6, 883	6, 918	6, 943
80 ～ 84	5, 331	5, 327	5, 325	5, 323	5, 319	5, 311	5, 305
85 ～ 89	3, 490	3, 492	3, 496	3, 501	3, 507	3, 514	3, 520
90 ～ 94	1, 612	1, 616	1, 621	1, 628	1, 636	1, 644	1, 653
95 ～ 99	433	433	434	435	436	440	444
100 歳以上 and over	71	71	70	70	70	70	71
(再掲) Regrouped							
15 歳未満 Under	15, 340	15, 344	15, 335	15, 292	15, 273	15, 254	15, 240
15 ～ 64	73, 910	73, 904	73, 885	73, 805	73, 758	73, 727	73, 694
65 歳以上 and over	35, 199	35, 223	35, 256	35, 290	35, 318	35, 333	35, 345
うち 75 歳以上 and over	17, 694	17, 716	17, 751	17, 799	17, 851	17, 898	17, 937
うち 85 歳以上 and over	5, 605	5, 611	5, 621	5, 634	5, 648	5, 669	5, 688
	割合（単位 %）－日本人人口						
15 歳未満 Under	12. 3	12. 3	12. 3	12. 3	12. 3	12. 3	12. 3
15 ～ 64	59. 4	59. 4	59. 4	59. 3	59. 3	59. 3	59. 3
65 歳以上 and over	28. 3	28. 3	28. 3	28. 4	28. 4	28. 4	28. 4
うち 75 歳以上 and over	14. 2	14. 2	14. 3	14. 3	14. 4	14. 4	14. 4
うち 85 歳以上 and over	4. 5	4. 5	4. 5	4. 5	4. 5	4. 6	4. 6

人　口　及　び　割　合－総人口，日本人人口（各月１日現在）（続き）
Monthly Estimates - Total population, Japanese population, the First Day, Each Month - Continued

Both sexes								
2019年1月 January 2019	2019年2月 February 2019	2019年3月 March 2019	2019年4月 April 2019	2019年5月 May 2019	2019年6月 June 2019	2019年7月 July 2019	2019年8月 August 2019	2019年9月 September 2019
Total population (thousand persons)								
126,641	126,642	126,587	126,600	126,534	126,612	126,633	126,593	126,513
4,812	4,804	4,796	4,791	4,780	4,776	4,768	4,754	4,741
5,201	5,193	5,187	5,182	5,171	5,170	5,173	5,165	5,154
5,415	5,411	5,404	5,401	5,394	5,392	5,396	5,391	5,382
5,887	5,882	5,873	5,871	5,877	5,871	5,866	5,858	5,840
6,346	6,358	6,338	6,355	6,368	6,376	6,379	6,374	6,337
6,266	6,289	6,293	6,303	6,291	6,317	6,324	6,328	6,329
6,967	6,967	6,954	6,942	6,915	6,920	6,908	6,884	6,866
7,705	7,699	7,694	7,688	7,669	7,669	7,657	7,644	7,638
9,046	9,014	8,983	8,952	8,912	8,893	8,872	8,833	8,800
9,758	9,758	9,763	9,769	9,767	9,783	9,801	9,821	9,841
8,455	8,468	8,480	8,495	8,512	8,537	8,558	8,577	8,592
7,670	7,656	7,656	7,658	7,661	7,673	7,688	7,706	7,722
7,593	7,576	7,561	7,555	7,560	7,567	7,564	7,554	7,542
9,209	9,120	9,069	9,009	8,954	8,900	8,852	8,803	8,753
8,293	8,350	8,373	8,405	8,435	8,472	8,510	8,559	8,606
6,999	7,021	7,059	7,087	7,125	7,152	7,171	7,187	7,203
5,313	5,326	5,328	5,320	5,316	5,310	5,307	5,306	5,307
3,533	3,549	3,559	3,573	3,580	3,585	3,589	3,595	3,602
1,657	1,674	1,685	1,702	1,706	1,710	1,713	1,716	1,720
445	454	460	468	466	465	464	465	466
71	72	72	74	74	73	73	73	72
15,428	15,407	15,387	15,374	15,345	15,338	15,337	15,310	15,277
75,694	75,668	75,596	75,588	75,532	75,607	75,618	75,580	75,506
35,520	35,566	35,604	35,638	35,657	35,667	35,678	35,703	35,729
18,018	18,095	18,162	18,224	18,268	18,295	18,316	18,342	18,370
5,706	5,748	5,776	5,817	5,826	5,833	5,838	5,848	5,860
Percentage distribution (%) - Total population								
12.2	12.2	12.2	12.1	12.1	12.1	12.1	12.1	12.1
59.8	59.7	59.7	59.7	59.7	59.7	59.7	59.7	59.7
28.0	28.1	28.1	28.1	28.2	28.2	28.2	28.2	28.2
14.2	14.3	14.3	14.4	14.4	14.4	14.5	14.5	14.5
4.5	4.5	4.6	4.6	4.6	4.6	4.6	4.6	4.6
Japanese population (thousand persons)								
124,329	124,196	124,133	124,103	124,045	124,020	124,030	124,031	123,928
4,739	4,728	4,718	4,711	4,703	4,695	4,687	4,676	4,661
5,139	5,125	5,118	5,115	5,103	5,099	5,102	5,101	5,083
5,361	5,353	5,347	5,344	5,337	5,332	5,337	5,337	5,323
5,786	5,774	5,770	5,765	5,757	5,750	5,748	5,743	5,724
5,977	5,972	5,967	5,962	5,958	5,957	5,959	5,958	5,941
5,924	5,916	5,916	5,916	5,916	5,917	5,920	5,925	5,926
6,706	6,684	6,664	6,646	6,632	6,616	6,601	6,578	6,555
7,485	7,463	7,453	7,446	7,434	7,421	7,408	7,402	7,388
8,871	8,827	8,794	8,763	8,726	8,699	8,677	8,643	8,603
9,590	9,583	9,586	9,593	9,593	9,604	9,621	9,644	9,661
8,315	8,323	8,332	8,347	8,365	8,386	8,406	8,426	8,439
7,564	7,548	7,547	7,548	7,551	7,560	7,573	7,591	7,606
7,516	7,498	7,482	7,476	7,481	7,486	7,483	7,473	7,460
9,151	9,062	9,010	8,950	8,895	8,840	8,792	8,743	8,693
8,251	8,308	8,330	8,362	8,392	8,428	8,466	8,514	8,561
6,969	6,991	7,028	7,056	7,094	7,121	7,140	7,156	7,171
5,294	5,307	5,308	5,300	5,297	5,290	5,287	5,287	5,288
3,524	3,539	3,550	3,564	3,570	3,575	3,579	3,585	3,592
1,654	1,670	1,681	1,698	1,702	1,706	1,709	1,712	1,716
444	453	459	467	465	464	463	464	465
71	71	72	74	74	73	73	72	72
15,239	15,207	15,183	15,170	15,142	15,127	15,126	15,114	15,067
73,733	73,588	73,511	73,462	73,413	73,395	73,396	73,383	73,302
35,357	35,401	35,438	35,471	35,490	35,498	35,509	35,534	35,559
17,955	18,032	18,098	18,160	18,203	18,230	18,251	18,276	18,304
5,692	5,734	5,761	5,803	5,812	5,819	5,824	5,833	5,845
Percentage distribution (%) - Japanese population								
12.3	12.2	12.2	12.2	12.2	12.2	12.2	12.2	12.2
59.3	59.3	59.2	59.2	59.2	59.2	59.2	59.2	59.1
28.4	28.5	28.5	28.6	28.6	28.6	28.6	28.6	28.7
14.4	14.5	14.6	14.6	14.7	14.7	14.7	14.7	14.8
4.6	4.6	4.6	4.7	4.7	4.7	4.7	4.7	4.7

第2表　年　齢　（5　歳　階　級），男　女，月　別
Table 2. Population and Percentage distribution by Age (Five-Year Groups) and Sex,

年齢階級 Age groups	男女計 2019年10月 October 2019	2019年11月 November 2019	2019年12月 December 2019	2020年1月 January 2020	2020年2月 February 2020	2020年3月 March 2020
	総人口（単位　千人）					
総数 Total	126, 555	126, 553	126, 540	126, 387	126, 409	126, 370
0 ～ 4 歳 years old	4, 727	4, 710	4, 696	4, 675	4, 662	4, 650
5 ～ 9	5, 154	5, 150	5, 146	5, 144	5, 142	5, 139
10 ～ 14	5, 378	5, 378	5, 373	5, 375	5, 371	5, 372
15 ～ 19	5, 837	5, 840	5, 837	5, 828	5, 823	5, 806
20 ～ 24	6, 361	6, 364	6, 362	6, 336	6, 356	6, 355
25 ～ 29	6, 345	6, 358	6, 367	6, 335	6, 364	6, 377
30 ～ 34	6, 852	6, 839	6, 831	6, 795	6, 802	6, 798
35 ～ 39	7, 631	7, 618	7, 611	7, 585	7, 582	7, 571
40 ～ 44	8, 774	8, 747	8, 725	8, 697	8, 670	8, 644
45 ～ 49	9, 862	9, 881	9, 895	9, 895	9, 885	9, 879
50 ～ 54	8, 606	8, 616	8, 629	8, 641	8, 646	8, 647
55 ～ 59	7, 740	7, 754	7, 768	7, 788	7, 787	7, 794
60 ～ 64	7, 533	7, 522	7, 511	7, 503	7, 474	7, 463
65 ～ 69	8, 698	8, 642	8, 591	8, 542	8, 506	8, 462
70 ～ 74	8, 655	8, 701	8, 750	8, 809	8, 884	8, 920
75 ～ 79	7, 214	7, 222	7, 211	7, 206	7, 149	7, 143
80 ～ 84	5, 314	5, 321	5, 331	5, 330	5, 346	5, 352
85 ～ 89	3, 611	3, 617	3, 622	3, 620	3, 649	3, 669
90 ～ 94	1, 724	1, 730	1, 737	1, 738	1, 753	1, 763
95 ～ 99	468	471	474	473	482	487
100 歳以上 and over	71	72	73	74	76	77
（再掲） Regrouped						
15 歳未満 Under	15, 259	15, 237	15, 215	15, 195	15, 175	15, 160
15 ～ 64	75, 542	75, 539	75, 537	75, 402	75, 389	75, 335
65 歳以上 and over	35, 754	35, 777	35, 789	35, 791	35, 845	35, 874
うち 75 歳以上 and over	18, 402	18, 433	18, 448	18, 440	18, 455	18, 493
うち 85 歳以上 and over	5, 874	5, 891	5, 906	5, 905	5, 960	5, 997
	割合（単位　%）－総人口					
15 歳未満 Under	12. 1	12. 0	12. 0	12. 0	12. 0	12. 0
15 ～ 64	59. 7	59. 7	59. 7	59. 7	59. 6	59. 6
65 歳以上 and over	28. 3	28. 3	28. 3	28. 3	28. 4	28. 4
うち 75 歳以上 and over	14. 5	14. 6	14. 6	14. 6	14. 6	14. 6
うち 85 歳以上 and over	4. 6	4. 7	4. 7	4. 7	4. 7	4. 7
	日本人人口（単位　千人）					
総数 Total	123, 886	123, 843	123, 800	123, 840	123, 703	123, 610
0 ～ 4 歳 years old	4, 645	4, 627	4, 613	4, 599	4, 582	4, 567
5 ～ 9	5, 081	5, 077	5, 072	5, 077	5, 068	5, 063
10 ～ 14	5, 318	5, 318	5, 313	5, 319	5, 311	5, 311
15 ～ 19	5, 716	5, 712	5, 711	5, 715	5, 702	5, 689
20 ～ 24	5, 927	5, 915	5, 908	5, 916	5, 914	5, 917
25 ～ 29	5, 930	5, 934	5, 936	5, 944	5, 940	5, 939
30 ～ 34	6, 535	6, 517	6, 504	6, 496	6, 477	6, 459
35 ～ 39	7, 377	7, 362	7, 352	7, 348	7, 325	7, 307
40 ～ 44	8, 573	8, 545	8, 521	8, 507	8, 466	8, 435
45 ～ 49	9, 679	9, 698	9, 710	9, 720	9, 702	9, 693
50 ～ 54	8, 451	8, 461	8, 471	8, 491	8, 489	8, 486
55 ～ 59	7, 622	7, 635	7, 648	7, 672	7, 667	7, 671
60 ～ 64	7, 451	7, 440	7, 427	7, 421	7, 391	7, 378
65 ～ 69	8, 637	8, 581	8, 530	8, 481	8, 444	8, 399
70 ～ 74	8, 610	8, 655	8, 704	8, 763	8, 838	8, 873
75 ～ 79	7, 183	7, 190	7, 179	7, 174	7, 117	7, 111
80 ～ 84	5, 294	5, 301	5, 311	5, 309	5, 326	5, 331
85 ～ 89	3, 601	3, 607	3, 612	3, 610	3, 639	3, 658
90 ～ 94	1, 720	1, 726	1, 733	1, 734	1, 749	1, 759
95 ～ 99	467	470	473	472	481	486
100 歳以上 and over	71	72	73	73	76	77
（再掲） Regrouped						
15 歳未満 Under	15, 045	15, 021	14, 999	14, 995	14, 961	14, 941
15 ～ 64	73, 260	73, 219	73, 187	73, 229	73, 074	72, 974
65 歳以上 and over	35, 582	35, 603	35, 614	35, 616	35, 668	35, 695
うち 75 歳以上 and over	18, 335	18, 366	18, 380	18, 372	18, 387	18, 424
うち 85 歳以上 and over	5, 859	5, 876	5, 891	5, 889	5, 944	5, 981
	割合（単位　%）－日本人人口					
15 歳未満 Under	12. 1	12. 1	12. 1	12. 1	12. 1	12. 1
15 ～ 64	59. 1	59. 1	59. 1	59. 1	59. 1	59. 0
65 歳以上 and over	28. 7	28. 7	28. 8	28. 8	28. 8	28. 9
うち 75 歳以上 and over	14. 8	14. 8	14. 8	14. 8	14. 9	14. 9
うち 85 歳以上 and over	4. 7	4. 7	4. 8	4. 8	4. 8	4. 8

＊　総務省統計局「国勢調査」（不詳補完値）

人　口　及　び　割　合－総人口，日本人人口（各月１日現在）（続き）
Monthly Estimates - Total population, Japanese population, the First Day, Each Month - Continued

2020年4月 April 2020	2020年5月 May 2020	2020年6月 June 2020	2020年7月 July 2020	2020年8月 August 2020	2020年9月 September 2020	2020年10月 October 2020 *
Both sexes						
Total population (thousand persons)						
126, 342	126, 310	126, 279	126, 261	126, 239	126, 187	126, 146
4, 634	4, 620	4, 604	4, 590	4, 573	4, 558	4, 541
5, 136	5, 134	5, 132	5, 127	5, 126	5, 119	5, 114
5, 373	5, 374	5, 373	5, 377	5, 379	5, 377	5, 376
5, 795	5, 783	5, 766	5, 755	5, 739	5, 721	5, 706
6, 361	6, 356	6, 351	6, 343	6, 334	6, 323	6, 320
6, 380	6, 379	6, 378	6, 381	6, 383	6, 383	6, 384
6, 791	6, 782	6, 774	6, 763	6, 746	6, 731	6, 714
7, 559	7, 549	7, 538	7, 529	7, 523	7, 512	7, 498
8, 617	8, 590	8, 567	8, 546	8, 521	8, 497	8, 476
9, 874	9, 869	9, 869	9, 869	9, 868	9, 867	9, 868
8, 653	8, 667	8, 689	8, 709	8, 730	8, 738	8, 738
7, 805	7, 818	7, 833	7, 855	7, 882	7, 910	7, 940
7, 460	7, 460	7, 458	7, 458	7, 456	7, 448	7, 442
8, 422	8, 396	8, 371	8, 342	8, 305	8, 273	8, 236
8, 953	8, 984	9, 012	9, 053	9, 103	9, 144	9, 189
7, 130	7, 129	7, 127	7, 109	7, 092	7, 082	7, 065
5, 354	5, 364	5, 369	5, 380	5, 391	5, 397	5, 404
3, 688	3, 697	3, 705	3, 710	3, 716	3, 727	3, 742
1, 780	1, 784	1, 787	1, 790	1, 796	1, 803	1, 811
496	496	496	496	497	498	500
80	80	80	80	80	80	80
15, 143	15, 128	15, 110	15, 093	15, 077	15, 054	15, 032
75, 296	75, 253	75, 223	75, 209	75, 181	75, 130	75, 088
35, 903	35, 929	35, 946	35, 959	35, 980	36, 004	36, 027
18, 528	18, 549	18, 563	18, 565	18, 572	18, 586	18, 602
6, 043	6, 056	6, 067	6, 076	6, 089	6, 107	6, 133
Percentage distribution (%) - Total population						
12. 0	12. 0	12. 0	12. 0	11. 9	11. 9	11. 9
59. 6	59. 6	59. 6	59. 6	59. 6	59. 5	59. 5
28. 4	28. 4	28. 5	28. 5	28. 5	28. 5	28. 6
14. 7	14. 7	14. 7	14. 7	14. 7	14. 7	14. 7
4. 8	4. 8	4. 8	4. 8	4. 8	4. 8	4. 9
Japanese population (thousand persons)						
123, 575	123, 551	123, 521	123, 503	123, 484	123, 437	123, 399
4, 551	4, 537	4, 522	4, 507	4, 490	4, 474	4, 458
5, 061	5, 059	5, 056	5, 051	5, 049	5, 043	5, 037
5, 312	5, 313	5, 312	5, 315	5, 317	5, 316	5, 315
5, 681	5, 674	5, 661	5, 654	5, 643	5, 630	5, 619
5, 925	5, 926	5, 926	5, 922	5, 919	5, 916	5, 916
5, 942	5, 943	5, 942	5, 946	5, 949	5, 950	5, 951
6, 449	6, 439	6, 428	6, 416	6, 397	6, 381	6, 363
7, 294	7, 283	7, 271	7, 261	7, 254	7, 242	7, 229
8, 407	8, 379	8, 355	8, 333	8, 307	8, 281	8, 260
9, 686	9, 681	9, 681	9, 681	9, 680	9, 678	9, 679
8, 490	8, 503	8, 525	8, 543	8, 563	8, 570	8, 569
7, 680	7, 692	7, 706	7, 727	7, 753	7, 780	7, 809
7, 373	7, 373	7, 371	7, 370	7, 367	7, 358	7, 353
8, 358	8, 332	8, 307	8, 277	8, 240	8, 207	8, 170
8, 906	8, 936	8, 965	9, 005	9, 055	9, 096	9, 140
7, 098	7, 096	7, 094	7, 076	7, 059	7, 049	7, 031
5, 334	5, 343	5, 347	5, 359	5, 369	5, 376	5, 382
3, 677	3, 686	3, 694	3, 699	3, 705	3, 716	3, 731
1, 776	1, 780	1, 782	1, 786	1, 792	1, 798	1, 806
495	495	495	495	495	496	499
80	80	80	80	80	80	80
14, 924	14, 909	14, 890	14, 873	14, 857	14, 833	14, 810
72, 929	72, 894	72, 866	72, 854	72, 831	72, 786	72, 749
35, 723	35, 747	35, 764	35, 776	35, 796	35, 818	35, 840
18, 459	18, 479	18, 493	18, 494	18, 501	18, 515	18, 530
6, 027	6, 040	6, 051	6, 059	6, 073	6, 091	6, 117
Percentage distribution (%) - Japanese population						
12. 1	12. 1	12. 1	12. 0	12. 0	12. 0	12. 0
59. 0	59. 0	59. 0	59. 0	59. 0	59. 0	59. 0
28. 9	28. 9	29. 0	29. 0	29. 0	29. 0	29. 0
14. 9	15. 0	15. 0	15. 0	15. 0	15. 0	15. 0
4. 9	4. 9	4. 9	4. 9	4. 9	4. 9	5. 0

* Statistics Bureau, Ministry of Internal Affairs and Communications, "Population Census" (Result with Imputation)

第2表　年　齢　（5　歳　階　級），男　女，月　別
Table 2.　Population and Percentage distribution by Age (Five-Year Groups) and Sex

年齢階級 Age groups	男						
	2015年10月 October 2015 *	2015年11月 November 2015	2015年12月 December 2015	2016年1月 January 2016	2016年2月 February 2016	2016年3月 March 2016	2016年4月 April 2016
	総人口（単位　千人）						
総数 Total	61, 842	61, 845	61, 845	61, 818	61, 820	61, 790	61, 802
0 ～ 4 歳 years old	2, 561	2, 559	2, 557	2, 554	2, 554	2, 555	2, 556
5 ～ 9	2, 725	2, 725	2, 729	2, 732	2, 730	2, 728	2, 730
10 ～ 14	2, 879	2, 873	2, 867	2, 862	2, 857	2, 854	2, 854
15 ～ 19	3, 112	3, 116	3, 116	3, 117	3, 115	3, 109	3, 109
20 ～ 24	3, 122	3, 127	3, 129	3, 125	3, 132	3, 127	3, 136
25 ～ 29	3, 333	3, 329	3, 325	3, 308	3, 312	3, 304	3, 303
30 ～ 34	3, 751	3, 748	3, 745	3, 736	3, 737	3, 732	3, 729
35 ～ 39	4, 268	4, 258	4, 249	4, 232	4, 220	4, 207	4, 193
40 ～ 44	4, 988	4, 988	4, 986	4, 981	4, 975	4, 969	4, 963
45 ～ 49	4, 422	4, 419	4, 423	4, 438	4, 461	4, 483	4, 511
50 ～ 54	4, 029	4, 046	4, 058	4, 066	4, 050	4, 037	4, 022
55 ～ 59	3, 784	3, 780	3, 777	3, 776	3, 769	3, 765	3, 761
60 ～ 64	4, 210	4, 191	4, 172	4, 151	4, 123	4, 101	4, 085
65 ～ 69	4, 723	4, 747	4, 777	4, 809	4, 856	4, 887	4, 918
70 ～ 74	3, 625	3, 611	3, 588	3, 571	3, 531	3, 507	3, 480
75 ～ 79	2, 817	2, 819	2, 819	2, 823	2, 830	2, 837	2, 843
80 ～ 84	2, 015	2, 024	2, 034	2, 039	2, 053	2, 062	2, 067
85 ～ 89	1, 068	1, 072	1, 079	1, 078	1, 089	1, 094	1, 102
90 ～ 94	337	341	344	346	352	357	364
95 ～ 99	64	64	65	64	66	66	67
100 歳以上 and over	8	9	9	9	9	9	9
(再掲) Regrouped							
15 歳未満 Under	8, 164	8, 158	8, 152	8, 149	8, 141	8, 138	8, 140
15 ～ 64	39, 021	39, 001	38, 980	38, 929	38, 893	38, 834	38, 811
65 歳以上 and over	14, 657	14, 686	14, 713	14, 739	14, 785	14, 819	14, 851
うち 75 歳以上 and over	6, 309	6, 328	6, 349	6, 359	6, 399	6, 425	6, 453
うち 85 歳以上 and over	1, 477	1, 485	1, 496	1, 497	1, 516	1, 526	1, 542
	割合（単位 %）－総人口						
15 歳未満 Under	13. 2	13. 2	13. 2	13. 2	13. 2	13. 2	13. 2
15 ～ 64	63. 1	63. 1	63. 0	63. 0	62. 9	62. 8	62. 8
65 歳以上 and over	23. 7	23. 7	23. 8	23. 8	23. 9	24. 0	24. 0
うち 75 歳以上 and over	10. 2	10. 2	10. 3	10. 3	10. 4	10. 4	10. 4
うち 85 歳以上 and over	2. 4	2. 4	2. 4	2. 4	2. 5	2. 5	2. 5
	日本人人口（単位　千人）						
総数 Total	61, 023	61, 008	60, 999	61, 030	60, 976	60, 954	60, 945
0 ～ 4 歳 years old	2, 528	2, 526	2, 523	2, 523	2, 521	2, 522	2, 522
5 ～ 9	2, 699	2, 699	2, 702	2, 707	2, 703	2, 701	2, 703
10 ～ 14	2, 855	2, 849	2, 843	2, 840	2, 833	2, 830	2, 830
15 ～ 19	3, 074	3, 075	3, 076	3, 079	3, 075	3, 072	3, 070
20 ～ 24	3, 015	3, 013	3, 013	3, 019	3, 018	3, 020	3, 020
25 ～ 29	3, 210	3, 202	3, 195	3, 191	3, 182	3, 176	3, 170
30 ～ 34	3, 653	3, 648	3, 644	3, 644	3, 636	3, 630	3, 625
35 ～ 39	4, 191	4, 180	4, 170	4, 160	4, 140	4, 127	4, 112
40 ～ 44	4, 922	4, 922	4, 920	4, 919	4, 909	4, 903	4, 897
45 ～ 49	4, 365	4, 362	4, 366	4, 383	4, 403	4, 425	4, 453
50 ～ 54	3, 982	3, 998	4, 009	4, 020	4, 001	3, 988	3, 973
55 ～ 59	3, 750	3, 745	3, 742	3, 743	3, 734	3, 730	3, 726
60 ～ 64	4, 181	4, 162	4, 143	4, 123	4, 094	4, 072	4, 056
65 ～ 69	4, 699	4, 723	4, 752	4, 785	4, 831	4, 862	4, 893
70 ～ 74	3, 609	3, 595	3, 572	3, 555	3, 515	3, 491	3, 464
75 ～ 79	2, 807	2, 808	2, 808	2, 812	2, 819	2, 826	2, 833
80 ～ 84	2, 010	2, 019	2, 029	2, 033	2, 047	2, 056	2, 061
85 ～ 89	1, 065	1, 069	1, 076	1, 076	1, 086	1, 092	1, 099
90 ～ 94	336	340	343	345	351	356	363
95 ～ 99	63	64	64	64	65	66	67
100 歳以上 and over	8	8	9	9	9	9	9
(再掲) Regrouped							
15 歳未満 Under	8, 082	8, 075	8, 068	8, 070	8, 057	8, 053	8, 055
15 ～ 64	38, 343	38, 308	38, 278	38, 281	38, 193	38, 143	38, 100
65 歳以上 and over	14, 597	14, 626	14, 653	14, 679	14, 725	14, 758	14, 789
うち 75 歳以上 and over	6, 289	6, 308	6, 329	6, 339	6, 379	6, 405	6, 432
うち 85 歳以上 and over	1, 473	1, 481	1, 492	1, 493	1, 512	1, 522	1, 538
	割合（単位 %）－日本人人口						
15 歳未満 Under	13. 2	13. 2	13. 2	13. 2	13. 2	13. 2	13. 2
15 ～ 64	62. 8	62. 8	62. 8	62. 7	62. 6	62. 6	62. 5
65 歳以上 and over	23. 9	24. 0	24. 0	24. 1	24. 1	24. 2	24. 3
うち 75 歳以上 and over	10. 3	10. 3	10. 4	10. 4	10. 5	10. 5	10. 6
うち 85 歳以上 and over	2. 4	2. 4	2. 4	2. 4	2. 5	2. 5	2. 5

＊　総務省統計局「国勢調査」（年齢・国籍不詳をあん分した人口）

人　口　及　び　割　合－総人口，日本人人口（各月１日現在）（続き）
Monthly Estimates - Total population, Japanese population, the First Day, Each Month - Continued

Male								
2016年5月 May 2016	2016年6月 June 2016	2016年7月 July 2016	2016年8月 August 2016	2016年9月 September 2016	2016年10月 October 2016	2016年11月 November 2016	2016年12月 December 2016	2017年1月 January 2017
Total population (thousand persons)								
61, 783	61, 808	61, 819	61, 820	61, 795	61, 816	61, 821	61, 815	61, 768
2, 554	2, 554	2, 554	2, 553	2, 549	2, 547	2, 546	2, 544	2, 541
2, 727	2, 725	2, 728	2, 727	2, 721	2, 722	2, 719	2, 717	2, 715
2, 849	2, 846	2, 846	2, 842	2, 834	2, 829	2, 824	2, 821	2, 821
3, 110	3, 107	3, 104	3, 099	3, 094	3, 093	3, 094	3, 091	3, 086
3, 145	3, 152	3, 156	3, 160	3, 152	3, 165	3, 172	3, 175	3, 168
3, 296	3, 300	3, 295	3, 289	3, 283	3, 282	3, 282	3, 279	3, 262
3, 717	3, 717	3, 713	3, 709	3, 702	3, 697	3, 693	3, 691	3, 679
4, 177	4, 169	4, 158	4, 144	4, 134	4, 126	4, 118	4, 110	4, 096
4, 955	4, 954	4, 949	4, 943	4, 936	4, 930	4, 921	4, 912	4, 901
4, 538	4, 570	4, 600	4, 632	4, 662	4, 692	4, 719	4, 740	4, 755
4, 006	3, 996	3, 991	3, 984	3, 978	3, 972	3, 967	3, 966	3, 972
3, 762	3, 762	3, 760	3, 761	3, 762	3, 762	3, 759	3, 758	3, 762
4, 074	4, 064	4, 055	4, 040	4, 028	4, 020	4, 010	3, 997	3, 983
4, 943	4, 960	4, 970	4, 977	4, 978	4, 969	4, 960	4, 951	4, 951
3, 463	3, 452	3, 445	3, 442	3, 440	3, 446	3, 452	3, 455	3, 456
2, 850	2, 856	2, 865	2, 876	2, 889	2, 901	2, 914	2, 925	2, 936
2, 072	2, 076	2, 079	2, 083	2, 088	2, 093	2, 095	2, 099	2, 100
1, 104	1, 105	1, 107	1, 111	1, 114	1, 118	1, 121	1, 123	1, 122
366	368	370	372	374	376	380	384	385
67	67	67	67	67	67	67	68	68
9	9	9	9	9	9	9	9	9
8, 130	8, 125	8, 127	8, 122	8, 104	8, 098	8, 088	8, 082	8, 077
38, 779	38, 789	38, 781	38, 762	38, 732	38, 740	38, 736	38, 720	38, 665
14, 874	14, 893	14, 911	14, 936	14, 959	14, 979	14, 997	15, 013	15, 026
6, 468	6, 482	6, 496	6, 518	6, 541	6, 563	6, 586	6, 608	6, 619
1, 546	1, 550	1, 553	1, 558	1, 564	1, 570	1, 577	1, 583	1, 583
Percentage distribution (%) - Total population								
13. 2	13. 1	13. 1	13. 1	13. 1	13. 1	13. 1	13. 1	13. 1
62. 8	62. 8	62. 7	62. 7	62. 7	62. 7	62. 7	62. 6	62. 6
24. 1	24. 1	24. 1	24. 2	24. 2	24. 2	24. 3	24. 3	24. 3
10. 5	10. 5	10. 5	10. 5	10. 6	10. 6	10. 7	10. 7	10. 7
2. 5	2. 5	2. 5	2. 5	2. 5	2. 5	2. 6	2. 6	2. 6
Japanese population (thousand persons)								
60, 922	60, 912	60, 922	60, 930	60, 899	60, 892	60, 876	60, 862	60, 888
2, 520	2, 518	2, 518	2, 519	2, 513	2, 511	2, 509	2, 507	2, 507
2, 699	2, 697	2, 700	2, 701	2, 693	2, 693	2, 690	2, 688	2, 688
2, 825	2, 821	2, 821	2, 819	2, 809	2, 804	2, 799	2, 796	2, 798
3, 066	3, 062	3, 060	3, 057	3, 052	3, 049	3, 047	3, 045	3, 046
3, 020	3, 024	3, 027	3, 031	3, 029	3, 028	3, 029	3, 030	3, 035
3, 165	3, 160	3, 154	3, 148	3, 142	3, 136	3, 131	3, 127	3, 125
3, 617	3, 610	3, 606	3, 601	3, 593	3, 586	3, 581	3, 577	3, 577
4, 098	4, 085	4, 074	4, 061	4, 050	4, 040	4, 031	4, 022	4, 015
4, 890	4, 885	4, 881	4, 876	4, 868	4, 860	4, 851	4, 842	4, 836
4, 480	4, 510	4, 540	4, 572	4, 601	4, 630	4, 657	4, 677	4, 696
3, 958	3, 947	3, 941	3, 935	3, 928	3, 922	3, 916	3, 915	3, 924
3, 727	3, 726	3, 724	3, 725	3, 726	3, 726	3, 723	3, 721	3, 726
4, 045	4, 035	4, 025	4, 011	3, 998	3, 990	3, 980	3, 966	3, 953
4, 918	4, 935	4, 944	4, 952	4, 952	4, 944	4, 934	4, 925	4, 926
3, 447	3, 436	3, 429	3, 426	3, 424	3, 430	3, 435	3, 438	3, 439
2, 839	2, 845	2, 854	2, 865	2, 878	2, 890	2, 902	2, 914	2, 925
2, 067	2, 070	2, 073	2, 077	2, 082	2, 087	2, 089	2, 093	2, 094
1, 102	1, 103	1, 104	1, 108	1, 112	1, 115	1, 118	1, 120	1, 119
365	367	369	371	373	375	379	383	384
67	67	67	67	67	67	67	68	68
9	9	9	9	9	9	9	9	9
8, 044	8, 037	8, 039	8, 039	8, 016	8, 008	7, 998	7, 991	7, 993
38, 065	38, 044	38, 033	38, 017	37, 987	37, 968	37, 945	37, 922	37, 933
14, 813	14, 831	14, 849	14, 875	14, 896	14, 916	14, 934	14, 949	14, 962
6, 448	6, 461	6, 476	6, 497	6, 520	6, 542	6, 564	6, 586	6, 597
1, 542	1, 546	1, 549	1, 554	1, 560	1, 566	1, 573	1, 579	1, 579
Percentage distribution (%) - Japanese population								
13. 2	13. 2	13. 2	13. 2	13. 2	13. 2	13. 1	13. 1	13. 1
62. 5	62. 5	62. 4	62. 4	62. 4	62. 4	62. 3	62. 3	62. 3
24. 3	24. 3	24. 4	24. 4	24. 5	24. 5	24. 5	24. 6	24. 6
10. 6	10. 6	10. 6	10. 7	10. 7	10. 7	10. 8	10. 8	10. 8
2. 5	2. 5	2. 5	2. 6	2. 6	2. 6	2. 6	2. 6	2. 6

* Statistics Bureau, Ministry of Internal Affairs and Communications, "Population Census"

(Unknown age and nationality population is included after being prorated to each age and nationality population.)

第2表　年　齢　（5　歳　階　級），男　女，月　別
Table 2. Population and Percentage distribution by Age (Five-Year Groups) and Sex

年齢階級 Age groups	男						
	2017年2月 February 2017	2017年3月 March 2017	2017年4月 April 2017	2017年5月 May 2017	2017年6月 June 2017	2017年7月 July 2017	2017年8月 August 2017
	総　人　口（単位　千人）						
総数 Total	61,769	61,746	61,749	61,735	61,759	61,767	61,760
0 ～ 4 歳 years old	2,538	2,536	2,537	2,535	2,534	2,532	2,528
5 ～ 9	2,713	2,713	2,712	2,708	2,706	2,708	2,706
10 ～ 14	2,818	2,814	2,813	2,807	2,805	2,805	2,802
15 ～ 19	3,085	3,082	3,081	3,086	3,081	3,078	3,074
20 ～ 24	3,173	3,169	3,177	3,188	3,195	3,199	3,202
25 ～ 29	3,265	3,267	3,264	3,259	3,263	3,259	3,254
30 ～ 34	3,679	3,677	3,675	3,666	3,669	3,663	3,657
35 ～ 39	4,091	4,083	4,073	4,057	4,049	4,041	4,031
40 ～ 44	4,888	4,872	4,859	4,847	4,841	4,833	4,823
45 ～ 49	4,753	4,748	4,742	4,742	4,749	4,759	4,769
50 ～ 54	3,984	3,996	4,015	4,028	4,046	4,062	4,079
55 ～ 59	3,762	3,763	3,768	3,770	3,774	3,776	3,779
60 ～ 64	3,961	3,939	3,921	3,908	3,898	3,888	3,876
65 ～ 69	4,933	4,924	4,911	4,900	4,885	4,868	4,845
70 ～ 74	3,466	3,475	3,488	3,505	3,522	3,542	3,567
75 ～ 79	2,950	2,960	2,963	2,969	2,973	2,978	2,987
80 ～ 84	2,113	2,120	2,125	2,130	2,133	2,135	2,138
85 ～ 89	1,129	1,135	1,145	1,149	1,153	1,157	1,161
90 ～ 94	391	395	401	402	403	404	405
95 ～ 99	69	70	71	70	70	70	70
100 歳 以 上 and over	9	9	9	9	9	9	9
(再掲) Regrouped							
15 歳 未 満 Under	8,069	8,063	8,062	8,050	8,045	8,046	8,036
15 ～ 64	38,640	38,596	38,574	38,550	38,565	38,558	38,542
65 歳 以 上 and over	15,060	15,087	15,113	15,134	15,149	15,163	15,182
うち 75 歳 以 上 and over	6,661	6,688	6,714	6,730	6,741	6,753	6,770
うち 85 歳 以 上 and over	1,597	1,609	1,626	1,631	1,636	1,640	1,645
	割　合　（単位　%）－総　人　口						
15 歳 未 満 Under	13.1	13.1	13.1	13.0	13.0	13.0	13.0
15 ～ 64	62.6	62.5	62.5	62.4	62.4	62.4	62.4
65 歳 以 上 and over	24.4	24.4	24.5	24.5	24.5	24.5	24.6
うち 75 歳 以 上 and over	10.8	10.8	10.9	10.9	10.9	10.9	11.0
うち 85 歳 以 上 and over	2.6	2.6	2.6	2.6	2.6	2.7	2.7
	日　本　人　人　口（単位　千人）						
総数 Total	60,838	60,801	60,789	60,764	60,755	60,762	60,764
0 ～ 4 歳 years old	2,504	2,499	2,500	2,498	2,496	2,494	2,492
5 ～ 9	2,684	2,683	2,683	2,678	2,676	2,678	2,678
10 ～ 14	2,792	2,788	2,787	2,781	2,778	2,779	2,777
15 ～ 19	3,041	3,039	3,038	3,036	3,032	3,029	3,027
20 ～ 24	3,034	3,033	3,034	3,032	3,036	3,040	3,042
25 ～ 29	3,118	3,115	3,109	3,104	3,099	3,095	3,090
30 ～ 34	3,569	3,562	3,558	3,554	3,549	3,543	3,536
35 ～ 39	4,004	3,993	3,982	3,968	3,956	3,947	3,938
40 ～ 44	4,819	4,801	4,788	4,777	4,769	4,761	4,752
45 ～ 49	4,690	4,685	4,678	4,680	4,685	4,695	4,705
50 ～ 54	3,933	3,945	3,963	3,976	3,993	4,009	4,026
55 ～ 59	3,724	3,726	3,730	3,732	3,735	3,737	3,741
60 ～ 64	3,931	3,909	3,890	3,878	3,868	3,857	3,845
65 ～ 69	4,907	4,898	4,885	4,874	4,859	4,842	4,819
70 ～ 74	3,450	3,458	3,471	3,488	3,505	3,525	3,550
75 ～ 79	2,939	2,948	2,952	2,958	2,961	2,967	2,976
80 ～ 84	2,107	2,113	2,119	2,124	2,126	2,129	2,131
85 ～ 89	1,126	1,133	1,143	1,147	1,151	1,154	1,158
90 ～ 94	390	394	400	401	402	403	404
95 ～ 99	69	69	70	70	70	70	70
100 歳 以 上 and over	9	9	9	9	9	9	9
(再掲) Regrouped							
15 歳 未 満 Under	7,980	7,971	7,970	7,957	7,950	7,951	7,947
15 ～ 64	37,862	37,807	37,770	37,737	37,722	37,714	37,701
65 歳 以 上 and over	14,996	15,023	15,048	15,069	15,083	15,097	15,117
うち 75 歳 以 上 and over	6,639	6,666	6,693	6,708	6,719	6,731	6,748
うち 85 歳 以 上 and over	1,594	1,605	1,622	1,627	1,632	1,636	1,641
	割　合　（単位　%）－日　本　人　人　口						
15 歳 未 満 Under	13.1	13.1	13.1	13.1	13.1	13.1	13.1
15 ～ 64	62.2	62.2	62.1	62.1	62.1	62.1	62.0
65 歳 以 上 and over	24.6	24.7	24.8	24.8	24.8	24.8	24.9
うち 75 歳 以 上 and over	10.9	11.0	11.0	11.0	11.1	11.1	11.1
うち 85 歳 以 上 and over	2.6	2.6	2.7	2.7	2.7	2.7	2.7

人　口　及　び　割　合－総人口，日本人人口（各月１日現在）（続き）
Monthly Estimates - Total population, Japanese population, the First Day, Each Month - Continued

Male

2017年9月 September 2017	2017年10月 October 2017	2017年11月 November 2017	2017年12月 December 2017	2018年1月 January 2018	2018年2月 February 2018	2018年3月 March 2018	2018年4月 April 2018	2018年5月 May 2018
Total population (thousand persons)								
61, 733	61, 753	61, 760	61, 753	61, 701	61, 718	61, 667	61, 671	61, 654
2, 524	2, 522	2, 518	2, 515	2, 511	2, 509	2, 506	2, 505	2, 502
2, 700	2, 699	2, 695	2, 693	2, 692	2, 689	2, 685	2, 684	2, 679
2, 795	2, 792	2, 791	2, 791	2, 791	2, 788	2, 788	2, 788	2, 785
3, 068	3, 067	3, 067	3, 063	3, 059	3, 058	3, 052	3, 048	3, 052
3, 193	3, 203	3, 211	3, 214	3, 208	3, 219	3, 205	3, 214	3, 227
3, 248	3, 250	3, 252	3, 251	3, 234	3, 249	3, 240	3, 242	3, 237
3, 648	3, 641	3, 637	3, 633	3, 618	3, 619	3, 612	3, 605	3, 592
4, 024	4, 017	4, 009	4, 003	3, 991	3, 989	3, 981	3, 976	3, 964
4, 811	4, 801	4, 790	4, 779	4, 763	4, 746	4, 730	4, 714	4, 696
4, 780	4, 792	4, 803	4, 813	4, 824	4, 833	4, 840	4, 849	4, 853
4, 094	4, 106	4, 115	4, 126	4, 135	4, 134	4, 136	4, 142	4, 149
3, 784	3, 792	3, 799	3, 801	3, 807	3, 804	3, 807	3, 809	3, 812
3, 864	3, 850	3, 836	3, 825	3, 817	3, 804	3, 792	3, 782	3, 777
4, 819	4, 795	4, 770	4, 748	4, 734	4, 698	4, 669	4, 644	4, 624
3, 593	3, 618	3, 642	3, 661	3, 676	3, 707	3, 731	3, 751	3, 771
2, 995	3, 000	3, 000	2, 996	2, 998	3, 001	3, 008	3, 015	3, 024
2, 143	2, 150	2, 155	2, 161	2, 164	2, 173	2, 178	2, 182	2, 185
1, 165	1, 170	1, 177	1, 184	1, 184	1, 195	1, 200	1, 207	1, 209
408	410	413	416	416	421	425	431	432
70	70	71	71	71	73	73	75	75
9	9	9	9	9	9	9	9	9
8, 019	8, 013	8, 004	7, 999	7, 994	7, 986	7, 979	7, 977	7, 965
38, 512	38, 519	38, 519	38, 508	38, 455	38, 455	38, 395	38, 381	38, 359
15, 201	15, 221	15, 237	15, 246	15, 252	15, 277	15, 294	15, 313	15, 330
6, 789	6, 809	6, 825	6, 837	6, 842	6, 872	6, 893	6, 918	6, 935
1, 652	1, 659	1, 669	1, 680	1, 680	1, 698	1, 707	1, 721	1, 725
Percentage distribution (%) - Total population								
13. 0	13. 0	13. 0	13. 0	13. 0	12. 9	12. 9	12. 9	12. 9
62. 4	62. 4	62. 4	62. 4	62. 3	62. 3	62. 3	62. 2	62. 2
24. 6	24. 6	24. 7	24. 7	24. 7	24. 8	24. 8	24. 8	24. 9
11. 0	11. 0	11. 1	11. 1	11. 1	11. 1	11. 2	11. 2	11. 2
2. 7	2. 7	2. 7	2. 7	2. 7	2. 8	2. 8	2. 8	2. 8
Japanese population (thousand persons)								
60, 732	60, 722	60, 704	60, 687	60, 710	60, 645	60, 617	60, 601	60, 574
2, 486	2, 484	2, 480	2, 476	2, 474	2, 471	2, 468	2, 466	2, 463
2, 669	2, 667	2, 663	2, 661	2, 663	2, 657	2, 653	2, 652	2, 646
2, 769	2, 765	2, 764	2, 764	2, 765	2, 760	2, 760	2, 761	2, 757
3, 020	3, 017	3, 015	3, 013	3, 014	3, 009	3, 005	3, 002	2, 997
3, 039	3, 036	3, 035	3, 036	3, 042	3, 040	3, 040	3, 040	3, 040
3, 084	3, 081	3, 077	3, 073	3, 073	3, 068	3, 065	3, 062	3, 058
3, 527	3, 518	3, 511	3, 506	3, 503	3, 490	3, 484	3, 475	3, 466
3, 929	3, 921	3, 911	3, 904	3, 901	3, 889	3, 881	3, 875	3, 866
4, 739	4, 728	4, 716	4, 704	4, 693	4, 671	4, 655	4, 638	4, 621
4, 715	4, 726	4, 737	4, 746	4, 761	4, 766	4, 773	4, 781	4, 786
4, 041	4, 053	4, 061	4, 071	4, 083	4, 079	4, 082	4, 087	4, 095
3, 745	3, 753	3, 759	3, 761	3, 767	3, 763	3, 766	3, 767	3, 771
3, 833	3, 819	3, 804	3, 793	3, 787	3, 772	3, 761	3, 750	3, 745
4, 793	4, 769	4, 744	4, 722	4, 708	4, 671	4, 643	4, 618	4, 598
3, 575	3, 600	3, 624	3, 642	3, 657	3, 689	3, 713	3, 732	3, 752
2, 983	2, 988	2, 988	2, 984	2, 986	2, 989	2, 996	3, 003	3, 012
2, 137	2, 143	2, 149	2, 154	2, 157	2, 166	2, 171	2, 175	2, 178
1, 162	1, 167	1, 174	1, 181	1, 182	1, 192	1, 197	1, 204	1, 207
407	409	412	415	414	420	424	429	431
70	70	71	71	71	72	73	75	75
9	9	9	9	9	9	9	9	9
7, 924	7, 916	7, 907	7, 901	7, 903	7, 888	7, 881	7, 879	7, 866
37, 672	37, 651	37, 627	37, 607	37, 623	37, 547	37, 510	37, 477	37, 446
15, 136	15, 155	15, 170	15, 179	15, 184	15, 209	15, 226	15, 245	15, 261
6, 767	6, 786	6, 802	6, 815	6, 819	6, 849	6, 870	6, 895	6, 911
1, 648	1, 655	1, 665	1, 676	1, 676	1, 694	1, 703	1, 717	1, 721
Percentage distribution (%) - Japanese population								
13. 0	13. 0	13. 0	13. 0	13. 0	13. 0	13. 0	13. 0	13. 0
62. 0	62. 0	62. 0	62. 0	62. 0	61. 9	61. 9	61. 8	61. 8
24. 9	25. 0	25. 0	25. 0	25. 0	25. 1	25. 1	25. 2	25. 2
11. 1	11. 2	11. 2	11. 2	11. 2	11. 3	11. 3	11. 4	11. 4
2. 7	2. 7	2. 7	2. 8	2. 8	2. 8	2. 8	2. 8	2. 8

第2表　年　齢　（5　歳　階　級），男　女，月　別
Table 2. Population and Percentage distribution by Age (Five-Year Groups) and Sex

年齢階級 Age groups		男					
	2018年6月 June 2018	2018年7月 July 2018	2018年8月 August 2018	2018年9月 September 2018	2018年10月 October 2018	2018年11月 November 2018	2018年12月 December 2018
総　人　口（単位　千人）							
総数 Total	61,678	61,687	61,679	61,651	61,673	61,680	61,675
0 ～ 4 歳 years old	2,500	2,499	2,493	2,487	2,482	2,476	2,472
5 ～ 9	2,677	2,679	2,676	2,672	2,670	2,667	2,666
10 ～ 14	2,783	2,784	2,781	2,776	2,776	2,775	2,774
15 ～ 19	3,048	3,044	3,039	3,030	3,025	3,025	3,022
20 ～ 24	3,232	3,237	3,240	3,230	3,246	3,258	3,260
25 ～ 29	3,243	3,242	3,239	3,233	3,233	3,231	3,229
30 ～ 34	3,592	3,587	3,579	3,575	3,571	3,570	3,568
35 ～ 39	3,959	3,950	3,943	3,936	3,933	3,926	3,921
40 ～ 44	4,686	4,674	4,660	4,646	4,634	4,620	4,607
45 ～ 49	4,865	4,877	4,887	4,898	4,909	4,919	4,927
50 ～ 54	4,162	4,174	4,190	4,203	4,216	4,226	4,238
55 ～ 59	3,816	3,818	3,821	3,826	3,830	3,829	3,828
60 ～ 64	3,773	3,769	3,761	3,753	3,750	3,752	3,752
65 ～ 69	4,606	4,589	4,573	4,553	4,530	4,501	4,472
70 ～ 74	3,793	3,811	3,828	3,841	3,854	3,869	3,885
75 ～ 79	3,029	3,038	3,050	3,067	3,086	3,101	3,111
80 ～ 84	2,186	2,184	2,184	2,184	2,183	2,180	2,179
85 ～ 89	1,211	1,212	1,214	1,217	1,220	1,224	1,227
90 ～ 94	433	434	437	439	441	444	448
95 ～ 99	75	75	75	75	76	77	78
100 歳 以 上 and over	9	9	9	9	9	9	9
(再掲) Regrouped							
15 歳 未 満 Under	7,961	7,962	7,951	7,935	7,927	7,919	7,912
15 ～ 64	38,375	38,371	38,360	38,331	38,347	38,357	38,353
65 歳 以 上 and over	15,342	15,353	15,369	15,385	15,398	15,405	15,410
うち 75 歳 以 上 and over	6,943	6,953	6,969	6,991	7,014	7,035	7,052
うち 85 歳 以 上 and over	1,728	1,731	1,735	1,740	1,745	1,754	1,763
割　合　（単位　%）－　総　人　口							
15 歳 未 満 Under	12.9	12.9	12.9	12.9	12.9	12.8	12.8
15 ～ 64	62.2	62.2	62.2	62.2	62.2	62.2	62.2
65 歳 以 上 and over	24.9	24.9	24.9	25.0	25.0	25.0	25.0
うち 75 歳 以 上 and over	11.3	11.3	11.3	11.3	11.4	11.4	11.4
うち 85 歳 以 上 and over	2.8	2.8	2.8	2.8	2.8	2.8	2.9
日　本　人　人　口（単位　千人）							
総数 Total	60,561	60,566	60,567	60,533	60,518	60,499	60,482
0 ～ 4 歳 years old	2,460	2,460	2,455	2,448	2,442	2,436	2,432
5 ～ 9	2,644	2,645	2,646	2,638	2,635	2,633	2,631
10 ～ 14	2,755	2,755	2,755	2,748	2,747	2,746	2,745
15 ～ 19	2,994	2,990	2,987	2,978	2,971	2,968	2,966
20 ～ 24	3,043	3,046	3,050	3,047	3,046	3,048	3,048
25 ～ 29	3,055	3,052	3,048	3,042	3,036	3,029	3,024
30 ～ 34	3,458	3,452	3,444	3,438	3,432	3,427	3,423
35 ～ 39	3,855	3,847	3,840	3,831	3,826	3,818	3,812
40 ～ 44	4,608	4,597	4,583	4,568	4,555	4,540	4,526
45 ～ 49	4,797	4,808	4,819	4,829	4,839	4,848	4,856
50 ～ 54	4,106	4,118	4,134	4,147	4,158	4,168	4,180
55 ～ 59	3,773	3,775	3,778	3,783	3,786	3,785	3,783
60 ～ 64	3,741	3,736	3,729	3,721	3,717	3,719	3,718
65 ～ 69	4,580	4,563	4,546	4,526	4,503	4,474	4,445
70 ～ 74	3,774	3,792	3,808	3,822	3,835	3,849	3,865
75 ～ 79	3,017	3,025	3,038	3,055	3,073	3,088	3,098
80 ～ 84	2,179	2,177	2,177	2,176	2,176	2,173	2,171
85 ～ 89	1,208	1,210	1,212	1,214	1,217	1,221	1,225
90 ～ 94	432	433	435	438	440	443	447
95 ～ 99	75	75	75	75	75	77	78
100 歳 以 上 and over	9	9	9	9	9	9	9
(再掲) Regrouped							
15 歳 未 満 Under	7,859	7,860	7,855	7,834	7,824	7,815	7,808
15 ～ 64	37,430	37,422	37,412	37,384	37,366	37,351	37,336
65 歳 以 上 and over	15,273	15,284	15,300	15,315	15,328	15,334	15,339
うち 75 歳 以 上 and over	6,920	6,929	6,945	6,967	6,990	7,011	7,028
うち 85 歳 以 上 and over	1,724	1,727	1,731	1,736	1,741	1,750	1,758
割　合　（単位　%）－　日　本　人　人　口							
15 歳 未 満 Under	13.0	13.0	13.0	12.9	12.9	12.9	12.9
15 ～ 64	61.8	61.8	61.8	61.8	61.7	61.7	61.7
65 歳 以 上 and over	25.2	25.2	25.3	25.3	25.3	25.3	25.4
うち 75 歳 以 上 and over	11.4	11.4	11.5	11.5	11.6	11.6	11.6
うち 85 歳 以 上 and over	2.8	2.9	2.9	2.9	2.9	2.9	2.9

人 口 及 び 割 合－総人口，日本人人口（各月１日現在）（続き）
Monthly Estimates - Total population, Japanese population, the First Day, Each Month - Continued

Male								
2019年1月 January 2019	2019年2月 February 2019	2019年3月 March 2019	2019年4月 April 2019	2019年5月 May 2019	2019年6月 June 2019	2019年7月 July 2019	2019年8月 August 2019	2019年9月 September 2019
Total population (thousand persons)								
61, 615	61, 623	61, 595	61, 599	61, 565	61, 605	61, 609	61, 596	61, 563
2, 466	2, 461	2, 457	2, 454	2, 449	2, 447	2, 443	2, 435	2, 429
2, 664	2, 660	2, 657	2, 654	2, 649	2, 649	2, 650	2, 646	2, 640
2, 775	2, 773	2, 770	2, 768	2, 764	2, 763	2, 765	2, 763	2, 758
3, 017	3, 015	3, 011	3, 010	3, 014	3, 011	3, 008	3, 004	2, 996
3, 252	3, 258	3, 249	3, 257	3, 264	3, 267	3, 268	3, 264	3, 248
3, 212	3, 227	3, 230	3, 234	3, 229	3, 244	3, 248	3, 250	3, 251
3, 550	3, 553	3, 546	3, 541	3, 526	3, 530	3, 524	3, 514	3, 505
3, 909	3, 908	3, 905	3, 901	3, 891	3, 892	3, 885	3, 881	3, 878
4, 589	4, 573	4, 557	4, 542	4, 522	4, 512	4, 499	4, 481	4, 466
4, 935	4, 936	4, 938	4, 941	4, 940	4, 948	4, 956	4, 967	4, 980
4, 251	4, 258	4, 262	4, 270	4, 279	4, 291	4, 302	4, 312	4, 321
3, 830	3, 825	3, 825	3, 826	3, 827	3, 833	3, 840	3, 850	3, 857
3, 751	3, 741	3, 733	3, 731	3, 734	3, 737	3, 736	3, 731	3, 726
4, 456	4, 417	4, 392	4, 364	4, 338	4, 312	4, 289	4, 266	4, 242
3, 898	3, 926	3, 939	3, 955	3, 971	3, 989	4, 007	4, 032	4, 055
3, 121	3, 133	3, 150	3, 163	3, 180	3, 191	3, 199	3, 206	3, 212
2, 174	2, 181	2, 183	2, 182	2, 181	2, 179	2, 178	2, 178	2, 179
1, 230	1, 237	1, 242	1, 249	1, 252	1, 253	1, 255	1, 258	1, 261
448	453	457	463	464	465	466	467	468
78	80	82	83	83	83	83	83	83
9	9	9	9	9	9	9	9	9
7, 905	7, 894	7, 884	7, 877	7, 862	7, 859	7, 858	7, 844	7, 828
38, 296	38, 293	38, 257	38, 253	38, 225	38, 265	38, 265	38, 253	38, 226
15, 414	15, 436	15, 454	15, 469	15, 478	15, 481	15, 486	15, 498	15, 509
7, 061	7, 094	7, 123	7, 150	7, 169	7, 181	7, 189	7, 201	7, 213
1, 765	1, 779	1, 790	1, 805	1, 808	1, 811	1, 813	1, 817	1, 821
Percentage distribution (%) - Total population								
12. 8	12. 8	12. 8	12. 8	12. 8	12. 8	12. 8	12. 7	12. 7
62. 2	62. 1	62. 1	62. 1	62. 1	62. 1	62. 1	62. 1	62. 1
25. 0	25. 0	25. 1	25. 1	25. 1	25. 1	25. 1	25. 2	25. 2
11. 5	11. 5	11. 6	11. 6	11. 6	11. 7	11. 7	11. 7	11. 7
2. 9	2. 9	2. 9	2. 9	2. 9	2. 9	2. 9	2. 9	3. 0
Japanese population (thousand persons)								
60, 504	60, 437	60, 404	60, 385	60, 356	60, 342	60, 341	60, 339	60, 299
2, 428	2, 422	2, 417	2, 413	2, 409	2, 405	2, 401	2, 395	2, 387
2, 632	2, 625	2, 621	2, 619	2, 614	2, 612	2, 613	2, 612	2, 603
2, 748	2, 743	2, 740	2, 739	2, 735	2, 733	2, 735	2, 735	2, 728
2, 967	2, 961	2, 959	2, 957	2, 953	2, 949	2, 948	2, 946	2, 937
3, 054	3, 051	3, 048	3, 046	3, 043	3, 042	3, 042	3, 040	3, 032
3, 025	3, 022	3, 022	3, 021	3, 022	3, 023	3, 024	3, 026	3, 027
3, 418	3, 406	3, 396	3, 388	3, 380	3, 372	3, 364	3, 353	3, 342
3, 809	3, 798	3, 794	3, 788	3, 782	3, 776	3, 769	3, 765	3, 760
4, 514	4, 492	4, 475	4, 459	4, 441	4, 427	4, 414	4, 397	4, 379
4, 867	4, 865	4, 867	4, 870	4, 870	4, 875	4, 883	4, 895	4, 906
4, 195	4, 199	4, 204	4, 211	4, 221	4, 231	4, 241	4, 252	4, 260
3, 787	3, 780	3, 779	3, 780	3, 781	3, 786	3, 793	3, 802	3, 810
3, 718	3, 708	3, 700	3, 697	3, 700	3, 703	3, 701	3, 697	3, 691
4, 429	4, 389	4, 365	4, 337	4, 311	4, 285	4, 262	4, 238	4, 215
3, 878	3, 906	3, 918	3, 934	3, 951	3, 968	3, 987	4, 011	4, 034
3, 108	3, 120	3, 137	3, 150	3, 166	3, 178	3, 186	3, 193	3, 199
2, 167	2, 174	2, 176	2, 175	2, 174	2, 171	2, 170	2, 171	2, 172
1, 227	1, 234	1, 239	1, 246	1, 248	1, 250	1, 252	1, 254	1, 258
447	452	456	462	463	464	464	466	467
78	80	81	83	83	83	83	83	83
9	9	9	9	9	9	9	9	9
7, 807	7, 790	7, 778	7, 772	7, 757	7, 750	7, 749	7, 743	7, 719
37, 354	37, 283	37, 244	37, 217	37, 194	37, 185	37, 179	37, 172	37, 144
15, 343	15, 364	15, 382	15, 396	15, 405	15, 408	15, 413	15, 424	15, 435
7, 036	7, 069	7, 098	7, 125	7, 144	7, 155	7, 164	7, 175	7, 187
1, 761	1, 775	1, 785	1, 800	1, 804	1, 806	1, 808	1, 812	1, 817
Percentage distribution (%) - Japanese population								
12. 9	12. 9	12. 9	12. 9	12. 9	12. 8	12. 8	12. 8	12. 8
61. 7	61. 7	61. 7	61. 6	61. 6	61. 6	61. 6	61. 6	61. 6
25. 4	25. 4	25. 5	25. 5	25. 5	25. 5	25. 5	25. 6	25. 6
11. 6	11. 7	11. 8	11. 8	11. 8	11. 9	11. 9	11. 9	11. 9
2. 9	2. 9	3. 0	3. 0	3. 0	3. 0	3. 0	3. 0	3. 0

第2表　年齢（5歳階級），男女，月別
Table 2. Population and Percentage distribution by Age (Five-Year Groups) and Sex

年齢階級 Age groups	男 2019年10月 October 2019	2019年11月 November 2019	2019年12月 December 2019	2020年1月 January 2020	2020年2月 February 2020	2020年3月 March 2020
	総人口（単位　千人）					
総数 Total	61,588	61,587	61,580	61,496	61,512	61,479
0 ～ 4 歳 years old	2,421	2,413	2,405	2,394	2,387	2,381
5 ～ 9	2,640	2,638	2,636	2,636	2,634	2,633
10 ～ 14	2,757	2,756	2,754	2,755	2,753	2,753
15 ～ 19	2,995	2,996	2,994	2,989	2,987	2,979
20 ～ 24	3,259	3,262	3,261	3,245	3,255	3,256
25 ～ 29	3,260	3,267	3,272	3,254	3,270	3,277
30 ～ 34	3,499	3,493	3,490	3,470	3,477	3,474
35 ～ 39	3,874	3,867	3,864	3,850	3,850	3,843
40 ～ 44	4,452	4,439	4,428	4,413	4,399	4,384
45 ～ 49	4,991	5,001	5,008	5,008	5,003	4,999
50 ～ 54	4,329	4,333	4,340	4,347	4,349	4,347
55 ～ 59	3,867	3,874	3,881	3,891	3,892	3,893
60 ～ 64	3,722	3,717	3,711	3,707	3,694	3,687
65 ～ 69	4,216	4,190	4,165	4,144	4,125	4,103
70 ～ 74	4,079	4,101	4,125	4,152	4,190	4,208
75 ～ 79	3,217	3,219	3,213	3,210	3,185	3,182
80 ～ 84	2,183	2,187	2,192	2,191	2,200	2,205
85 ～ 89	1,265	1,268	1,271	1,271	1,283	1,292
90 ～ 94	469	472	475	474	480	484
95 ～ 99	84	85	86	86	88	90
100 歳以上 and over	9	9	9	9	10	10
(再掲) Regrouped						
15 歳未満 Under	7,818	7,807	7,796	7,785	7,775	7,767
15 ～ 64	38,249	38,249	38,249	38,174	38,176	38,139
65 歳以上 and over	15,521	15,531	15,536	15,538	15,561	15,573
うち 75 歳以上 and over	7,227	7,240	7,246	7,242	7,246	7,262
うち 85 歳以上 and over	1,827	1,834	1,841	1,841	1,861	1,875
	割合（単位　%）－総人口					
15 歳未満 Under	12.7	12.7	12.7	12.7	12.6	12.6
15 ～ 64	62.1	62.1	62.1	62.1	62.1	62.0
65 歳以上 and over	25.2	25.2	25.2	25.3	25.3	25.3
うち 75 歳以上 and over	11.7	11.8	11.8	11.8	11.8	11.8
うち 85 歳以上 and over	3.0	3.0	3.0	3.0	3.0	3.1
	日本人人口（単位　千人）					
総数 Total	60,282	60,258	60,237	60,253	60,179	60,121
0 ～ 4 歳 years old	2,379	2,370	2,362	2,354	2,346	2,338
5 ～ 9	2,603	2,600	2,598	2,601	2,596	2,594
10 ～ 14	2,726	2,725	2,723	2,726	2,722	2,722
15 ～ 19	2,933	2,931	2,930	2,932	2,926	2,919
20 ～ 24	3,026	3,020	3,016	3,019	3,017	3,018
25 ～ 29	3,029	3,031	3,032	3,036	3,034	3,033
30 ～ 34	3,332	3,323	3,317	3,313	3,303	3,294
35 ～ 39	3,754	3,746	3,741	3,739	3,727	3,717
40 ～ 44	4,364	4,351	4,338	4,330	4,310	4,292
45 ～ 49	4,917	4,926	4,932	4,937	4,928	4,922
50 ～ 54	4,267	4,272	4,278	4,288	4,287	4,283
55 ～ 59	3,819	3,825	3,832	3,844	3,842	3,842
60 ～ 64	3,687	3,681	3,676	3,672	3,658	3,651
65 ～ 69	4,188	4,162	4,137	4,116	4,096	4,075
70 ～ 74	4,057	4,080	4,103	4,130	4,168	4,186
75 ～ 79	3,204	3,206	3,199	3,196	3,171	3,168
80 ～ 84	2,175	2,179	2,184	2,184	2,192	2,197
85 ～ 89	1,262	1,265	1,268	1,268	1,280	1,288
90 ～ 94	468	471	473	473	479	483
95 ～ 99	83	85	86	86	88	89
100 歳以上 and over	9	9	9	9	10	10
(再掲) Regrouped						
15 歳未満 Under	7,707	7,696	7,684	7,681	7,664	7,654
15 ～ 64	37,128	37,107	37,093	37,110	37,031	36,972
65 歳以上 and over	15,446	15,456	15,460	15,462	15,484	15,496
うち 75 歳以上 and over	7,201	7,214	7,220	7,216	7,220	7,235
うち 85 歳以上 and over	1,822	1,829	1,836	1,836	1,856	1,870
	割合（単位　%）－日本人人口					
15 歳未満 Under	12.8	12.8	12.8	12.7	12.7	12.7
15 ～ 64	61.6	61.6	61.6	61.6	61.5	61.5
65 歳以上 and over	25.6	25.6	25.7	25.7	25.7	25.8
うち 75 歳以上 and over	11.9	12.0	12.0	12.0	12.0	12.0
うち 85 歳以上 and over	3.0	3.0	3.0	3.0	3.1	3.1

＊　総務省統計局「国勢調査」（不詳補完値）

人　口　及　び　割　合－総人口，日本人人口（各月１日現在）（続き）
Monthly Estimates - Total population, Japanese population, the First Day, Each Month - Continued

Male						
2020年4月 April 2020	2020年5月 May 2020	2020年6月 June 2020	2020年7月 July 2020	2020年8月 August 2020	2020年9月 September 2020	2020年10月 October 2020 *
Total population (thousand persons)						
61, 460	61, 444	61, 428	61, 416	61, 401	61, 372	61, 350
2, 373	2, 365	2, 357	2, 349	2, 341	2, 333	2, 325
2, 632	2, 631	2, 630	2, 627	2, 626	2, 623	2, 620
2, 754	2, 755	2, 755	2, 756	2, 757	2, 756	2, 756
2, 973	2, 967	2, 958	2, 952	2, 945	2, 935	2, 928
3, 258	3, 255	3, 252	3, 247	3, 242	3, 236	3, 234
3, 279	3, 278	3, 278	3, 279	3, 279	3, 279	3, 279
3, 471	3, 466	3, 462	3, 456	3, 447	3, 440	3, 431
3, 837	3, 832	3, 827	3, 822	3, 819	3, 813	3, 806
4, 370	4, 356	4, 344	4, 334	4, 321	4, 309	4, 299
4, 996	4, 994	4, 994	4, 995	4, 993	4, 993	4, 994
4, 349	4, 357	4, 369	4, 379	4, 390	4, 394	4, 394
3, 898	3, 905	3, 913	3, 924	3, 938	3, 952	3, 967
3, 685	3, 685	3, 685	3, 685	3, 683	3, 679	3, 677
4, 085	4, 074	4, 062	4, 048	4, 031	4, 016	3, 999
4, 224	4, 239	4, 253	4, 272	4, 296	4, 316	4, 337
3, 177	3, 176	3, 174	3, 166	3, 158	3, 154	3, 146
2, 208	2, 212	2, 215	2, 220	2, 225	2, 228	2, 232
1, 301	1, 304	1, 308	1, 310	1, 313	1, 318	1, 324
490	491	492	493	495	497	499
92	92	92	92	92	93	93
10	10	10	10	10	10	10
7, 758	7, 751	7, 741	7, 732	7, 724	7, 712	7, 700
38, 115	38, 095	38, 081	38, 073	38, 057	38, 030	38, 009
15, 586	15, 598	15, 605	15, 611	15, 621	15, 631	15, 641
7, 277	7, 285	7, 291	7, 291	7, 293	7, 299	7, 305
1, 893	1, 897	1, 901	1, 905	1, 910	1, 917	1, 927
Percentage distribution (%) - Total population						
12. 6	12. 6	12. 6	12. 6	12. 6	12. 6	12. 6
62. 0	62. 0	62. 0	62. 0	62. 0	62. 0	62. 0
25. 4	25. 4	25. 4	25. 4	25. 4	25. 5	25. 5
11. 8	11. 9	11. 9	11. 9	11. 9	11. 9	11. 9
3. 1	3. 1	3. 1	3. 1	3. 1	3. 1	3. 1
Japanese population (thousand persons)						
60, 097	60, 085	60, 070	60, 060	60, 049	60, 023	60, 003
2, 330	2, 323	2, 314	2, 307	2, 298	2, 290	2, 282
2, 593	2, 592	2, 590	2, 587	2, 586	2, 583	2, 580
2, 723	2, 723	2, 723	2, 725	2, 725	2, 725	2, 724
2, 915	2, 911	2, 904	2, 901	2, 896	2, 889	2, 883
3, 021	3, 021	3, 021	3, 019	3, 017	3, 016	3, 016
3, 034	3, 034	3, 034	3, 036	3, 037	3, 037	3, 038
3, 289	3, 284	3, 278	3, 271	3, 262	3, 253	3, 245
3, 709	3, 705	3, 699	3, 693	3, 690	3, 683	3, 676
4, 277	4, 263	4, 251	4, 240	4, 227	4, 214	4, 203
4, 918	4, 916	4, 916	4, 916	4, 915	4, 915	4, 915
4, 285	4, 293	4, 304	4, 314	4, 324	4, 328	4, 328
3, 846	3, 853	3, 861	3, 871	3, 885	3, 899	3, 913
3, 648	3, 648	3, 648	3, 647	3, 646	3, 641	3, 639
4, 056	4, 045	4, 033	4, 019	4, 002	3, 987	3, 970
4, 202	4, 217	4, 230	4, 250	4, 274	4, 293	4, 314
3, 163	3, 162	3, 160	3, 152	3, 144	3, 139	3, 132
2, 200	2, 204	2, 207	2, 212	2, 217	2, 220	2, 223
1, 297	1, 301	1, 304	1, 306	1, 310	1, 314	1, 321
489	490	491	492	493	495	498
91	91	92	92	92	93	93
10	10	10	10	10	10	10
7, 645	7, 638	7, 628	7, 619	7, 610	7, 597	7, 586
36, 944	36, 928	36, 916	36, 909	36, 898	36, 875	36, 857
15, 508	15, 519	15, 526	15, 532	15, 541	15, 551	15, 560
7, 250	7, 258	7, 263	7, 263	7, 266	7, 271	7, 277
1, 887	1, 892	1, 896	1, 900	1, 905	1, 912	1, 922
Percentage distribution (%) - Japanese population						
12. 7	12. 7	12. 7	12. 7	12. 7	12. 7	12. 6
61. 5	61. 5	61. 5	61. 5	61. 4	61. 4	61. 4
25. 8	25. 8	25. 8	25. 9	25. 9	25. 9	25. 9
12. 1	12. 1	12. 1	12. 1	12. 1	12. 1	12. 1
3. 1	3. 1	3. 2	3. 2	3. 2	3. 2	3. 2

* Statistics Bureau, Ministry of Internal Affairs and Communications, "Population Census" (Result with Imputation)

第2表 年 齢 （5 歳 階 級），男 女，月 別

Table 2. Population and Percentage distribution by Age (Five-Year Groups) and Sex,

年齢階級 Age groups	女 2015年10月 October 2015 ＊	2015年11月 November 2015	2015年12月 December 2015	2016年1月 January 2016	2016年2月 February 2016	2016年3月 March 2016	2016年4月 April 2016
	総 人 口（単位 千人）						
総数 Total	65, 253	65, 259	65, 261	65, 235	65, 230	65, 202	65, 227
0 ～ 4 歳 years old	2, 445	2, 444	2, 442	2, 440	2, 439	2, 440	2, 440
5 ～ 9	2, 594	2, 594	2, 596	2, 600	2, 598	2, 596	2, 598
10 ～ 14	2, 741	2, 735	2, 729	2, 725	2, 720	2, 717	2, 716
15 ～ 19	2, 942	2, 945	2, 948	2, 950	2, 949	2, 945	2, 946
20 ～ 24	2, 969	2, 972	2, 974	2, 972	2, 977	2, 969	2, 979
25 ～ 29	3, 199	3, 193	3, 189	3, 173	3, 174	3, 166	3, 166
30 ～ 34	3, 645	3, 641	3, 639	3, 629	3, 626	3, 621	3, 619
35 ～ 39	4, 149	4, 140	4, 130	4, 115	4, 100	4, 088	4, 075
40 ～ 44	4, 859	4, 860	4, 858	4, 853	4, 844	4, 839	4, 836
45 ～ 49	4, 344	4, 341	4, 344	4, 352	4, 378	4, 400	4, 428
50 ～ 54	3, 995	4, 012	4, 024	4, 035	4, 016	4, 004	3, 990
55 ～ 59	3, 817	3, 813	3, 810	3, 808	3, 800	3, 795	3, 792
60 ～ 64	4, 342	4, 323	4, 302	4, 284	4, 249	4, 227	4, 210
65 ～ 69	5, 036	5, 062	5, 094	5, 124	5, 179	5, 211	5, 243
70 ～ 74	4, 162	4, 148	4, 123	4, 106	4, 057	4, 029	3, 998
75 ～ 79	3, 537	3, 538	3, 537	3, 540	3, 546	3, 551	3, 555
80 ～ 84	3, 011	3, 020	3, 031	3, 035	3, 050	3, 059	3, 061
85 ～ 89	2, 088	2, 093	2, 100	2, 098	2, 114	2, 121	2, 131
90 ～ 94	1, 026	1, 032	1, 036	1, 041	1, 051	1, 059	1, 071
95 ～ 99	298	299	300	300	305	308	314
100 歳 以 上 and over	53	54	55	55	56	57	58
（再掲） Regrouped							
15 歳 未 満 Under	7, 781	7, 774	7, 767	7, 765	7, 757	7, 753	7, 755
15 ～ 64	38, 261	38, 241	38, 217	38, 171	38, 114	38, 054	38, 041
65 歳 以 上 and over	19, 211	19, 245	19, 277	19, 300	19, 358	19, 395	19, 432
うち 75 歳 以 上 and over	10, 013	10, 035	10, 060	10, 069	10, 123	10, 155	10, 191
うち 85 歳 以 上 and over	3, 466	3, 477	3, 491	3, 494	3, 527	3, 545	3, 575
	割 合 （単位 %）－ 総 人 口						
15 歳 未 満 Under	11. 9	11. 9	11. 9	11. 9	11. 9	11. 9	11. 9
15 ～ 64	58. 6	58. 6	58. 6	58. 5	58. 4	58. 4	58. 3
65 歳 以 上 and over	29. 4	29. 5	29. 5	29. 6	29. 7	29. 7	29. 8
うち 75 歳 以 上 and over	15. 3	15. 4	15. 4	15. 4	15. 5	15. 6	15. 6
うち 85 歳 以 上 and over	5. 3	5. 3	5. 3	5. 4	5. 4	5. 4	5. 5
	日 本 人 人 口（単位 千人）						
総数 Total	64, 297	64, 287	64, 276	64, 310	64, 259	64, 239	64, 244
0 ～ 4 歳 years old	2, 415	2, 413	2, 410	2, 411	2, 409	2, 409	2, 408
5 ～ 9	2, 569	2, 569	2, 571	2, 576	2, 573	2, 570	2, 572
10 ～ 14	2, 718	2, 713	2, 707	2, 704	2, 697	2, 694	2, 694
15 ～ 19	2, 904	2, 906	2, 908	2, 914	2, 911	2, 908	2, 908
20 ～ 24	2, 869	2, 867	2, 867	2, 875	2, 873	2, 875	2, 874
25 ～ 29	3, 083	3, 074	3, 068	3, 064	3, 055	3, 049	3, 044
30 ～ 34	3, 532	3, 526	3, 522	3, 522	3, 513	3, 507	3, 503
35 ～ 39	4, 047	4, 036	4, 026	4, 018	3, 998	3, 984	3, 972
40 ～ 44	4, 764	4, 764	4, 761	4, 762	4, 750	4, 743	4, 741
45 ～ 49	4, 254	4, 251	4, 253	4, 266	4, 287	4, 309	4, 337
50 ～ 54	3, 927	3, 943	3, 953	3, 966	3, 945	3, 933	3, 919
55 ～ 59	3, 770	3, 766	3, 762	3, 761	3, 753	3, 747	3, 743
60 ～ 64	4, 308	4, 288	4, 267	4, 249	4, 214	4, 192	4, 175
65 ～ 69	5, 011	5, 037	5, 068	5, 098	5, 153	5, 184	5, 217
70 ～ 74	4, 143	4, 129	4, 104	4, 087	4, 038	4, 010	3, 979
75 ～ 79	3, 523	3, 524	3, 523	3, 526	3, 532	3, 537	3, 541
80 ～ 84	3, 002	3, 012	3, 022	3, 026	3, 041	3, 050	3, 051
85 ～ 89	2, 084	2, 088	2, 095	2, 093	2, 110	2, 116	2, 126
90 ～ 94	1, 024	1, 030	1, 034	1, 039	1, 049	1, 057	1, 069
95 ～ 99	297	298	299	299	305	308	314
100 歳 以 上 and over	53	54	55	55	56	57	58
（再掲） Regrouped							
15 歳 未 満 Under	7, 703	7, 695	7, 688	7, 690	7, 678	7, 673	7, 675
15 ～ 64	37, 457	37, 422	37, 387	37, 396	37, 299	37, 247	37, 215
65 歳 以 上 and over	19, 137	19, 170	19, 201	19, 224	19, 282	19, 319	19, 355
うち 75 歳 以 上 and over	9, 983	10, 005	10, 029	10, 038	10, 092	10, 124	10, 159
うち 85 歳 以 上 and over	3, 458	3, 469	3, 483	3, 486	3, 519	3, 537	3, 567
	割 合 （単位 %）－ 日 本 人 人 口						
15 歳 未 満 Under	12. 0	12. 0	12. 0	12. 0	11. 9	11. 9	11. 9
15 ～ 64	58. 3	58. 2	58. 2	58. 1	58. 0	58. 0	57. 9
65 歳 以 上 and over	29. 8	29. 8	29. 9	29. 9	30. 0	30. 1	30. 1
うち 75 歳 以 上 and over	15. 5	15. 6	15. 6	15. 6	15. 7	15. 8	15. 8
うち 85 歳 以 上 and over	5. 4	5. 4	5. 4	5. 4	5. 5	5. 5	5. 6

＊ 総務省統計局「国勢調査」（年齢・国籍不詳をあん分した人口）

人　口　及　び　割　合－総人口，日本人人口（各月１日現在）（続き）
Monthly Estimates - Total population, Japanese population, the First Day, Each Month - Continued

Female								
2016年5月 May 2016	2016年6月 June 2016	2016年7月 July 2016	2016年8月 August 2016	2016年9月 September 2016	2016年10月 October 2016	2016年11月 November 2016	2016年12月 December 2016	2017年1月 January 2017
Total population (thousand persons)								
65,205	65,234	65,257	65,247	65,208	65,226	65,234	65,229	65,186
2,439	2,438	2,437	2,435	2,431	2,429	2,427	2,425	2,422
2,594	2,593	2,596	2,594	2,589	2,589	2,587	2,585	2,583
2,712	2,709	2,709	2,706	2,698	2,693	2,688	2,686	2,686
2,947	2,945	2,945	2,942	2,936	2,936	2,936	2,935	2,933
2,986	2,994	2,999	3,003	2,990	3,001	3,009	3,011	3,008
3,157	3,160	3,155	3,148	3,141	3,140	3,139	3,137	3,121
3,608	3,607	3,602	3,594	3,587	3,582	3,578	3,576	3,564
4,059	4,052	4,043	4,026	4,015	4,008	4,000	3,991	3,979
4,826	4,824	4,823	4,816	4,804	4,797	4,789	4,781	4,771
4,454	4,486	4,518	4,547	4,574	4,602	4,629	4,650	4,668
3,974	3,966	3,960	3,954	3,946	3,939	3,935	3,933	3,930
3,792	3,792	3,790	3,790	3,789	3,788	3,785	3,783	3,787
4,197	4,187	4,178	4,162	4,149	4,140	4,130	4,116	4,099
5,270	5,289	5,298	5,307	5,308	5,300	5,289	5,280	5,285
3,979	3,966	3,958	3,952	3,949	3,953	3,957	3,959	3,955
3,563	3,569	3,579	3,593	3,606	3,620	3,634	3,650	3,664
3,066	3,070	3,073	3,077	3,082	3,086	3,089	3,092	3,092
2,135	2,136	2,139	2,144	2,149	2,155	2,158	2,159	2,159
1,075	1,080	1,083	1,086	1,089	1,093	1,097	1,101	1,101
314	314	314	315	316	317	319	321	321
58	58	58	57	57	57	58	58	58
7,745	7,740	7,742	7,735	7,718	7,712	7,702	7,695	7,690
38,000	38,013	38,013	37,981	37,932	37,933	37,930	37,913	37,861
19,460	19,482	19,502	19,531	19,557	19,581	19,602	19,621	19,635
10,211	10,227	10,246	10,272	10,300	10,328	10,355	10,382	10,395
3,582	3,588	3,594	3,603	3,612	3,622	3,632	3,639	3,639
Percentage distribution (%) - Total population								
11.9	11.9	11.9	11.9	11.8	11.8	11.8	11.8	11.8
58.3	58.3	58.3	58.2	58.2	58.2	58.1	58.1	58.1
29.8	29.9	29.9	29.9	30.0	30.0	30.0	30.1	30.1
15.7	15.7	15.7	15.7	15.8	15.8	15.9	15.9	15.9
5.5	5.5	5.5	5.5	5.5	5.6	5.6	5.6	5.6
Japanese population (thousand persons)								
64,218	64,213	64,233	64,247	64,193	64,180	64,168	64,152	64,182
2,407	2,405	2,404	2,403	2,398	2,395	2,393	2,390	2,389
2,568	2,566	2,569	2,570	2,562	2,562	2,560	2,557	2,558
2,689	2,686	2,686	2,684	2,675	2,670	2,664	2,662	2,663
2,904	2,902	2,902	2,900	2,894	2,891	2,890	2,889	2,892
2,875	2,879	2,884	2,888	2,883	2,880	2,880	2,881	2,890
3,038	3,033	3,028	3,022	3,016	3,011	3,006	3,001	3,000
3,496	3,488	3,483	3,478	3,469	3,462	3,456	3,453	3,452
3,957	3,945	3,936	3,925	3,909	3,899	3,890	3,880	3,876
4,731	4,727	4,726	4,723	4,707	4,699	4,690	4,681	4,678
4,362	4,392	4,423	4,454	4,478	4,505	4,531	4,550	4,573
3,903	3,893	3,887	3,882	3,873	3,865	3,860	3,858	3,858
3,744	3,743	3,741	3,740	3,739	3,737	3,734	3,731	3,737
4,162	4,151	4,142	4,126	4,112	4,102	4,092	4,078	4,061
5,243	5,262	5,271	5,280	5,281	5,272	5,262	5,252	5,258
3,960	3,947	3,939	3,933	3,930	3,934	3,938	3,940	3,936
3,548	3,555	3,565	3,578	3,592	3,605	3,619	3,635	3,648
3,057	3,061	3,063	3,067	3,072	3,076	3,079	3,082	3,082
2,130	2,131	2,133	2,139	2,144	2,149	2,153	2,154	2,154
1,073	1,078	1,081	1,084	1,087	1,091	1,095	1,099	1,098
313	314	314	315	315	317	319	321	321
58	58	58	57	57	57	57	58	58
7,664	7,656	7,659	7,657	7,635	7,627	7,617	7,609	7,611
37,171	37,153	37,151	37,137	37,080	37,051	37,030	37,002	37,017
19,382	19,404	19,423	19,453	19,478	19,501	19,522	19,540	19,555
10,179	10,195	10,213	10,240	10,267	10,295	10,322	10,348	10,361
3,574	3,580	3,586	3,595	3,604	3,614	3,624	3,631	3,631
Percentage distribution (%) - Japanese population								
11.9	11.9	11.9	11.9	11.9	11.9	11.9	11.9	11.9
57.9	57.9	57.8	57.8	57.8	57.7	57.7	57.7	57.7
30.2	30.2	30.2	30.3	30.3	30.4	30.4	30.5	30.5
15.9	15.9	15.9	15.9	16.0	16.0	16.1	16.1	16.1
5.6	5.6	5.6	5.6	5.6	5.6	5.6	5.7	5.7

* Statistics Bureau, Ministry of Internal Affairs and Communications, "Population Census"
(Unknown age and nationality population is included after being prorated to each age and nationality population.)

第2表　年齢（5歳階級），男女，月別
Table 2. Population and Percentage distribution by Age (Five-Year Groups) and Sex,

年齢階級 Age groups	女 2017年2月 February 2017	2017年3月 March 2017	2017年4月 April 2017	2017年5月 May 2017	2017年6月 June 2017	2017年7月 July 2017	2017年8月 August 2017
	総人口（単位 千人）						
総数 Total	65,164	65,160	65,171	65,158	65,185	65,205	65,189
0～4歳 years old	2,419	2,417	2,417	2,415	2,414	2,414	2,410
5～9	2,581	2,581	2,581	2,577	2,575	2,577	2,575
10～14	2,682	2,678	2,677	2,672	2,670	2,670	2,666
15～19	2,931	2,929	2,930	2,933	2,930	2,927	2,923
20～24	3,013	3,006	3,017	3,025	3,035	3,041	3,044
25～29	3,119	3,121	3,119	3,111	3,113	3,110	3,105
30～34	3,559	3,558	3,557	3,550	3,550	3,544	3,534
35～39	3,971	3,966	3,957	3,942	3,935	3,927	3,915
40～44	4,754	4,740	4,728	4,717	4,712	4,707	4,694
45～49	4,656	4,654	4,649	4,648	4,655	4,667	4,674
50～54	3,946	3,961	3,980	3,992	4,010	4,027	4,043
55～59	3,781	3,785	3,790	3,793	3,796	3,797	3,800
60～64	4,076	4,055	4,035	4,021	4,010	3,999	3,986
65～69	5,262	5,254	5,240	5,227	5,212	5,194	5,170
70～74	3,965	3,972	3,983	3,999	4,017	4,038	4,062
75～79	3,676	3,685	3,685	3,693	3,697	3,704	3,715
80～84	3,107	3,113	3,115	3,119	3,121	3,123	3,126
85～89	2,167	2,175	2,188	2,195	2,202	2,207	2,213
90～94	1,113	1,120	1,131	1,133	1,135	1,136	1,138
95～99	327	330	335	335	335	335	335
100歳以上 and over	59	59	61	60	60	60	59
(再掲) Regrouped							
15歳未満 Under	7,683	7,677	7,675	7,664	7,659	7,661	7,651
15～64	37,806	37,776	37,760	37,732	37,745	37,747	37,719
65歳以上 and over	19,675	19,707	19,737	19,762	19,780	19,797	19,820
うち75歳以上 and over	10,448	10,481	10,514	10,536	10,550	10,565	10,587
うち85歳以上 and over	3,665	3,684	3,715	3,724	3,732	3,738	3,746
	割合（単位 %）－総人口						
15歳未満 Under	11.8	11.8	11.8	11.8	11.8	11.7	11.7
15～64	58.0	58.0	57.9	57.9	57.9	57.9	57.9
65歳以上 and over	30.2	30.2	30.3	30.3	30.3	30.4	30.4
うち75歳以上 and over	16.0	16.1	16.1	16.2	16.2	16.2	16.2
うち85歳以上 and over	5.6	5.7	5.7	5.7	5.7	5.7	5.7
	日本人人口（単位 千人）						
総数 Total	64,126	64,099	64,097	64,071	64,066	64,085	64,093
0～4歳 years old	2,386	2,383	2,382	2,381	2,378	2,379	2,376
5～9	2,554	2,553	2,554	2,548	2,546	2,548	2,549
10～14	2,658	2,654	2,653	2,648	2,645	2,646	2,643
15～19	2,887	2,886	2,885	2,883	2,879	2,878	2,876
20～24	2,890	2,888	2,888	2,888	2,894	2,899	2,903
25～29	2,992	2,988	2,982	2,976	2,971	2,967	2,963
30～34	3,443	3,436	3,434	3,430	3,424	3,419	3,412
35～39	3,863	3,854	3,845	3,830	3,819	3,812	3,804
40～44	4,658	4,642	4,631	4,620	4,612	4,608	4,600
45～49	4,559	4,555	4,550	4,549	4,554	4,566	4,575
50～54	3,873	3,885	3,904	3,916	3,932	3,949	3,965
55～59	3,731	3,733	3,737	3,740	3,743	3,743	3,746
60～64	4,039	4,016	3,996	3,982	3,971	3,960	3,946
65～69	5,234	5,226	5,211	5,199	5,184	5,166	5,142
70～74	3,945	3,952	3,963	3,979	3,997	4,017	4,042
75～79	3,661	3,669	3,669	3,677	3,681	3,688	3,699
80～84	3,097	3,103	3,105	3,109	3,111	3,113	3,116
85～89	2,162	2,169	2,182	2,190	2,196	2,201	2,208
90～94	1,110	1,118	1,129	1,131	1,133	1,134	1,136
95～99	326	329	335	335	334	334	335
100歳以上 and over	59	59	60	60	60	60	59
(再掲) Regrouped							
15歳未満 Under	7,598	7,590	7,589	7,577	7,569	7,572	7,568
15～64	36,934	36,884	36,854	36,815	36,800	36,800	36,789
65歳以上 and over	19,594	19,625	19,655	19,679	19,697	19,714	19,736
うち75歳以上 and over	10,414	10,447	10,480	10,501	10,516	10,530	10,552
うち85歳以上 and over	3,657	3,676	3,706	3,715	3,723	3,729	3,738
	割合（単位 %）－日本人人口						
15歳未満 Under	11.8	11.8	11.8	11.8	11.8	11.8	11.8
15～64	57.6	57.5	57.5	57.5	57.4	57.4	57.4
65歳以上 and over	30.6	30.6	30.7	30.7	30.7	30.8	30.8
うち75歳以上 and over	16.2	16.3	16.4	16.4	16.4	16.4	16.5
うち85歳以上 and over	5.7	5.7	5.8	5.8	5.8	5.8	5.8

人　口　及　び　割　合－総人口，日本人人口（各月１日現在）（続き）
Monthly Estimates - Total population, Japanese population, the First Day, Each Month - Continued

Female								
2017年9月 September 2017	2017年10月 October 2017	2017年11月 November 2017	2017年12月 December 2017	2018年1月 January 2018	2018年2月 February 2018	2018年3月 March 2018	2018年4月 April 2018	2018年5月 May 2018
Total population (thousand persons)								
65, 149	65, 165	65, 174	65, 168	65, 124	65, 133	65, 076	65, 089	65, 077
2, 406	2, 404	2, 399	2, 396	2, 392	2, 390	2, 387	2, 385	2, 382
2, 569	2, 569	2, 566	2, 564	2, 564	2, 561	2, 557	2, 556	2, 552
2, 660	2, 656	2, 655	2, 655	2, 654	2, 651	2, 651	2, 651	2, 648
2, 918	2, 916	2, 916	2, 914	2, 911	2, 909	2, 903	2, 900	2, 903
3, 031	3, 042	3, 049	3, 052	3, 049	3, 060	3, 043	3, 055	3, 066
3, 099	3, 100	3, 101	3, 099	3, 085	3, 095	3, 087	3, 089	3, 083
3, 525	3, 517	3, 511	3, 507	3, 493	3, 491	3, 483	3, 477	3, 465
3, 908	3, 902	3, 895	3, 889	3, 879	3, 876	3, 866	3, 860	3, 852
4, 680	4, 669	4, 657	4, 646	4, 631	4, 614	4, 596	4, 581	4, 563
4, 682	4, 692	4, 703	4, 712	4, 721	4, 729	4, 735	4, 744	4, 749
4, 055	4, 066	4, 077	4, 087	4, 097	4, 095	4, 096	4, 102	4, 109
3, 803	3, 810	3, 817	3, 820	3, 824	3, 820	3, 822	3, 823	3, 827
3, 972	3, 957	3, 941	3, 930	3, 920	3, 907	3, 895	3, 885	3, 878
5, 142	5, 116	5, 089	5, 065	5, 052	5, 012	4, 980	4, 953	4, 930
4, 089	4, 115	4, 141	4, 160	4, 174	4, 207	4, 231	4, 249	4, 271
3, 723	3, 728	3, 729	3, 727	3, 726	3, 729	3, 735	3, 741	3, 751
3, 131	3, 138	3, 142	3, 146	3, 152	3, 156	3, 160	3, 159	3, 164
2, 220	2, 228	2, 237	2, 247	2, 249	2, 265	2, 272	2, 280	2, 285
1, 141	1, 146	1, 149	1, 153	1, 152	1, 161	1, 168	1, 178	1, 180
336	337	339	341	340	347	351	358	359
59	59	60	60	60	61	61	63	62
7, 635	7, 628	7, 620	7, 614	7, 610	7, 602	7, 595	7, 593	7, 582
37, 671	37, 671	37, 668	37, 656	37, 609	37, 594	37, 524	37, 515	37, 495
19, 843	19, 866	19, 886	19, 899	19, 905	19, 937	19, 957	19, 981	20, 001
10, 611	10, 635	10, 657	10, 673	10, 679	10, 719	10, 746	10, 779	10, 800
3, 757	3, 770	3, 786	3, 801	3, 800	3, 834	3, 851	3, 879	3, 886
Percentage distribution (%) - Total population								
11. 7	11. 7	11. 7	11. 7	11. 7	11. 7	11. 7	11. 7	11. 7
57. 8	57. 8	57. 8	57. 8	57. 7	57. 7	57. 7	57. 6	57. 6
30. 5	30. 5	30. 5	30. 5	30. 6	30. 6	30. 7	30. 7	30. 7
16. 3	16. 3	16. 4	16. 4	16. 4	16. 5	16. 5	16. 6	16. 6
5. 8	5. 8	5. 8	5. 8	5. 8	5. 9	5. 9	6. 0	6. 0
Japanese population (thousand persons)								
64, 038	64, 022	64, 009	63, 991	64, 022	63, 958	63, 930	63, 925	63, 896
2, 370	2, 368	2, 363	2, 359	2, 358	2, 354	2, 351	2, 349	2, 346
2, 541	2, 539	2, 536	2, 534	2, 536	2, 531	2, 527	2, 527	2, 521
2, 635	2, 631	2, 629	2, 629	2, 630	2, 625	2, 625	2, 625	2, 622
2, 869	2, 865	2, 864	2, 862	2, 864	2, 859	2, 856	2, 852	2, 848
2, 898	2, 893	2, 893	2, 894	2, 904	2, 903	2, 902	2, 902	2, 903
2, 957	2, 954	2, 951	2, 946	2, 946	2, 941	2, 938	2, 935	2, 932
3, 401	3, 391	3, 383	3, 377	3, 374	3, 362	3, 355	3, 348	3, 339
3, 792	3, 784	3, 775	3, 768	3, 767	3, 754	3, 746	3, 740	3, 732
4, 581	4, 569	4, 556	4, 544	4, 536	4, 512	4, 496	4, 482	4, 463
4, 580	4, 589	4, 599	4, 607	4, 622	4, 625	4, 632	4, 642	4, 646
3, 976	3, 987	3, 997	4, 005	4, 018	4, 014	4, 015	4, 020	4, 027
3, 749	3, 755	3, 761	3, 763	3, 768	3, 762	3, 764	3, 765	3, 768
3, 932	3, 916	3, 900	3, 889	3, 880	3, 865	3, 854	3, 843	3, 836
5, 114	5, 087	5, 059	5, 036	5, 023	4, 982	4, 951	4, 923	4, 900
4, 069	4, 094	4, 120	4, 139	4, 153	4, 185	4, 209	4, 228	4, 249
3, 707	3, 712	3, 713	3, 710	3, 710	3, 712	3, 718	3, 725	3, 734
3, 121	3, 127	3, 131	3, 135	3, 141	3, 145	3, 149	3, 148	3, 153
2, 214	2, 222	2, 232	2, 241	2, 243	2, 260	2, 266	2, 274	2, 279
1, 139	1, 143	1, 147	1, 150	1, 149	1, 159	1, 165	1, 176	1, 178
335	336	339	340	340	346	350	357	358
59	59	60	60	60	61	61	62	62
7, 546	7, 538	7, 529	7, 522	7, 524	7, 510	7, 503	7, 501	7, 489
36, 734	36, 704	36, 680	36, 656	36, 679	36, 597	36, 557	36, 531	36, 495
19, 758	19, 781	19, 801	19, 813	19, 819	19, 850	19, 870	19, 893	19, 913
10, 576	10, 600	10, 622	10, 638	10, 643	10, 683	10, 710	10, 742	10, 763
3, 748	3, 761	3, 777	3, 792	3, 792	3, 825	3, 842	3, 869	3, 876
Percentage distribution (%) - Japanese population								
11. 8	11. 8	11. 8	11. 8	11. 8	11. 7	11. 7	11. 7	11. 7
57. 4	57. 3	57. 3	57. 3	57. 3	57. 2	57. 2	57. 1	57. 1
30. 9	30. 9	30. 9	31. 0	31. 0	31. 0	31. 1	31. 1	31. 2
16. 5	16. 6	16. 6	16. 6	16. 6	16. 7	16. 8	16. 8	16. 8
5. 9	5. 9	5. 9	5. 9	5. 9	6. 0	6. 0	6. 1	6. 1

第2表　年齢（5歳階級），男女，月別
Table 2. Population and Percentage distribution by Age (Five-Year Groups) and Sex,

年齢階級 Age groups		女 2018年6月 June 2018	2018年7月 July 2018	2018年8月 August 2018	2018年9月 September 2018	2018年10月 October 2018	2018年11月 November 2018	2018年12月 December 2018
		総人口（単位　千人）						
総数	Total	65,105	65,124	65,106	65,062	65,076	65,085	65,078
0 ～ 4 歳	years old	2,380	2,379	2,374	2,368	2,362	2,357	2,353
5 ～ 9		2,550	2,552	2,549	2,544	2,543	2,540	2,538
10 ～ 14		2,647	2,648	2,646	2,641	2,641	2,640	2,639
15 ～ 19		2,899	2,896	2,890	2,881	2,876	2,876	2,873
20 ～ 24		3,073	3,080	3,085	3,070	3,085	3,096	3,098
25 ～ 29		3,088	3,086	3,083	3,076	3,074	3,072	3,069
30 ～ 34		3,463	3,457	3,446	3,441	3,437	3,435	3,432
35 ～ 39		3,847	3,840	3,828	3,822	3,818	3,812	3,806
40 ～ 44		4,554	4,546	4,530	4,512	4,500	4,485	4,473
45 ～ 49		4,762	4,776	4,785	4,792	4,802	4,812	4,819
50 ～ 54		4,121	4,134	4,149	4,160	4,170	4,181	4,193
55 ～ 59		3,831	3,833	3,835	3,838	3,840	3,840	3,838
60 ～ 64		3,873	3,868	3,860	3,852	3,847	3,848	3,848
65 ～ 69		4,910	4,892	4,873	4,851	4,827	4,796	4,765
70 ～ 74		4,293	4,313	4,330	4,344	4,356	4,369	4,386
75 ～ 79		3,758	3,769	3,784	3,805	3,827	3,847	3,862
80 ～ 84		3,164	3,161	3,159	3,157	3,155	3,150	3,146
85 ～ 89		2,287	2,288	2,290	2,293	2,296	2,299	2,302
90 ～ 94		1,182	1,185	1,188	1,193	1,198	1,204	1,209
95 ～ 99		359	359	360	360	362	365	367
100 歳 以 上	and over	62	62	61	61	61	61	62
（再掲）	Regrouped							
15 歳 未 満	Under	7,577	7,579	7,569	7,553	7,546	7,537	7,531
15 ～ 64		37,512	37,517	37,491	37,445	37,449	37,457	37,450
65 歳 以 上	and over	20,015	20,028	20,046	20,065	20,081	20,091	20,098
うち 75 歳 以 上	and over	10,812	10,824	10,843	10,870	10,898	10,925	10,947
うち 85 歳 以 上	and over	3,890	3,894	3,899	3,907	3,917	3,929	3,939
		割合（単位　%）－総人口						
15 歳 未 満	Under	11.6	11.6	11.6	11.6	11.6	11.6	11.6
15 ～ 64		57.6	57.6	57.6	57.6	57.5	57.6	57.5
65 歳 以 上	and over	30.7	30.8	30.8	30.8	30.9	30.9	30.9
うち 75 歳 以 上	and over	16.6	16.6	16.7	16.7	16.7	16.8	16.8
うち 85 歳 以 上	and over	6.0	6.0	6.0	6.0	6.0	6.0	6.1
		日本人人口（単位　千人）						
総数	Total	63,888	63,905	63,910	63,853	63,831	63,816	63,797
0 ～ 4 歳	years old	2,343	2,341	2,338	2,331	2,325	2,319	2,315
5 ～ 9		2,519	2,520	2,521	2,513	2,511	2,508	2,506
10 ～ 14		2,620	2,622	2,621	2,614	2,614	2,612	2,612
15 ～ 19		2,844	2,842	2,838	2,829	2,821	2,819	2,817
20 ～ 24		2,906	2,912	2,918	2,913	2,911	2,913	2,913
25 ～ 29		2,929	2,926	2,923	2,916	2,910	2,903	2,898
30 ～ 34		3,331	3,324	3,316	3,308	3,302	3,298	3,293
35 ～ 39		3,722	3,716	3,709	3,698	3,691	3,684	3,677
40 ～ 44		4,451	4,443	4,431	4,409	4,395	4,380	4,366
45 ～ 49		4,657	4,671	4,682	4,687	4,696	4,706	4,712
50 ～ 54		4,038	4,050	4,065	4,075	4,085	4,095	4,105
55 ～ 59		3,772	3,773	3,775	3,777	3,778	3,777	3,774
60 ～ 64		3,830	3,825	3,817	3,809	3,803	3,804	3,803
65 ～ 69		4,880	4,861	4,843	4,821	4,796	4,766	4,734
70 ～ 74		4,271	4,291	4,308	4,322	4,334	4,347	4,363
75 ～ 79		3,741	3,752	3,767	3,788	3,810	3,830	3,845
80 ～ 84		3,152	3,150	3,148	3,146	3,143	3,138	3,134
85 ～ 89		2,281	2,282	2,284	2,287	2,290	2,293	2,296
90 ～ 94		1,180	1,182	1,186	1,190	1,196	1,201	1,206
95 ～ 99		358	358	359	360	361	364	366
100 歳 以 上	and over	62	62	61	61	61	61	62
（再掲）	Regrouped							
15 歳 未 満	Under	7,482	7,484	7,480	7,458	7,449	7,439	7,433
15 ～ 64		36,480	36,482	36,474	36,421	36,392	36,377	36,358
65 歳 以 上	and over	19,927	19,939	19,957	19,975	19,991	20,000	20,006
うち 75 歳 以 上	and over	10,775	10,786	10,805	10,832	10,861	10,887	10,909
うち 85 歳 以 上	and over	3,881	3,884	3,890	3,898	3,907	3,919	3,930
		割合（単位　%）－日本人人口						
15 歳 未 満	Under	11.7	11.7	11.7	11.7	11.7	11.7	11.7
15 ～ 64		57.1	57.1	57.1	57.0	57.0	57.0	57.0
65 歳 以 上	and over	31.2	31.2	31.2	31.3	31.3	31.3	31.4
うち 75 歳 以 上	and over	16.9	16.9	16.9	17.0	17.0	17.1	17.1
うち 85 歳 以 上	and over	6.1	6.1	6.1	6.1	6.1	6.1	6.2

人 口 及 び 割 合－総人口，日本人人口（各月１日現在）（続き）

Monthly Estimates - Total population, Japanese population, the First Day, Each Month - Continued

Female								
2019年1月 January 2019	2019年2月 February 2019	2019年3月 March 2019	2019年4月 April 2019	2019年5月 May 2019	2019年6月 June 2019	2019年7月 July 2019	2019年8月 August 2019	2019年9月 September 2019
Total population (thousand persons)								
65,026	65,019	64,993	65,001	64,969	65,007	65,023	64,997	64,950
2,347	2,343	2,339	2,336	2,331	2,329	2,326	2,319	2,313
2,537	2,533	2,530	2,528	2,522	2,522	2,523	2,519	2,514
2,640	2,638	2,635	2,633	2,630	2,629	2,630	2,628	2,623
2,870	2,867	2,862	2,861	2,863	2,860	2,859	2,854	2,844
3,094	3,100	3,089	3,098	3,104	3,109	3,112	3,110	3,089
3,054	3,062	3,064	3,068	3,062	3,073	3,077	3,078	3,077
3,417	3,414	3,408	3,402	3,389	3,391	3,383	3,370	3,361
3,795	3,792	3,789	3,786	3,778	3,777	3,772	3,763	3,761
4,457	4,441	4,426	4,410	4,391	4,382	4,373	4,352	4,335
4,824	4,822	4,825	4,828	4,827	4,835	4,845	4,854	4,862
4,205	4,211	4,217	4,225	4,233	4,245	4,257	4,266	4,271
3,840	3,832	3,832	3,833	3,834	3,840	3,847	3,857	3,864
3,842	3,835	3,827	3,824	3,826	3,829	3,828	3,823	3,816
4,753	4,704	4,677	4,645	4,616	4,588	4,563	4,537	4,511
4,395	4,424	4,434	4,450	4,464	4,483	4,503	4,527	4,551
3,878	3,889	3,909	3,924	3,945	3,961	3,972	3,981	3,990
3,138	3,145	3,144	3,138	3,135	3,131	3,129	3,128	3,128
2,303	2,312	2,317	2,325	2,328	2,331	2,334	2,337	2,341
1,210	1,220	1,227	1,239	1,242	1,245	1,247	1,249	1,252
367	374	378	384	383	382	381	382	383
62	62	63	65	64	64	64	63	63
7,523	7,514	7,504	7,497	7,483	7,480	7,479	7,466	7,450
37,398	37,376	37,339	37,335	37,306	37,342	37,353	37,327	37,280
20,106	20,130	20,150	20,169	20,180	20,185	20,192	20,205	20,220
10,957	11,002	11,039	11,074	11,099	11,115	11,127	11,141	11,157
3,941	3,968	3,986	4,013	4,018	4,023	4,026	4,032	4,039
Percentage distribution (%) - Total population								
11.6	11.6	11.5	11.5	11.5	11.5	11.5	11.5	11.5
57.5	57.5	57.5	57.4	57.4	57.4	57.4	57.4	57.4
30.9	31.0	31.0	31.0	31.1	31.1	31.1	31.1	31.1
16.9	16.9	17.0	17.0	17.1	17.1	17.1	17.1	17.2
6.1	6.1	6.1	6.2	6.2	6.2	6.2	6.2	6.2
Japanese population (thousand persons)								
63,825	63,759	63,729	63,718	63,689	63,678	63,690	63,692	63,629
2,311	2,306	2,301	2,298	2,294	2,290	2,286	2,281	2,274
2,507	2,500	2,497	2,495	2,489	2,487	2,489	2,488	2,480
2,614	2,610	2,606	2,605	2,602	2,600	2,602	2,602	2,595
2,819	2,813	2,810	2,808	2,804	2,801	2,800	2,798	2,787
2,923	2,921	2,918	2,916	2,915	2,915	2,917	2,918	2,909
2,899	2,894	2,894	2,894	2,894	2,894	2,896	2,898	2,899
3,289	3,277	3,268	3,259	3,252	3,244	3,236	3,225	3,213
3,676	3,664	3,660	3,658	3,652	3,645	3,640	3,637	3,629
4,357	4,335	4,318	4,304	4,285	4,272	4,263	4,246	4,224
4,722	4,718	4,719	4,723	4,723	4,728	4,738	4,749	4,755
4,120	4,124	4,129	4,136	4,145	4,154	4,165	4,175	4,179
3,778	3,768	3,767	3,768	3,769	3,774	3,780	3,789	3,796
3,798	3,791	3,783	3,779	3,781	3,783	3,782	3,776	3,769
4,722	4,673	4,645	4,613	4,584	4,555	4,530	4,505	4,479
4,372	4,402	4,412	4,427	4,441	4,460	4,479	4,504	4,528
3,861	3,871	3,891	3,906	3,928	3,943	3,954	3,963	3,972
3,127	3,133	3,132	3,126	3,123	3,119	3,117	3,116	3,116
2,297	2,306	2,311	2,318	2,322	2,325	2,327	2,331	2,335
1,207	1,218	1,225	1,236	1,239	1,242	1,244	1,247	1,249
366	373	377	384	383	382	381	381	382
62	62	63	64	64	64	64	63	63
7,432	7,416	7,405	7,398	7,385	7,377	7,377	7,371	7,348
36,379	36,305	36,267	36,246	36,219	36,211	36,217	36,211	36,158
20,014	20,037	20,057	20,074	20,085	20,090	20,096	20,109	20,123
10,919	10,963	11,000	11,035	11,059	11,075	11,086	11,101	11,117
3,931	3,959	3,976	4,003	4,008	4,013	4,016	4,021	4,029
Percentage distribution (%) - Japanese population								
11.6	11.6	11.6	11.6	11.6	11.6	11.6	11.6	11.5
57.0	56.9	56.9	56.9	56.9	56.9	56.9	56.9	56.8
31.4	31.4	31.5	31.5	31.5	31.5	31.6	31.6	31.6
17.1	17.2	17.3	17.3	17.4	17.4	17.4	17.4	17.5
6.2	6.2	6.2	6.3	6.3	6.3	6.3	6.3	6.3

第2表　年齢（5歳階級），男女，月別
Table 2. Population and Percentage distribution by Age (Five-Year Groups) and Sex,

年齢階級 Age groups	女					
	2019年10月 October 2019	2019年11月 November 2019	2019年12月 December 2019	2020年1月 January 2020	2020年2月 February 2020	2020年3月 March 2020
	総人口（単位　千人）					
総数 Total	64, 967	64, 967	64, 960	64, 892	64, 897	64, 891
0 ～ 4 歳 years old	2, 306	2, 297	2, 291	2, 281	2, 275	2, 269
5 ～ 9	2, 513	2, 512	2, 509	2, 509	2, 507	2, 506
10 ～ 14	2, 622	2, 621	2, 619	2, 620	2, 618	2, 618
15 ～ 19	2, 843	2, 844	2, 842	2, 839	2, 836	2, 827
20 ～ 24	3, 101	3, 102	3, 101	3, 091	3, 100	3, 099
25 ～ 29	3, 085	3, 091	3, 095	3, 081	3, 094	3, 100
30 ～ 34	3, 353	3, 346	3, 342	3, 325	3, 326	3, 324
35 ～ 39	3, 758	3, 751	3, 747	3, 735	3, 732	3, 728
40 ～ 44	4, 322	4, 308	4, 298	4, 284	4, 271	4, 260
45 ～ 49	4, 871	4, 880	4, 887	4, 887	4, 881	4, 881
50 ～ 54	4, 277	4, 283	4, 289	4, 294	4, 297	4, 300
55 ～ 59	3, 872	3, 880	3, 887	3, 897	3, 896	3, 901
60 ～ 64	3, 811	3, 806	3, 800	3, 795	3, 781	3, 776
65 ～ 69	4, 482	4, 453	4, 426	4, 398	4, 381	4, 358
70 ～ 74	4, 576	4, 600	4, 625	4, 657	4, 694	4, 712
75 ～ 79	3, 997	4, 002	3, 998	3, 996	3, 964	3, 961
80 ～ 84	3, 131	3, 134	3, 140	3, 138	3, 146	3, 148
85 ～ 89	2, 346	2, 349	2, 351	2, 349	2, 366	2, 377
90 ～ 94	1, 255	1, 258	1, 262	1, 264	1, 272	1, 279
95 ～ 99	384	387	388	387	394	398
100 歳以上 and over	62	63	64	64	66	68
(再掲) Regrouped						
15 歳未満 Under	7, 441	7, 430	7, 420	7, 410	7, 401	7, 393
15 ～ 64	37, 293	37, 291	37, 288	37, 228	37, 213	37, 196
65 歳以上 and over	20, 233	20, 246	20, 252	20, 253	20, 283	20, 301
うち 75 歳以上 and over	11, 175	11, 193	11, 202	11, 198	11, 208	11, 230
うち 85 歳以上 and over	4, 047	4, 057	4, 065	4, 064	4, 098	4, 122
	割合（単位　%）－総人口					
15 歳未満 Under	11. 5	11. 4	11. 4	11. 4	11. 4	11. 4
15 ～ 64	57. 4	57. 4	57. 4	57. 4	57. 3	57. 3
65 歳以上 and over	31. 1	31. 2	31. 2	31. 2	31. 3	31. 3
うち 75 歳以上 and over	17. 2	17. 2	17. 2	17. 3	17. 3	17. 3
うち 85 歳以上 and over	6. 2	6. 2	6. 3	6. 3	6. 3	6. 4
	日本人人口（単位　千人）					
総数 Total	63, 605	63, 585	63, 563	63, 588	63, 523	63, 489
0 ～ 4 歳 years old	2, 266	2, 257	2, 251	2, 244	2, 236	2, 229
5 ～ 9	2, 479	2, 477	2, 474	2, 476	2, 472	2, 469
10 ～ 14	2, 592	2, 592	2, 590	2, 593	2, 589	2, 589
15 ～ 19	2, 782	2, 781	2, 780	2, 783	2, 776	2, 770
20 ～ 24	2, 901	2, 895	2, 892	2, 898	2, 897	2, 899
25 ～ 29	2, 900	2, 903	2, 904	2, 908	2, 906	2, 906
30 ～ 34	3, 203	3, 194	3, 187	3, 183	3, 173	3, 165
35 ～ 39	3, 623	3, 616	3, 611	3, 609	3, 598	3, 590
40 ～ 44	4, 208	4, 195	4, 183	4, 177	4, 157	4, 143
45 ～ 49	4, 763	4, 771	4, 778	4, 783	4, 774	4, 771
50 ～ 54	4, 184	4, 189	4, 193	4, 203	4, 202	4, 203
55 ～ 59	3, 803	3, 810	3, 816	3, 828	3, 825	3, 828
60 ～ 64	3, 764	3, 758	3, 752	3, 748	3, 733	3, 727
65 ～ 69	4, 449	4, 419	4, 392	4, 365	4, 347	4, 324
70 ～ 74	4, 552	4, 576	4, 600	4, 633	4, 670	4, 687
75 ～ 79	3, 979	3, 984	3, 979	3, 978	3, 946	3, 943
80 ～ 84	3, 119	3, 122	3, 127	3, 126	3, 133	3, 135
85 ～ 89	2, 339	2, 342	2, 344	2, 342	2, 359	2, 370
90 ～ 94	1, 252	1, 256	1, 259	1, 261	1, 269	1, 276
95 ～ 99	383	386	387	386	393	397
100 歳以上 and over	62	63	64	64	66	67
(再掲) Regrouped						
15 歳未満 Under	7, 337	7, 326	7, 315	7, 314	7, 297	7, 287
15 ～ 64	36, 132	36, 112	36, 094	36, 120	36, 042	36, 003
65 歳以上 and over	20, 136	20, 148	20, 154	20, 155	20, 184	20, 200
うち 75 歳以上 and over	11, 135	11, 152	11, 161	11, 157	11, 167	11, 188
うち 85 歳以上 and over	4, 037	4, 047	4, 054	4, 053	4, 088	4, 111
	割合（単位　%）－日本人人口					
15 歳未満 Under	11. 5	11. 5	11. 5	11. 5	11. 5	11. 5
15 ～ 64	56. 8	56. 8	56. 8	56. 8	56. 7	56. 7
65 歳以上 and over	31. 7	31. 7	31. 7	31. 7	31. 8	31. 8
うち 75 歳以上 and over	17. 5	17. 5	17. 6	17. 5	17. 6	17. 6
うち 85 歳以上 and over	6. 3	6. 4	6. 4	6. 4	6. 4	6. 5

＊　総務省統計局「国勢調査」（不詳補完値）

人　口　及　び　割　合－総人口，日本人人口（各月１日現在）（続き）
Monthly Estimates - Total population, Japanese population, the First Day, Each Month - Continued

Female						
2020年4月 April 2020	2020年5月 May 2020	2020年6月 June 2020	2020年7月 July 2020	2020年8月 August 2020	2020年9月 September 2020	2020年10月 October 2020 *
Total population (thousand persons)						
64, 882	64, 867	64, 852	64, 845	64, 837	64, 815	64, 797
2, 261	2, 255	2, 248	2, 240	2, 232	2, 225	2, 217
2, 504	2, 503	2, 502	2, 501	2, 500	2, 497	2, 494
2, 619	2, 619	2, 619	2, 620	2, 622	2, 621	2, 620
2, 823	2, 817	2, 809	2, 803	2, 795	2, 786	2, 779
3, 103	3, 101	3, 099	3, 096	3, 093	3, 087	3, 086
3, 101	3, 101	3, 100	3, 102	3, 103	3, 104	3, 105
3, 320	3, 316	3, 312	3, 307	3, 298	3, 291	3, 283
3, 723	3, 717	3, 712	3, 707	3, 704	3, 699	3, 692
4, 248	4, 234	4, 222	4, 212	4, 200	4, 188	4, 178
4, 878	4, 875	4, 875	4, 875	4, 875	4, 874	4, 875
4, 303	4, 309	4, 320	4, 330	4, 340	4, 344	4, 344
3, 907	3, 913	3, 920	3, 931	3, 944	3, 958	3, 973
3, 775	3, 775	3, 773	3, 774	3, 772	3, 769	3, 766
4, 337	4, 323	4, 309	4, 293	4, 274	4, 256	4, 237
4, 729	4, 744	4, 759	4, 781	4, 807	4, 828	4, 852
3, 954	3, 953	3, 953	3, 943	3, 934	3, 928	3, 918
3, 147	3, 152	3, 154	3, 160	3, 166	3, 169	3, 172
2, 387	2, 392	2, 397	2, 400	2, 403	2, 409	2, 418
1, 290	1, 293	1, 295	1, 297	1, 301	1, 306	1, 312
404	404	404	404	404	405	407
70	70	70	70	70	70	71
7, 385	7, 377	7, 368	7, 361	7, 354	7, 342	7, 332
37, 181	37, 158	37, 142	37, 136	37, 124	37, 100	37, 079
20, 317	20, 331	20, 341	20, 348	20, 360	20, 373	20, 386
11, 251	11, 264	11, 272	11, 274	11, 279	11, 288	11, 297
4, 151	4, 159	4, 166	4, 171	4, 179	4, 190	4, 207
Percentage distribution (%) - Total population						
11. 4	11. 4	11. 4	11. 4	11. 3	11. 3	11. 3
57. 3	57. 3	57. 3	57. 3	57. 3	57. 2	57. 2
31. 3	31. 3	31. 4	31. 4	31. 4	31. 4	31. 5
17. 3	17. 4	17. 4	17. 4	17. 4	17. 4	17. 4
6. 4	6. 4	6. 4	6. 4	6. 4	6. 5	6. 5
Japanese population (thousand persons)						
63, 478	63, 466	63, 451	63, 443	63, 435	63, 414	63, 396
2, 221	2, 215	2, 208	2, 200	2, 192	2, 184	2, 177
2, 468	2, 467	2, 466	2, 464	2, 463	2, 460	2, 457
2, 589	2, 590	2, 589	2, 590	2, 592	2, 591	2, 591
2, 766	2, 763	2, 757	2, 753	2, 748	2, 741	2, 736
2, 904	2, 905	2, 905	2, 903	2, 902	2, 900	2, 900
2, 908	2, 909	2, 908	2, 910	2, 912	2, 913	2, 914
3, 160	3, 156	3, 151	3, 145	3, 136	3, 128	3, 119
3, 584	3, 579	3, 573	3, 568	3, 564	3, 559	3, 552
4, 130	4, 116	4, 104	4, 093	4, 080	4, 067	4, 057
4, 768	4, 765	4, 765	4, 765	4, 764	4, 763	4, 764
4, 205	4, 210	4, 220	4, 230	4, 239	4, 242	4, 241
3, 833	3, 839	3, 846	3, 855	3, 868	3, 881	3, 896
3, 725	3, 725	3, 723	3, 723	3, 721	3, 717	3, 714
4, 302	4, 287	4, 274	4, 258	4, 238	4, 220	4, 200
4, 704	4, 719	4, 734	4, 756	4, 781	4, 803	4, 826
3, 935	3, 934	3, 934	3, 924	3, 915	3, 909	3, 899
3, 134	3, 139	3, 141	3, 147	3, 153	3, 156	3, 159
2, 380	2, 385	2, 390	2, 393	2, 396	2, 402	2, 410
1, 287	1, 290	1, 292	1, 294	1, 298	1, 303	1, 309
403	403	403	403	403	404	406
70	70	70	70	70	70	70
7, 279	7, 271	7, 262	7, 255	7, 247	7, 235	7, 225
35, 985	35, 966	35, 951	35, 944	35, 933	35, 911	35, 892
20, 215	20, 228	20, 238	20, 244	20, 255	20, 267	20, 279
11, 209	11, 221	11, 229	11, 231	11, 236	11, 244	11, 253
4, 140	4, 148	4, 155	4, 160	4, 168	4, 179	4, 195
Percentage distribution (%) - Japanese population						
11. 5	11. 5	11. 4	11. 4	11. 4	11. 4	11. 4
56. 7	56. 7	56. 7	56. 7	56. 6	56. 6	56. 6
31. 8	31. 9	31. 9	31. 9	31. 9	32. 0	32. 0
17. 7	17. 7	17. 7	17. 7	17. 7	17. 7	17. 8
6. 5	6. 5	6. 5	6. 6	6. 6	6. 6	6. 6

* Statistics Bureau, Ministry of Internal Affairs and Communications, "Population Census" (Result with Imputation)

第3表　年　齢　（5　歳　階　級），男　女　別
Table 3. Population and Percentage distribution by Age (Five-Year Groups) and Sex

年 齢 階 級 Age groups		男 女 計 Both sexes				
	2015年 1)	2016年	2017年	2018年	2019年	2020年 2)
	人 口（単位 千人） Population（Thousand persons）					
総 数 Total	127, 095	127, 042	126, 919	126, 749	126, 555	126, 146
0 ～ 4 歳 years old	5, 006	4, 976	4, 926	4, 845	4, 727	4, 541
5 ～ 9	5, 319	5, 311	5, 267	5, 212	5, 154	5, 114
10 ～ 14	5, 620	5, 522	5, 448	5, 417	5, 378	5, 376
15 ～ 19	6, 054	6, 029	5, 983	5, 901	5, 837	5, 706
20 ～ 24	6, 091	6, 166	6, 245	6, 331	6, 361	6, 320
25 ～ 29	6, 532	6, 422	6, 349	6, 307	6, 345	6, 384
30 ～ 34	7, 396	7, 279	7, 158	7, 008	6, 852	6, 714
35 ～ 39	8, 417	8, 134	7, 919	7, 750	7, 631	7, 498
40 ～ 44	9, 847	9, 727	9, 470	9, 134	8, 774	8, 476
45 ～ 49	8, 766	9, 294	9, 484	9, 711	9, 862	9, 868
50 ～ 54	8, 024	7, 912	8, 173	8, 386	8, 606	8, 738
55 ～ 59	7, 601	7, 550	7, 603	7, 670	7, 740	7, 940
60 ～ 64	8, 552	8, 160	7, 807	7, 597	7, 533	7, 442
65 ～ 69	9, 759	10, 269	9, 910	9, 356	8, 698	8, 236
70 ～ 74	7, 787	7, 400	7, 733	8, 210	8, 655	9, 189
75 ～ 79	6, 354	6, 521	6, 728	6, 913	7, 214	7, 065
80 ～ 84	5, 026	5, 179	5, 288	5, 338	5, 314	5, 404
85 ～ 89	3, 156	3, 272	3, 398	3, 516	3, 611	3, 742
90 ～ 94	1, 363	1, 469	1, 556	1, 639	1, 724	1, 811
95 ～ 99	362	384	407	437	468	500
100 歳 以 上 and over	62	66	68	70	71	80
(再掲) Regrouped						
15 歳 未 満 Under	15, 945	15, 809	15, 641	15, 473	15, 259	15, 032
15 ～ 64	77, 282	76, 673	76, 190	75, 796	75, 542	75, 088
65 歳 以 上 and over	33, 868	34, 560	35, 087	35, 479	35, 754	36, 027
65 ～ 74 歳 years old	17, 546	17, 669	17, 643	17, 567	17, 353	17, 425
75 歳 以 上 and over	16, 322	16, 891	17, 444	17, 913	18, 402	18, 602
	割 合（%） Percentage distribution					
総 数 Total	100. 00	100. 00	100. 00	100. 00	100. 00	100. 00
0 ～ 4 歳 years old	3. 94	3. 92	3. 88	3. 82	3. 74	3. 60
5 ～ 9	4. 19	4. 18	4. 15	4. 11	4. 07	4. 05
10 ～ 14	4. 42	4. 35	4. 29	4. 27	4. 25	4. 26
15 ～ 19	4. 76	4. 75	4. 71	4. 66	4. 61	4. 52
20 ～ 24	4. 79	4. 85	4. 92	5. 00	5. 03	5. 01
25 ～ 29	5. 14	5. 06	5. 00	4. 98	5. 01	5. 06
30 ～ 34	5. 82	5. 73	5. 64	5. 53	5. 41	5. 32
35 ～ 39	6. 62	6. 40	6. 24	6. 11	6. 03	5. 94
40 ～ 44	7. 75	7. 66	7. 46	7. 21	6. 93	6. 72
45 ～ 49	6. 90	7. 32	7. 47	7. 66	7. 79	7. 82
50 ～ 54	6. 31	6. 23	6. 44	6. 62	6. 80	6. 93
55 ～ 59	5. 98	5. 94	5. 99	6. 05	6. 12	6. 29
60 ～ 64	6. 73	6. 42	6. 15	5. 99	5. 95	5. 90
65 ～ 69	7. 68	8. 08	7. 81	7. 38	6. 87	6. 53
70 ～ 74	6. 13	5. 82	6. 09	6. 48	6. 84	7. 28
75 ～ 79	5. 00	5. 13	5. 30	5. 45	5. 70	5. 60
80 ～ 84	3. 95	4. 08	4. 17	4. 21	4. 20	4. 28
85 ～ 89	2. 48	2. 58	2. 68	2. 77	2. 85	2. 97
90 ～ 94	1. 07	1. 16	1. 23	1. 29	1. 36	1. 44
95 ～ 99	0. 28	0. 30	0. 32	0. 35	0. 37	0. 40
100 歳 以 上 and over	0. 05	0. 05	0. 05	0. 06	0. 06	0. 06
(再掲) Regrouped						
15 歳 未 満 Under	12. 55	12. 44	12. 32	12. 21	12. 06	11. 92
15 ～ 64	60. 81	60. 35	60. 03	59. 80	59. 69	59. 52
65 歳 以 上 and over	26. 65	27. 20	27. 65	27. 99	28. 25	28. 56
65 ～ 74 歳 years old	13. 81	13. 91	13. 90	13. 86	13. 71	13. 81
75 歳 以 上 and over	12. 84	13. 30	13. 74	14. 13	14. 54	14. 75

注）1）総務省統計局「国勢調査」（年齢不詳の人口を各歳別にあん分した人口）
　　2）総務省統計局「国勢調査」（不詳補完値）

人　口　及　び　割　合－総人口（各年10月１日現在）
－Total population, October 1, Each Year

年齢階級 Age groups	男 Male 2015年 1)	2016年	2017年	2018年	2019年	2020年 2)
	人口（単位　千人） Population (Thousand persons)					
総数 Total	61,842	61,816	61,753	61,673	61,588	61,350
0 ～ 4 歳 years old	2,561	2,547	2,522	2,482	2,421	2,325
5 ～ 9	2,725	2,722	2,699	2,670	2,640	2,620
10 ～ 14	2,879	2,829	2,792	2,776	2,757	2,756
15 ～ 19	3,112	3,093	3,067	3,025	2,995	2,928
20 ～ 24	3,122	3,165	3,203	3,246	3,259	3,234
25 ～ 29	3,333	3,282	3,250	3,233	3,260	3,279
30 ～ 34	3,751	3,697	3,641	3,571	3,499	3,431
35 ～ 39	4,268	4,126	4,017	3,933	3,874	3,806
40 ～ 44	4,988	4,930	4,801	4,634	4,452	4,299
45 ～ 49	4,422	4,692	4,792	4,909	4,991	4,994
50 ～ 54	4,029	3,972	4,106	4,216	4,329	4,394
55 ～ 59	3,784	3,762	3,792	3,830	3,867	3,967
60 ～ 64	4,210	4,020	3,850	3,750	3,722	3,677
65 ～ 69	4,723	4,969	4,795	4,530	4,216	3,999
70 ～ 74	3,625	3,446	3,618	3,854	4,079	4,337
75 ～ 79	2,817	2,901	3,000	3,086	3,217	3,146
80 ～ 84	2,015	2,093	2,150	2,183	2,183	2,232
85 ～ 89	1,068	1,118	1,170	1,220	1,265	1,324
90 ～ 94	337	376	410	441	469	499
95 ～ 99	64	67	70	76	84	93
100 歳以上 and over	8	9	9	9	9	10
(再掲) Regrouped						
15 歳未満 Under	8,164	8,098	8,013	7,927	7,818	7,700
15 ～ 64	39,021	38,740	38,519	38,347	38,249	38,009
65 歳以上 and over	14,657	14,979	15,221	15,398	15,521	15,641
65 ～ 74 歳 years old	8,348	8,416	8,413	8,384	8,295	8,336
75 歳以上 and over	6,309	6,563	6,809	7,014	7,227	7,305
	割合（%） Percentage distribution					
総数 Total	100.00	100.00	100.00	100.00	100.00	100.00
0 ～ 4 歳 years old	4.14	4.12	4.08	4.02	3.93	3.79
5 ～ 9	4.41	4.40	4.37	4.33	4.29	4.27
10 ～ 14	4.66	4.58	4.52	4.50	4.48	4.49
15 ～ 19	5.03	5.00	4.97	4.91	4.86	4.77
20 ～ 24	5.05	5.12	5.19	5.26	5.29	5.27
25 ～ 29	5.39	5.31	5.26	5.24	5.29	5.35
30 ～ 34	6.07	5.98	5.90	5.79	5.68	5.59
35 ～ 39	6.90	6.67	6.50	6.38	6.29	6.20
40 ～ 44	8.07	7.97	7.78	7.51	7.23	7.01
45 ～ 49	7.15	7.59	7.76	7.96	8.10	8.14
50 ～ 54	6.52	6.43	6.65	6.84	7.03	7.16
55 ～ 59	6.12	6.09	6.14	6.21	6.28	6.47
60 ～ 64	6.81	6.50	6.24	6.08	6.04	5.99
65 ～ 69	7.64	8.04	7.76	7.34	6.85	6.52
70 ～ 74	5.86	5.57	5.86	6.25	6.62	7.07
75 ～ 79	4.56	4.69	4.86	5.00	5.22	5.13
80 ～ 84	3.26	3.39	3.48	3.54	3.54	3.64
85 ～ 89	1.73	1.81	1.89	1.98	2.05	2.16
90 ～ 94	0.54	0.61	0.66	0.72	0.76	0.81
95 ～ 99	0.10	0.11	0.11	0.12	0.14	0.15
100 歳以上 and over	0.01	0.01	0.01	0.01	0.01	0.02
(再掲) Regrouped						
15 歳未満 Under	13.20	13.10	12.98	12.85	12.69	12.55
15 ～ 64	63.10	62.67	62.38	62.18	62.10	61.95
65 歳以上 and over	23.70	24.23	24.65	24.97	25.20	25.49
65 ～ 74 歳 years old	13.50	13.61	13.62	13.59	13.47	13.59
75 歳以上 and over	10.20	10.62	11.03	11.37	11.73	11.91

Note) 1) Statistics Bureau, Ministry of Internal Affairs and Communications, "Population Census"
(Unknown age population is included after being prorated to each age population.)
2) Statistics Bureau, Ministry of Internal Affairs and Communications, "Population Census" (Result with Imputation)

第3表　年齢（5歳階級），男女別人口及び割合－総人口（各年10月1日現在）（続き）
Table 3. Population and Percentage distribution by Age (Five-Year Groups) and Sex – Total population, October 1, Each Year - Continued

年齢階級 Age groups	女 Female					
	2015年 1)	2016年	2017年	2018年	2019年	2020年 2)
	人口（単位　千人） Population（Thousand persons）					
総数 Total	65,253	65,226	65,165	65,076	64,967	64,797
0 ～ 4 歳 years old	2,445	2,429	2,404	2,362	2,306	2,217
5 ～ 9	2,594	2,589	2,569	2,543	2,513	2,494
10 ～ 14	2,741	2,693	2,656	2,641	2,622	2,620
15 ～ 19	2,942	2,936	2,916	2,876	2,843	2,779
20 ～ 24	2,969	3,001	3,042	3,085	3,101	3,086
25 ～ 29	3,199	3,140	3,100	3,074	3,085	3,105
30 ～ 34	3,645	3,582	3,517	3,437	3,353	3,283
35 ～ 39	4,149	4,008	3,902	3,818	3,758	3,692
40 ～ 44	4,859	4,797	4,669	4,500	4,322	4,178
45 ～ 49	4,344	4,602	4,692	4,802	4,871	4,875
50 ～ 54	3,995	3,939	4,066	4,170	4,277	4,344
55 ～ 59	3,817	3,788	3,810	3,840	3,872	3,973
60 ～ 64	4,342	4,140	3,957	3,847	3,811	3,766
65 ～ 69	5,036	5,300	5,116	4,827	4,482	4,237
70 ～ 74	4,162	3,953	4,115	4,356	4,576	4,852
75 ～ 79	3,537	3,620	3,728	3,827	3,997	3,918
80 ～ 84	3,011	3,086	3,138	3,155	3,131	3,172
85 ～ 89	2,088	2,155	2,228	2,296	2,346	2,418
90 ～ 94	1,026	1,093	1,146	1,198	1,255	1,312
95 ～ 99	298	317	337	362	384	407
100 歳以上 and over	53	57	59	61	62	71
（再掲） Regrouped						
15 歳未満 Under	7,781	7,712	7,628	7,546	7,441	7,332
15 ～ 64	38,261	37,933	37,671	37,449	37,293	37,079
65 歳以上 and over	19,211	19,581	19,866	20,081	20,233	20,386
65 ～ 74 歳 years old	9,198	9,253	9,230	9,183	9,058	9,089
75 歳以上 and over	10,013	10,328	10,635	10,898	11,175	11,297
	割合（%） Percentage distribution					
総数 Total	100.00	100.00	100.00	100.00	100.00	100.00
0 ～ 4 歳 years old	3.75	3.72	3.69	3.63	3.55	3.42
5 ～ 9	3.98	3.97	3.94	3.91	3.87	3.85
10 ～ 14	4.20	4.13	4.08	4.06	4.04	4.04
15 ～ 19	4.51	4.50	4.48	4.42	4.38	4.29
20 ～ 24	4.55	4.60	4.67	4.74	4.77	4.76
25 ～ 29	4.90	4.81	4.76	4.72	4.75	4.79
30 ～ 34	5.59	5.49	5.40	5.28	5.16	5.07
35 ～ 39	6.36	6.14	5.99	5.87	5.78	5.70
40 ～ 44	7.45	7.36	7.16	6.91	6.65	6.45
45 ～ 49	6.66	7.06	7.20	7.38	7.50	7.52
50 ～ 54	6.12	6.04	6.24	6.41	6.58	6.70
55 ～ 59	5.85	5.81	5.85	5.90	5.96	6.13
60 ～ 64	6.65	6.35	6.07	5.91	5.87	5.81
65 ～ 69	7.72	8.12	7.85	7.42	6.90	6.54
70 ～ 74	6.38	6.06	6.31	6.69	7.04	7.49
75 ～ 79	5.42	5.55	5.72	5.88	6.15	6.05
80 ～ 84	4.61	4.73	4.82	4.85	4.82	4.90
85 ～ 89	3.20	3.30	3.42	3.53	3.61	3.73
90 ～ 94	1.57	1.68	1.76	1.84	1.93	2.02
95 ～ 99	0.46	0.49	0.52	0.56	0.59	0.63
100 歳以上 and over	0.08	0.09	0.09	0.09	0.10	0.11
（再掲） Regrouped						
15 歳未満 Under	11.92	11.82	11.71	11.60	11.45	11.31
15 ～ 64	58.63	58.16	57.81	57.55	57.40	57.22
65 歳以上 and over	29.44	30.02	30.49	30.86	31.14	31.46
65 ～ 74 歳 years old	14.10	14.19	14.16	14.11	13.94	14.03
75 歳以上 and over	15.35	15.83	16.32	16.75	17.20	17.43

注）1）総務省統計局「国勢調査」
（年齢不詳の人口を各歳別にあん分した人口）
2）総務省統計局「国勢調査」
（不詳補完値）

Note) 1) Statistics Bureau, Ministry of Internal Affairs and Communications, "Population Census"
(Unknown age population is included after being prorated to each age population.)
2) Statistics Bureau, Ministry of Internal Affairs and Communications, "Population Census"
(Result with Imputation)

第４表　都道府県，男女別人口及び人口性比－総人口，日本人人口（2016年10月１日現在）
Table 4. Population by Sex and Sex ratio for Prefectures - Total population, Japanese population, October 1, 2016

（単位　千人）　　(Thousand persons)

都道府県 Prefectures		総人口 Total population 男女計 Both sexes	男 Male	女 Female	人口性比 Sex ratio *	日本人人口 Japanese population 男女計 Both sexes	男 Male	女 Female	人口性比 Sex ratio *
全国	Japan	127,042	61,816	65,226	94.8	125,071	60,892	64,180	94.9
01 北海道	Hokkaido	5,355	2,523	2,831	89.1	5,330	2,514	2,817	89.2
02 青森県	Aomori-ken	1,295	609	686	88.7	1,291	607	684	88.8
03 岩手県	Iwate-ken	1,268	610	658	92.7	1,262	608	654	93.0
04 宮城県	Miyagi-ken	2,332	1,139	1,192	95.5	2,315	1,132	1,184	95.6
05 秋田県	Akita-ken	1,011	475	536	88.6	1,008	474	534	88.8
06 山形県	Yamagata-ken	1,114	536	578	92.8	1,108	534	574	93.2
07 福島県	Fukushima-ken	1,903	940	962	97.7	1,893	937	956	98.0
08 茨城県	Ibaraki-ken	2,910	1,451	1,459	99.4	2,864	1,428	1,436	99.4
09 栃木県	Tochigi-ken	1,969	979	989	99.0	1,939	965	973	99.2
10 群馬県	Gumma-ken	1,969	972	997	97.5	1,928	951	976	97.4
11 埼玉県	Saitama-ken	7,288	3,637	3,652	99.6	7,168	3,580	3,587	99.8
12 千葉県	Chiba-ken	6,242	3,104	3,138	98.9	6,135	3,056	3,080	99.2
13 東京都	Tokyo-to	13,646	6,728	6,918	97.3	13,216	6,520	6,697	97.4
14 神奈川県	Kanagawa-ken	9,152	4,566	4,585	99.6	8,988	4,489	4,499	99.8
15 新潟県	Niigata-ken	2,286	1,107	1,179	93.9	2,274	1,103	1,171	94.2
16 富山県	Toyama-ken	1,061	513	548	93.7	1,049	508	541	93.9
17 石川県	Ishikawa-ken	1,151	558	594	93.9	1,141	552	588	93.9
18 福井県	Fukui-ken	783	380	403	94.3	773	376	397	94.7
19 山梨県	Yamanashi-ken	831	407	424	95.9	819	401	417	96.2
20 長野県	Nagano-ken	2,091	1,019	1,072	95.1	2,063	1,007	1,056	95.3
21 岐阜県	Gifu-ken	2,024	980	1,043	93.9	1,985	963	1,022	94.2
22 静岡県	Shizuoka-ken	3,690	1,817	1,874	97.0	3,625	1,786	1,839	97.1
23 愛知県	Aichi-ken	7,509	3,755	3,754	100.0	7,321	3,664	3,656	100.2
24 三重県	Mie-ken	1,809	881	928	94.9	1,775	864	910	94.9
25 滋賀県	Shiga-ken	1,414	697	716	97.3	1,392	686	706	97.2
26 京都府	Kyoto-fu	2,608	1,247	1,361	91.7	2,561	1,225	1,336	91.7
27 大阪府	Osaka-fu	8,841	4,254	4,588	92.7	8,670	4,173	4,497	92.8
28 兵庫県	Hyogo-ken	5,526	2,636	2,890	91.2	5,442	2,596	2,846	91.2
29 奈良県	Nara-ken	1,357	640	717	89.3	1,348	636	712	89.4
30 和歌山県	Wakayama-ken	956	450	506	88.9	951	448	503	89.1
31 鳥取県	Tottori-ken	570	272	298	91.3	566	271	296	91.6
32 島根県	Shimane-ken	691	332	359	92.5	685	329	355	92.6
33 岡山県	Okayama-ken	1,917	920	997	92.3	1,897	911	986	92.5
34 広島県	Hiroshima-ken	2,840	1,376	1,464	94.0	2,800	1,356	1,444	93.9
35 山口県	Yamaguchi-ken	1,394	660	734	89.9	1,381	654	727	90.0
36 徳島県	Tokushima-ken	750	357	393	91.0	746	356	390	91.3
37 香川県	Kagawa-ken	973	471	502	93.7	964	466	498	93.7
38 愛媛県	Ehime-ken	1,377	651	726	89.6	1,368	646	722	89.6
39 高知県	Kochi-ken	721	339	382	88.9	718	338	380	88.8
40 福岡県	Fukuoka-ken	5,113	2,417	2,696	89.6	5,059	2,390	2,669	89.5
41 佐賀県	Saga-ken	829	391	437	89.5	825	390	435	89.6
42 長崎県	Nagasaki-ken	1,367	642	725	88.5	1,358	637	721	88.3
43 熊本県	Kumamoto-ken	1,775	837	938	89.2	1,766	833	933	89.3
44 大分県	Oita-ken	1,160	549	611	89.9	1,150	545	605	90.0
45 宮崎県	Miyazaki-ken	1,097	516	581	88.9	1,093	515	578	89.0
46 鹿児島県	Kagoshima-ken	1,637	768	869	88.4	1,631	767	864	88.7
47 沖縄県	Okinawa-ken	1,442	709	733	96.7	1,429	702	727	96.5

注）＊女性100人に対する男性の数　　Note) * Males per 100 females

第4表　都道府県，男女別人口及び人口性比－総人口，日本人人口（2017年10月１日現在）（続き）
Table 4. Population by Sex and Sex ratio for Prefectures - Total population, Japanese population, October 1, 2017 - Continued

（単位　千人）　(Thousand persons)

都道府県 Prefectures	総人口 Total population				日本人人口 Japanese population			
	男女計 Both sexes	男 Male	女 Female	人口性比 Sex ratio *	男女計 Both sexes	男 Male	女 Female	人口性比 Sex ratio *
全国 Japan	126,919	61,753	65,165	94.8	124,745	60,722	64,022	94.8
01 北海道 Hokkaido	5,325	2,510	2,815	89.2	5,298	2,499	2,799	89.3
02 青森県 Aomori-ken	1,282	603	679	88.8	1,277	601	676	88.9
03 岩手県 Iwate-ken	1,254	603	651	92.7	1,249	602	647	92.9
04 宮城県 Miyagi-ken	2,326	1,136	1,190	95.5	2,309	1,128	1,180	95.6
05 秋田県 Akita-ken	999	470	529	88.8	995	469	527	89.0
06 山形県 Yamagata-ken	1,103	531	571	93.0	1,097	530	567	93.4
07 福島県 Fukushima-ken	1,886	931	954	97.6	1,875	927	948	97.8
08 茨城県 Ibaraki-ken	2,902	1,448	1,454	99.6	2,852	1,422	1,429	99.5
09 栃木県 Tochigi-ken	1,962	977	985	99.2	1,929	961	968	99.3
10 群馬県 Gumma-ken	1,963	970	993	97.6	1,917	946	970	97.5
11 埼玉県 Saitama-ken	7,307	3,643	3,664	99.4	7,171	3,580	3,592	99.7
12 千葉県 Chiba-ken	6,258	3,111	3,147	98.9	6,137	3,055	3,082	99.1
13 東京都 Tokyo-to	13,768	6,782	6,985	97.1	13,293	6,550	6,742	97.2
14 神奈川県 Kanagawa-ken	9,173	4,571	4,602	99.3	8,994	4,486	4,508	99.5
15 新潟県 Niigata-ken	2,267	1,099	1,168	94.0	2,254	1,094	1,160	94.3
16 富山県 Toyama-ken	1,056	512	545	93.9	1,043	505	537	94.1
17 石川県 Ishikawa-ken	1,148	557	592	94.0	1,137	551	586	94.0
18 福井県 Fukui-ken	780	379	401	94.5	769	374	394	94.9
19 山梨県 Yamanashi-ken	826	404	421	95.9	813	399	414	96.3
20 長野県 Nagano-ken	2,082	1,016	1,067	95.2	2,052	1,002	1,050	95.5
21 岐阜県 Gifu-ken	2,012	975	1,037	94.0	1,971	956	1,015	94.3
22 静岡県 Shizuoka-ken	3,681	1,813	1,868	97.0	3,608	1,778	1,830	97.2
23 愛知県 Aichi-ken	7,528	3,763	3,765	99.9	7,321	3,662	3,658	100.1
24 三重県 Mie-ken	1,801	877	924	95.0	1,762	858	904	95.0
25 滋賀県 Shiga-ken	1,414	697	717	97.3	1,390	685	705	97.2
26 京都府 Kyoto-fu	2,604	1,245	1,359	91.6	2,554	1,221	1,333	91.6
27 大阪府 Osaka-fu	8,841	4,249	4,591	92.6	8,652	4,160	4,493	92.6
28 兵庫県 Hyogo-ken	5,515	2,629	2,886	91.1	5,425	2,586	2,839	91.1
29 奈良県 Nara-ken	1,349	636	713	89.3	1,340	632	708	89.3
30 和歌山県 Wakayama-ken	948	446	502	88.9	943	444	499	89.1
31 鳥取県 Tottori-ken	566	270	296	91.5	562	269	293	91.8
32 島根県 Shimane-ken	687	330	356	92.8	679	327	352	92.9
33 岡山県 Okayama-ken	1,911	917	994	92.3	1,890	908	982	92.5
34 広島県 Hiroshima-ken	2,833	1,373	1,460	94.1	2,790	1,352	1,439	93.9
35 山口県 Yamaguchi-ken	1,382	655	728	90.0	1,369	649	720	90.1
36 徳島県 Tokushima-ken	744	354	389	91.0	739	353	386	91.3
37 香川県 Kagawa-ken	968	468	500	93.7	959	464	495	93.6
38 愛媛県 Ehime-ken	1,368	647	721	89.7	1,358	642	716	89.7
39 高知県 Kochi-ken	714	337	378	89.1	711	335	376	89.0
40 福岡県 Fukuoka-ken	5,123	2,423	2,700	89.7	5,061	2,391	2,670	89.6
41 佐賀県 Saga-ken	825	390	435	89.7	820	388	432	89.8
42 長崎県 Nagasaki-ken	1,355	636	719	88.5	1,346	632	714	88.5
43 熊本県 Kumamoto-ken	1,767	834	933	89.4	1,756	829	926	89.6
44 大分県 Oita-ken	1,152	545	607	89.9	1,141	541	601	90.0
45 宮崎県 Miyazaki-ken	1,091	514	577	89.0	1,086	512	574	89.2
46 鹿児島県 Kagoshima-ken	1,626	764	862	88.6	1,618	762	857	88.9
47 沖縄県 Okinawa-ken	1,448	712	736	96.8	1,434	704	730	96.5

注）＊ 女性100人に対する男性の数　　Note) * Males per 100 females

第4表　都道府県，男女別人口及び人口性比－総人口，日本人人口（2018年10月1日現在）（続き）
Table 4. Population by Sex and Sex ratio for Prefectures - Total population, Japanese population, October 1, 2018 - Continued

（単位　千人）　(Thousand persons)

都道府県 Prefectures	総人口 Total population				日本人人口 Japanese population			
	男女計 Both sexes	男 Male	女 Female	人口性比 Sex ratio *	男女計 Both sexes	男 Male	女 Female	人口性比 Sex ratio *
全国 Japan	126, 749	61, 673	65, 076	94. 8	124, 349	60, 518	63, 831	94. 8
01 北海道 Hokkaido	5, 293	2, 495	2, 798	89. 2	5, 262	2, 482	2, 780	89. 3
02 青森県 Aomori-ken	1, 268	597	671	88. 9	1, 263	595	668	89. 1
03 岩手県 Iwate-ken	1, 240	597	643	92. 7	1, 234	594	639	93. 0
04 宮城県 Miyagi-ken	2, 320	1, 132	1, 187	95. 4	2, 301	1, 124	1, 177	95. 5
05 秋田県 Akita-ken	985	464	522	88. 9	982	463	519	89. 2
06 山形県 Yamagata-ken	1, 092	527	565	93. 2	1, 085	525	561	93. 6
07 福島県 Fukushima-ken	1, 869	922	946	97. 5	1, 856	917	939	97. 7
08 茨城県 Ibaraki-ken	2, 892	1, 443	1, 449	99. 6	2, 836	1, 415	1, 421	99. 5
09 栃木県 Tochigi-ken	1, 953	974	979	99. 5	1, 918	956	961	99. 5
10 群馬県 Gumma-ken	1, 957	967	990	97. 7	1, 906	941	965	97. 6
11 埼玉県 Saitama-ken	7, 325	3, 650	3, 675	99. 3	7, 171	3, 575	3, 595	99. 4
12 千葉県 Chiba-ken	6, 273	3, 117	3, 156	98. 8	6, 136	3, 052	3, 084	99. 0
13 東京都 Tokyo-to	13, 887	6, 835	7, 053	96. 9	13, 368	6, 581	6, 787	97. 0
14 神奈川県 Kanagawa-ken	9, 197	4, 579	4, 618	99. 2	8, 999	4, 484	4, 515	99. 3
15 新潟県 Niigata-ken	2, 246	1, 090	1, 157	94. 2	2, 232	1, 084	1, 148	94. 4
16 富山県 Toyama-ken	1, 050	510	541	94. 2	1, 035	502	533	94. 2
17 石川県 Ishikawa-ken	1, 145	555	590	94. 2	1, 131	548	583	94. 1
18 福井県 Fukui-ken	777	378	399	94. 7	764	372	391	95. 1
19 山梨県 Yamanashi-ken	821	402	418	96. 1	807	396	411	96. 4
20 長野県 Nagano-ken	2, 073	1, 012	1, 061	95. 3	2, 040	997	1, 043	95. 6
21 岐阜県 Gifu-ken	2, 001	971	1, 031	94. 1	1, 957	950	1, 007	94. 3
22 静岡県 Shizuoka-ken	3, 667	1, 807	1, 859	97. 2	3, 587	1, 769	1, 819	97. 3
23 愛知県 Aichi-ken	7, 541	3, 768	3, 772	99. 9	7, 312	3, 656	3, 657	100. 0
24 三重県 Mie-ken	1, 793	875	918	95. 2	1, 749	853	897	95. 1
25 滋賀県 Shiga-ken	1, 414	698	716	97. 4	1, 387	684	704	97. 2
26 京都府 Kyoto-fu	2, 598	1, 241	1, 356	91. 5	2, 544	1, 215	1, 328	91. 5
27 大阪府 Osaka-fu	8, 838	4, 245	4, 594	92. 4	8, 632	4, 145	4, 486	92. 4
28 兵庫県 Hyogo-ken	5, 501	2, 621	2, 880	91. 0	5, 405	2, 575	2, 830	91. 0
29 奈良県 Nara-ken	1, 341	632	709	89. 2	1, 331	628	703	89. 2
30 和歌山県 Wakayama-ken	940	443	497	89. 1	934	441	494	89. 3
31 鳥取県 Tottori-ken	562	268	293	91. 5	558	267	291	91. 8
32 島根県 Shimane-ken	682	329	353	93. 2	674	325	349	93. 1
33 岡山県 Okayama-ken	1, 904	914	989	92. 4	1, 880	903	976	92. 5
34 広島県 Hiroshima-ken	2, 824	1, 369	1, 455	94. 1	2, 777	1, 345	1, 432	93. 9
35 山口県 Yamaguchi-ken	1, 369	649	720	90. 1	1, 355	642	712	90. 2
36 徳島県 Tokushima-ken	736	351	385	91. 1	731	349	382	91. 5
37 香川県 Kagawa-ken	963	466	498	93. 6	953	461	492	93. 6
38 愛媛県 Ehime-ken	1, 357	642	715	89. 8	1, 347	637	710	89. 8
39 高知県 Kochi-ken	707	333	374	89. 2	703	331	372	89. 1
40 福岡県 Fukuoka-ken	5, 131	2, 428	2, 703	89. 8	5, 061	2, 392	2, 670	89. 6
41 佐賀県 Saga-ken	821	388	432	89. 8	815	386	429	89. 9
42 長崎県 Nagasaki-ken	1, 341	630	711	88. 7	1, 333	626	706	88. 7
43 熊本県 Kumamoto-ken	1, 759	831	928	89. 6	1, 745	826	920	89. 7
44 大分県 Oita-ken	1, 143	541	602	90. 0	1, 132	536	595	90. 1
45 宮崎県 Miyazaki-ken	1, 084	511	573	89. 1	1, 078	509	570	89. 3
46 鹿児島県 Kagoshima-ken	1, 614	759	855	88. 8	1, 606	756	849	89. 1
47 沖縄県 Okinawa-ken	1, 454	715	739	96. 9	1, 438	706	731	96. 5

注）＊女性100人に対する男性の数　　Note) * Males per 100 females

第４表　都道府県，男女別人口及び人口性比－総人口，日本人人口（2019年10月１日現在）（続き）
Table 4. Population by Sex and Sex ratio for Prefectures - Total population, Japanese population, October 1, 2019 - Continued

（単位　千人）　(Thousand persons)

都道府県 Prefectures	総人口 Total population 男女計 Both sexes	男 Male	女 Female	人口性比 Sex ratio *	日本人人口 Japanese population 男女計 Both sexes	男 Male	女 Female	人口性比 Sex ratio *
全国 Japan	126, 555	61, 588	64, 967	94. 8	123, 886	60, 282	63, 605	94. 8
01 北海道 Hokkaido	5, 259	2, 480	2, 780	89. 2	5, 223	2, 464	2, 759	89. 3
02 青森県 Aomori-ken	1, 253	590	663	89. 0	1, 247	588	659	89. 2
03 岩手県 Iwate-ken	1, 226	590	636	92. 9	1, 218	587	631	93. 1
04 宮城県 Miyagi-ken	2, 312	1, 128	1, 184	95. 3	2, 290	1, 118	1, 172	95. 3
05 秋田県 Akita-ken	972	458	514	89. 1	968	457	512	89. 3
06 山形県 Yamagata-ken	1, 080	522	558	93. 5	1, 073	519	553	93. 9
07 福島県 Fukushima-ken	1, 852	914	938	97. 4	1, 838	908	930	97. 5
08 茨城県 Ibaraki-ken	2, 879	1, 437	1, 442	99. 7	2, 818	1, 406	1, 412	99. 5
09 栃木県 Tochigi-ken	1, 943	970	974	99. 6	1, 905	950	954	99. 6
10 群馬県 Gumma-ken	1, 949	964	984	98. 0	1, 892	935	957	97. 7
11 埼玉県 Saitama-ken	7, 342	3, 657	3, 685	99. 2	7, 166	3, 569	3, 597	99. 2
12 千葉県 Chiba-ken	6, 283	3, 120	3, 162	98. 7	6, 131	3, 047	3, 084	98. 8
13 東京都 Tokyo-to	14, 007	6, 889	7, 118	96. 8	13, 442	6, 612	6, 830	96. 8
14 神奈川県 Kanagawa-ken	9, 224	4, 589	4, 635	99. 0	9, 004	4, 481	4, 523	99. 1
15 新潟県 Niigata-ken	2, 224	1, 079	1, 145	94. 3	2, 208	1, 073	1, 135	94. 5
16 富山県 Toyama-ken	1, 043	506	537	94. 3	1, 026	498	528	94. 3
17 石川県 Ishikawa-ken	1, 139	553	586	94. 4	1, 124	545	579	94. 2
18 福井県 Fukui-ken	771	376	396	95. 0	758	370	388	95. 3
19 山梨県 Yamanashi-ken	815	400	415	96. 3	800	393	407	96. 5
20 長野県 Nagano-ken	2, 061	1, 007	1, 054	95. 5	2, 026	991	1, 035	95. 8
21 岐阜県 Gifu-ken	1, 992	967	1, 025	94. 3	1, 941	942	999	94. 4
22 静岡県 Shizuoka-ken	3, 653	1, 802	1, 851	97. 3	3, 564	1, 758	1, 806	97. 3
23 愛知県 Aichi-ken	7, 557	3, 777	3, 780	99. 9	7, 301	3, 648	3, 653	99. 9
24 三重県 Mie-ken	1, 783	871	912	95. 5	1, 734	845	888	95. 2
25 滋賀県 Shiga-ken	1, 416	699	717	97. 6	1, 384	682	702	97. 2
26 京都府 Kyoto-fu	2, 592	1, 239	1, 353	91. 5	2, 532	1, 210	1, 323	91. 4
27 大阪府 Osaka-fu	8, 842	4, 243	4, 599	92. 3	8, 612	4, 131	4, 481	92. 2
28 兵庫県 Hyogo-ken	5, 488	2, 614	2, 874	90. 9	5, 383	2, 563	2, 820	90. 9
29 奈良県 Nara-ken	1, 333	628	705	89. 2	1, 321	623	699	89. 2
30 和歌山県 Wakayama-ken	931	439	492	89. 1	925	436	489	89. 3
31 鳥取県 Tottori-ken	557	266	291	91. 6	553	265	288	91. 9
32 島根県 Shimane-ken	677	327	350	93. 4	668	323	346	93. 4
33 岡山県 Okayama-ken	1, 897	912	985	92. 6	1, 869	899	971	92. 6
34 広島県 Hiroshima-ken	2, 813	1, 364	1, 449	94. 2	2, 762	1, 338	1, 424	94. 0
35 山口県 Yamaguchi-ken	1, 357	644	713	90. 3	1, 340	636	704	90. 3
36 徳島県 Tokushima-ken	728	347	381	91. 1	722	345	377	91. 5
37 香川県 Kagawa-ken	958	463	494	93. 7	945	457	489	93. 5
38 愛媛県 Ehime-ken	1, 346	638	708	90. 1	1, 335	632	702	90. 0
39 高知県 Kochi-ken	699	330	369	89. 4	695	328	367	89. 3
40 福岡県 Fukuoka-ken	5, 134	2, 431	2, 703	89. 9	5, 058	2, 391	2, 667	89. 6
41 佐賀県 Saga-ken	817	387	430	89. 9	810	384	426	90. 1
42 長崎県 Nagasaki-ken	1, 327	624	703	88. 7	1, 318	619	698	88. 7
43 熊本県 Kumamoto-ken	1, 749	828	922	89. 8	1, 734	821	913	89. 9
44 大分県 Oita-ken	1, 134	538	596	90. 2	1, 121	532	589	90. 3
45 宮崎県 Miyazaki-ken	1, 077	508	569	89. 3	1, 071	505	565	89. 4
46 鹿児島県 Kagoshima-ken	1, 602	754	848	89. 0	1, 591	750	841	89. 3
47 沖縄県 Okinawa-ken	1, 462	719	742	97. 0	1, 442	708	733	96. 6

注）＊ 女性100人に対する男性の数　　Note) * Males per 100 females

第４表　都道府県，男女別人口及び人口性比－総人口，日本人人口（2020年10月１日現在）（続き）
Table 4. Population by Sex and Sex ratio for Prefectures - Total population, Japanese population, October 1, 2020 - Continued

（単位　千人）　(Thousand persons)

都道府県 Prefectures	総人口 Total population 男女計 Both sexes	男 Male	女 Female	人口性比 Sex ratio *	日本人人口 Japanese population 男女計 Both sexes	男 Male	女 Female	人口性比 Sex ratio *
全国 Japan	126, 146	61, 350	64, 797	94. 7	123, 399	60, 003	63, 396	94. 6
01 北海道 Hokkaido	5, 225	2, 465	2, 760	89. 3	5, 188	2, 449	2, 740	89. 4
02 青森県 Aomori-ken	1, 238	583	655	89. 1	1, 232	581	651	89. 3
03 岩手県 Iwate-ken	1, 211	583	628	92. 9	1, 203	580	623	93. 1
04 宮城県 Miyagi-ken	2, 302	1, 123	1, 179	95. 2	2, 280	1, 112	1, 168	95. 2
05 秋田県 Akita-ken	960	452	507	89. 2	956	451	505	89. 4
06 山形県 Yamagata-ken	1, 068	516	552	93. 6	1, 061	514	547	94. 0
07 福島県 Fukushima-ken	1, 833	904	929	97. 3	1, 819	898	921	97. 5
08 茨城県 Ibaraki-ken	2, 867	1, 431	1, 436	99. 6	2, 802	1, 397	1, 405	99. 5
09 栃木県 Tochigi-ken	1, 933	965	968	99. 7	1, 891	944	948	99. 6
10 群馬県 Gumma-ken	1, 939	959	980	97. 9	1, 880	929	951	97. 7
11 埼玉県 Saitama-ken	7, 345	3, 652	3, 693	98. 9	7, 159	3, 560	3, 599	98. 9
12 千葉県 Chiba-ken	6, 284	3, 118	3, 166	98. 5	6, 122	3, 039	3, 083	98. 6
13 東京都 Tokyo-to	14, 048	6, 898	7, 149	96. 5	13, 484	6, 624	6, 860	96. 5
14 神奈川県 Kanagawa-ken	9, 237	4, 588	4, 649	98. 7	9, 007	4, 475	4, 532	98. 7
15 新潟県 Niigata-ken	2, 201	1, 069	1, 133	94. 4	2, 185	1, 062	1, 123	94. 6
16 富山県 Toyama-ken	1, 035	503	532	94. 4	1, 017	494	523	94. 5
17 石川県 Ishikawa-ken	1, 133	550	583	94. 3	1, 117	542	576	94. 1
18 福井県 Fukui-ken	767	374	393	95. 2	752	367	385	95. 5
19 山梨県 Yamanashi-ken	810	397	413	96. 3	794	390	404	96. 5
20 長野県 Nagano-ken	2, 048	1, 000	1, 048	95. 5	2, 014	985	1, 028	95. 8
21 岐阜県 Gifu-ken	1, 979	960	1, 018	94. 3	1, 925	934	990	94. 4
22 静岡県 Shizuoka-ken	3, 633	1, 791	1, 842	97. 2	3, 541	1, 746	1, 795	97. 3
23 愛知県 Aichi-ken	7, 542	3, 762	3, 781	99. 5	7, 283	3, 633	3, 651	99. 5
24 三重県 Mie-ken	1, 770	864	906	95. 4	1, 719	838	881	95. 1
25 滋賀県 Shiga-ken	1, 414	697	716	97. 4	1, 380	680	701	97. 0
26 京都府 Kyoto-fu	2, 578	1, 231	1, 347	91. 4	2, 520	1, 203	1, 317	91. 3
27 大阪府 Osaka-fu	8, 838	4, 236	4, 602	92. 1	8, 595	4, 117	4, 479	91. 9
28 兵庫県 Hyogo-ken	5, 465	2, 600	2, 865	90. 7	5, 357	2, 547	2, 810	90. 6
29 奈良県 Nara-ken	1, 324	624	701	89. 1	1, 312	618	694	89. 0
30 和歌山県 Wakayama-ken	923	435	488	89. 2	916	432	484	89. 4
31 鳥取県 Tottori-ken	553	264	289	91. 5	549	263	286	91. 9
32 島根県 Shimane-ken	671	324	347	93. 5	662	320	342	93. 5
33 岡山県 Okayama-ken	1, 888	908	980	92. 6	1, 859	894	965	92. 6
34 広島県 Hiroshima-ken	2, 800	1, 357	1, 443	94. 1	2, 747	1, 330	1, 417	93. 9
35 山口県 Yamaguchi-ken	1, 342	637	705	90. 3	1, 326	629	697	90. 3
36 徳島県 Tokushima-ken	720	343	376	91. 2	714	341	373	91. 6
37 香川県 Kagawa-ken	950	459	491	93. 5	937	452	485	93. 3
38 愛媛県 Ehime-ken	1, 335	633	702	90. 2	1, 322	627	696	90. 1
39 高知県 Kochi-ken	692	327	365	89. 5	687	324	363	89. 3
40 福岡県 Fukuoka-ken	5, 135	2, 431	2, 704	89. 9	5, 055	2, 389	2, 666	89. 6
41 佐賀県 Saga-ken	811	384	427	90. 0	805	382	423	90. 2
42 長崎県 Nagasaki-ken	1, 312	617	695	88. 7	1, 303	612	691	88. 7
43 熊本県 Kumamoto-ken	1, 738	822	916	89. 8	1, 722	815	907	89. 9
44 大分県 Oita-ken	1, 124	533	590	90. 3	1, 112	528	584	90. 3
45 宮崎県 Miyazaki-ken	1, 070	505	565	89. 4	1, 063	502	561	89. 5
46 鹿児島県 Kagoshima-ken	1, 588	748	840	89. 1	1, 577	744	833	89. 4
47 沖縄県 Okinawa-ken	1, 467	723	745	97. 1	1, 447	711	736	96. 6

注）総務省統計局「国勢調査」（不詳補完値）
＊ 女性100人に対する男性の数

Note) Statistics Bureau, Ministry of Internal Affairs and Communications, "Population Census" (Result with Imputation)
* Males per 100 females

第5表　都道府県，男女別
Table 5. Population by Sex for Prefectures

（単位　千人）

都道府県 Prefectures		総人口 Total population 男女計 Both sexes					
		2015年 *	2016年	2017年	2018年	2019年	2020年 *
全国	Japan	127,095	127,042	126,919	126,749	126,555	126,146
01 北海道	Hokkaido	5,382	5,355	5,325	5,293	5,259	5,225
02 青森県	Aomori-ken	1,308	1,295	1,282	1,268	1,253	1,238
03 岩手県	Iwate-ken	1,280	1,268	1,254	1,240	1,226	1,211
04 宮城県	Miyagi-ken	2,334	2,332	2,326	2,320	2,312	2,302
05 秋田県	Akita-ken	1,023	1,011	999	985	972	960
06 山形県	Yamagata-ken	1,124	1,114	1,103	1,092	1,080	1,068
07 福島県	Fukushima-ken	1,914	1,903	1,886	1,869	1,852	1,833
08 茨城県	Ibaraki-ken	2,917	2,910	2,902	2,892	2,879	2,867
09 栃木県	Tochigi-ken	1,974	1,969	1,962	1,953	1,943	1,933
10 群馬県	Gumma-ken	1,973	1,969	1,963	1,957	1,949	1,939
11 埼玉県	Saitama-ken	7,267	7,288	7,307	7,325	7,342	7,345
12 千葉県	Chiba-ken	6,223	6,242	6,258	6,273	6,283	6,284
13 東京都	Tokyo-to	13,515	13,646	13,768	13,887	14,007	14,048
14 神奈川県	Kanagawa-ken	9,126	9,152	9,173	9,197	9,224	9,237
15 新潟県	Niigata-ken	2,304	2,286	2,267	2,246	2,224	2,201
16 富山県	Toyama-ken	1,066	1,061	1,056	1,050	1,043	1,035
17 石川県	Ishikawa-ken	1,154	1,151	1,148	1,145	1,139	1,133
18 福井県	Fukui-ken	787	783	780	777	771	767
19 山梨県	Yamanashi-ken	835	831	826	821	815	810
20 長野県	Nagano-ken	2,099	2,091	2,082	2,073	2,061	2,048
21 岐阜県	Gifu-ken	2,032	2,024	2,012	2,001	1,992	1,979
22 静岡県	Shizuoka-ken	3,700	3,690	3,681	3,667	3,653	3,633
23 愛知県	Aichi-ken	7,483	7,509	7,528	7,541	7,557	7,542
24 三重県	Mie-ken	1,816	1,809	1,801	1,793	1,783	1,770
25 滋賀県	Shiga-ken	1,413	1,414	1,414	1,414	1,416	1,414
26 京都府	Kyoto-fu	2,610	2,608	2,604	2,598	2,592	2,578
27 大阪府	Osaka-fu	8,839	8,841	8,841	8,838	8,842	8,838
28 兵庫県	Hyogo-ken	5,535	5,526	5,515	5,501	5,488	5,465
29 奈良県	Nara-ken	1,364	1,357	1,349	1,341	1,333	1,324
30 和歌山県	Wakayama-ken	964	956	948	940	931	923
31 鳥取県	Tottori-ken	573	570	566	562	557	553
32 島根県	Shimane-ken	694	691	687	682	677	671
33 岡山県	Okayama-ken	1,922	1,917	1,911	1,904	1,897	1,888
34 広島県	Hiroshima-ken	2,844	2,840	2,833	2,824	2,813	2,800
35 山口県	Yamaguchi-ken	1,405	1,394	1,382	1,369	1,357	1,342
36 徳島県	Tokushima-ken	756	750	744	736	728	720
37 香川県	Kagawa-ken	976	973	968	963	958	950
38 愛媛県	Ehime-ken	1,385	1,377	1,368	1,357	1,346	1,335
39 高知県	Kochi-ken	728	721	714	707	699	692
40 福岡県	Fukuoka-ken	5,102	5,113	5,123	5,131	5,134	5,135
41 佐賀県	Saga-ken	833	829	825	821	817	811
42 長崎県	Nagasaki-ken	1,377	1,367	1,355	1,341	1,327	1,312
43 熊本県	Kumamoto-ken	1,786	1,775	1,767	1,759	1,749	1,738
44 大分県	Oita-ken	1,166	1,160	1,152	1,143	1,134	1,124
45 宮崎県	Miyazaki-ken	1,104	1,097	1,091	1,084	1,077	1,070
46 鹿児島県	Kagoshima-ken	1,648	1,637	1,626	1,614	1,602	1,588
47 沖縄県	Okinawa-ken	1,434	1,442	1,448	1,454	1,462	1,467

注）＊　総務省統計局「国勢調査」

人　口－総人口，日本人人口（各年10月１日現在）
－Total population, Japanese population, October 1, Each Year

(Thousand persons)

都道府県 Prefectures		総人口 Total population 男 Male 2015年 *	2016年	2017年	2018年	2019年	2020年 *
全国	Japan	61,842	61,816	61,753	61,673	61,588	61,350
01 北海道	Hokkaido	2,537	2,523	2,510	2,495	2,480	2,465
02 青森県	Aomori-ken	615	609	603	597	590	583
03 岩手県	Iwate-ken	616	610	603	597	590	583
04 宮城県	Miyagi-ken	1,140	1,139	1,136	1,132	1,128	1,123
05 秋田県	Akita-ken	480	475	470	464	458	452
06 山形県	Yamagata-ken	540	536	531	527	522	516
07 福島県	Fukushima-ken	946	940	931	922	914	904
08 茨城県	Ibaraki-ken	1,454	1,451	1,448	1,443	1,437	1,431
09 栃木県	Tochigi-ken	982	979	977	974	970	965
10 群馬県	Gumma-ken	973	972	970	967	964	959
11 埼玉県	Saitama-ken	3,628	3,637	3,643	3,650	3,657	3,652
12 千葉県	Chiba-ken	3,096	3,104	3,111	3,117	3,120	3,118
13 東京都	Tokyo-to	6,667	6,728	6,782	6,835	6,889	6,898
14 神奈川県	Kanagawa-ken	4,559	4,566	4,571	4,579	4,589	4,588
15 新潟県	Niigata-ken	1,115	1,107	1,099	1,090	1,079	1,069
16 富山県	Toyama-ken	515	513	512	510	506	503
17 石川県	Ishikawa-ken	559	558	557	555	553	550
18 福井県	Fukui-ken	381	380	379	378	376	374
19 山梨県	Yamanashi-ken	408	407	404	402	400	397
20 長野県	Nagano-ken	1,022	1,019	1,016	1,012	1,007	1,000
21 岐阜県	Gifu-ken	984	980	975	971	967	960
22 静岡県	Shizuoka-ken	1,821	1,817	1,813	1,807	1,802	1,791
23 愛知県	Aichi-ken	3,741	3,755	3,763	3,768	3,777	3,762
24 三重県	Mie-ken	884	881	877	875	871	864
25 滋賀県	Shiga-ken	697	697	697	698	699	697
26 京都府	Kyoto-fu	1,249	1,247	1,245	1,241	1,239	1,231
27 大阪府	Osaka-fu	4,256	4,254	4,249	4,245	4,243	4,236
28 兵庫県	Hyogo-ken	2,642	2,636	2,629	2,621	2,614	2,600
29 奈良県	Nara-ken	644	640	636	632	628	624
30 和歌山県	Wakayama-ken	453	450	446	443	439	435
31 鳥取県	Tottori-ken	274	272	270	268	266	264
32 島根県	Shimane-ken	333	332	330	329	327	324
33 岡山県	Okayama-ken	922	920	917	914	912	908
34 広島県	Hiroshima-ken	1,376	1,376	1,373	1,369	1,364	1,357
35 山口県	Yamaguchi-ken	665	660	655	649	644	637
36 徳島県	Tokushima-ken	360	357	354	351	347	343
37 香川県	Kagawa-ken	472	471	468	466	463	459
38 愛媛県	Ehime-ken	654	651	647	642	638	633
39 高知県	Kochi-ken	343	339	337	333	330	327
40 福岡県	Fukuoka-ken	2,410	2,417	2,423	2,428	2,431	2,431
41 佐賀県	Saga-ken	393	391	390	388	387	384
42 長崎県	Nagasaki-ken	646	642	636	630	624	617
43 熊本県	Kumamoto-ken	841	837	834	831	828	822
44 大分県	Oita-ken	552	549	545	541	538	533
45 宮崎県	Miyazaki-ken	519	516	514	511	508	505
46 鹿児島県	Kagoshima-ken	773	768	764	759	754	748
47 沖縄県	Okinawa-ken	705	709	712	715	719	723

Note) * Statistics Bureau, Ministry of Internal Affairs and Communications, "Population Census"

第5表　都道府県，男女別
Table 5. Population by Sex for Prefectures

（単位　千人）

都道府県 Prefectures		総人口 Total population 女 Female					
		2015年 *	2016年	2017年	2018年	2019年	2020年 *
全国	Japan	65, 253	65, 226	65, 165	65, 076	64, 967	64, 797
01 北海道	Hokkaido	2, 845	2, 831	2, 815	2, 798	2, 780	2, 760
02 青森県	Aomori-ken	694	686	679	671	663	655
03 岩手県	Iwate-ken	664	658	651	643	636	628
04 宮城県	Miyagi-ken	1, 194	1, 192	1, 190	1, 187	1, 184	1, 179
05 秋田県	Akita-ken	543	536	529	522	514	507
06 山形県	Yamagata-ken	584	578	571	565	558	552
07 福島県	Fukushima-ken	968	962	954	946	938	929
08 茨城県	Ibaraki-ken	1, 463	1, 459	1, 454	1, 449	1, 442	1, 436
09 栃木県	Tochigi-ken	993	989	985	979	974	968
10 群馬県	Gumma-ken	1, 000	997	993	990	984	980
11 埼玉県	Saitama-ken	3, 638	3, 652	3, 664	3, 675	3, 685	3, 693
12 千葉県	Chiba-ken	3, 127	3, 138	3, 147	3, 156	3, 162	3, 166
13 東京都	Tokyo-to	6, 849	6, 918	6, 985	7, 053	7, 118	7, 149
14 神奈川県	Kanagawa-ken	4, 567	4, 585	4, 602	4, 618	4, 635	4, 649
15 新潟県	Niigata-ken	1, 189	1, 179	1, 168	1, 157	1, 145	1, 133
16 富山県	Toyama-ken	551	548	545	541	537	532
17 石川県	Ishikawa-ken	595	594	592	590	586	583
18 福井県	Fukui-ken	405	403	401	399	396	393
19 山梨県	Yamanashi-ken	427	424	421	418	415	413
20 長野県	Nagano-ken	1, 077	1, 072	1, 067	1, 061	1, 054	1, 048
21 岐阜県	Gifu-ken	1, 048	1, 043	1, 037	1, 031	1, 025	1, 018
22 静岡県	Shizuoka-ken	1, 879	1, 874	1, 868	1, 859	1, 851	1, 842
23 愛知県	Aichi-ken	3, 742	3, 754	3, 765	3, 772	3, 780	3, 781
24 三重県	Mie-ken	932	928	924	918	912	906
25 滋賀県	Shiga-ken	716	716	717	716	717	716
26 京都府	Kyoto-fu	1, 361	1, 361	1, 359	1, 356	1, 353	1, 347
27 大阪府	Osaka-fu	4, 583	4, 588	4, 591	4, 594	4, 599	4, 602
28 兵庫県	Hyogo-ken	2, 893	2, 890	2, 886	2, 880	2, 874	2, 865
29 奈良県	Nara-ken	720	717	713	709	705	701
30 和歌山県	Wakayama-ken	510	506	502	497	492	488
31 鳥取県	Tottori-ken	300	298	296	293	291	289
32 島根県	Shimane-ken	361	359	356	353	350	347
33 岡山県	Okayama-ken	999	997	994	989	985	980
34 広島県	Hiroshima-ken	1, 468	1, 464	1, 460	1, 455	1, 449	1, 443
35 山口県	Yamaguchi-ken	740	734	728	720	713	705
36 徳島県	Tokushima-ken	396	393	389	385	381	376
37 香川県	Kagawa-ken	504	502	500	498	494	491
38 愛媛県	Ehime-ken	731	726	721	715	708	702
39 高知県	Kochi-ken	386	382	378	374	369	365
40 福岡県	Fukuoka-ken	2, 691	2, 696	2, 700	2, 703	2, 703	2, 704
41 佐賀県	Saga-ken	440	437	435	432	430	427
42 長崎県	Nagasaki-ken	731	725	719	711	703	695
43 熊本県	Kumamoto-ken	945	938	933	928	922	916
44 大分県	Oita-ken	614	611	607	602	596	590
45 宮崎県	Miyazaki-ken	585	581	577	573	569	565
46 鹿児島県	Kagoshima-ken	875	869	862	855	848	840
47 沖縄県	Okinawa-ken	729	733	736	739	742	745

注） * 総務省統計局「国勢調査」　Note) * Statistics Bureau, Ministry of Internal Affairs and Communications, "Population Census"

人　口－総人口，日本人人口（各年10月１日現在）（続き）
－Total population, Japanese population, October 1, Each Year－Continued

(Thousand persons)

都道府県 Prefectures	日本人人口 男女計 Japanese population Both sexes					
	2015年 1)	2016年	2017年	2018年	2019年	2020年 2)
全国 Japan	125, 319	125, 071	124, 745	124, 349	123, 886	123, 399
01 北海道 Hokkaido	5, 360	5, 330	5, 298	5, 262	5, 223	5, 188
02 青森県 Aomori-ken	1, 305	1, 291	1, 277	1, 263	1, 247	1, 232
03 岩手県 Iwate-ken	1, 275	1, 262	1, 249	1, 234	1, 218	1, 203
04 宮城県 Miyagi-ken	2, 320	2, 315	2, 309	2, 301	2, 290	2, 280
05 秋田県 Akita-ken	1, 020	1, 008	995	982	968	956
06 山形県 Yamagata-ken	1, 118	1, 108	1, 097	1, 085	1, 073	1, 061
07 福島県 Fukushima-ken	1, 905	1, 893	1, 875	1, 856	1, 838	1, 819
08 茨城県 Ibaraki-ken	2, 875	2, 864	2, 852	2, 836	2, 818	2, 802
09 栃木県 Tochigi-ken	1, 948	1, 939	1, 929	1, 918	1, 905	1, 891
10 群馬県 Gumma-ken	1, 936	1, 928	1, 917	1, 906	1, 892	1, 880
11 埼玉県 Saitama-ken	7, 160	7, 168	7, 171	7, 171	7, 166	7, 159
12 千葉県 Chiba-ken	6, 131	6, 135	6, 137	6, 136	6, 131	6, 122
13 東京都 Tokyo-to	13, 131	13, 216	13, 293	13, 368	13, 442	13, 484
14 神奈川県 Kanagawa-ken	8, 979	8, 988	8, 994	8, 999	9, 004	9, 007
15 新潟県 Niigata-ken	2, 293	2, 274	2, 254	2, 232	2, 208	2, 185
16 富山県 Toyama-ken	1, 056	1, 049	1, 043	1, 035	1, 026	1, 017
17 石川県 Ishikawa-ken	1, 145	1, 141	1, 137	1, 131	1, 124	1, 117
18 福井県 Fukui-ken	777	773	769	764	758	752
19 山梨県 Yamanashi-ken	824	819	813	807	800	794
20 長野県 Nagano-ken	2, 072	2, 063	2, 052	2, 040	2, 026	2, 014
21 岐阜県 Gifu-ken	1, 996	1, 985	1, 971	1, 957	1, 941	1, 925
22 静岡県 Shizuoka-ken	3, 640	3, 625	3, 608	3, 587	3, 564	3, 541
23 愛知県 Aichi-ken	7, 315	7, 321	7, 321	7, 312	7, 301	7, 283
24 三重県 Mie-ken	1, 784	1, 775	1, 762	1, 749	1, 734	1, 719
25 滋賀県 Shiga-ken	1, 393	1, 392	1, 390	1, 387	1, 384	1, 380
26 京都府 Kyoto-fu	2, 566	2, 561	2, 554	2, 544	2, 532	2, 520
27 大阪府 Osaka-fu	8, 684	8, 670	8, 652	8, 632	8, 612	8, 595
28 兵庫県 Hyogo-ken	5, 456	5, 442	5, 425	5, 405	5, 383	5, 357
29 奈良県 Nara-ken	1, 356	1, 348	1, 340	1, 331	1, 321	1, 312
30 和歌山県 Wakayama-ken	959	951	943	934	925	916
31 鳥取県 Tottori-ken	570	566	562	558	553	549
32 島根県 Shimane-ken	689	685	679	674	668	662
33 岡山県 Okayama-ken	1, 904	1, 897	1, 890	1, 880	1, 869	1, 859
34 広島県 Hiroshima-ken	2, 809	2, 800	2, 790	2, 777	2, 762	2, 747
35 山口県 Yamaguchi-ken	1, 393	1, 381	1, 369	1, 355	1, 340	1, 326
36 徳島県 Tokushima-ken	752	746	739	731	722	714
37 香川県 Kagawa-ken	969	964	959	953	945	937
38 愛媛県 Ehime-ken	1, 377	1, 368	1, 358	1, 347	1, 335	1, 322
39 高知県 Kochi-ken	725	718	711	703	695	687
40 福岡県 Fukuoka-ken	5, 054	5, 059	5, 061	5, 061	5, 058	5, 055
41 佐賀県 Saga-ken	829	825	820	815	810	805
42 長崎県 Nagasaki-ken	1, 369	1, 358	1, 346	1, 333	1, 318	1, 303
43 熊本県 Kumamoto-ken	1, 778	1, 766	1, 756	1, 745	1, 734	1, 722
44 大分県 Oita-ken	1, 158	1, 150	1, 141	1, 132	1, 121	1, 112
45 宮崎県 Miyazaki-ken	1, 100	1, 093	1, 086	1, 078	1, 071	1, 063
46 鹿児島県 Kagoshima-ken	1, 642	1, 631	1, 618	1, 606	1, 591	1, 577
47 沖縄県 Okinawa-ken	1, 422	1, 429	1, 434	1, 438	1, 442	1, 447

注）1）総務省統計局「国勢調査」
（国籍不詳をあん分した人口）
2）総務省統計局「国勢調査」
（不詳補完値）

Note) 1) Statistics Bureau, Ministry of Internal Affairs and Communications, "Population Census"
(Unknown nationality population is included after being prorated to each nationality population.)
2) Statistics Bureau, Ministry of Internal Affairs and Communications, "Population Census"
(Result with Imputation)

第5表　都道府県，男女別
Table 5. Population by Sex for Prefectures

（単位　千人）

都道府県 Prefectures	日本人人口 Japanese population 男 Male 2015年 1)	2016年	2017年	2018年	2019年	2020年 2)
全国 Japan	61,023	60,892	60,722	60,518	60,282	60,003
01 北海道 Hokkaido	2,528	2,514	2,499	2,482	2,464	2,449
02 青森県 Aomori-ken	613	607	601	595	588	581
03 岩手県 Iwate-ken	614	608	602	594	587	580
04 宮城県 Miyagi-ken	1,134	1,132	1,128	1,124	1,118	1,112
05 秋田県 Akita-ken	479	474	469	463	457	451
06 山形県 Yamagata-ken	539	534	530	525	519	514
07 福島県 Fukushima-ken	943	937	927	917	908	898
08 茨城県 Ibaraki-ken	1,434	1,428	1,422	1,415	1,406	1,397
09 栃木県 Tochigi-ken	970	965	961	956	950	944
10 群馬県 Gumma-ken	955	951	946	941	935	929
11 埼玉県 Saitama-ken	3,580	3,580	3,580	3,575	3,569	3,560
12 千葉県 Chiba-ken	3,056	3,056	3,055	3,052	3,047	3,039
13 東京都 Tokyo-to	6,482	6,520	6,550	6,581	6,612	6,624
14 神奈川県 Kanagawa-ken	4,490	4,489	4,486	4,484	4,481	4,475
15 新潟県 Niigata-ken	1,111	1,103	1,094	1,084	1,073	1,062
16 富山県 Toyama-ken	511	508	505	502	498	494
17 石川県 Ishikawa-ken	554	552	551	548	545	542
18 福井県 Fukui-ken	378	376	374	372	370	367
19 山梨県 Yamanashi-ken	404	401	399	396	393	390
20 長野県 Nagano-ken	1,011	1,007	1,002	997	991	985
21 岐阜県 Gifu-ken	968	963	956	950	942	934
22 静岡県 Shizuoka-ken	1,793	1,786	1,778	1,769	1,758	1,746
23 愛知県 Aichi-ken	3,662	3,664	3,662	3,656	3,648	3,633
24 三重県 Mie-ken	869	864	858	853	845	838
25 滋賀県 Shiga-ken	687	686	685	684	682	680
26 京都府 Kyoto-fu	1,228	1,225	1,221	1,215	1,210	1,203
27 大阪府 Osaka-fu	4,183	4,173	4,160	4,145	4,131	4,117
28 兵庫県 Hyogo-ken	2,605	2,596	2,586	2,575	2,563	2,547
29 奈良県 Nara-ken	640	636	632	628	623	618
30 和歌山県 Wakayama-ken	452	448	444	441	436	432
31 鳥取県 Tottori-ken	273	271	269	267	265	263
32 島根県 Shimane-ken	331	329	327	325	323	320
33 岡山県 Okayama-ken	915	911	908	903	899	894
34 広島県 Hiroshima-ken	1,360	1,356	1,352	1,345	1,338	1,330
35 山口県 Yamaguchi-ken	660	654	649	642	636	629
36 徳島県 Tokushima-ken	359	356	353	349	345	341
37 香川県 Kagawa-ken	469	466	464	461	457	452
38 愛媛県 Ehime-ken	651	646	642	637	632	627
39 高知県 Kochi-ken	341	338	335	331	328	324
40 福岡県 Fukuoka-ken	2,387	2,390	2,391	2,392	2,391	2,389
41 佐賀県 Saga-ken	392	390	388	386	384	382
42 長崎県 Nagasaki-ken	642	637	632	626	619	612
43 熊本県 Kumamoto-ken	838	833	829	826	821	815
44 大分県 Oita-ken	548	545	541	536	532	528
45 宮崎県 Miyazaki-ken	518	515	512	509	505	502
46 鹿児島県 Kagoshima-ken	771	767	762	756	750	744
47 沖縄県 Okinawa-ken	698	702	704	706	708	711

注）1）総務省統計局「国勢調査」（国籍不詳をあん分した人口）
　　2）総務省統計局「国勢調査」（不詳補完値）

人　口ー総人口，日本人人口（各年10月１日現在）（続き）
－Total population, Japanese population, October 1, Each Year－Continued

(Thousand persons)

都道府県 Prefectures		日本人人口 Japanese population 女 Female					
		2015年 1)	2016年	2017年	2018年	2019年	2020年 2)
全国	Japan	64, 297	64, 180	64, 022	63, 831	63, 605	63, 396
01 北海道	Hokkaido	2, 832	2, 817	2, 799	2, 780	2, 759	2, 740
02 青森県	Aomori-ken	691	684	676	668	659	651
03 岩手県	Iwate-ken	661	654	647	639	631	623
04 宮城県	Miyagi-ken	1, 186	1, 184	1, 180	1, 177	1, 172	1, 168
05 秋田県	Akita-ken	541	534	527	519	512	505
06 山形県	Yamagata-ken	579	574	567	561	553	547
07 福島県	Fukushima-ken	963	956	948	939	930	921
08 茨城県	Ibaraki-ken	1, 442	1, 436	1, 429	1, 421	1, 412	1, 405
09 栃木県	Tochigi-ken	978	973	968	961	954	948
10 群馬県	Gumma-ken	981	976	970	965	957	951
11 埼玉県	Saitama-ken	3, 580	3, 587	3, 592	3, 595	3, 597	3, 599
12 千葉県	Chiba-ken	3, 075	3, 080	3, 082	3, 084	3, 084	3, 083
13 東京都	Tokyo-to	6, 649	6, 697	6, 742	6, 787	6, 830	6, 860
14 神奈川県	Kanagawa-ken	4, 489	4, 499	4, 508	4, 515	4, 523	4, 532
15 新潟県	Niigata-ken	1, 181	1, 171	1, 160	1, 148	1, 135	1, 123
16 富山県	Toyama-ken	545	541	537	533	528	523
17 石川県	Ishikawa-ken	590	588	586	583	579	576
18 福井県	Fukui-ken	399	397	394	391	388	385
19 山梨県	Yamanashi-ken	420	417	414	411	407	404
20 長野県	Nagano-ken	1, 061	1, 056	1, 050	1, 043	1, 035	1, 028
21 岐阜県	Gifu-ken	1, 028	1, 022	1, 015	1, 007	999	990
22 静岡県	Shizuoka-ken	1, 847	1, 839	1, 830	1, 819	1, 806	1, 795
23 愛知県	Aichi-ken	3, 653	3, 656	3, 658	3, 657	3, 653	3, 651
24 三重県	Mie-ken	916	910	904	897	888	881
25 滋賀県	Shiga-ken	706	706	705	704	702	701
26 京都府	Kyoto-fu	1, 338	1, 336	1, 333	1, 328	1, 323	1, 317
27 大阪府	Osaka-fu	4, 501	4, 497	4, 493	4, 486	4, 481	4, 479
28 兵庫県	Hyogo-ken	2, 851	2, 846	2, 839	2, 830	2, 820	2, 810
29 奈良県	Nara-ken	716	712	708	703	699	694
30 和歌山県	Wakayama-ken	507	503	499	494	489	484
31 鳥取県	Tottori-ken	297	296	293	291	288	286
32 島根県	Shimane-ken	358	355	352	349	346	342
33 岡山県	Okayama-ken	989	986	982	976	971	965
34 広島県	Hiroshima-ken	1, 449	1, 444	1, 439	1, 432	1, 424	1, 417
35 山口県	Yamaguchi-ken	733	727	720	712	704	697
36 徳島県	Tokushima-ken	393	390	386	382	377	373
37 香川県	Kagawa-ken	500	498	495	492	489	485
38 愛媛県	Ehime-ken	727	722	716	710	702	696
39 高知県	Kochi-ken	384	380	376	372	367	363
40 福岡県	Fukuoka-ken	2, 667	2, 669	2, 670	2, 670	2, 667	2, 666
41 佐賀県	Saga-ken	437	435	432	429	426	423
42 長崎県	Nagasaki-ken	728	721	714	706	698	691
43 熊本県	Kumamoto-ken	940	933	926	920	913	907
44 大分県	Oita-ken	610	605	601	595	589	584
45 宮崎県	Miyazaki-ken	583	578	574	570	565	561
46 鹿児島県	Kagoshima-ken	871	864	857	849	841	833
47 沖縄県	Okinawa-ken	724	727	730	731	733	736

Note) 1) Statistics Bureau, Ministry of Internal Affairs and Communications, "Population Census"
(Unknown nationality population is included after being prorated to each nationality population.)
2) Statistics Bureau, Ministry of Internal Affairs and Communications, "Population Census" (Result with Imputation)

第6表　都道府県別人口の割合 － 総人口（各年10月1日現在）
Table 6. Percentage of Population by Prefectures － Total population, October 1, Each Year

（%）

都道府県 Prefectures		2015年 *	2016年	2017年	2018年	2019年	2020年 *
全国	Japan	100.00	100.00	100.00	100.00	100.00	100.00
01 北海道	Hokkaido	4.23	4.21	4.20	4.18	4.16	4.14
02 青森県	Aomori-ken	1.03	1.02	1.01	1.00	0.99	0.98
03 岩手県	Iwate-ken	1.01	1.00	0.99	0.98	0.97	0.96
04 宮城県	Miyagi-ken	1.84	1.84	1.83	1.83	1.83	1.82
05 秋田県	Akita-ken	0.81	0.80	0.79	0.78	0.77	0.76
06 山形県	Yamagata-ken	0.88	0.88	0.87	0.86	0.85	0.85
07 福島県	Fukushima-ken	1.51	1.50	1.49	1.47	1.46	1.45
08 茨城県	Ibaraki-ken	2.30	2.29	2.29	2.28	2.27	2.27
09 栃木県	Tochigi-ken	1.55	1.55	1.55	1.54	1.54	1.53
10 群馬県	Gumma-ken	1.55	1.55	1.55	1.54	1.54	1.54
11 埼玉県	Saitama-ken	5.72	5.74	5.76	5.78	5.80	5.82
12 千葉県	Chiba-ken	4.90	4.91	4.93	4.95	4.96	4.98
13 東京都	Tokyo-to	10.63	10.74	10.85	10.96	11.07	11.14
14 神奈川県	Kanagawa-ken	7.18	7.20	7.23	7.26	7.29	7.32
15 新潟県	Niigata-ken	1.81	1.80	1.79	1.77	1.76	1.75
16 富山県	Toyama-ken	0.84	0.84	0.83	0.83	0.82	0.82
17 石川県	Ishikawa-ken	0.91	0.91	0.90	0.90	0.90	0.90
18 福井県	Fukui-ken	0.62	0.62	0.61	0.61	0.61	0.61
19 山梨県	Yamanashi-ken	0.66	0.65	0.65	0.65	0.64	0.64
20 長野県	Nagano-ken	1.65	1.65	1.64	1.64	1.63	1.62
21 岐阜県	Gifu-ken	1.60	1.59	1.58	1.58	1.57	1.57
22 静岡県	Shizuoka-ken	2.91	2.90	2.90	2.89	2.89	2.88
23 愛知県	Aichi-ken	5.89	5.91	5.93	5.95	5.97	5.98
24 三重県	Mie-ken	1.43	1.42	1.42	1.41	1.41	1.40
25 滋賀県	Shiga-ken	1.11	1.11	1.11	1.12	1.12	1.12
26 京都府	Kyoto-fu	2.05	2.05	2.05	2.05	2.05	2.04
27 大阪府	Osaka-fu	6.96	6.96	6.97	6.97	6.99	7.01
28 兵庫県	Hyogo-ken	4.35	4.35	4.35	4.34	4.34	4.33
29 奈良県	Nara-ken	1.07	1.07	1.06	1.06	1.05	1.05
30 和歌山県	Wakayama-ken	0.76	0.75	0.75	0.74	0.74	0.73
31 鳥取県	Tottori-ken	0.45	0.45	0.45	0.44	0.44	0.44
32 島根県	Shimane-ken	0.55	0.54	0.54	0.54	0.54	0.53
33 岡山県	Okayama-ken	1.51	1.51	1.51	1.50	1.50	1.50
34 広島県	Hiroshima-ken	2.24	2.24	2.23	2.23	2.22	2.22
35 山口県	Yamaguchi-ken	1.11	1.10	1.09	1.08	1.07	1.06
36 徳島県	Tokushima-ken	0.59	0.59	0.59	0.58	0.58	0.57
37 香川県	Kagawa-ken	0.77	0.77	0.76	0.76	0.76	0.75
38 愛媛県	Ehime-ken	1.09	1.08	1.08	1.07	1.06	1.06
39 高知県	Kochi-ken	0.57	0.57	0.56	0.56	0.55	0.55
40 福岡県	Fukuoka-ken	4.01	4.02	4.04	4.05	4.06	4.07
41 佐賀県	Saga-ken	0.66	0.65	0.65	0.65	0.65	0.64
42 長崎県	Nagasaki-ken	1.08	1.08	1.07	1.06	1.05	1.04
43 熊本県	Kumamoto-ken	1.41	1.40	1.39	1.39	1.38	1.38
44 大分県	Oita-ken	0.92	0.91	0.91	0.90	0.90	0.89
45 宮崎県	Miyazaki-ken	0.87	0.86	0.86	0.86	0.85	0.85
46 鹿児島県	Kagoshima-ken	1.30	1.29	1.28	1.27	1.27	1.26
47 沖縄県	Okinawa-ken	1.13	1.13	1.14	1.15	1.15	1.16

注）＊ 総務省統計局「国勢調査」　　Note) * Statistics Bureau, Ministry of Internal Affairs and Communications, "Population Census"

第7表　都道府県別人口増減率*－総人口
Table 7. Rates of Population Change by Prefectures* − Total population

(‰)

都道府県 Prefectures	2015年10月～2016年9月 October 2015 to September 2016	2016年10月～2017年9月 October 2016 to September 2017	2017年10月～2018年9月 October 2017 to September 2018	2018年10月～2019年9月 October 2018 to September 2019	2019年10月～2020年9月 October 2019 to September 2020
全国 Japan	-0.4	-1.0	-1.3	-1.5	-3.2
01 北海道 Hokkaido	-5.1	-5.5	-6.0	-6.4	-6.6
02 青森県 Aomori-ken	-10.0	-10.3	-11.0	-11.9	-11.6
03 岩手県 Iwate-ken	-9.2	-10.6	-11.5	-11.6	-12.3
04 宮城県 Miyagi-ken	-0.9	-2.3	-2.8	-3.5	-4.2
05 秋田県 Akita-ken	-11.5	-12.6	-13.3	-13.4	-13.0
06 山形県 Yamagata-ken	-9.1	-9.8	-9.9	-11.1	-10.9
07 福島県 Fukushima-ken	-6.0	-8.8	-9.0	-9.1	-10.1
08 茨城県 Ibaraki-ken	-2.5	-2.6	-3.6	-4.4	-4.2
09 栃木県 Tochigi-ken	-2.9	-3.4	-4.4	-5.1	-5.2
10 群馬県 Gumma-ken	-2.0	-2.9	-3.2	-4.3	-5.0
11 埼玉県 Saitama-ken	3.0	2.6	2.5	2.3	0.4
12 千葉県 Chiba-ken	3.1	2.5	2.4	1.6	0.3
13 東京都 Tokyo-to	9.7	8.9	8.7	8.6	2.9
14 神奈川県 Kanagawa-ken	2.8	2.3	2.6	3.0	1.4
15 新潟県 Niigata-ken	-7.8	-8.4	-9.1	-10.0	-10.2
16 富山県 Toyama-ken	-4.7	-5.0	-5.3	-6.8	-8.1
17 石川県 Ishikawa-ken	-2.3	-2.5	-3.2	-4.8	-6.0
18 福井県 Fukui-ken	-4.3	-3.7	-4.8	-6.8	-5.9
19 山梨県 Yamanashi-ken	-4.9	-6.4	-5.8	-6.8	-6.3
20 長野県 Nagano-ken	-3.6	-4.3	-4.6	-5.6	-6.3
21 岐阜県 Gifu-ken	-4.1	-5.9	-5.1	-4.5	-6.9
22 静岡県 Shizuoka-ken	-2.7	-2.6	-3.8	-3.7	-5.4
23 愛知県 Aichi-ken	3.4	2.6	1.7	2.1	-1.9
24 三重県 Mie-ken	-3.8	-4.5	-4.4	-5.7	-6.9
25 滋賀県 Shiga-ken	0.4	0.3	0.3	1.3	-1.7
26 京都府 Kyoto-fu	-1.0	-1.5	-2.4	-2.3	-5.2
27 大阪府 Osaka-fu	0.2	-0.1	-0.3	0.4	-0.5
28 兵庫県 Hyogo-ken	-1.6	-2.0	-2.5	-2.5	-4.1
29 奈良県 Nara-ken	-5.2	-5.8	-5.8	-6.2	-6.5
30 和歌山県 Wakayama-ken	-8.2	-7.8	-9.1	-8.8	-9.3
31 鳥取県 Tottori-ken	-5.9	-6.9	-7.6	-7.9	-7.1
32 島根県 Shimane-ken	-5.2	-6.1	-6.0	-7.3	-9.3
33 岡山県 Okayama-ken	-2.5	-2.9	-3.9	-3.6	-4.4
34 広島県 Hiroshima-ken	-1.5	-2.3	-3.4	-4.0	-4.6
35 山口県 Yamaguchi-ken	-7.6	-8.5	-9.4	-9.3	-10.7
36 徳島県 Tokushima-ken	-7.2	-9.1	-10.0	-11.3	-11.3
37 香川県 Kagawa-ken	-3.7	-4.4	-5.3	-5.7	-7.8
38 愛媛県 Ehime-ken	-6.0	-6.5	-7.8	-8.1	-8.5
39 高知県 Kochi-ken	-9.5	-9.6	-10.2	-11.1	-11.1
40 福岡県 Fukuoka-ken	2.2	2.0	1.6	0.6	0.2
41 佐賀県 Saga-ken	-4.7	-4.9	-5.0	-5.1	-6.3
42 長崎県 Nagasaki-ken	-7.3	-9.2	-9.9	-10.6	-11.1
43 熊本県 Kumamoto-ken	-6.3	-4.6	-4.5	-5.2	-6.4
44 大分県 Oita-ken	-5.8	-6.6	-7.8	-7.4	-9.4
45 宮崎県 Miyazaki-ken	-6.1	-5.8	-6.6	-6.1	-7.0
46 鹿児島県 Kagoshima-ken	-6.5	-7.0	-7.1	-7.7	-8.5
47 沖縄県 Okinawa-ken	5.6	4.1	4.5	5.1	4.1

注）* 増減数を期首人口で除したもの（千人比，‰）

Note) * Obtained by dividing the number of the net change by the population as of the beginning of the period concerned.

第8表　都道府県別自然増減率*－総人口
Table 8. Rates of Natural Change by Prefectures* – Total population

(‰)

都道府県 Prefectures	2015年10月～2016年9月 October 2015 to September 2016	2016年10月～2017年9月 October 2016 to September 2017	2017年10月～2018年9月 October 2017 to September 2018	2018年10月～2019年9月 October 2018 to September 2019	2019年10月～2020年9月 October 2019 to September 2020
全国 Japan	-2.3	-3.0	-3.3	-3.8	-4.0
01 北海道 Hokkaido	-4.7	-5.4	-5.7	-6.4	-6.5
02 青森県 Aomori-ken	-6.6	-7.3	-7.8	-8.6	-8.7
03 岩手県 Iwate-ken	-6.4	-7.2	-7.7	-8.4	-8.5
04 宮城県 Miyagi-ken	-2.4	-3.1	-3.4	-4.2	-4.3
05 秋田県 Akita-ken	-9.1	-9.9	-10.3	-11.0	-11.3
06 山形県 Yamagata-ken	-6.5	-7.3	-7.6	-8.3	-8.2
07 福島県 Fukushima-ken	-5.2	-6.0	-6.4	-7.0	-7.1
08 茨城県 Ibaraki-ken	-3.3	-3.9	-4.4	-5.2	-5.1
09 栃木県 Tochigi-ken	-3.0	-3.8	-4.1	-4.6	-4.9
10 群馬県 Gumma-ken	-3.8	-4.5	-4.8	-5.4	-5.5
11 埼玉県 Saitama-ken	-0.9	-1.5	-2.0	-2.5	-2.7
12 千葉県 Chiba-ken	-1.5	-2.1	-2.4	-3.0	-3.2
13 東京都 Tokyo-to	0.2	-0.3	-0.7	-1.1	-1.2
14 神奈川県 Kanagawa-ken	-0.4	-1.2	-1.5	-2.0	-2.2
15 新潟県 Niigata-ken	-5.5	-6.2	-6.8	-7.3	-7.4
16 富山県 Toyama-ken	-4.8	-5.5	-5.8	-6.1	-6.2
17 石川県 Ishikawa-ken	-2.9	-3.4	-3.7	-4.2	-4.3
18 福井県 Fukui-ken	-3.7	-4.4	-4.6	-5.0	-5.0
19 山梨県 Yamanashi-ken	-4.2	-4.7	-5.0	-5.8	-5.7
20 長野県 Nagano-ken	-4.5	-5.2	-5.4	-5.8	-6.0
21 岐阜県 Gifu-ken	-3.4	-4.2	-4.3	-5.1	-5.0
22 静岡県 Shizuoka-ken	-2.9	-3.7	-4.4	-4.9	-5.0
23 愛知県 Aichi-ken	0.2	-0.3	-0.8	-1.3	-1.6
24 三重県 Mie-ken	-3.3	-4.1	-4.4	-4.9	-5.0
25 滋賀県 Shiga-ken	-0.1	-0.8	-1.3	-1.6	-1.6
26 京都府 Kyoto-fu	-2.3	-3.0	-3.4	-3.7	-4.1
27 大阪府 Osaka-fu	-1.7	-2.3	-2.7	-3.1	-3.2
28 兵庫県 Hyogo-ken	-2.1	-2.7	-3.2	-3.6	-3.7
29 奈良県 Nara-ken	-3.2	-3.9	-4.2	-4.7	-4.9
30 和歌山県 Wakayama-ken	-6.1	-6.6	-7.2	-7.5	-7.2
31 鳥取県 Tottori-ken	-5.0	-5.6	-5.3	-6.4	-6.0
32 島根県 Shimane-ken	-5.9	-6.5	-7.1	-7.1	-7.5
33 岡山県 Okayama-ken	-3.1	-3.4	-4.0	-4.3	-4.2
34 広島県 Hiroshima-ken	-2.4	-2.9	-3.4	-3.8	-3.7
35 山口県 Yamaguchi-ken	-5.8	-6.6	-7.0	-7.4	-7.6
36 徳島県 Tokushima-ken	-5.6	-6.7	-6.7	-7.3	-7.3
37 香川県 Kagawa-ken	-4.3	-4.6	-5.2	-5.6	-6.0
38 愛媛県 Ehime-ken	-5.4	-6.1	-6.5	-7.0	-7.3
39 高知県 Kochi-ken	-7.2	-7.6	-7.9	-8.4	-8.5
40 福岡県 Fukuoka-ken	-1.1	-1.8	-2.0	-2.6	-2.7
41 佐賀県 Saga-ken	-3.2	-4.0	-4.2	-4.6	-4.6
42 長崎県 Nagasaki-ken	-4.4	-4.9	-5.6	-5.7	-6.2
43 熊本県 Kumamoto-ken	-3.3	-3.9	-4.0	-4.5	-4.7
44 大分県 Oita-ken	-4.0	-5.0	-5.4	-5.8	-5.9
45 宮崎県 Miyazaki-ken	-4.0	-4.5	-5.0	-5.1	-5.7
46 鹿児島県 Kagoshima-ken	-4.5	-5.2	-5.6	-5.9	-6.1
47 沖縄県 Okinawa-ken	3.8	2.9	2.6	2.0	1.9

注）* 増減数を期首人口で除したもの（千人比，‰）

Note) * Obtained by dividing the number of the net change by the population as of the beginning of the period concerned.

第9表　都道府県別社会増減率* －総人口
Table 9. Rates of Net Migration by Prefectures* － Total population

(‰)

都道府県 Prefectures	2015年10月～2016年9月 October 2015 to September 2016	2016年10月～2017年9月 October 2016 to September 2017	2017年10月～2018年9月 October 2017 to September 2018	2018年10月～2019年9月 October 2018 to September 2019	2019年10月～2020年9月 October 2019 to September 2020
全国 Japan	1.1	1.2	1.3	1.6	0.3
01 北海道 Hokkaido	-0.8	-0.6	-0.7	-0.4	-0.4
02 青森県 Aomori-ken	-4.7	-4.3	-4.4	-4.4	-3.8
03 岩手県 Iwate-ken	-2.6	-3.2	-3.5	-2.8	-3.3
04 宮城県 Miyagi-ken	0.8	0.1	0.1	0.2	-0.2
05 秋田県 Akita-ken	-3.9	-4.1	-4.4	-3.7	-3.0
06 山形県 Yamagata-ken	-3.1	-3.0	-2.7	-3.2	-3.0
07 福島県 Fukushima-ken	-1.7	-3.7	-3.4	-2.7	-3.4
08 茨城県 Ibaraki-ken	-1.0	-0.4	-0.8	-0.7	-0.3
09 栃木県 Tochigi-ken	-1.2	-0.9	-1.4	-1.5	-1.0
10 群馬県 Gumma-ken	0.8	0.8	0.9	0.5	0.1
11 埼玉県 Saitama-ken	4.0	4.3	4.7	5.2	3.8
12 千葉県 Chiba-ken	3.6	3.7	3.8	3.8	3.0
13 東京都 Tokyo-to	7.8	7.7	7.8	8.2	2.8
14 神奈川県 Kanagawa-ken	2.4	2.7	3.5	4.4	3.3
15 新潟県 Niigata-ken	-2.5	-2.3	-2.4	-2.7	-2.6
16 富山県 Toyama-ken	0.1	0.5	0.6	-0.5	-1.6
17 石川県 Ishikawa-ken	0.1	0.4	0.2	-0.8	-1.7
18 福井県 Fukui-ken	-1.8	-0.4	-1.3	-2.8	-1.6
19 山梨県 Yamanashi-ken	-2.0	-3.0	-2.1	-2.2	-1.5
20 長野県 Nagano-ken	-0.6	-0.7	-0.6	-1.2	-1.5
21 岐阜県 Gifu-ken	-1.5	-2.5	-1.5	-0.0	-2.1
22 静岡県 Shizuoka-ken	-0.6	0.4	-0.1	0.6	-0.8
23 愛知県 Aichi-ken	3.0	2.7	2.4	3.4	-0.1
24 三重県 Mie-ken	-0.9	-0.8	-0.2	-1.0	-1.8
25 滋賀県 Shiga-ken	-0.0	0.6	1.3	2.6	0.0
26 京都府 Kyoto-fu	0.4	0.7	0.2	0.7	-1.5
27 大阪府 Osaka-fu	0.9	1.2	1.5	2.7	2.2
28 兵庫県 Hyogo-ken	-0.6	-0.4	-0.2	0.3	-0.9
29 奈良県 Nara-ken	-2.6	-2.5	-2.1	-1.9	-1.7
30 和歌山県 Wakayama-ken	-3.8	-3.0	-3.5	-2.9	-3.4
31 鳥取県 Tottori-ken	-1.8	-2.1	-3.0	-2.2	-1.7
32 島根県 Shimane-ken	-0.6	-0.7	0.1	-1.2	-2.5
33 岡山県 Okayama-ken	-0.5	-0.5	-0.8	-0.2	-0.8
34 広島県 Hiroshima-ken	0.1	-0.1	-0.7	-0.8	-1.3
35 山口県 Yamaguchi-ken	-1.6	-1.7	-2.0	-1.5	-2.3
36 徳島県 Tokushima-ken	-1.7	-2.5	-3.2	-3.5	-3.1
37 香川県 Kagawa-ken	0.0	-0.2	-0.4	-0.3	-1.6
38 愛媛県 Ehime-ken	-2.1	-1.8	-2.5	-2.3	-2.0
39 高知県 Kochi-ken	-2.8	-2.5	-2.7	-3.1	-2.7
40 福岡県 Fukuoka-ken	1.7	2.2	2.1	1.9	1.8
41 佐賀県 Saga-ken	-2.2	-1.5	-1.3	-0.9	-1.8
42 長崎県 Nagasaki-ken	-3.1	-4.5	-4.3	-4.8	-4.6
43 熊本県 Kumamoto-ken	-3.4	-1.0	-0.8	-0.9	-1.6
44 大分県 Oita-ken	-1.7	-1.4	-2.2	-1.3	-2.9
45 宮崎県 Miyazaki-ken	-3.1	-2.2	-2.3	-1.7	-1.8
46 鹿児島県 Kagoshima-ken	-2.1	-1.9	-1.5	-1.5	-1.8
47 沖縄県 Okinawa-ken	0.2	-0.3	0.5	1.9	1.2

注）* 増減数を期首人口で除したもの（千人比，‰）

Note) * Obtained by dividing the number of the net change by the population as of the beginning of the period concerned.

第10表　都道府県，年齢（5歳階級），
Table 10. Population by Age (Five-Year Groups) and Sex

（単位　千人）

都道府県 Prefectures	総人口 男女計 総数 Total	0～4歳 years old	5～9	10～14	15～19	20～24	25～29	30～34
全国 Japan	127,042	4,976	5,311	5,522	6,029	6,166	6,422	7,279
01 北海道 Hokkaido	5,355	184	201	216	237	234	243	283
02 青森県 Aomori-ken	1,295	43	48	55	61	49	52	64
03 岩手県 Iwate-ken	1,268	44	49	55	59	48	53	64
04 宮城県 Miyagi-ken	2,332	89	96	101	114	122	123	137
05 秋田県 Akita-ken	1,011	30	35	39	42	32	37	46
06 山形県 Yamagata-ken	1,114	40	44	49	52	42	47	57
07 福島県 Fukushima-ken	1,903	68	74	84	91	76	87	100
08 茨城県 Ibaraki-ken	2,910	109	121	131	142	132	141	162
09 栃木県 Tochigi-ken	1,969	76	84	90	92	85	98	114
10 群馬県 Gumma-ken	1,969	73	83	91	97	88	92	104
11 埼玉県 Saitama-ken	7,288	284	307	318	348	384	376	424
12 千葉県 Chiba-ken	6,242	237	258	270	293	314	318	361
13 東京都 Tokyo-to	13,646	536	510	493	565	817	897	990
14 神奈川県 Kanagawa-ken	9,152	363	382	391	432	495	490	555
15 新潟県 Niigata-ken	2,286	82	91	98	107	94	101	118
16 富山県 Toyama-ken	1,061	38	42	47	49	43	46	53
17 石川県 Ishikawa-ken	1,151	46	49	52	59	57	55	60
18 福井県 Fukui-ken	783	31	35	37	39	33	36	41
19 山梨県 Yamanashi-ken	831	30	34	37	43	38	37	41
20 長野県 Nagano-ken	2,091	79	89	97	100	79	90	103
21 岐阜県 Gifu-ken	2,024	79	89	96	102	91	93	105
22 静岡県 Shizuoka-ken	3,690	145	160	168	171	148	176	202
23 愛知県 Aichi-ken	7,509	327	344	348	378	401	423	465
24 三重県 Mie-ken	1,809	70	78	83	88	79	86	96
25 滋賀県 Shiga-ken	1,414	63	69	70	75	73	73	82
26 京都府 Kyoto-fu	2,608	97	105	111	130	157	134	142
27 大阪府 Osaka-fu	8,841	342	362	381	432	467	468	510
28 兵庫県 Hyogo-ken	5,526	218	237	248	272	258	261	297
29 奈良県 Nara-ken	1,357	50	56	61	69	65	61	67
30 和歌山県 Wakayama-ken	956	35	38	42	45	37	41	46
31 鳥取県 Tottori-ken	570	23	24	26	27	23	25	30
32 島根県 Shimane-ken	691	27	29	30	32	25	29	34
33 岡山県 Okayama-ken	1,917	77	83	87	97	95	94	104
34 広島県 Hiroshima-ken	2,840	118	127	128	137	134	140	157
35 山口県 Yamaguchi-ken	1,394	51	57	60	64	57	58	68
36 徳島県 Tokushima-ken	750	27	29	31	34	30	32	38
37 香川県 Kagawa-ken	973	38	41	44	46	38	44	50
38 愛媛県 Ehime-ken	1,377	51	56	60	64	53	59	69
39 高知県 Kochi-ken	721	25	27	30	33	27	28	35
40 福岡県 Fukuoka-ken	5,113	221	231	226	250	265	260	303
41 佐賀県 Saga-ken	829	35	39	40	43	35	38	45
42 長崎県 Nagasaki-ken	1,367	55	59	62	65	53	58	68
43 熊本県 Kumamoto-ken	1,775	76	81	82	85	74	81	96
44 大分県 Oita-ken	1,160	46	49	50	54	47	51	60
45 宮崎県 Miyazaki-ken	1,097	46	51	51	52	41	46	57
46 鹿児島県 Kagoshima-ken	1,637	70	75	76	76	61	70	85
47 沖縄県 Okinawa-ken	1,442	83	84	81	82	72	78	91

男 女 別 人 口－総人口，日本人人口（2016年10月１日現在）
for Prefectures - Total population, Japanese population, October 1, 2016

(Thousand persons)

Total population　　Both sexes

35～39	40～44	45～49	50～54	55～59	60～64	65～69	70～74	75～79	80～84	85歳以上 and over
8, 134	9, 727	9, 294	7, 912	7, 550	8, 160	10, 269	7, 400	6, 521	5, 179	5, 191
325	390	370	337	342	392	471	336	300	244	249
74	86	87	83	91	102	117	80	76	66	63
73	85	81	79	86	98	108	75	75	67	70
152	170	158	141	149	166	186	122	113	96	98
56	64	62	61	73	84	96	64	65	61	64
65	71	68	67	76	86	96	64	63	59	68
111	128	122	119	134	150	163	105	101	90	99
182	218	207	176	180	208	247	177	149	111	117
129	150	139	120	124	142	167	111	94	74	79
121	150	142	119	118	134	167	121	101	80	88
483	601	577	465	415	450	585	449	368	248	206
408	503	490	393	356	392	513	391	322	226	199
1, 043	1, 166	1, 128	921	754	710	900	688	607	481	439
628	764	768	620	516	515	671	515	438	320	289
137	159	151	137	146	168	201	133	126	112	127
63	81	74	62	63	71	98	68	58	51	56
70	88	80	68	68	74	101	68	56	48	53
46	56	52	47	49	53	67	44	40	36	41
47	58	59	54	53	58	69	49	44	36	43
124	152	146	127	127	138	175	130	115	99	122
121	149	142	123	121	133	172	123	110	87	89
227	276	267	228	226	246	310	226	199	155	160
506	612	579	470	413	421	553	420	357	259	232
109	136	129	113	109	117	149	109	97	79	81
93	111	101	85	81	87	109	76	63	50	53
160	198	186	157	143	153	220	160	137	108	107
562	710	696	562	479	506	709	547	480	342	289
339	427	412	348	325	349	461	337	289	228	219
77	98	97	84	80	91	121	89	77	57	57
52	67	65	60	60	66	86	62	56	47	50
34	39	35	33	37	42	49	32	30	28	34
39	45	41	38	44	50	63	41	39	39	46
114	141	126	108	111	121	161	117	101	86	95
175	217	200	165	164	179	237	172	144	117	128
78	97	89	76	83	99	131	93	84	71	78
43	51	48	44	48	57	71	45	42	38	42
59	72	65	55	59	66	89	58	51	46	52
80	97	89	81	87	99	125	85	78	67	76
41	50	45	42	46	52	68	47	42	39	46
335	378	346	297	304	341	419	278	250	200	207
49	54	51	49	54	62	69	44	42	37	43
76	88	86	82	92	106	120	78	77	67	74
104	115	107	104	115	131	147	97	95	85	98
69	78	72	65	72	84	104	70	65	57	65
64	72	65	63	73	84	97	62	61	54	59
94	101	96	97	113	130	137	88	90	82	96
96	108	98	87	91	97	93	51	57	46	46

第10表 都道府県，年齢（5歳階級），
Table 10. Population by Age (Five-Year Groups) and Sex

（単位 千人）

都道府県 Prefectures	総人口 男 総数 Total	0～4歳 years old	5～9	10～14	15～19	20～24	25～29	30～34
全国 Japan	61, 816	2, 547	2, 722	2, 829	3, 093	3, 165	3, 282	3, 697
01 北海道 Hokkaido	2, 523	94	103	111	121	119	121	140
02 青森県 Aomori-ken	609	22	24	28	31	26	27	32
03 岩手県 Iwate-ken	610	22	25	28	30	25	28	32
04 宮城県 Miyagi-ken	1, 139	46	49	52	59	63	63	69
05 秋田県 Akita-ken	475	15	18	20	22	17	19	23
06 山形県 Yamagata-ken	536	20	23	25	27	22	24	29
07 福島県 Fukushima-ken	940	35	38	43	47	41	46	52
08 茨城県 Ibaraki-ken	1, 451	56	63	67	73	70	76	85
09 栃木県 Tochigi-ken	979	39	43	46	47	44	52	60
10 群馬県 Gumma-ken	972	37	43	47	50	46	49	54
11 埼玉県 Saitama-ken	3, 637	146	157	163	179	198	194	218
12 千葉県 Chiba-ken	3, 104	122	132	138	151	163	164	186
13 東京都 Tokyo-to	6, 728	273	261	252	289	415	455	507
14 神奈川県 Kanagawa-ken	4, 566	186	195	200	223	260	255	288
15 新潟県 Niigata-ken	1, 107	42	47	50	55	49	52	60
16 富山県 Toyama-ken	513	19	22	24	25	23	24	28
17 石川県 Ishikawa-ken	558	23	25	27	31	31	28	31
18 福井県 Fukui-ken	380	16	18	19	20	17	19	21
19 山梨県 Yamanashi-ken	407	15	17	19	22	20	19	21
20 長野県 Nagano-ken	1, 019	41	46	50	52	41	47	53
21 岐阜県 Gifu-ken	980	40	46	49	52	45	47	53
22 静岡県 Shizuoka-ken	1, 817	74	82	86	88	76	93	105
23 愛知県 Aichi-ken	3, 755	168	177	178	195	210	225	245
24 三重県 Mie-ken	881	36	40	42	45	40	45	50
25 滋賀県 Shiga-ken	697	33	35	36	39	39	38	42
26 京都府 Kyoto-fu	1, 247	50	54	57	67	80	67	70
27 大阪府 Osaka-fu	4, 254	174	185	195	220	235	231	252
28 兵庫県 Hyogo-ken	2, 636	112	121	127	138	127	129	147
29 奈良県 Nara-ken	640	25	28	31	35	32	29	32
30 和歌山県 Wakayama-ken	450	18	20	21	23	19	20	23
31 鳥取県 Tottori-ken	272	12	12	13	14	12	13	15
32 島根県 Shimane-ken	332	14	15	15	17	13	15	17
33 岡山県 Okayama-ken	920	40	43	45	49	47	47	52
34 広島県 Hiroshima-ken	1, 376	60	65	65	71	70	73	80
35 山口県 Yamaguchi-ken	660	26	29	31	33	30	30	34
36 徳島県 Tokushima-ken	357	14	15	16	17	15	16	19
37 香川県 Kagawa-ken	471	19	21	22	24	20	22	26
38 愛媛県 Ehime-ken	651	26	29	31	33	27	30	34
39 高知県 Kochi-ken	339	13	14	15	17	14	14	17
40 福岡県 Fukuoka-ken	2, 417	113	118	116	128	132	126	148
41 佐賀県 Saga-ken	391	18	20	21	22	18	18	22
42 長崎県 Nagasaki-ken	642	28	30	32	33	27	29	34
43 熊本県 Kumamoto-ken	837	39	41	42	44	37	40	47
44 大分県 Oita-ken	549	23	25	26	28	24	26	30
45 宮崎県 Miyazaki-ken	516	24	26	26	27	21	22	27
46 鹿児島県 Kagoshima-ken	768	36	38	39	39	29	33	41
47 沖縄県 Okinawa-ken	709	42	43	42	42	37	39	45

男　女　別　人　口－総人口，日本人人口（2016年10月１日現在）（続き）
for Prefectures - Total population, Japanese population, October 1, 2016 - Continued

(Thousand persons)

Total population Male										
35～39	40～44	45～49	50～54	55～59	60～64	65～69	70～74	75～79	80～84	85歳以上 and over
4, 126	4, 930	4, 692	3, 972	3, 762	4, 020	4, 969	3, 446	2, 901	2, 093	1, 570
161	193	180	161	165	187	219	149	127	98	77
37	43	42	40	44	49	56	35	31	25	17
38	44	41	40	43	49	53	34	31	26	20
77	87	80	71	75	82	91	58	50	38	30
29	32	30	30	36	41	47	29	27	23	18
33	36	34	33	38	43	49	30	27	23	20
58	67	63	61	69	76	83	50	44	35	30
95	113	108	90	91	104	122	86	70	46	36
68	79	72	61	63	71	83	54	43	30	24
63	77	73	61	59	67	82	58	46	33	27
250	313	300	240	212	224	283	214	173	108	65
210	259	254	202	181	194	249	186	151	98	63
534	594	577	477	387	358	439	316	264	192	136
324	393	398	324	266	258	326	243	201	135	92
70	81	77	69	74	84	99	62	56	44	37
32	42	38	31	31	35	47	32	25	19	16
36	45	40	33	34	36	49	32	25	18	15
24	28	26	23	24	26	33	21	18	15	13
24	30	30	27	27	29	34	23	20	15	13
63	77	74	64	63	69	86	62	52	41	39
61	76	71	61	59	64	84	58	50	36	28
117	142	137	116	114	122	152	107	91	63	50
264	318	300	242	210	210	268	201	164	108	73
56	69	66	57	54	57	72	52	43	32	25
47	56	51	42	40	43	53	36	29	21	16
79	98	92	77	70	73	103	74	61	44	32
277	350	345	278	236	246	337	252	214	139	86
166	210	202	169	157	169	220	156	128	92	67
37	47	46	40	38	43	57	41	35	24	18
26	33	31	28	29	32	41	28	25	19	15
17	20	17	16	18	21	24	15	13	11	9
20	23	21	19	22	25	32	19	17	15	13
57	71	63	53	54	60	77	55	44	35	28
89	110	100	82	81	88	115	80	63	46	38
39	49	44	37	40	48	63	42	36	27	22
22	25	24	21	23	28	35	21	18	15	12
30	36	33	27	29	33	44	27	23	18	16
40	48	43	39	42	47	60	38	33	26	22
20	25	22	20	22	25	33	21	18	15	13
164	186	168	142	147	164	198	125	106	75	58
25	27	25	23	26	30	34	20	18	14	12
37	43	41	39	45	52	58	35	32	26	21
52	57	52	50	56	64	71	44	40	33	29
34	39	35	31	35	41	50	32	28	22	19
32	35	31	30	35	41	46	28	26	21	17
46	49	46	47	55	64	68	41	39	32	27
48	54	49	44	46	49	47	24	26	20	13

第10表　都道府県，年齢（5歳階級），
Table 10. Population by Age (Five-Year Groups) and Sex

（単位　千人）

都道府県 Prefectures	総人口 女							
	総数 Total	0～4歳 years old	5～9	10～14	15～19	20～24	25～29	30～34
全国 Japan	65, 226	2, 429	2, 589	2, 693	2, 936	3, 001	3, 140	3, 582
01 北海道 Hokkaido	2, 831	90	98	106	115	116	122	143
02 青森県 Aomori-ken	686	21	23	27	30	24	25	32
03 岩手県 Iwate-ken	658	21	24	27	28	23	26	31
04 宮城県 Miyagi-ken	1, 192	43	47	49	55	59	60	68
05 秋田県 Akita-ken	536	15	17	19	21	15	18	23
06 山形県 Yamagata-ken	578	19	22	24	25	20	23	28
07 福島県 Fukushima-ken	962	33	36	41	44	35	41	47
08 茨城県 Ibaraki-ken	1, 459	53	59	64	69	62	65	77
09 栃木県 Tochigi-ken	989	37	40	44	45	40	46	54
10 群馬県 Gumma-ken	997	36	40	44	47	42	43	50
11 埼玉県 Saitama-ken	3, 652	139	149	155	170	185	182	206
12 千葉県 Chiba-ken	3, 138	115	125	132	141	150	154	176
13 東京都 Tokyo-to	6, 918	263	249	241	276	402	442	484
14 神奈川県 Kanagawa-ken	4, 585	177	186	191	210	235	234	267
15 新潟県 Niigata-ken	1, 179	40	44	48	52	45	49	57
16 富山県 Toyama-ken	548	18	20	23	24	20	22	25
17 石川県 Ishikawa-ken	594	22	24	26	28	26	26	30
18 福井県 Fukui-ken	403	15	17	18	19	16	17	20
19 山梨県 Yamanashi-ken	424	15	16	18	21	19	18	20
20 長野県 Nagano-ken	1, 072	39	44	48	48	38	43	51
21 岐阜県 Gifu-ken	1, 043	39	43	47	50	45	45	51
22 静岡県 Shizuoka-ken	1, 874	70	78	81	83	71	83	97
23 愛知県 Aichi-ken	3, 754	159	167	170	183	191	198	221
24 三重県 Mie-ken	928	34	38	40	43	39	41	47
25 滋賀県 Shiga-ken	716	31	33	34	36	34	35	40
26 京都府 Kyoto-fu	1, 361	47	51	54	64	77	67	72
27 大阪府 Osaka-fu	4, 588	167	177	186	212	232	237	258
28 兵庫県 Hyogo-ken	2, 890	106	116	121	134	131	131	151
29 奈良県 Nara-ken	717	25	28	29	34	33	31	35
30 和歌山県 Wakayama-ken	506	17	19	20	22	18	20	23
31 鳥取県 Tottori-ken	298	11	12	13	13	11	12	15
32 島根県 Shimane-ken	359	13	14	15	15	12	14	17
33 岡山県 Okayama-ken	997	38	40	42	47	48	47	52
34 広島県 Hiroshima-ken	1, 464	58	62	62	66	65	67	77
35 山口県 Yamaguchi-ken	734	25	28	29	31	27	28	34
36 徳島県 Tokushima-ken	393	13	14	15	17	15	16	19
37 香川県 Kagawa-ken	502	18	20	21	22	18	21	25
38 愛媛県 Ehime-ken	726	25	28	29	31	26	29	35
39 高知県 Kochi-ken	382	12	13	15	16	13	14	17
40 福岡県 Fukuoka-ken	2, 696	108	113	111	122	133	134	155
41 佐賀県 Saga-ken	437	17	19	20	21	18	19	23
42 長崎県 Nagasaki-ken	725	27	29	30	32	27	29	35
43 熊本県 Kumamoto-ken	938	37	40	40	41	37	41	49
44 大分県 Oita-ken	611	22	24	25	27	23	25	30
45 宮崎県 Miyazaki-ken	581	23	25	25	26	20	23	29
46 鹿児島県 Kagoshima-ken	869	34	36	37	38	32	37	44
47 沖縄県 Okinawa-ken	733	41	41	39	40	35	39	46

男　女　別　人　口－総人口，日本人人口（2016年10月１日現在）（続き）
for Prefectures - Total population, Japanese population, October 1, 2016 - Continued

(Thousand persons)

Total population　　Female

35～39	40～44	45～49	50～54	55～59	60～64	65～69	70～74	75～79	80～84	85歳以上 and over
4, 008	4, 797	4, 602	3, 939	3, 788	4, 140	5, 300	3, 953	3, 620	3, 086	3, 622
164	197	190	176	177	206	253	188	173	146	172
37	43	44	43	47	53	62	44	44	42	45
36	41	40	39	43	49	55	41	43	41	49
75	83	77	70	75	84	95	64	63	58	68
27	32	31	31	37	43	50	35	38	38	46
32	35	34	34	38	43	48	34	36	36	48
53	61	59	58	65	73	80	55	56	55	70
87	104	100	87	89	104	126	90	79	65	81
61	72	67	58	61	71	84	58	51	44	56
58	73	69	59	58	67	85	63	55	47	61
233	289	277	225	203	225	302	235	196	140	141
198	244	236	191	175	198	264	204	170	128	136
509	571	551	444	366	352	460	372	343	289	303
304	371	369	296	251	257	345	273	237	185	196
66	78	74	68	72	84	102	71	71	68	90
30	39	36	31	32	36	51	36	32	31	39
35	44	40	34	34	38	52	36	31	29	38
23	27	26	24	25	27	34	23	22	22	29
23	28	29	27	26	29	35	26	24	21	29
60	74	72	63	64	69	89	68	63	58	83
59	74	71	62	62	68	89	65	60	51	61
110	134	130	112	112	124	158	119	109	91	110
242	294	279	228	203	212	285	220	192	151	159
53	67	64	57	55	60	77	58	53	47	55
46	54	50	42	41	44	56	39	34	29	37
81	100	95	80	73	80	117	87	76	64	75
285	359	351	284	242	260	372	295	266	203	202
173	217	211	180	168	181	241	181	161	136	153
40	51	51	44	42	48	64	48	41	33	40
26	34	34	31	31	34	45	34	32	29	35
17	19	17	17	19	21	25	17	17	17	24
19	22	20	19	22	25	32	22	22	24	33
56	70	64	55	57	62	83	62	56	52	67
87	107	100	83	83	91	123	92	80	71	90
39	48	46	39	43	51	69	51	48	44	55
21	26	24	23	25	29	36	24	24	23	30
29	36	32	28	30	34	46	31	28	27	36
40	48	46	42	45	51	65	46	45	41	54
20	25	23	21	23	27	35	26	24	24	33
171	192	178	154	157	177	220	153	144	125	149
25	27	26	25	28	32	35	24	25	23	31
38	45	44	43	48	55	62	43	45	41	53
53	58	56	54	60	67	76	53	55	52	69
34	39	37	33	38	44	54	39	38	35	46
33	37	34	33	38	43	50	33	35	33	42
49	52	50	50	58	65	69	48	52	50	69
49	53	49	43	45	48	46	27	31	27	33

第10表　都道府県，年齢（5歳階級），
Table 10. Population by Age (Five-Year Groups) and Sex

（単位　千人）

都道府県 Prefectures	日本人人口　男女計							
	総数 Total	0～4歳 years old	5～9	10～14	15～19	20～24	25～29	30～34
全国 Japan	125, 071	4, 906	5, 255	5, 473	5, 940	5, 908	6, 147	7, 048
01 北海道 Hokkaido	5, 330	183	201	216	236	230	239	279
02 青森県 Aomori-ken	1, 291	43	47	55	61	49	51	63
03 岩手県 Iwate-ken	1, 262	44	49	55	59	47	52	63
04 宮城県 Miyagi-ken	2, 315	89	96	101	114	119	120	135
05 秋田県 Akita-ken	1, 008	30	35	39	42	32	36	46
06 山形県 Yamagata-ken	1, 108	39	44	49	52	41	46	56
07 福島県 Fukushima-ken	1, 893	68	74	84	91	75	85	99
08 茨城県 Ibaraki-ken	2, 864	107	120	130	140	126	134	156
09 栃木県 Tochigi-ken	1, 939	75	83	89	91	81	94	111
10 群馬県 Gumma-ken	1, 928	71	82	89	95	83	86	99
11 埼玉県 Saitama-ken	7, 168	279	303	315	344	370	359	408
12 千葉県 Chiba-ken	6, 135	232	254	267	287	301	303	349
13 東京都 Tokyo-to	13, 216	521	498	484	544	756	830	936
14 神奈川県 Kanagawa-ken	8, 988	356	376	386	426	479	468	534
15 新潟県 Niigata-ken	2, 274	82	91	97	107	92	99	116
16 富山県 Toyama-ken	1, 049	37	42	47	49	41	44	52
17 石川県 Ishikawa-ken	1, 141	45	49	52	58	54	53	59
18 福井県 Fukui-ken	773	31	34	36	38	32	35	39
19 山梨県 Yamanashi-ken	819	30	33	37	42	37	36	40
20 長野県 Nagano-ken	2, 063	78	88	97	99	75	86	100
21 岐阜県 Gifu-ken	1, 985	77	87	95	100	86	87	100
22 静岡県 Shizuoka-ken	3, 625	142	157	165	168	141	168	195
23 愛知県 Aichi-ken	7, 321	319	337	341	369	380	398	442
24 三重県 Mie-ken	1, 775	69	77	81	86	75	81	92
25 滋賀県 Shiga-ken	1, 392	63	68	70	74	70	71	80
26 京都府 Kyoto-fu	2, 561	96	104	110	128	151	128	138
27 大阪府 Osaka-fu	8, 670	337	358	377	425	449	448	493
28 兵庫県 Hyogo-ken	5, 442	216	235	246	268	249	252	290
29 奈良県 Nara-ken	1, 348	50	56	61	69	64	60	66
30 和歌山県 Wakayama-ken	951	35	38	42	45	37	40	46
31 鳥取県 Tottori-ken	566	23	24	26	27	22	24	30
32 島根県 Shimane-ken	685	27	29	30	32	24	28	33
33 岡山県 Okayama-ken	1, 897	77	83	87	96	91	91	101
34 広島県 Hiroshima-ken	2, 800	117	126	127	135	128	133	152
35 山口県 Yamaguchi-ken	1, 381	51	56	60	64	54	57	67
36 徳島県 Tokushima-ken	746	26	28	31	34	29	31	37
37 香川県 Kagawa-ken	964	38	41	43	46	37	42	49
38 愛媛県 Ehime-ken	1, 368	51	56	60	64	51	57	68
39 高知県 Kochi-ken	718	25	27	30	33	26	27	34
40 福岡県 Fukuoka-ken	5, 059	220	230	225	248	255	251	297
41 佐賀県 Saga-ken	825	35	39	40	43	34	37	44
42 長崎県 Nagasaki-ken	1, 358	55	59	62	65	51	56	67
43 熊本県 Kumamoto-ken	1, 766	76	81	82	84	73	80	95
44 大分県 Oita-ken	1, 150	45	49	50	53	44	50	59
45 宮崎県 Miyazaki-ken	1, 093	46	51	51	52	40	45	56
46 鹿児島県 Kagoshima-ken	1, 631	69	75	76	76	60	69	84
47 沖縄県 Okinawa-ken	1, 429	83	84	81	82	70	77	90

男　女　別　人　口－総人口，日本人人口（2016年10月１日現在）（続き）
for Prefectures - Total population, Japanese population, October 1, 2016 - Continued

(Thousand persons)

Japanese population　　Both sexes

35～39	40～44	45～49	50～54	55～59	60～64	65～69	70～74	75～79	80～84	85歳以上 and over
7, 939	9, 560	9, 135	7, 787	7, 463	8, 093	10, 216	7, 364	6, 495	5, 163	5, 179
323	388	368	336	341	392	471	336	299	244	249
74	86	86	83	91	101	117	80	75	66	62
73	84	81	78	86	97	108	75	75	67	70
151	169	156	140	148	165	186	122	112	96	98
56	63	61	61	73	84	96	64	65	61	64
64	71	67	66	75	85	96	64	63	59	68
110	127	121	118	134	149	163	105	101	90	99
178	214	203	173	177	207	247	176	149	111	117
126	148	136	117	123	141	166	111	94	74	79
117	146	138	116	116	133	166	121	101	80	88
470	590	566	456	409	446	583	448	368	248	205
397	494	480	385	351	388	511	389	321	226	198
999	1, 130	1, 095	895	737	699	892	683	604	479	437
610	749	753	608	509	510	667	513	436	319	288
135	157	150	136	145	168	201	133	126	112	127
62	80	73	61	62	71	98	68	58	51	56
69	88	79	67	68	73	101	68	56	48	53
45	55	51	46	49	53	67	44	39	36	41
46	57	58	53	52	57	69	49	44	36	43
121	149	143	125	126	137	174	129	115	99	121
116	146	139	121	120	132	172	123	109	87	89
220	270	261	223	223	244	309	226	199	154	160
486	595	564	458	405	416	549	417	354	258	231
105	133	127	111	107	116	149	109	96	79	80
91	109	99	84	80	86	108	75	62	50	53
156	194	183	155	141	151	218	158	135	107	107
548	697	684	551	469	496	699	539	474	339	286
332	421	406	343	320	344	456	333	286	226	218
76	97	96	84	80	90	121	89	76	57	57
51	66	65	59	60	66	86	62	56	47	50
34	38	35	33	37	42	49	32	30	28	34
38	44	40	38	44	50	63	41	39	39	46
112	139	125	107	110	121	160	117	100	86	95
172	214	197	163	163	178	236	172	143	117	128
77	96	88	76	83	98	131	92	83	71	78
43	51	48	44	48	57	71	45	42	38	42
58	72	64	55	58	66	89	58	51	46	52
79	96	89	81	87	98	125	85	78	67	76
40	50	45	41	45	52	68	47	42	39	46
330	375	343	294	302	340	417	277	249	199	207
49	54	50	48	54	61	69	44	42	37	43
75	88	85	82	92	106	120	78	77	67	74
104	114	107	104	115	131	147	97	95	85	98
68	78	72	64	72	84	104	70	65	57	65
64	71	65	63	73	84	97	62	61	54	59
94	101	96	97	113	130	137	88	90	82	96
95	107	97	86	91	97	92	51	57	46	46

第10表　都道府県，年齢（5歳階級），
Table 10. Population by Age (Five-Year Groups) and Sex

（単位　千人）

都道府県 Prefectures		日本人人口 男						
		総数 Total	0～4歳 years old	5～9	10～14	15～19	20～24	25～29	30～34
全国	Japan	60, 892	2, 511	2, 693	2, 804	3, 049	3, 028	3, 136	3, 586
01 北海道	Hokkaido	2, 514	94	103	110	121	117	120	138
02 青森県	Aomori-ken	607	22	24	28	31	26	26	32
03 岩手県	Iwate-ken	608	22	25	28	30	25	27	32
04 宮城県	Miyagi-ken	1, 132	46	49	52	59	61	61	68
05 秋田県	Akita-ken	474	15	18	20	22	17	19	23
06 山形県	Yamagata-ken	534	20	23	25	26	22	24	29
07 福島県	Fukushima-ken	937	35	38	43	47	40	45	52
08 茨城県	Ibaraki-ken	1, 428	55	62	67	72	66	71	82
09 栃木県	Tochigi-ken	965	38	43	45	46	42	50	59
10 群馬県	Gumma-ken	951	36	42	46	49	43	45	52
11 埼玉県	Saitama-ken	3, 580	143	155	161	177	191	185	210
12 千葉県	Chiba-ken	3, 056	119	131	137	148	156	157	180
13 東京都	Tokyo-to	6, 520	266	255	247	278	383	421	480
14 神奈川県	Kanagawa-ken	4, 489	182	193	197	220	251	244	278
15 新潟県	Niigata-ken	1, 103	42	47	50	55	48	51	60
16 富山県	Toyama-ken	508	19	22	24	25	21	23	27
17 石川県	Ishikawa-ken	552	23	25	27	30	29	27	30
18 福井県	Fukui-ken	376	16	18	19	20	17	18	20
19 山梨県	Yamanashi-ken	401	15	17	19	22	19	19	21
20 長野県	Nagano-ken	1, 007	40	45	49	51	39	45	51
21 岐阜県	Gifu-ken	963	40	45	48	51	43	45	51
22 静岡県	Shizuoka-ken	1, 786	73	81	85	87	73	88	102
23 愛知県	Aichi-ken	3, 664	164	173	175	190	199	211	234
24 三重県	Mie-ken	864	35	39	42	44	38	42	48
25 滋賀県	Shiga-ken	686	32	35	36	38	37	37	41
26 京都府	Kyoto-fu	1, 225	49	54	56	66	77	64	68
27 大阪府	Osaka-fu	4, 173	172	183	193	216	225	221	244
28 兵庫県	Hyogo-ken	2, 596	111	120	126	136	123	125	143
29 奈良県	Nara-ken	636	25	28	31	35	31	29	32
30 和歌山県	Wakayama-ken	448	18	20	21	23	19	20	23
31 鳥取県	Tottori-ken	271	12	12	13	14	12	12	15
32 島根県	Shimane-ken	329	14	15	15	17	13	14	17
33 岡山県	Okayama-ken	911	40	43	45	49	45	46	51
34 広島県	Hiroshima-ken	1, 356	60	64	65	70	66	69	77
35 山口県	Yamaguchi-ken	654	26	29	31	33	29	30	34
36 徳島県	Tokushima-ken	356	14	15	16	17	15	16	19
37 香川県	Kagawa-ken	466	19	21	22	24	19	21	25
38 愛媛県	Ehime-ken	646	26	29	31	33	26	29	34
39 高知県	Kochi-ken	338	13	14	15	17	14	14	17
40 福岡県	Fukuoka-ken	2, 390	113	118	115	127	126	121	145
41 佐賀県	Saga-ken	390	18	20	21	22	17	18	22
42 長崎県	Nagasaki-ken	637	28	30	32	33	25	28	33
43 熊本県	Kumamoto-ken	833	39	41	42	43	36	39	47
44 大分県	Oita-ken	545	23	25	26	27	23	25	30
45 宮崎県	Miyazaki-ken	515	24	26	26	26	20	22	27
46 鹿児島県	Kagoshima-ken	767	36	38	39	39	29	33	41
47 沖縄県	Okinawa-ken	702	42	42	42	42	35	38	44

男 女 別 人 口－総人口，日本人人口（2016年10月１日現在）（続き）
for Prefectures - Total population, Japanese population, October 1, 2016 - Continued

(Thousand persons)

Japanese population　Male

35～39	40～44	45～49	50～54	55～59	60～64	65～69	70～74	75～79	80～84	85歳以上 and over
4, 040	4, 860	4, 630	3, 922	3, 726	3, 990	4, 944	3, 430	2, 890	2, 087	1, 566
160	192	179	161	164	186	219	149	127	98	77
37	43	42	40	44	48	55	35	31	25	17
37	43	41	40	43	49	53	34	31	26	20
76	87	80	71	74	82	91	57	50	38	30
29	32	30	30	36	41	47	29	27	23	18
33	36	34	33	38	42	49	30	27	23	20
58	67	63	61	69	76	83	50	44	35	30
93	112	106	89	90	104	121	86	70	46	36
66	78	71	61	63	71	83	54	43	30	24
61	76	72	59	59	67	82	58	46	33	27
244	308	296	237	210	223	282	214	172	108	65
205	256	250	200	179	193	248	186	151	98	62
513	578	563	466	380	353	435	313	262	191	135
316	386	393	319	263	256	324	242	200	135	92
70	80	77	69	73	84	99	62	56	44	37
32	42	37	31	31	34	47	32	25	19	16
35	45	40	33	33	36	49	32	25	18	15
23	28	26	23	24	26	33	21	17	15	13
23	29	30	27	26	29	34	23	20	15	13
62	76	73	64	63	68	85	62	52	41	39
60	74	70	60	58	64	83	58	49	36	28
114	140	135	114	112	121	151	107	90	63	50
255	310	294	237	206	207	266	199	163	108	73
54	68	65	56	53	57	72	51	43	32	25
46	55	50	42	40	42	53	36	29	21	16
77	96	90	76	69	72	102	73	60	44	32
271	345	340	274	232	242	332	248	211	138	86
163	207	199	166	154	166	217	154	127	91	66
37	47	46	40	38	43	56	41	35	24	17
25	33	31	28	29	32	41	28	24	18	15
17	19	17	16	18	21	24	15	13	11	9
20	23	20	19	22	25	32	19	16	15	13
57	70	62	53	54	59	77	55	44	34	28
87	109	99	81	80	87	114	80	63	46	38
38	48	43	37	40	48	62	42	36	27	22
22	25	23	21	23	28	35	21	18	15	12
29	36	32	27	29	33	44	27	23	18	16
39	48	43	39	42	47	60	38	33	26	22
20	25	22	20	22	25	33	21	18	15	13
162	185	167	141	146	163	198	125	106	75	58
24	27	25	23	26	30	33	20	18	14	12
37	43	41	39	45	52	58	35	32	26	21
51	56	51	50	55	64	71	44	40	33	29
34	39	35	31	35	41	50	32	28	22	19
31	35	31	30	35	41	46	28	26	21	17
46	49	46	46	55	64	68	41	39	32	27
47	54	48	43	46	49	46	24	26	19	13

第10表 都道府県，年齢（5歳階級），
Table 10. Population by Age (Five-Year Groups) and Sex

（単位 千人）

都道府県 Prefectures	日本人人口 女 総数 Total	0～4歳 years old	5～9	10～14	15～19	20～24	25～29	30～34
全国 Japan	64, 180	2, 395	2, 562	2, 670	2, 891	2, 880	3, 011	3, 462
01 北海道 Hokkaido	2, 817	90	98	106	115	113	119	141
02 青森県 Aomori-ken	684	21	23	27	30	23	25	31
03 岩手県 Iwate-ken	654	21	24	27	28	23	25	31
04 宮城県 Miyagi-ken	1, 184	43	47	49	55	57	59	67
05 秋田県 Akita-ken	534	15	17	19	21	15	18	23
06 山形県 Yamagata-ken	574	19	22	24	25	20	23	27
07 福島県 Fukushima-ken	956	33	36	41	44	35	40	47
08 茨城県 Ibaraki-ken	1, 436	52	58	63	68	59	62	75
09 栃木県 Tochigi-ken	973	36	40	43	44	39	44	52
10 群馬県 Gumma-ken	976	35	40	43	46	40	40	47
11 埼玉県 Saitama-ken	3, 587	136	147	153	168	180	174	198
12 千葉県 Chiba-ken	3, 080	113	124	131	139	144	147	169
13 東京都 Tokyo-to	6, 697	255	243	237	266	373	409	456
14 神奈川県 Kanagawa-ken	4, 499	174	184	189	207	228	224	256
15 新潟県 Niigata-ken	1, 171	40	44	48	52	44	48	57
16 富山県 Toyama-ken	541	18	20	23	23	19	21	25
17 石川県 Ishikawa-ken	588	22	24	25	28	25	26	29
18 福井県 Fukui-ken	397	15	17	18	19	15	17	19
19 山梨県 Yamanashi-ken	417	15	16	18	20	18	17	19
20 長野県 Nagano-ken	1, 056	38	43	47	48	36	42	49
21 岐阜県 Gifu-ken	1, 022	38	42	46	49	43	43	49
22 静岡県 Shizuoka-ken	1, 839	69	77	80	82	68	80	93
23 愛知県 Aichi-ken	3, 656	155	164	167	178	181	187	209
24 三重県 Mie-ken	910	34	37	40	42	37	39	45
25 滋賀県 Shiga-ken	706	31	33	34	36	33	34	39
26 京都府 Kyoto-fu	1, 336	47	51	54	63	74	64	70
27 大阪府 Osaka-fu	4, 497	165	175	184	208	224	227	249
28 兵庫県 Hyogo-ken	2, 846	105	115	120	132	126	127	147
29 奈良県 Nara-ken	712	24	27	29	34	33	31	34
30 和歌山県 Wakayama-ken	503	17	19	20	22	18	20	23
31 鳥取県 Tottori-ken	296	11	12	13	13	10	12	15
32 島根県 Shimane-ken	355	13	14	15	15	11	13	16
33 岡山県 Okayama-ken	986	38	40	42	47	46	45	51
34 広島県 Hiroshima-ken	1, 444	57	61	62	65	62	65	74
35 山口県 Yamaguchi-ken	727	24	28	29	31	26	27	33
36 徳島県 Tokushima-ken	390	13	14	15	17	14	15	19
37 香川県 Kagawa-ken	498	18	20	21	22	17	20	24
38 愛媛県 Ehime-ken	722	25	28	29	31	25	29	34
39 高知県 Kochi-ken	380	12	13	15	16	13	14	17
40 福岡県 Fukuoka-ken	2, 669	107	112	110	121	129	130	152
41 佐賀県 Saga-ken	435	17	19	20	21	17	19	22
42 長崎県 Nagasaki-ken	721	27	29	30	32	26	28	34
43 熊本県 Kumamoto-ken	933	37	40	40	41	36	40	48
44 大分県 Oita-ken	605	22	24	25	26	21	24	29
45 宮崎県 Miyazaki-ken	578	23	25	25	26	20	23	29
46 鹿児島県 Kagoshima-ken	864	34	36	37	38	31	36	44
47 沖縄県 Okinawa-ken	727	41	41	39	40	34	38	46

男　女　別　人　口－総人口，日本人人口（2016年10月１日現在）（続き）
for Prefectures - Total population, Japanese population, October 1, 2016 - Continued

(Thousand persons)

Japanese population Female										
35～39	40～44	45～49	50～54	55～59	60～64	65～69	70～74	75～79	80～84	85歳以上 and over
3, 899	4, 699	4, 505	3, 865	3, 737	4, 102	5, 272	3, 934	3, 605	3, 076	3, 614
163	196	189	175	177	205	252	188	173	146	172
36	43	44	42	47	53	62	44	44	42	45
35	41	39	39	43	49	55	41	43	41	49
74	83	76	69	74	83	94	64	63	58	68
27	31	31	31	37	43	50	35	38	38	46
31	35	33	33	38	43	48	34	36	36	48
52	60	58	57	65	73	80	55	56	55	69
85	102	97	84	88	103	125	90	78	64	81
60	70	65	57	60	70	83	58	51	44	55
56	71	67	57	57	67	84	63	55	47	61
226	282	270	219	199	223	301	234	195	140	141
192	238	229	185	172	196	263	204	170	128	136
486	552	532	429	356	346	456	369	341	287	302
294	362	360	289	246	254	343	271	236	185	196
66	77	73	67	72	84	102	70	71	68	90
30	39	36	31	31	36	51	36	32	31	39
34	43	40	34	34	38	52	36	31	29	38
22	27	25	23	25	27	34	23	22	22	29
22	28	28	26	26	29	35	26	24	21	29
59	72	70	61	63	69	89	68	63	58	83
57	71	69	61	61	68	88	65	60	51	61
106	130	126	109	111	123	157	119	108	91	110
231	285	270	221	199	209	283	218	191	150	159
51	65	62	55	54	60	77	57	53	47	55
45	53	49	42	41	43	55	39	33	29	37
79	98	93	79	72	79	115	85	75	63	75
278	352	344	277	237	254	367	291	262	201	201
170	214	207	177	165	178	238	179	159	135	152
40	50	50	44	42	48	64	48	41	33	40
26	33	33	31	31	34	45	34	32	29	35
17	19	17	17	19	21	25	17	17	17	24
19	22	20	19	22	25	32	22	22	24	33
55	69	63	54	56	61	83	62	56	51	67
85	106	98	82	82	91	122	92	80	70	90
38	47	45	39	43	50	68	50	48	44	55
21	26	24	23	25	29	36	24	24	23	30
29	36	32	28	30	33	46	31	28	27	36
39	48	46	42	45	51	65	46	45	41	54
20	25	23	21	23	27	35	26	24	24	33
168	190	176	153	156	176	220	152	144	124	149
25	27	26	25	28	32	35	24	24	23	31
38	45	44	43	47	54	62	43	45	41	53
52	58	55	54	59	67	75	53	55	52	69
34	39	37	33	37	43	54	38	38	35	45
32	36	34	33	38	43	50	33	35	33	42
48	52	50	50	58	65	69	48	52	50	69
48	53	48	43	45	48	46	27	31	27	33

第10表　都道府県，年齢（5歳階級），
Table 10. Population by Age (Five-Year Groups) and Sex

（単位　千人）

都道府県 Prefectures	総人口　男女計							
	総数 Total	0～4歳 years old	5～9	10～14	15～19	20～24	25～29	30～34
全国 Japan	126, 919	4, 926	5, 267	5, 448	5, 983	6, 245	6, 349	7, 158
01 北海道 Hokkaido	5, 325	180	199	212	233	234	239	276
02 青森県 Aomori-ken	1, 282	42	47	53	59	49	50	62
03 岩手県 Iwate-ken	1, 254	43	48	53	57	48	52	61
04 宮城県 Miyagi-ken	2, 326	88	95	99	114	121	120	135
05 秋田県 Akita-ken	999	29	34	38	41	32	35	45
06 山形県 Yamagata-ken	1, 103	39	44	48	51	42	46	55
07 福島県 Fukushima-ken	1, 886	68	72	82	89	77	85	98
08 茨城県 Ibaraki-ken	2, 902	107	120	129	141	133	137	159
09 栃木県 Tochigi-ken	1, 962	75	82	88	92	86	96	112
10 群馬県 Gumma-ken	1, 963	72	81	89	96	90	90	102
11 埼玉県 Saitama-ken	7, 307	284	303	315	345	387	376	417
12 千葉県 Chiba-ken	6, 258	236	256	267	294	320	317	356
13 東京都 Tokyo-to	13, 768	542	515	493	571	839	911	983
14 神奈川県 Kanagawa-ken	9, 173	358	379	387	432	500	488	543
15 新潟県 Niigata-ken	2, 267	80	90	96	105	93	98	115
16 富山県 Toyama-ken	1, 056	37	41	46	49	44	45	52
17 石川県 Ishikawa-ken	1, 148	45	49	52	59	57	54	59
18 福井県 Fukui-ken	780	31	34	36	38	34	36	40
19 山梨県 Yamanashi-ken	826	30	33	36	42	38	36	40
20 長野県 Nagano-ken	2, 082	78	88	96	98	81	88	101
21 岐阜県 Gifu-ken	2, 012	77	88	94	100	91	90	102
22 静岡県 Shizuoka-ken	3, 681	142	158	166	169	152	171	199
23 愛知県 Aichi-ken	7, 528	324	342	345	377	407	420	461
24 三重県 Mie-ken	1, 801	68	77	81	86	81	84	95
25 滋賀県 Shiga-ken	1, 414	62	68	70	76	73	71	81
26 京都府 Kyoto-fu	2, 604	96	104	109	131	156	132	140
27 大阪府 Osaka-fu	8, 841	338	359	374	431	473	466	502
28 兵庫県 Hyogo-ken	5, 515	216	235	245	269	261	255	291
29 奈良県 Nara-ken	1, 349	49	55	60	68	65	59	66
30 和歌山県 Wakayama-ken	948	34	38	40	44	37	40	46
31 鳥取県 Tottori-ken	566	22	24	26	27	23	24	29
32 島根県 Shimane-ken	687	27	29	30	32	25	28	33
33 岡山県 Okayama-ken	1, 911	77	82	86	97	96	92	102
34 広島県 Hiroshima-ken	2, 833	116	126	127	136	136	138	155
35 山口県 Yamaguchi-ken	1, 382	50	56	58	64	57	57	67
36 徳島県 Tokushima-ken	744	26	28	30	34	30	31	37
37 香川県 Kagawa-ken	968	37	41	43	45	39	42	50
38 愛媛県 Ehime-ken	1, 368	50	56	59	63	54	57	68
39 高知県 Kochi-ken	714	25	27	29	32	27	27	33
40 福岡県 Fukuoka-ken	5, 123	220	231	225	250	271	258	298
41 佐賀県 Saga-ken	825	35	38	40	42	36	36	44
42 長崎県 Nagasaki-ken	1, 355	54	58	61	63	53	56	67
43 熊本県 Kumamoto-ken	1, 767	75	81	81	83	75	79	94
44 大分県 Oita-ken	1, 152	45	49	50	53	48	49	59
45 宮崎県 Miyazaki-ken	1, 091	46	50	51	51	41	44	55
46 鹿児島県 Kagoshima-ken	1, 626	68	74	74	75	62	67	83
47 沖縄県 Okinawa-ken	1, 448	82	84	81	81	72	77	91

男　女　別　人　口－総人口，日本人人口（2017年10月１日現在）（続き）
for Prefectures - Total population, Japanese population, October 1, 2017 - Continued

(Thousand persons)

Total population　　Both sexes

35～39	40～44	45～49	50～54	55～59	60～64	65～69	70～74	75～79	80～84	85歳以上 and over
7, 919	9, 470	9, 484	8, 173	7, 603	7, 807	9, 910	7, 733	6, 728	5, 288	5, 429
314	381	374	342	341	371	469	347	305	248	260
72	85	87	83	90	98	115	84	76	67	65
71	83	81	78	85	93	108	78	74	67	72
150	169	160	143	147	159	186	127	113	96	102
54	63	62	61	71	81	95	67	64	61	67
64	71	68	66	75	82	96	67	63	59	70
108	126	122	119	131	143	164	110	101	89	102
177	212	212	182	177	198	243	185	156	113	121
125	147	142	123	123	136	164	119	97	75	82
117	145	145	124	117	128	161	128	106	81	91
471	579	593	489	420	428	558	468	391	263	219
399	487	502	412	360	372	487	408	338	238	210
1, 031	1, 144	1, 150	971	781	690	853	713	624	493	465
609	739	778	655	535	494	641	534	460	335	307
132	157	151	140	143	160	197	141	128	112	131
60	78	77	64	62	67	90	74	61	51	57
67	86	82	70	68	71	94	74	59	48	55
45	54	53	48	49	51	65	46	41	36	43
46	56	59	55	53	56	67	51	45	36	44
119	148	148	131	127	133	169	134	118	99	125
116	145	145	126	122	127	167	129	113	89	92
221	268	271	235	226	236	302	235	205	158	167
493	593	596	490	423	405	529	435	373	270	245
105	131	132	116	110	112	144	114	99	80	84
91	108	104	87	82	83	106	80	65	51	55
154	191	192	163	146	146	207	168	144	110	113
544	680	715	587	494	479	667	563	503	358	308
328	412	422	359	330	334	439	352	302	232	232
74	94	98	86	81	86	115	93	81	59	60
50	64	66	60	60	63	82	65	58	48	52
33	38	35	33	36	41	49	34	30	28	35
38	45	42	38	43	48	61	44	38	38	48
110	137	131	110	110	117	153	124	103	86	99
170	210	206	170	164	172	224	183	149	119	132
75	94	92	78	82	93	126	98	85	72	81
42	50	48	45	47	54	69	48	42	38	44
57	71	67	56	58	63	84	63	53	46	53
77	95	91	82	86	94	122	90	79	68	79
39	49	47	42	45	49	65	51	43	38	47
329	373	356	304	303	326	409	294	256	203	218
48	54	51	48	53	59	69	47	43	37	44
74	86	86	82	91	101	120	82	77	67	77
103	114	108	105	113	126	146	103	94	86	101
66	77	73	66	71	81	101	75	66	58	67
63	72	66	63	71	81	96	65	61	55	61
93	101	96	97	109	126	139	92	89	81	99
95	107	100	88	91	95	96	54	57	48	49

第10表　都道府県，年齢（5歳階級），
Table 10. Population by Age (Five-Year Groups) and Sex

（単位　千人）

都道府県 Prefectures	総人口 男 総数 Total	0～4歳 years old	5～9	10～14	15～19	20～24	25～29	30～34
全国 Japan	61, 753	2, 522	2, 699	2, 792	3, 067	3, 203	3, 250	3, 641
01 北海道 Hokkaido	2, 510	92	102	108	120	119	119	137
02 青森県 Aomori-ken	603	21	24	27	30	26	26	31
03 岩手県 Iwate-ken	603	22	25	27	29	25	27	31
04 宮城県 Miyagi-ken	1, 136	45	48	51	59	63	62	68
05 秋田県 Akita-ken	470	15	17	20	21	17	18	23
06 山形県 Yamagata-ken	531	20	22	24	26	22	23	28
07 福島県 Fukushima-ken	931	35	37	42	46	41	45	52
08 茨城県 Ibaraki-ken	1, 448	55	61	66	73	71	74	84
09 栃木県 Tochigi-ken	977	38	42	45	47	45	51	59
10 群馬県 Gumma-ken	970	37	42	46	49	47	48	53
11 埼玉県 Saitama-ken	3, 643	145	156	161	177	199	195	215
12 千葉県 Chiba-ken	3, 111	121	131	137	152	166	164	183
13 東京都 Tokyo-to	6, 782	276	264	252	292	423	462	502
14 神奈川県 Kanagawa-ken	4, 571	184	194	198	222	261	254	282
15 新潟県 Niigata-ken	1, 099	41	46	49	54	48	51	59
16 富山県 Toyama-ken	512	19	21	24	25	23	24	27
17 石川県 Ishikawa-ken	557	23	25	26	31	31	28	30
18 福井県 Fukui-ken	379	16	18	19	19	18	19	21
19 山梨県 Yamanashi-ken	404	15	17	19	22	20	19	21
20 長野県 Nagano-ken	1, 016	40	45	49	51	43	46	52
21 岐阜県 Gifu-ken	975	40	45	48	51	46	46	52
22 静岡県 Shizuoka-ken	1, 813	73	81	85	88	79	90	104
23 愛知県 Aichi-ken	3, 763	166	176	176	195	213	223	242
24 三重県 Mie-ken	877	35	39	42	44	42	44	49
25 滋賀県 Shiga-ken	697	32	35	36	39	39	37	42
26 京都府 Kyoto-fu	1, 245	49	53	56	67	79	66	69
27 大阪府 Osaka-fu	4, 249	173	184	191	219	237	230	249
28 兵庫県 Hyogo-ken	2, 629	111	120	126	136	129	127	144
29 奈良県 Nara-ken	636	25	28	31	35	32	29	32
30 和歌山県 Wakayama-ken	446	17	19	21	22	19	20	23
31 鳥取県 Tottori-ken	270	12	12	13	14	12	12	15
32 島根県 Shimane-ken	330	14	15	15	16	14	14	17
33 岡山県 Okayama-ken	917	39	42	44	49	48	46	51
34 広島県 Hiroshima-ken	1, 373	59	64	65	70	70	72	79
35 山口県 Yamaguchi-ken	655	26	28	30	33	30	30	34
36 徳島県 Tokushima-ken	354	13	14	15	17	15	16	19
37 香川県 Kagawa-ken	468	19	21	22	23	20	22	26
38 愛媛県 Ehime-ken	647	26	29	30	32	28	29	34
39 高知県 Kochi-ken	337	12	14	15	17	14	14	17
40 福岡県 Fukuoka-ken	2, 423	113	118	115	127	135	126	146
41 佐賀県 Saga-ken	390	18	20	21	21	18	18	22
42 長崎県 Nagasaki-ken	636	28	30	31	32	27	28	33
43 熊本県 Kumamoto-ken	834	39	41	42	42	37	39	46
44 大分県 Oita-ken	545	23	25	26	27	25	25	30
45 宮崎県 Miyazaki-ken	514	23	26	26	26	21	22	27
46 鹿児島県 Kagoshima-ken	764	35	38	39	38	30	32	40
47 沖縄県 Okinawa-ken	712	42	43	42	41	37	39	45

男　女　別　人　口－総人口，日本人人口（2017年10月１日現在）（続き）
for Prefectures - Total population, Japanese population, October 1, 2017 - Continued

(Thousand persons)

Total population　Male

35～39	40～44	45～49	50～54	55～59	60～64	65～69	70～74	75～79	80～84	85歳以上 and over
4, 017	4, 801	4, 792	4, 106	3, 792	3, 850	4, 795	3, 618	3, 000	2, 150	1, 659
155	189	183	164	164	177	218	155	129	99	81
36	42	43	40	43	47	55	38	31	25	18
36	43	42	40	43	46	53	36	31	26	21
75	86	82	72	74	79	91	61	50	38	31
28	32	31	30	35	39	46	31	27	23	19
32	36	34	33	37	41	48	32	28	23	21
56	66	63	61	67	73	83	53	45	35	31
93	111	110	93	89	99	119	90	74	48	37
65	77	74	63	62	69	81	57	45	31	25
61	75	75	63	59	64	79	61	48	34	28
244	301	309	252	215	214	271	222	183	115	70
205	251	260	212	183	185	236	194	158	104	68
528	583	585	502	403	348	418	330	271	197	145
314	381	402	342	276	248	312	251	210	142	99
68	80	77	70	72	80	97	67	57	44	38
31	40	39	32	31	33	44	35	27	20	17
34	44	42	35	33	34	45	35	26	19	16
23	28	27	24	24	25	32	22	18	15	13
23	29	30	28	27	28	33	24	21	15	14
61	76	76	66	63	67	83	64	54	41	40
59	73	73	62	59	61	81	61	51	37	29
114	138	139	120	114	117	148	112	94	65	52
257	307	309	253	215	202	256	207	172	114	78
54	67	67	58	54	55	69	54	45	33	26
46	55	53	44	41	41	52	38	30	21	17
76	94	95	79	71	70	98	77	64	45	34
268	336	354	291	244	234	317	259	224	146	94
160	202	206	174	159	162	209	163	135	94	71
36	46	47	41	38	41	54	43	37	25	18
25	32	32	28	29	30	39	29	25	19	16
17	19	18	16	17	20	24	16	13	11	10
19	23	21	19	21	24	30	21	17	15	14
55	69	65	54	54	58	74	58	46	35	30
86	106	103	85	81	84	108	86	66	48	39
37	47	45	38	40	45	60	45	37	28	23
21	25	24	22	23	26	34	23	19	15	13
29	36	34	28	28	31	41	30	24	18	16
39	47	45	40	41	45	58	41	34	26	23
20	24	23	20	22	24	31	23	19	15	14
161	184	174	146	146	157	194	133	109	77	62
24	27	25	23	26	29	33	21	18	14	13
36	42	42	39	44	49	58	37	32	26	22
51	56	52	50	55	61	71	48	40	34	30
33	39	36	32	34	39	48	34	28	23	20
31	35	32	30	34	39	46	30	26	22	18
45	49	46	47	53	62	69	43	39	32	28
47	54	50	44	46	48	49	26	26	20	15

第10表　都道府県，年齢（5歳階級），
Table 10. Population by Age (Five-Year Groups) and Sex

（単位　千人）

都道府県 Prefectures	総人口　女 総数 Total	0～4歳 years old	5～9	10～14	15～19	20～24	25～29	30～34
全国 Japan	65, 165	2, 404	2, 569	2, 656	2, 916	3, 042	3, 100	3, 517
01 北海道 Hokkaido	2, 815	88	97	104	113	115	119	139
02 青森県 Aomori-ken	679	21	23	26	29	23	24	31
03 岩手県 Iwate-ken	651	21	24	26	28	23	25	30
04 宮城県 Miyagi-ken	1, 190	43	46	48	55	58	59	67
05 秋田県 Akita-ken	529	14	17	19	20	15	17	22
06 山形県 Yamagata-ken	571	19	21	23	25	20	22	27
07 福島県 Fukushima-ken	954	33	35	40	43	35	40	46
08 茨城県 Ibaraki-ken	1, 454	52	58	63	68	62	63	75
09 栃木県 Tochigi-ken	985	36	40	43	45	41	44	53
10 群馬県 Gumma-ken	993	35	39	43	47	42	42	49
11 埼玉県 Saitama-ken	3, 664	139	148	153	168	188	181	202
12 千葉県 Chiba-ken	3, 147	115	124	130	142	154	153	173
13 東京都 Tokyo-to	6, 985	265	251	241	280	415	449	481
14 神奈川県 Kanagawa-ken	4, 602	175	185	189	210	239	234	261
15 新潟県 Niigata-ken	1, 168	39	44	47	51	45	47	56
16 富山県 Toyama-ken	545	18	20	22	23	21	21	25
17 石川県 Ishikawa-ken	592	22	24	25	28	26	26	29
18 福井県 Fukui-ken	401	15	17	18	18	16	17	20
19 山梨県 Yamanashi-ken	421	15	16	18	20	18	17	19
20 長野県 Nagano-ken	1, 067	38	43	47	48	38	43	49
21 岐阜県 Gifu-ken	1, 037	37	43	46	49	45	44	50
22 静岡県 Shizuoka-ken	1, 868	69	77	81	82	73	81	95
23 愛知県 Aichi-ken	3, 765	158	167	168	182	194	196	218
24 三重県 Mie-ken	924	33	38	40	42	39	40	46
25 滋賀県 Shiga-ken	717	30	33	34	36	34	34	39
26 京都府 Kyoto-fu	1, 359	47	51	53	64	77	66	71
27 大阪府 Osaka-fu	4, 591	166	175	183	211	236	236	253
28 兵庫県 Hyogo-ken	2, 886	105	115	119	133	133	128	147
29 奈良県 Nara-ken	713	24	27	29	34	33	30	34
30 和歌山県 Wakayama-ken	502	17	19	20	22	19	20	23
31 鳥取県 Tottori-ken	296	11	12	12	13	11	12	15
32 島根県 Shimane-ken	356	13	14	15	15	12	14	16
33 岡山県 Okayama-ken	994	37	40	41	47	48	46	51
34 広島県 Hiroshima-ken	1, 460	57	61	62	66	66	66	75
35 山口県 Yamaguchi-ken	728	24	27	28	31	27	27	33
36 徳島県 Tokushima-ken	389	13	14	15	17	15	15	19
37 香川県 Kagawa-ken	500	18	20	21	22	19	20	24
38 愛媛県 Ehime-ken	721	24	27	29	30	26	28	34
39 高知県 Kochi-ken	378	12	13	14	16	13	13	17
40 福岡県 Fukuoka-ken	2, 700	107	113	110	122	135	132	152
41 佐賀県 Saga-ken	435	17	19	19	21	18	19	22
42 長崎県 Nagasaki-ken	719	26	28	30	31	26	28	34
43 熊本県 Kumamoto-ken	933	37	39	39	41	37	40	48
44 大分県 Oita-ken	607	22	24	24	26	23	24	29
45 宮崎県 Miyazaki-ken	577	22	25	25	25	20	22	28
46 鹿児島県 Kagoshima-ken	862	33	36	36	37	32	35	43
47 沖縄県 Okinawa-ken	736	40	41	40	39	35	39	46

男　女　別　人　口－総人口，日本人人口（2017年10月１日現在）（続き）
for Prefectures - Total population, Japanese population, October 1, 2017 - Continued

(Thousand persons)

Total population Female										
35～39	40～44	45～49	50～54	55～59	60～64	65～69	70～74	75～79	80～84	85歳以上 and over
3, 902	4, 669	4, 692	4, 066	3, 810	3, 957	5, 116	4, 115	3, 728	3, 138	3, 770
159	192	191	178	177	194	251	193	177	149	179
36	42	44	43	47	51	61	46	44	42	47
35	40	40	39	42	47	55	42	43	41	51
74	83	78	71	73	80	95	67	63	58	71
26	31	31	31	36	42	49	37	37	38	48
31	35	34	33	38	41	48	35	35	36	50
52	60	59	58	64	70	81	56	56	54	72
85	102	102	89	88	99	124	95	82	65	84
59	70	68	60	60	68	82	61	53	44	57
56	70	71	61	58	64	82	66	57	48	62
228	279	285	236	205	214	288	246	208	148	148
194	236	242	199	177	187	251	214	180	134	143
503	560	564	469	379	342	435	382	353	296	320
295	358	376	312	259	246	329	283	250	193	208
64	77	74	70	71	80	100	74	71	67	93
29	38	38	32	31	34	47	39	34	31	41
33	42	41	35	35	36	49	39	33	29	39
22	27	26	24	25	26	33	24	23	22	30
22	28	29	27	26	28	34	27	25	21	30
58	73	73	65	64	67	86	70	64	58	85
57	71	72	64	62	66	86	68	62	52	63
107	130	132	115	112	118	154	123	112	93	114
236	285	288	237	208	203	273	227	201	156	167
51	64	65	58	56	58	75	60	54	47	57
45	53	51	44	42	42	54	41	35	30	38
78	97	97	83	75	76	110	91	80	65	78
276	344	360	297	250	245	350	304	279	212	214
167	210	215	185	171	173	230	189	167	138	161
38	49	51	46	43	45	61	50	44	34	41
26	32	34	32	32	33	43	35	32	29	36
16	19	18	17	18	21	25	18	17	17	25
18	22	21	19	21	24	30	23	22	23	34
55	68	66	56	56	59	79	66	57	52	69
84	104	103	86	83	87	116	97	83	71	93
37	46	46	40	42	48	65	53	49	44	57
21	25	25	23	24	28	35	25	24	23	31
28	35	33	28	29	32	43	33	29	27	37
38	47	47	43	44	49	64	48	45	41	55
19	24	24	21	23	25	34	27	24	23	34
168	189	182	158	157	169	215	161	147	126	156
24	27	26	25	27	30	35	25	25	23	32
38	44	44	43	47	52	62	45	45	41	55
52	58	55	55	59	65	75	55	54	52	71
33	39	37	34	37	42	53	40	37	35	47
32	36	34	33	37	42	50	35	35	33	43
48	52	50	50	56	64	70	49	51	50	70
48	53	50	44	45	47	48	28	31	28	34

第10表　都道府県，年齢（5歳階級），
Table 10. Population by Age (Five-Year Groups) and Sex

（単位　千人）

都道府県 Prefectures	日本人人口 男女計 総数 Total	0～4歳 years old	5～9	10～14	15～19	20～24	25～29	30～34
全国 Japan	124, 745	4, 852	5, 206	5, 396	5, 883	5, 929	6, 035	6, 909
01 北海道 Hokkaido	5, 298	179	198	212	232	228	233	272
02 青森県 Aomori-ken	1, 277	42	47	53	59	48	50	61
03 岩手県 Iwate-ken	1, 249	43	48	53	57	47	51	61
04 宮城県 Miyagi-ken	2, 309	88	95	99	114	117	117	133
05 秋田県 Akita-ken	995	29	34	38	41	32	35	44
06 山形県 Yamagata-ken	1, 097	39	43	48	51	41	45	55
07 福島県 Fukushima-ken	1, 875	68	72	81	89	75	83	97
08 茨城県 Ibaraki-ken	2, 852	106	118	127	139	126	130	153
09 栃木県 Tochigi-ken	1, 929	74	81	87	90	81	91	108
10 群馬県 Gumma-ken	1, 917	70	80	87	94	83	84	97
11 埼玉県 Saitama-ken	7, 171	277	299	311	341	370	356	400
12 千葉県 Chiba-ken	6, 137	231	252	264	287	303	300	342
13 東京都 Tokyo-to	13, 293	526	502	483	547	764	834	926
14 神奈川県 Kanagawa-ken	8, 994	351	373	382	425	480	464	521
15 新潟県 Niigata-ken	2, 254	80	90	95	104	91	96	114
16 富山県 Toyama-ken	1, 043	37	41	45	48	41	43	50
17 石川県 Ishikawa-ken	1, 137	45	48	51	58	54	51	58
18 福井県 Fukui-ken	769	30	34	36	37	32	34	39
19 山梨県 Yamanashi-ken	813	29	33	36	42	37	35	39
20 長野県 Nagano-ken	2, 052	77	87	95	97	77	85	98
21 岐阜県 Gifu-ken	1, 971	75	86	93	99	86	85	97
22 静岡県 Shizuoka-ken	3, 608	139	155	163	166	143	162	191
23 愛知県 Aichi-ken	7, 321	315	334	338	367	382	392	436
24 三重県 Mie-ken	1, 762	67	76	80	84	76	79	90
25 滋賀県 Shiga-ken	1, 390	62	67	69	74	70	68	79
26 京都府 Kyoto-fu	2, 554	95	103	108	129	148	126	136
27 大阪府 Osaka-fu	8, 652	333	355	370	422	451	444	485
28 兵庫県 Hyogo-ken	5, 425	214	233	243	265	251	246	284
29 奈良県 Nara-ken	1, 340	49	55	60	68	63	58	65
30 和歌山県 Wakayama-ken	943	34	38	40	44	37	39	45
31 鳥取県 Tottori-ken	562	22	24	25	27	22	24	29
32 島根県 Shimane-ken	679	27	28	30	31	24	27	32
33 岡山県 Okayama-ken	1, 890	76	82	85	95	91	88	100
34 広島県 Hiroshima-ken	2, 790	115	125	126	134	129	130	149
35 山口県 Yamaguchi-ken	1, 369	50	56	58	63	54	55	65
36 徳島県 Tokushima-ken	739	26	28	30	34	29	30	36
37 香川県 Kagawa-ken	959	37	40	43	45	37	40	49
38 愛媛県 Ehime-ken	1, 358	50	56	59	62	52	55	66
39 高知県 Kochi-ken	711	25	27	29	32	26	26	33
40 福岡県 Fukuoka-ken	5, 061	219	230	224	246	257	247	291
41 佐賀県 Saga-ken	820	35	38	40	42	34	36	43
42 長崎県 Nagasaki-ken	1, 346	54	58	61	63	51	54	66
43 熊本県 Kumamoto-ken	1, 756	75	81	81	83	72	77	92
44 大分県 Oita-ken	1, 141	44	49	50	52	44	48	58
45 宮崎県 Miyazaki-ken	1, 086	46	50	51	51	40	43	54
46 鹿児島県 Kagoshima-ken	1, 618	68	74	74	74	60	66	82
47 沖縄県 Okinawa-ken	1, 434	82	84	81	80	70	75	89

男　女　別　人　口－総人口，日本人人口（2017年10月１日現在）（続き）
for Prefectures - Total population, Japanese population, October 1, 2017 - Continued

(Thousand persons)

Japanese population　　Both sexes

35～39	40～44	45～49	50～54	55～59	60～64	65～69	70～74	75～79	80～84	85歳以上 and over
7, 704	9, 297	9, 316	8, 039	7, 508	7, 735	9, 855	7, 694	6, 700	5, 271	5, 416
311	379	373	341	340	370	468	347	305	248	260
71	84	86	82	90	97	115	84	75	67	65
71	83	81	78	85	93	108	78	74	67	72
148	168	159	142	146	158	186	127	113	96	102
54	63	61	60	71	81	95	67	64	61	66
63	70	67	66	74	82	96	67	63	59	70
107	125	121	118	131	143	164	109	101	89	102
173	208	207	178	175	197	242	185	156	113	120
122	145	139	120	121	135	163	118	97	75	82
113	141	141	121	115	127	160	127	105	81	91
456	568	582	480	414	424	556	467	390	262	219
386	477	492	403	354	368	485	407	337	237	210
981	1, 106	1, 114	943	763	677	845	707	621	491	463
589	723	763	642	526	488	637	531	458	334	306
131	155	150	139	142	160	196	141	128	112	131
59	77	76	63	62	67	90	74	61	50	57
67	85	82	69	68	70	94	74	59	48	55
44	53	52	47	49	50	65	46	41	36	42
44	55	58	54	52	55	67	51	45	36	44
116	145	145	128	126	132	168	134	118	99	125
112	141	142	124	120	126	166	128	112	88	92
213	262	265	230	222	234	300	234	205	158	167
471	575	580	478	415	399	525	431	371	268	244
101	128	129	113	108	111	143	113	99	80	84
88	106	102	86	81	82	105	79	65	51	55
151	188	189	160	143	143	205	166	142	109	112
529	667	701	576	483	469	657	554	496	354	305
321	406	415	353	325	329	434	348	299	230	230
73	94	98	86	81	85	115	93	81	59	59
50	63	66	60	60	63	82	64	58	48	52
33	38	35	33	36	41	48	34	30	28	35
37	44	41	38	43	48	61	44	38	38	48
108	135	130	109	109	116	152	123	103	86	99
166	208	203	168	163	170	223	182	149	118	132
74	93	91	78	81	92	125	98	85	71	80
41	50	48	44	47	54	69	48	42	38	44
56	70	66	56	58	63	84	63	53	46	53
76	94	91	82	86	94	122	90	79	68	79
39	49	46	42	45	49	65	50	43	38	47
324	369	352	301	301	324	407	293	255	203	217
48	54	51	48	53	59	69	47	43	37	44
74	86	86	82	91	101	119	82	77	67	77
102	113	107	105	113	126	146	103	94	86	101
66	77	72	65	71	81	101	74	66	58	67
62	71	66	63	71	81	96	65	60	55	61
92	100	95	97	109	125	139	92	89	81	99
93	106	99	87	91	95	96	53	57	47	49

第10表　都道府県，年齢（5歳階級），
Table 10. Population by Age (Five-Year Groups) and Sex

（単位　千人）

都道府県 Prefectures		日本人人口　男						
		総数 Total	0～4歳 years old	5～9	10～14	15～19	20～24	25～29	30～34
全国	Japan	60,722	2,484	2,667	2,765	3,017	3,036	3,081	3,518
01 北海道	Hokkaido	2,499	92	101	108	119	117	117	136
02 青森県	Aomori-ken	601	21	24	27	30	26	26	31
03 岩手県	Iwate-ken	602	22	25	27	29	24	26	31
04 宮城県	Miyagi-ken	1,128	45	48	51	59	61	60	67
05 秋田県	Akita-ken	469	15	17	20	21	17	18	23
06 山形県	Yamagata-ken	530	20	22	24	26	22	23	28
07 福島県	Fukushima-ken	927	35	37	42	46	40	44	51
08 茨城県	Ibaraki-ken	1,422	54	61	65	71	67	69	80
09 栃木県	Tochigi-ken	961	38	42	45	46	42	48	57
10 群馬県	Gumma-ken	946	36	41	45	48	44	44	50
11 埼玉県	Saitama-ken	3,580	142	153	160	175	190	184	206
12 千葉県	Chiba-ken	3,055	119	130	135	148	157	155	176
13 東京都	Tokyo-to	6,550	268	257	247	279	384	422	473
14 神奈川県	Kanagawa-ken	4,486	180	191	196	218	250	241	271
15 新潟県	Niigata-ken	1,094	41	46	49	54	47	50	58
16 富山県	Toyama-ken	505	19	21	23	25	22	23	26
17 石川県	Ishikawa-ken	551	23	25	26	31	29	26	30
18 福井県	Fukui-ken	374	16	17	19	19	17	18	20
19 山梨県	Yamanashi-ken	399	15	17	19	22	19	18	20
20 長野県	Nagano-ken	1,002	39	44	49	50	41	44	50
21 岐阜県	Gifu-ken	956	39	44	47	50	43	43	50
22 静岡県	Shizuoka-ken	1,778	71	79	84	86	74	85	100
23 愛知県	Aichi-ken	3,662	161	172	173	189	199	208	230
24 三重県	Mie-ken	858	34	39	41	43	39	41	47
25 滋賀県	Shiga-ken	685	32	34	35	38	37	36	40
26 京都府	Kyoto-fu	1,221	49	53	56	66	75	63	67
27 大阪府	Osaka-fu	4,160	170	182	189	215	225	218	240
28 兵庫県	Hyogo-ken	2,586	110	119	125	134	123	122	140
29 奈良県	Nara-ken	632	25	28	30	35	31	28	31
30 和歌山県	Wakayama-ken	444	17	19	21	22	19	20	23
31 鳥取県	Tottori-ken	269	12	12	13	14	12	12	15
32 島根県	Shimane-ken	327	14	15	15	16	13	14	17
33 岡山県	Okayama-ken	908	39	42	44	49	46	44	50
34 広島県	Hiroshima-ken	1,352	59	64	65	69	67	67	76
35 山口県	Yamaguchi-ken	649	26	28	30	33	28	29	33
36 徳島県	Tokushima-ken	353	13	14	15	17	15	15	18
37 香川県	Kagawa-ken	464	19	21	22	23	19	21	25
38 愛媛県	Ehime-ken	642	26	29	30	32	27	28	33
39 高知県	Kochi-ken	335	12	14	15	16	14	13	16
40 福岡県	Fukuoka-ken	2,391	112	118	115	125	127	120	142
41 佐賀県	Saga-ken	388	18	20	21	21	17	17	21
42 長崎県	Nagasaki-ken	632	28	30	31	32	25	27	32
43 熊本県	Kumamoto-ken	829	38	41	42	42	36	38	46
44 大分県	Oita-ken	541	23	25	26	27	23	24	29
45 宮崎県	Miyazaki-ken	512	23	26	26	26	20	21	27
46 鹿児島県	Kagoshima-ken	762	35	38	39	38	30	31	40
47 沖縄県	Okinawa-ken	704	42	43	41	41	35	37	44

男　女　別　人　口－総人口，日本人人口（2017年10月１日現在）（続き）
for Prefectures - Total population, Japanese population, October 1, 2017 - Continued

(Thousand persons)

Japanese population Male										
35～39	40～44	45～49	50～54	55～59	60～64	65～69	70～74	75～79	80～84	85歳以上 and over
3, 921	4, 728	4, 726	4, 053	3, 753	3, 819	4, 769	3, 600	2, 988	2, 143	1, 655
154	188	183	163	164	177	218	155	129	99	81
36	42	43	40	43	46	54	38	31	25	18
36	43	42	39	43	46	53	36	31	26	21
75	86	82	72	73	79	91	61	50	38	31
27	32	30	30	35	39	46	31	27	23	19
32	36	34	33	37	41	48	32	28	23	21
56	66	63	61	67	73	83	53	45	35	31
90	109	109	92	88	99	119	90	74	48	37
64	76	73	62	62	68	81	57	45	31	25
59	73	73	62	58	64	79	61	48	34	28
237	296	304	249	213	213	270	222	182	115	70
200	247	257	210	182	183	235	193	158	103	68
504	566	570	490	395	343	414	328	270	196	144
305	374	396	337	273	246	310	250	209	141	99
67	79	77	70	72	80	97	67	57	44	38
31	40	39	32	31	33	44	35	27	20	17
34	43	41	35	33	34	45	35	26	19	16
22	27	26	24	24	25	32	22	18	14	13
23	28	30	28	26	28	33	24	21	15	14
60	75	75	65	63	66	82	64	54	41	40
58	72	72	61	59	61	80	61	51	37	29
111	136	137	118	112	116	147	111	94	65	52
248	300	302	248	212	200	254	206	171	113	78
52	65	66	57	54	54	69	54	45	33	26
45	54	52	43	40	41	51	38	30	21	17
74	93	93	78	70	69	96	76	63	45	34
261	330	348	286	240	229	312	255	221	145	93
157	199	203	172	157	159	207	161	133	93	71
36	45	47	41	38	40	54	43	37	25	18
25	31	32	28	29	30	39	29	25	19	16
17	19	18	16	17	20	24	16	13	11	10
19	23	21	19	21	24	30	21	17	15	14
55	68	65	54	53	57	73	58	46	35	30
85	105	102	84	81	84	107	85	66	48	39
37	47	45	38	39	45	60	45	36	28	23
21	25	24	22	23	26	34	23	19	15	13
28	35	34	28	28	31	41	30	24	18	16
38	47	45	40	41	45	58	41	34	26	23
19	24	23	20	22	24	31	23	19	15	14
159	182	172	145	145	156	193	133	109	77	61
24	27	25	23	26	29	33	21	18	14	13
36	42	42	39	44	49	58	37	32	26	22
51	56	52	50	55	61	71	48	40	34	30
33	38	36	32	34	39	48	34	28	23	20
31	35	32	30	34	39	46	30	26	22	18
45	49	46	46	53	62	69	43	38	32	28
46	53	50	44	46	48	48	26	26	20	15

第10表　都道府県，年齢（5歳階級），
Table 10. Population by Age (Five-Year Groups) and Sex

（単位　千人）

都道府県 Prefectures	日本人人口　女 総数 Total	0～4歳 years old	5～9	10～14	15～19	20～24	25～29	30～34
全国 Japan	64,022	2,368	2,539	2,631	2,865	2,893	2,954	3,391
01 北海道 Hokkaido	2,799	88	97	104	113	111	116	137
02 青森県 Aomori-ken	676	21	23	26	29	23	24	31
03 岩手県 Iwate-ken	647	21	24	26	28	22	25	30
04 宮城県 Miyagi-ken	1,180	43	46	48	55	56	57	66
05 秋田県 Akita-ken	527	14	17	19	20	15	17	22
06 山形県 Yamagata-ken	567	19	21	23	25	19	22	26
07 福島県 Fukushima-ken	948	33	35	40	43	35	39	46
08 茨城県 Ibaraki-ken	1,429	52	57	62	67	59	60	72
09 栃木県 Tochigi-ken	968	36	39	42	44	39	42	51
10 群馬県 Gumma-ken	970	34	39	43	46	40	39	46
11 埼玉県 Saitama-ken	3,592	135	146	152	166	180	173	194
12 千葉県 Chiba-ken	3,082	113	123	129	139	147	145	166
13 東京都 Tokyo-to	6,742	258	245	236	268	380	412	452
14 神奈川県 Kanagawa-ken	4,508	171	182	187	207	230	222	250
15 新潟県 Niigata-ken	1,160	39	44	46	51	44	46	55
16 富山県 Toyama-ken	537	18	20	22	23	20	20	24
17 石川県 Ishikawa-ken	586	22	24	25	28	25	25	28
18 福井県 Fukui-ken	394	15	17	18	18	15	16	19
19 山梨県 Yamanashi-ken	414	14	16	17	20	18	17	19
20 長野県 Nagano-ken	1,050	37	42	46	47	37	41	48
21 岐阜県 Gifu-ken	1,015	37	42	45	48	43	41	47
22 静岡県 Shizuoka-ken	1,830	67	76	79	80	69	77	91
23 愛知県 Aichi-ken	3,658	154	163	165	177	182	184	206
24 三重県 Mie-ken	904	33	37	39	41	37	38	44
25 滋賀県 Shiga-ken	705	30	33	33	36	33	33	38
26 京都府 Kyoto-fu	1,333	46	50	53	63	73	63	69
27 大阪府 Osaka-fu	4,493	163	173	181	207	226	225	245
28 兵庫県 Hyogo-ken	2,839	104	114	118	131	127	124	143
29 奈良県 Nara-ken	708	24	27	29	34	32	30	33
30 和歌山県 Wakayama-ken	499	17	19	20	22	18	19	23
31 鳥取県 Tottori-ken	293	11	12	12	13	10	12	14
32 島根県 Shimane-ken	352	13	14	14	15	11	13	16
33 岡山県 Okayama-ken	982	37	40	41	47	46	44	50
34 広島県 Hiroshima-ken	1,439	56	61	61	65	62	63	73
35 山口県 Yamaguchi-ken	720	24	27	28	31	26	26	32
36 徳島県 Tokushima-ken	386	13	14	15	17	14	15	18
37 香川県 Kagawa-ken	495	18	20	21	21	18	20	24
38 愛媛県 Ehime-ken	716	24	27	29	30	25	28	33
39 高知県 Kochi-ken	376	12	13	14	15	13	13	17
40 福岡県 Fukuoka-ken	2,670	106	112	110	120	130	128	149
41 佐賀県 Saga-ken	432	17	19	19	20	17	18	22
42 長崎県 Nagasaki-ken	714	26	28	29	31	25	27	33
43 熊本県 Kumamoto-ken	926	37	39	39	40	36	39	47
44 大分県 Oita-ken	601	22	24	24	25	21	23	29
45 宮崎県 Miyazaki-ken	574	22	25	25	25	20	22	28
46 鹿児島県 Kagoshima-ken	857	33	36	36	37	31	34	43
47 沖縄県 Okinawa-ken	730	40	41	39	39	34	38	45

男　女　別　人　口－総人口，日本人人口（2017年10月１日現在）（続き）
for Prefectures - Total population, Japanese population, October 1, 2017 - Continued

(Thousand persons)

Japanese population　Female

35～39	40～44	45～49	50～54	55～59	60～64	65～69	70～74	75～79	80～84	85歳以上 and over
3, 784	4, 569	4, 589	3, 987	3, 755	3, 916	5, 087	4, 094	3, 712	3, 127	3, 761
157	191	190	178	176	193	250	192	177	149	179
35	42	44	42	47	51	61	46	44	42	47
34	40	39	38	42	47	55	42	43	41	51
73	82	78	70	73	80	95	67	63	58	71
26	31	31	31	36	42	49	37	37	38	47
31	34	33	33	37	41	48	35	35	36	50
51	59	58	57	64	70	81	56	56	54	72
82	99	99	86	86	98	123	95	82	65	83
58	68	66	58	59	67	82	61	52	44	57
54	68	68	59	57	63	82	66	57	47	62
219	272	277	230	201	211	286	245	208	148	148
187	230	235	193	173	185	250	214	179	134	143
478	540	544	453	368	334	431	380	351	294	319
284	349	367	305	254	242	327	281	249	192	207
63	76	73	69	70	80	100	74	71	67	93
28	37	37	31	31	34	47	39	34	31	41
33	42	41	35	34	36	49	39	33	29	39
21	26	26	24	25	25	33	24	23	22	29
22	27	28	26	26	28	34	27	25	21	30
56	71	70	63	63	66	86	70	64	58	85
55	69	70	63	61	65	86	67	61	52	63
103	126	128	112	110	117	153	123	111	92	114
223	275	278	230	203	200	271	226	200	155	166
49	63	63	56	55	57	74	60	54	47	57
44	52	50	43	41	42	54	41	35	29	38
76	95	95	82	73	75	109	90	79	64	78
268	338	353	290	244	240	345	299	276	209	212
163	206	212	182	168	170	227	187	166	137	160
38	48	51	45	42	45	61	50	44	34	41
25	32	34	32	31	33	43	35	32	29	36
16	19	17	17	18	21	25	18	17	17	25
18	21	20	19	21	24	30	23	22	23	34
54	67	65	55	56	59	79	66	57	51	69
82	102	101	85	82	87	115	97	83	71	93
36	46	46	40	42	48	65	53	49	44	57
20	25	24	23	24	27	35	25	24	23	31
28	35	33	28	29	32	43	33	29	27	37
38	47	46	42	44	49	64	48	45	41	55
19	24	24	21	23	25	33	27	24	23	34
165	187	180	156	156	168	214	160	147	126	156
24	27	26	25	27	30	35	25	25	23	32
37	44	44	43	47	52	62	45	45	41	55
51	57	55	55	59	65	75	55	54	52	71
33	38	37	34	37	42	52	40	37	35	47
32	36	34	33	37	42	50	35	34	33	43
47	51	49	50	56	64	70	49	51	50	70
47	53	49	44	45	47	48	28	31	28	34

第10表　都道府県，年齢（5歳階級），
Table 10. Population by Age (Five-Year Groups) and Sex

（単位　千人）

都道府県 Prefectures		総人口 男女計						
	総数 Total	0～4歳 years old	5～9	10～14	15～19	20～24	25～29	30～34
全国 Japan	126, 749	4, 845	5, 212	5, 417	5, 901	6, 331	6, 307	7, 008
01 北海道 Hokkaido	5, 293	176	196	209	229	234	233	268
02 青森県 Aomori-ken	1, 268	41	45	51	56	49	49	59
03 岩手県 Iwate-ken	1, 240	41	47	52	56	48	50	59
04 宮城県 Miyagi-ken	2, 320	86	94	99	114	120	117	132
05 秋田県 Akita-ken	985	28	33	38	39	32	34	43
06 山形県 Yamagata-ken	1, 092	38	42	47	50	42	44	54
07 福島県 Fukushima-ken	1, 869	67	71	80	86	78	82	96
08 茨城県 Ibaraki-ken	2, 892	105	117	127	138	136	135	155
09 栃木県 Tochigi-ken	1, 953	73	80	87	90	87	93	109
10 群馬県 Gumma-ken	1, 957	70	80	88	94	92	90	100
11 埼玉県 Saitama-ken	7, 325	280	301	314	343	389	378	410
12 千葉県 Chiba-ken	6, 273	234	253	266	293	326	318	351
13 東京都 Tokyo-to	13, 887	542	521	499	576	856	928	974
14 神奈川県 Kanagawa-ken	9, 197	353	375	386	430	505	491	531
15 新潟県 Niigata-ken	2, 246	78	88	95	101	94	95	112
16 富山県 Toyama-ken	1, 050	37	40	45	47	46	45	51
17 石川県 Ishikawa-ken	1, 145	44	48	51	58	58	53	58
18 福井県 Fukui-ken	777	30	34	36	37	35	35	40
19 山梨県 Yamanashi-ken	821	29	32	36	41	39	36	40
20 長野県 Nagano-ken	2, 073	76	86	94	95	85	87	99
21 岐阜県 Gifu-ken	2, 001	75	86	93	99	93	88	100
22 静岡県 Shizuoka-ken	3, 667	138	156	164	166	157	166	195
23 愛知県 Aichi-ken	7, 541	319	339	345	373	415	418	453
24 三重県 Mie-ken	1, 793	67	76	81	84	83	83	93
25 滋賀県 Shiga-ken	1, 414	61	67	69	75	74	70	79
26 京都府 Kyoto-fu	2, 598	95	102	108	132	154	132	137
27 大阪府 Osaka-fu	8, 838	334	354	371	425	480	467	494
28 兵庫県 Hyogo-ken	5, 501	212	232	243	263	266	252	284
29 奈良県 Nara-ken	1, 341	48	54	59	67	64	57	64
30 和歌山県 Wakayama-ken	940	33	37	40	42	38	38	45
31 鳥取県 Tottori-ken	562	22	24	25	26	23	23	28
32 島根県 Shimane-ken	682	26	28	30	31	27	28	33
33 岡山県 Okayama-ken	1, 904	75	81	85	95	97	91	100
34 広島県 Hiroshima-ken	2, 824	114	125	126	134	138	136	151
35 山口県 Yamaguchi-ken	1, 369	48	55	58	62	57	55	64
36 徳島県 Tokushima-ken	736	25	28	29	33	31	30	36
37 香川県 Kagawa-ken	963	37	40	43	44	41	41	49
38 愛媛県 Ehime-ken	1, 357	49	55	58	61	55	56	66
39 高知県 Kochi-ken	707	24	26	29	32	27	26	32
40 福岡県 Fukuoka-ken	5, 131	218	230	227	249	274	258	291
41 佐賀県 Saga-ken	821	34	38	40	41	36	36	42
42 長崎県 Nagasaki-ken	1, 341	53	58	60	61	53	55	65
43 熊本県 Kumamoto-ken	1, 759	74	80	81	82	75	77	92
44 大分県 Oita-ken	1, 143	44	48	50	52	48	47	57
45 宮崎県 Miyazaki-ken	1, 084	45	50	51	49	42	43	53
46 鹿児島県 Kagoshima-ken	1, 614	67	74	74	73	62	65	80
47 沖縄県 Okinawa-ken	1, 454	81	84	82	79	73	76	90

男　女　別　人　口－総人口，日本人人口（2018年10月１日現在）（続き）
for Prefectures - Total population, Japanese population, October 1, 2018 - Continued

(Thousand persons)

Total population　　Both sexes

35～39	40～44	45～49	50～54	55～59	60～64	65～69	70～74	75～79	80～84	85歳以上 and over
7,750	9,134	9,711	8,386	7,670	7,597	9,356	8,210	6,913	5,338	5,662
305	369	382	345	342	354	452	368	309	252	272
70	82	87	83	88	94	112	89	75	67	68
69	81	82	78	83	90	105	82	74	67	75
147	166	165	145	145	154	180	137	115	96	106
52	62	62	60	69	78	93	71	63	61	69
62	70	69	66	73	80	95	71	62	58	72
106	123	124	118	129	139	160	118	101	88	105
173	205	217	186	177	190	233	196	162	116	124
122	142	146	125	121	132	158	127	101	76	84
114	140	149	128	117	124	154	135	110	82	93
462	555	610	508	429	415	525	488	411	275	234
391	467	514	428	367	359	456	425	354	246	223
1,022	1,116	1,176	1,011	813	686	794	744	642	497	492
594	708	792	683	554	487	599	558	480	345	327
127	153	154	141	141	155	189	151	128	111	135
58	75	80	65	63	65	84	80	63	49	59
65	82	86	71	68	69	86	80	63	47	57
44	52	54	48	49	50	61	50	42	35	44
44	54	60	56	53	54	64	54	47	36	45
115	144	151	133	128	131	160	142	121	98	128
113	139	149	129	122	123	156	139	116	89	95
216	257	277	242	225	230	284	250	212	160	172
484	567	612	508	435	397	492	461	387	277	258
102	126	135	118	111	109	135	121	102	80	86
88	105	108	90	83	82	100	85	69	51	57
149	183	198	168	149	142	190	180	150	112	118
532	647	731	611	510	465	613	591	519	368	327
319	393	432	369	335	325	410	376	312	235	244
72	90	100	88	82	83	108	99	84	60	62
49	61	67	61	60	62	77	69	59	47	54
33	37	37	33	35	39	46	37	30	27	35
37	44	43	38	42	46	57	48	39	37	49
108	131	136	112	109	114	142	132	106	85	103
166	201	213	175	164	167	211	193	155	119	136
73	90	94	80	80	90	119	104	87	71	83
41	48	49	45	46	52	64	53	43	37	45
55	68	69	58	56	61	78	70	54	45	55
75	91	94	83	85	91	116	98	79	66	81
38	47	48	41	44	48	61	55	44	37	49
324	365	367	311	300	315	393	318	262	204	227
48	53	52	49	52	57	67	51	43	37	45
73	83	87	82	89	98	116	89	76	66	78
101	113	110	105	111	122	142	111	94	85	104
65	75	75	66	70	78	97	81	67	57	69
62	70	68	63	69	78	92	72	60	54	64
91	99	97	96	106	123	135	101	88	80	101
94	105	103	90	90	94	97	60	56	49	51

第10表　都道府県，年齢（5歳階級），
Table 10. Population by Age (Five-Year Groups) and Sex

（単位　千人）

都道府県 Prefectures	総人口 男 総数 Total	0～4歳 years old	5～9	10～14	15～19	20～24	25～29	30～34
全国 Japan	61, 673	2, 482	2, 670	2, 776	3, 025	3, 246	3, 233	3, 571
01 北海道 Hokkaido	2, 495	90	100	107	117	119	117	134
02 青森県 Aomori-ken	597	21	23	26	29	26	25	30
03 岩手県 Iwate-ken	597	21	24	27	29	25	26	30
04 宮城県 Miyagi-ken	1, 132	44	48	51	59	62	60	67
05 秋田県 Akita-ken	464	14	17	19	20	17	18	22
06 山形県 Yamagata-ken	527	19	22	24	26	22	23	28
07 福島県 Fukushima-ken	922	34	36	41	45	42	44	50
08 茨城県 Ibaraki-ken	1, 443	54	60	65	71	73	73	82
09 栃木県 Tochigi-ken	974	38	41	45	46	46	50	57
10 群馬県 Gumma-ken	967	36	41	45	48	48	48	53
11 埼玉県 Saitama-ken	3, 650	143	154	161	176	199	196	212
12 千葉県 Chiba-ken	3, 117	120	130	136	151	169	165	181
13 東京都 Tokyo-to	6, 835	277	267	255	293	429	470	496
14 神奈川県 Kanagawa-ken	4, 579	181	192	198	220	262	257	275
15 新潟県 Niigata-ken	1, 090	40	45	49	52	49	49	58
16 富山県 Toyama-ken	510	19	21	23	25	24	24	26
17 石川県 Ishikawa-ken	555	23	24	26	31	31	28	30
18 福井県 Fukui-ken	378	15	17	18	19	18	18	20
19 山梨県 Yamanashi-ken	402	15	16	18	21	21	19	21
20 長野県 Nagano-ken	1, 012	39	44	48	49	45	45	51
21 岐阜県 Gifu-ken	971	39	44	47	50	47	45	51
22 静岡県 Shizuoka-ken	1, 807	71	80	84	86	82	88	102
23 愛知県 Aichi-ken	3, 768	164	174	176	192	217	222	239
24 三重県 Mie-ken	875	34	39	41	43	43	43	48
25 滋賀県 Shiga-ken	698	31	35	36	39	39	37	41
26 京都府 Kyoto-fu	1, 241	48	53	55	67	78	66	68
27 大阪府 Osaka-fu	4, 245	171	181	190	217	239	231	245
28 兵庫県 Hyogo-ken	2, 621	109	119	125	133	132	125	141
29 奈良県 Nara-ken	632	24	28	30	34	31	28	31
30 和歌山県 Wakayama-ken	443	17	19	20	22	19	19	22
31 鳥取県 Tottori-ken	268	11	12	13	14	12	12	14
32 島根県 Shimane-ken	329	14	14	15	16	14	14	17
33 岡山県 Okayama-ken	914	38	42	44	48	49	46	50
34 広島県 Hiroshima-ken	1, 369	58	64	65	69	71	71	78
35 山口県 Yamaguchi-ken	649	25	28	29	32	30	29	33
36 徳島県 Tokushima-ken	351	13	14	15	17	16	15	18
37 香川県 Kagawa-ken	466	19	21	22	23	21	21	25
38 愛媛県 Ehime-ken	642	25	28	30	31	28	28	33
39 高知県 Kochi-ken	333	12	13	15	16	14	13	16
40 福岡県 Fukuoka-ken	2, 428	112	118	116	127	137	126	143
41 佐賀県 Saga-ken	388	18	19	21	21	18	18	21
42 長崎県 Nagasaki-ken	630	28	30	31	31	27	27	32
43 熊本県 Kumamoto-ken	831	38	41	42	42	38	38	45
44 大分県 Oita-ken	541	22	25	26	27	25	24	29
45 宮崎県 Miyazaki-ken	511	23	25	26	25	21	21	26
46 鹿児島県 Kagoshima-ken	759	34	38	38	37	30	31	39
47 沖縄県 Okinawa-ken	715	42	43	42	41	37	38	44

男 女 別 人 口－総人口，日本人人口（2018年10月１日現在）（続き）
for Prefectures - Total population, Japanese population, October 1, 2018 - Continued

(Thousand persons)

Total population Male

35～39	40～44	45～49	50～54	55～59	60～64	65～69	70～74	75～79	80～84	85歳以上 and over
3, 933	4, 634	4, 909	4, 216	3, 830	3, 750	4, 530	3, 854	3, 086	2, 183	1, 745
151	183	188	165	164	169	210	165	130	100	85
35	41	43	41	43	45	53	41	31	25	19
35	42	42	39	42	45	52	38	31	26	22
74	84	84	73	73	76	88	65	51	38	33
27	32	31	29	34	38	45	33	26	23	20
31	36	35	33	36	40	47	35	27	23	21
55	64	64	61	66	71	80	58	45	35	31
91	107	113	96	89	95	115	95	77	50	39
64	74	76	64	62	66	78	62	46	31	26
59	72	77	65	59	62	75	65	50	34	29
238	288	317	262	220	209	255	231	191	121	76
202	241	266	221	188	179	221	201	165	108	73
523	570	596	522	419	347	391	348	279	199	154
307	364	407	356	287	246	292	262	218	147	107
65	78	79	71	71	77	93	73	57	44	40
30	39	41	33	31	31	40	38	28	19	17
33	42	43	35	33	34	41	38	28	18	17
22	27	28	24	24	25	30	24	19	14	13
23	28	31	28	27	27	32	26	21	15	14
59	73	77	67	64	65	78	68	56	41	42
57	71	75	64	60	60	75	66	53	37	30
112	133	142	123	114	115	139	119	97	67	54
253	294	316	263	222	199	239	219	178	118	83
53	64	69	59	55	53	65	57	46	33	27
45	53	55	45	41	40	49	41	32	22	18
74	91	98	82	72	69	89	83	66	46	36
263	320	362	302	252	227	291	272	230	151	101
157	193	211	179	161	157	195	174	139	95	75
35	44	48	42	39	39	50	46	38	26	19
24	30	33	29	29	30	37	32	26	19	16
17	19	18	16	17	19	23	18	13	10	10
19	23	22	19	21	23	29	23	17	15	14
54	66	68	55	53	56	69	62	48	35	31
84	102	107	87	81	82	102	91	69	48	41
37	45	47	39	39	43	57	47	38	28	24
21	24	24	22	22	25	32	25	19	15	13
28	34	35	29	28	30	38	33	24	18	17
37	46	46	40	41	43	55	46	34	26	24
19	24	24	20	22	23	29	25	19	14	14
159	180	180	150	144	152	186	145	112	78	65
24	26	25	23	25	28	33	24	18	14	13
36	41	42	39	43	47	56	41	32	26	23
50	56	54	50	54	59	69	52	40	33	31
32	38	37	32	33	37	46	37	29	22	21
30	34	33	30	33	38	44	34	26	21	19
44	49	47	46	51	60	67	48	38	32	29
47	53	52	45	46	47	49	29	26	21	16

第10表　都道府県，年齢（5歳階級），
Table 10. Population by Age (Five-Year Groups) and Sex

（単位　千人）

都道府県 Prefectures	総人口 女							
	総数 Total	0～4歳 years old	5～9	10～14	15～19	20～24	25～29	30～34
全国 Japan	65, 076	2, 362	2, 543	2, 641	2, 876	3, 085	3, 074	3, 437
01 北海道 Hokkaido	2, 798	86	96	102	111	115	116	134
02 青森県 Aomori-ken	671	20	22	25	27	23	23	30
03 岩手県 Iwate-ken	643	20	23	25	27	23	24	29
04 宮城県 Miyagi-ken	1, 187	42	46	48	55	58	57	65
05 秋田県 Akita-ken	522	14	16	18	19	15	16	21
06 山形県 Yamagata-ken	565	18	21	23	24	20	21	26
07 福島県 Fukushima-ken	946	33	34	39	41	36	38	45
08 茨城県 Ibaraki-ken	1, 449	51	57	62	67	63	62	73
09 栃木県 Tochigi-ken	979	35	39	42	44	41	43	51
10 群馬県 Gumma-ken	990	34	39	43	46	43	42	47
11 埼玉県 Saitama-ken	3, 675	136	147	153	167	189	182	198
12 千葉県 Chiba-ken	3, 156	114	123	130	141	158	153	170
13 東京都 Tokyo-to	7, 053	265	254	244	282	427	457	478
14 神奈川県 Kanagawa-ken	4, 618	172	183	188	210	243	234	256
15 新潟県 Niigata-ken	1, 157	38	43	46	49	45	46	54
16 富山県 Toyama-ken	541	18	20	22	23	21	21	24
17 石川県 Ishikawa-ken	590	21	23	25	28	27	26	28
18 福井県 Fukui-ken	399	15	16	17	18	17	17	19
19 山梨県 Yamanashi-ken	418	14	16	17	20	18	17	19
20 長野県 Nagano-ken	1, 061	37	42	46	46	40	42	48
21 岐阜県 Gifu-ken	1, 031	37	42	45	48	46	43	49
22 静岡県 Shizuoka-ken	1, 859	67	76	80	80	75	78	93
23 愛知県 Aichi-ken	3, 772	156	165	168	181	197	196	214
24 三重県 Mie-ken	918	33	37	39	41	40	39	45
25 滋賀県 Shiga-ken	716	30	33	34	36	35	33	39
26 京都府 Kyoto-fu	1, 356	46	50	53	65	76	66	69
27 大阪府 Osaka-fu	4, 594	163	173	181	208	241	236	249
28 兵庫県 Hyogo-ken	2, 880	103	113	118	130	134	127	143
29 奈良県 Nara-ken	709	23	27	29	33	33	29	33
30 和歌山県 Wakayama-ken	497	16	18	19	21	19	19	22
31 鳥取県 Tottori-ken	293	11	12	12	13	11	11	14
32 島根県 Shimane-ken	353	13	14	14	15	12	13	16
33 岡山県 Okayama-ken	989	37	39	41	47	48	45	50
34 広島県 Hiroshima-ken	1, 455	56	61	62	65	67	65	73
35 山口県 Yamaguchi-ken	720	23	27	28	30	27	26	32
36 徳島県 Tokushima-ken	385	12	14	14	16	15	15	18
37 香川県 Kagawa-ken	498	18	20	21	21	19	20	24
38 愛媛県 Ehime-ken	715	24	27	28	29	27	27	33
39 高知県 Kochi-ken	374	12	13	14	15	13	13	16
40 福岡県 Fukuoka-ken	2, 703	106	112	111	122	137	131	148
41 佐賀県 Saga-ken	432	17	19	19	20	18	18	21
42 長崎県 Nagasaki-ken	711	26	28	29	30	26	27	33
43 熊本県 Kumamoto-ken	928	36	39	39	40	37	39	46
44 大分県 Oita-ken	602	21	24	24	25	23	23	28
45 宮崎県 Miyazaki-ken	573	22	24	25	24	21	22	27
46 鹿児島県 Kagoshima-ken	855	33	36	36	36	32	34	42
47 沖縄県 Okinawa-ken	739	40	41	40	39	36	38	45

男 女 別 人 口－総人口，日本人人口（2018年10月１日現在）（続き）
for Prefectures - Total population, Japanese population, October 1, 2018 - Continued

(Thousand persons)

Total population　Female

35～39	40～44	45～49	50～54	55～59	60～64	65～69	70～74	75～79	80～84	85歳以上 and over
3, 818	4, 500	4, 802	4, 170	3, 840	3, 847	4, 827	4, 356	3, 827	3, 155	3, 917
154	186	194	180	177	185	241	203	179	152	187
35	41	44	43	46	49	59	48	44	42	49
34	40	40	39	41	45	54	43	42	41	53
73	82	81	72	73	78	92	72	63	58	74
25	30	31	30	35	40	48	38	37	38	49
30	34	34	33	37	40	47	37	34	35	51
51	59	59	57	63	68	79	60	56	53	74
83	98	104	91	88	95	118	101	85	66	86
58	68	70	61	60	65	79	65	54	44	59
55	67	72	63	58	62	78	70	59	48	64
223	267	293	246	209	206	270	257	220	154	157
190	226	249	207	179	180	235	224	189	138	150
499	546	580	489	394	339	404	396	362	299	338
288	343	385	326	267	241	306	296	262	198	220
62	75	75	70	70	78	96	78	71	66	95
28	36	39	33	31	33	43	42	35	30	42
32	40	42	36	34	36	45	42	34	29	40
21	26	27	24	25	25	31	26	23	21	30
22	26	29	28	26	27	33	28	25	21	31
56	70	74	66	64	66	81	74	66	57	86
55	68	74	65	62	64	81	72	63	52	65
104	125	135	118	112	115	145	131	115	93	118
231	273	295	245	214	198	253	242	209	159	175
50	62	66	59	56	56	70	64	56	47	59
43	52	53	45	42	41	51	45	37	30	39
76	93	100	86	76	74	101	97	83	66	81
269	327	369	309	257	238	321	319	289	217	227
162	200	221	190	173	168	215	201	173	139	168
37	46	52	47	43	44	57	53	46	34	43
25	31	34	32	32	32	41	37	33	28	38
16	18	18	17	18	20	24	20	17	17	25
18	21	21	19	21	23	29	25	22	22	34
54	65	68	57	55	58	74	70	59	51	71
82	100	106	88	83	85	109	102	86	71	95
36	44	47	41	41	46	62	56	50	43	59
20	24	25	23	24	27	33	28	24	22	32
27	34	34	29	29	31	40	36	29	27	38
37	46	48	43	44	47	60	52	45	40	57
19	23	24	21	23	25	32	29	25	23	35
165	185	187	161	156	163	206	173	150	126	162
24	27	27	25	27	29	35	27	25	23	32
37	42	45	43	46	51	60	48	44	40	56
51	57	56	55	58	63	73	59	54	51	73
32	38	38	34	36	40	50	43	38	35	48
31	36	35	33	36	41	48	39	34	32	45
47	51	50	50	55	63	68	53	50	48	72
48	52	51	45	45	47	48	31	30	28	36

第10表　都道府県，年齢（5歳階級），
Table 10. Population by Age (Five-Year Groups) and Sex

（単位　千人）

都道府県 Prefectures	日本人人口　男女計 総数 Total	0～4歳 years old	5～9	10～14	15～19	20～24	25～29	30～34
全国 Japan	124, 349	4, 767	5, 146	5, 360	5, 793	5, 957	5, 946	6, 734
01 北海道 Hokkaido	5, 262	175	195	209	228	227	227	264
02 青森県 Aomori-ken	1, 263	41	45	51	56	48	48	59
03 岩手県 Iwate-ken	1, 234	41	47	52	55	47	49	58
04 宮城県 Miyagi-ken	2, 301	85	94	99	113	116	114	129
05 秋田県 Akita-ken	982	28	33	38	39	32	33	43
06 山形県 Yamagata-ken	1, 085	38	42	47	49	41	43	53
07 福島県 Fukushima-ken	1, 856	67	71	80	85	76	80	94
08 茨城県 Ibaraki-ken	2, 836	103	116	126	135	127	126	148
09 栃木県 Tochigi-ken	1, 918	72	79	86	88	82	88	105
10 群馬県 Gumma-ken	1, 906	68	78	86	92	84	82	94
11 埼玉県 Saitama-ken	7, 171	273	296	310	337	368	355	391
12 千葉県 Chiba-ken	6, 136	229	249	263	286	307	298	335
13 東京都 Tokyo-to	13, 368	526	507	488	549	771	843	911
14 神奈川県 Kanagawa-ken	8, 999	344	369	380	423	482	462	507
15 新潟県 Niigata-ken	2, 232	77	88	94	101	91	93	110
16 富山県 Toyama-ken	1, 035	36	40	45	47	43	42	49
17 石川県 Ishikawa-ken	1, 131	44	48	51	58	55	50	56
18 福井県 Fukui-ken	764	30	33	36	36	33	33	38
19 山梨県 Yamanashi-ken	807	29	32	35	41	37	34	38
20 長野県 Nagano-ken	2, 040	75	85	94	94	80	83	96
21 岐阜県 Gifu-ken	1, 957	73	84	91	97	86	82	94
22 静岡県 Shizuoka-ken	3, 587	134	152	161	162	147	156	186
23 愛知県 Aichi-ken	7, 312	310	331	337	362	384	387	426
24 三重県 Mie-ken	1, 749	65	74	79	82	77	77	88
25 滋賀県 Shiga-ken	1, 387	60	66	68	74	70	67	77
26 京都府 Kyoto-fu	2, 544	94	101	107	130	145	125	132
27 大阪府 Osaka-fu	8, 632	329	350	367	416	453	440	474
28 兵庫県 Hyogo-ken	5, 405	210	230	241	259	253	241	276
29 奈良県 Nara-ken	1, 331	47	54	59	67	62	56	63
30 和歌山県 Wakayama-ken	934	33	37	40	42	37	38	44
31 鳥取県 Tottori-ken	558	22	24	25	26	22	23	28
32 島根県 Shimane-ken	674	26	28	30	31	25	26	32
33 岡山県 Okayama-ken	1, 880	75	81	85	94	92	87	97
34 広島県 Hiroshima-ken	2, 777	112	124	125	132	129	128	145
35 山口県 Yamaguchi-ken	1, 355	48	55	57	61	54	53	63
36 徳島県 Tokushima-ken	731	25	28	29	33	30	29	35
37 香川県 Kagawa-ken	953	37	40	42	43	38	39	47
38 愛媛県 Ehime-ken	1, 347	48	55	58	60	53	53	64
39 高知県 Kochi-ken	703	24	26	29	31	26	26	32
40 福岡県 Fukuoka-ken	5, 061	216	229	226	245	257	245	284
41 佐賀県 Saga-ken	815	34	38	40	41	35	34	42
42 長崎県 Nagasaki-ken	1, 333	53	58	60	61	50	53	64
43 熊本県 Kumamoto-ken	1, 745	74	80	81	81	71	74	90
44 大分県 Oita-ken	1, 132	43	48	50	51	45	46	56
45 宮崎県 Miyazaki-ken	1, 078	44	50	51	49	40	42	52
46 鹿児島県 Kagoshima-ken	1, 606	67	74	74	73	59	64	79
47 沖縄県 Okinawa-ken	1, 438	81	84	81	79	70	74	88

男　女　別　人　口－総人口，日本人人口（2018年10月１日現在）（続き）
for Prefectures - Total population, Japanese population, October 1, 2018 - Continued

(Thousand persons)

Japanese population　　Both sexes

35～39	40～44	45～49	50～54	55～59	60～64	65～69	70～74	75～79	80～84	85歳以上 and over
7, 517	8, 950	9, 535	8, 243	7, 564	7, 520	9, 299	8, 169	6, 883	5, 319	5, 648
302	367	381	344	341	353	451	367	309	251	272
69	82	86	83	88	94	112	89	75	67	68
68	81	81	78	83	90	105	82	74	66	75
146	165	164	144	145	153	180	137	115	96	106
52	61	62	59	69	78	93	71	63	61	69
61	69	68	65	72	79	94	71	62	58	72
105	122	123	117	128	139	159	118	101	88	105
168	201	212	182	174	188	232	196	162	116	124
118	139	143	123	120	130	157	127	101	76	84
109	135	145	124	115	122	153	135	109	82	93
445	542	598	498	422	411	522	486	410	275	233
378	457	503	419	361	355	453	424	353	246	223
968	1, 075	1, 139	982	792	672	786	738	638	495	490
572	691	776	669	545	481	595	556	478	344	326
126	151	152	140	140	154	189	151	128	111	135
57	74	78	64	62	64	84	80	63	49	59
64	81	85	71	67	69	86	80	62	47	57
43	51	53	48	49	49	61	50	42	35	44
43	53	59	55	52	54	64	54	47	36	45
112	141	148	131	126	129	159	142	121	98	128
108	135	145	126	120	122	155	138	116	89	95
208	250	271	236	221	227	283	249	211	160	172
460	549	595	495	426	391	487	457	385	275	257
98	122	132	115	109	108	134	121	102	80	86
86	103	106	88	82	81	99	85	68	51	57
146	180	195	165	146	140	187	177	148	111	117
515	633	717	599	498	455	603	583	512	364	324
312	386	425	363	329	320	405	371	309	233	242
71	89	100	88	81	82	107	98	84	60	62
48	61	67	60	60	61	77	69	59	47	54
32	37	36	33	35	39	46	37	30	27	35
36	43	43	38	42	46	57	48	38	37	49
106	130	135	111	108	113	142	132	106	85	103
162	198	210	173	162	165	210	192	154	119	136
72	89	93	79	80	89	118	103	87	71	83
40	48	49	44	46	52	64	53	43	37	45
54	68	69	57	56	61	78	70	53	45	55
74	90	93	83	84	91	115	98	79	66	81
37	47	48	41	44	47	61	55	44	37	49
319	361	363	308	298	313	391	317	261	203	226
47	53	52	48	52	57	67	50	43	37	45
72	83	87	81	88	98	116	89	76	66	78
100	112	109	104	111	122	142	111	94	85	104
64	75	74	66	69	78	96	80	66	57	69
61	70	67	62	69	78	92	72	60	54	64
91	99	97	95	106	123	135	101	88	80	101
93	103	102	89	90	93	97	60	56	48	51

第10表　都道府県，年齢（5歳階級），
Table 10. Population by Age (Five-Year Groups) and Sex

（単位　千人）

都道府県 Prefectures	日本人人口 男 総数 Total	0～4歳 years old	5～9	10～14	15～19	20～24	25～29	30～34
全国 Japan	60, 518	2, 442	2, 635	2, 747	2, 971	3, 046	3, 036	3, 432
01 北海道 Hokkaido	2, 482	90	100	107	117	116	114	132
02 青森県 Aomori-ken	595	21	23	26	29	25	25	30
03 岩手県 Iwate-ken	594	21	24	27	29	24	25	30
04 宮城県 Miyagi-ken	1, 124	44	48	51	58	60	58	66
05 秋田県 Akita-ken	463	14	17	19	20	17	17	22
06 山形県 Yamagata-ken	525	19	22	24	25	22	22	27
07 福島県 Fukushima-ken	917	34	36	41	44	40	43	50
08 茨城県 Ibaraki-ken	1, 415	53	59	65	70	67	67	78
09 栃木県 Tochigi-ken	956	37	41	44	45	43	47	55
10 群馬県 Gumma-ken	941	35	40	44	47	44	43	49
11 埼玉県 Saitama-ken	3, 575	139	151	159	173	187	182	202
12 千葉県 Chiba-ken	3, 052	117	128	135	147	158	154	173
13 東京都 Tokyo-to	6, 581	269	259	249	280	385	427	464
14 神奈川県 Kanagawa-ken	4, 484	177	189	195	217	249	241	263
15 新潟県 Niigata-ken	1, 084	40	45	49	52	48	48	57
16 富山県 Toyama-ken	502	19	21	23	24	23	22	25
17 石川県 Ishikawa-ken	548	23	24	26	30	29	26	29
18 福井県 Fukui-ken	372	15	17	18	19	17	17	20
19 山梨県 Yamanashi-ken	396	15	16	18	21	20	18	20
20 長野県 Nagano-ken	997	39	43	48	48	42	43	50
21 岐阜県 Gifu-ken	950	38	43	46	49	44	42	49
22 静岡県 Shizuoka-ken	1, 769	69	78	83	84	76	82	97
23 愛知県 Aichi-ken	3, 656	159	170	172	187	200	204	225
24 三重県 Mie-ken	853	33	38	40	42	40	40	46
25 滋賀県 Shiga-ken	684	31	34	35	38	37	35	40
26 京都府 Kyoto-fu	1, 215	48	52	55	66	74	62	65
27 大阪府 Osaka-fu	4, 145	168	179	188	212	225	217	235
28 兵庫県 Hyogo-ken	2, 575	108	118	124	131	125	119	137
29 奈良県 Nara-ken	628	24	28	30	34	31	27	31
30 和歌山県 Wakayama-ken	441	17	19	20	22	19	19	22
31 鳥取県 Tottori-ken	267	11	12	13	14	12	12	14
32 島根県 Shimane-ken	325	14	14	15	16	13	14	16
33 岡山県 Okayama-ken	903	38	41	44	48	46	43	49
34 広島県 Hiroshima-ken	1, 345	57	63	64	68	67	66	74
35 山口県 Yamaguchi-ken	642	25	28	29	32	29	28	32
36 徳島県 Tokushima-ken	349	13	14	15	17	15	15	18
37 香川県 Kagawa-ken	461	19	21	22	23	20	20	24
38 愛媛県 Ehime-ken	637	25	28	30	31	27	27	32
39 高知県 Kochi-ken	331	12	13	15	16	14	13	16
40 福岡県 Fukuoka-ken	2, 392	111	117	116	125	128	119	139
41 佐賀県 Saga-ken	386	18	19	21	21	17	17	21
42 長崎県 Nagasaki-ken	626	27	30	31	31	25	26	31
43 熊本県 Kumamoto-ken	826	38	41	42	41	36	37	44
44 大分県 Oita-ken	536	22	25	26	26	23	23	28
45 宮崎県 Miyazaki-ken	509	23	25	26	25	21	21	26
46 鹿児島県 Kagoshima-ken	756	34	38	38	37	29	31	38
47 沖縄県 Okinawa-ken	706	41	42	42	41	35	37	43

男 女 別 人 口－総人口，日本人人口（2018年10月１日現在）（続き）
for Prefectures - Total population, Japanese population, October 1, 2018 - Continued

(Thousand persons)

Japanese population Male										
35～39	40～44	45～49	50～54	55～59	60～64	65～69	70～74	75～79	80～84	85歳以上 and over
3, 826	4, 555	4, 839	4, 158	3, 786	3, 717	4, 503	3, 835	3, 073	2, 176	1, 741
150	182	187	165	164	169	210	165	130	100	85
35	41	43	40	43	45	53	41	31	25	19
35	42	42	39	42	45	52	38	31	26	22
73	84	84	73	72	76	88	65	51	38	33
27	31	31	29	34	38	45	33	26	23	20
31	36	35	33	36	39	47	35	27	23	21
55	64	64	60	66	71	80	58	45	35	31
88	105	111	94	88	95	114	94	77	50	38
62	73	75	63	61	66	78	62	46	31	26
57	70	75	64	58	61	75	65	50	34	29
231	283	313	259	217	207	254	230	191	121	76
195	237	262	218	186	178	220	201	165	108	73
497	551	580	509	411	341	387	345	278	198	153
296	357	401	351	283	243	290	261	217	147	106
65	78	78	71	71	77	93	73	57	44	40
29	38	41	32	31	31	40	38	28	19	17
33	42	43	35	33	34	41	38	28	18	17
22	26	27	24	24	25	30	24	19	14	13
22	27	30	28	26	27	32	26	21	15	14
57	72	76	66	63	65	78	68	55	41	42
55	69	73	63	59	59	75	66	52	37	30
108	130	140	121	112	113	139	118	96	67	54
243	286	309	257	218	196	236	217	177	117	83
51	62	68	58	54	53	64	57	46	33	27
44	52	54	44	40	40	48	41	32	22	18
72	89	96	81	71	67	88	81	66	46	36
255	313	356	297	247	223	287	268	227	150	100
153	190	208	176	159	155	193	172	138	95	75
34	43	48	42	38	39	50	45	38	26	19
24	30	33	29	29	30	36	32	26	19	16
16	19	18	16	17	19	23	18	13	10	10
19	22	22	19	21	23	28	23	17	15	14
54	65	68	55	53	56	68	62	47	35	31
82	100	106	86	80	81	101	91	68	48	41
36	45	47	38	38	43	57	47	37	28	24
21	24	24	22	22	25	32	25	19	15	13
27	34	35	28	28	30	38	33	24	18	17
37	45	46	40	41	43	55	46	34	26	24
19	24	24	20	22	23	29	25	19	14	14
156	178	178	148	143	151	185	145	111	77	64
23	26	25	23	25	28	33	24	18	14	13
35	41	42	39	43	47	56	41	32	26	23
50	55	53	50	53	59	69	52	40	33	31
32	38	37	32	33	37	46	37	29	22	21
30	34	33	30	33	38	44	34	26	21	19
44	49	47	46	51	60	67	48	38	32	29
46	52	51	44	45	47	49	29	26	20	16

第10表　都道府県，年齢（5歳階級），
Table 10. Population by Age (Five-Year Groups) and Sex

（単位　千人）

都道府県 Prefectures	日本人人口 女 総数 Total	0～4歳 years old	5～9	10～14	15～19	20～24	25～29	30～34
全国 Japan	63, 831	2, 325	2, 511	2, 614	2, 821	2, 911	2, 910	3, 302
01 北海道 Hokkaido	2, 780	85	95	102	111	110	113	132
02 青森県 Aomori-ken	668	20	22	25	27	22	23	29
03 岩手県 Iwate-ken	639	20	23	25	27	22	24	28
04 宮城県 Miyagi-ken	1, 177	41	46	48	55	56	56	64
05 秋田県 Akita-ken	519	14	16	18	19	15	16	21
06 山形県 Yamagata-ken	561	18	21	23	24	20	21	26
07 福島県 Fukushima-ken	939	33	34	39	41	35	37	45
08 茨城県 Ibaraki-ken	1, 421	50	57	61	66	60	59	70
09 栃木県 Tochigi-ken	961	35	39	42	43	39	41	49
10 群馬県 Gumma-ken	965	33	38	42	45	40	39	45
11 埼玉県 Saitama-ken	3, 595	133	144	151	164	181	172	189
12 千葉県 Chiba-ken	3, 084	111	121	128	138	149	144	162
13 東京都 Tokyo-to	6, 787	257	247	238	270	386	417	447
14 神奈川県 Kanagawa-ken	4, 515	168	180	185	206	233	221	244
15 新潟県 Niigata-ken	1, 148	38	43	46	49	44	45	53
16 富山県 Toyama-ken	533	18	19	22	22	20	20	23
17 石川県 Ishikawa-ken	583	21	23	25	27	25	24	28
18 福井県 Fukui-ken	391	14	16	17	17	15	16	18
19 山梨県 Yamanashi-ken	411	14	16	17	20	17	16	18
20 長野県 Nagano-ken	1, 043	37	41	46	45	38	40	47
21 岐阜県 Gifu-ken	1, 007	36	41	44	47	43	40	46
22 静岡県 Shizuoka-ken	1, 819	65	74	79	78	70	74	89
23 愛知県 Aichi-ken	3, 657	151	161	164	175	184	182	201
24 三重県 Mie-ken	897	32	36	39	40	37	37	42
25 滋賀県 Shiga-ken	704	29	32	33	36	33	32	37
26 京都府 Kyoto-fu	1, 328	46	49	52	63	71	62	66
27 大阪府 Osaka-fu	4, 486	161	171	179	204	228	224	239
28 兵庫県 Hyogo-ken	2, 830	102	112	118	128	128	122	139
29 奈良県 Nara-ken	703	23	27	29	33	32	29	32
30 和歌山県 Wakayama-ken	494	16	18	19	20	18	19	22
31 鳥取県 Tottori-ken	291	11	12	12	12	11	11	14
32 島根県 Shimane-ken	349	13	14	14	15	12	13	15
33 岡山県 Okayama-ken	976	37	39	41	46	46	43	48
34 広島県 Hiroshima-ken	1, 432	55	61	61	64	62	62	71
35 山口県 Yamaguchi-ken	712	23	27	28	30	26	25	31
36 徳島県 Tokushima-ken	382	12	14	14	16	14	14	17
37 香川県 Kagawa-ken	492	18	19	21	21	18	19	23
38 愛媛県 Ehime-ken	710	24	27	28	29	25	26	32
39 高知県 Kochi-ken	372	12	13	14	15	13	13	16
40 福岡県 Fukuoka-ken	2, 670	106	112	111	120	130	126	145
41 佐賀県 Saga-ken	429	17	19	19	20	17	17	21
42 長崎県 Nagasaki-ken	706	26	28	29	30	25	26	32
43 熊本県 Kumamoto-ken	920	36	39	39	40	35	38	45
44 大分県 Oita-ken	595	21	24	24	24	22	22	27
45 宮崎県 Miyazaki-ken	570	22	24	25	24	20	21	27
46 鹿児島県 Kagoshima-ken	849	33	36	36	36	30	33	41
47 沖縄県 Okinawa-ken	731	39	41	40	38	34	37	44

男　女　別　人　口－総人口，日本人人口（2018年10月１日現在）（続き）
for Prefectures - Total population, Japanese population, October 1, 2018 - Continued

(Thousand persons)

Japanese population Female										
35～39	40～44	45～49	50～54	55～59	60～64	65～69	70～74	75～79	80～84	85歳以上 and over
3, 691	4, 395	4, 696	4, 085	3, 778	3, 803	4, 796	4, 334	3, 810	3, 143	3, 907
152	185	194	179	177	184	241	203	179	151	187
34	41	44	43	45	49	59	48	44	42	49
33	39	39	38	41	45	54	43	42	41	53
72	81	80	71	72	77	92	71	63	58	73
25	30	31	30	35	40	48	38	36	38	49
30	33	33	33	36	40	47	37	34	35	51
50	58	58	57	62	68	79	60	56	53	74
80	96	101	88	86	94	118	101	85	66	86
56	66	68	59	58	65	79	65	54	44	59
52	65	70	60	57	61	78	70	59	48	64
214	259	285	239	205	203	268	256	219	154	157
182	220	241	201	175	177	233	223	189	138	150
471	524	559	472	382	331	399	393	360	297	336
276	334	375	318	261	238	304	294	261	197	220
61	74	74	69	69	77	96	78	71	66	95
27	35	38	32	31	33	43	42	35	30	42
32	40	42	36	34	35	45	42	34	29	40
21	25	26	24	24	25	31	26	23	21	30
21	26	28	27	26	27	32	28	25	21	31
54	69	71	64	63	65	81	74	66	57	86
52	66	72	63	62	63	80	72	63	52	65
100	120	131	115	110	114	144	131	115	93	118
218	263	286	238	208	194	251	240	208	158	174
47	60	64	57	55	55	70	64	56	47	59
42	51	52	44	42	41	51	44	36	29	39
74	91	98	84	75	72	99	96	82	65	81
260	320	361	302	251	232	316	314	285	214	224
158	197	217	186	171	165	212	199	171	138	167
37	46	52	46	43	43	57	53	46	34	43
25	30	34	32	31	32	40	37	33	28	38
16	18	18	17	18	20	24	20	17	17	25
18	21	21	19	21	23	29	25	22	22	34
53	64	67	56	55	58	73	70	58	51	71
80	98	104	87	82	84	109	102	86	70	95
36	44	47	41	41	46	61	56	50	43	58
20	24	25	23	24	27	33	28	24	22	32
27	34	34	29	29	31	40	36	29	27	38
37	45	47	43	44	47	60	52	45	40	57
19	23	24	21	23	25	32	29	25	23	35
162	183	185	160	155	162	205	172	149	126	162
24	26	26	25	27	29	35	27	25	23	32
37	42	44	43	46	50	60	48	44	40	56
50	56	56	55	58	63	73	59	54	51	73
32	37	38	34	36	40	50	43	38	35	48
31	35	34	33	36	40	48	38	34	32	45
47	50	50	50	55	63	68	53	50	48	72
47	51	50	44	45	46	48	31	30	28	36

第10表　都道府県，年齢（5歳階級），
Table 10. Population by Age (Five-Year Groups) and Sex

（単位　千人）

都道府県 Prefectures	総人口 男女計 総数 Total	0～4歳 years old	5～9	10～14	15～19	20～24	25～29	30～34
全国 Japan	126, 555	4, 727	5, 154	5, 378	5, 837	6, 361	6, 345	6, 852
01 北海道 Hokkaido	5, 259	170	193	205	227	232	231	260
02 青森県 Aomori-ken	1, 253	39	45	49	55	48	48	57
03 岩手県 Iwate-ken	1, 226	40	46	51	54	47	49	57
04 宮城県 Miyagi-ken	2, 312	83	93	97	114	121	116	128
05 秋田県 Akita-ken	972	27	32	37	38	32	33	41
06 山形県 Yamagata-ken	1, 080	36	42	46	49	42	42	51
07 福島県 Fukushima-ken	1, 852	64	70	78	84	77	81	93
08 茨城県 Ibaraki-ken	2, 879	102	115	125	136	137	133	150
09 栃木県 Tochigi-ken	1, 943	70	78	86	89	87	92	105
10 群馬県 Gumma-ken	1, 949	68	77	86	94	92	89	98
11 埼玉県 Saitama-ken	7, 342	274	298	312	341	390	383	405
12 千葉県 Chiba-ken	6, 283	230	250	265	291	329	323	345
13 東京都 Tokyo-to	14, 007	536	526	505	572	865	964	966
14 神奈川県 Kanagawa-ken	9, 224	345	372	384	425	509	502	519
15 新潟県 Niigata-ken	2, 224	75	87	93	100	92	93	108
16 富山県 Toyama-ken	1, 043	36	40	44	47	46	45	49
17 石川県 Ishikawa-ken	1, 139	43	47	50	57	59	53	57
18 福井県 Fukui-ken	771	29	33	36	36	35	34	39
19 山梨県 Yamanashi-ken	815	28	32	35	41	39	35	39
20 長野県 Nagano-ken	2, 061	74	84	93	94	85	86	97
21 岐阜県 Gifu-ken	1, 992	73	85	91	98	94	87	97
22 静岡県 Shizuoka-ken	3, 653	133	153	163	165	158	166	189
23 愛知県 Aichi-ken	7, 557	313	335	344	369	419	424	445
24 三重県 Mie-ken	1, 783	65	74	79	84	83	83	90
25 滋賀県 Shiga-ken	1, 416	60	67	69	74	75	70	78
26 京都府 Kyoto-fu	2, 592	92	101	107	130	155	132	133
27 大阪府 Osaka-fu	8, 842	328	350	368	418	486	477	486
28 兵庫県 Hyogo-ken	5, 488	207	229	241	259	267	252	277
29 奈良県 Nara-ken	1, 333	47	53	58	66	63	56	62
30 和歌山県 Wakayama-ken	931	32	36	39	41	38	37	43
31 鳥取県 Tottori-ken	557	21	24	25	26	23	23	27
32 島根県 Shimane-ken	677	26	28	29	31	27	27	32
33 岡山県 Okayama-ken	1, 897	73	80	84	94	98	91	98
34 広島県 Hiroshima-ken	2, 813	110	123	126	132	137	135	148
35 山口県 Yamaguchi-ken	1, 357	47	54	57	61	57	54	62
36 徳島県 Tokushima-ken	728	25	27	29	32	31	29	34
37 香川県 Kagawa-ken	958	36	40	42	44	41	41	48
38 愛媛県 Ehime-ken	1, 346	47	54	57	60	55	54	64
39 高知県 Kochi-ken	699	23	26	28	31	27	26	31
40 福岡県 Fukuoka-ken	5, 134	214	230	229	248	274	259	283
41 佐賀県 Saga-ken	817	34	38	40	40	36	35	41
42 長崎県 Nagasaki-ken	1, 327	52	57	59	60	52	53	62
43 熊本県 Kumamoto-ken	1, 749	72	79	81	81	75	75	89
44 大分県 Oita-ken	1, 134	42	47	49	51	48	47	54
45 宮崎県 Miyazaki-ken	1, 077	43	49	50	49	42	42	51
46 鹿児島県 Kagoshima-ken	1, 602	65	73	74	73	62	64	77
47 沖縄県 Okinawa-ken	1, 462	80	84	82	79	74	76	88

男　女　別　人　口－総人口，日本人人口（2019年10月１日現在）（続き）
for Prefectures - Total population, Japanese population, October 1, 2019 - Continued

(Thousand persons)

Total population　　Both sexes

35～39	40～44	45～49	50～54	55～59	60～64	65～69	70～74	75～79	80～84	85歳以上 and over
7,631	8,774	9,862	8,606	7,740	7,533	8,698	8,655	7,214	5,314	5,874
298	354	389	348	341	345	425	394	316	249	282
68	80	87	83	86	93	107	95	77	65	71
67	79	83	78	82	89	101	87	75	65	77
145	162	170	147	144	151	172	147	119	94	110
51	60	63	59	67	76	89	77	63	59	71
60	68	70	65	71	78	90	77	63	56	73
104	119	126	117	125	137	154	126	104	85	107
170	197	221	190	176	186	220	206	170	117	127
119	137	149	128	120	129	150	136	106	75	87
111	133	152	131	118	122	144	142	116	81	96
454	530	619	527	440	411	486	505	435	284	249
386	448	521	445	375	355	420	440	374	251	235
1,019	1,088	1,190	1,048	850	696	735	770	666	495	516
584	677	795	710	576	491	552	580	504	352	346
124	147	156	143	139	151	178	162	131	109	136
56	71	82	67	63	64	77	84	67	48	61
63	78	88	73	67	68	79	86	66	46	58
43	50	56	49	48	50	57	54	44	34	45
43	51	60	57	53	54	61	57	49	36	46
112	138	154	137	127	130	149	149	127	96	130
110	132	151	131	122	122	144	147	121	89	98
212	246	281	248	226	228	264	262	222	159	178
479	543	622	526	447	399	451	482	407	280	272
101	119	137	120	112	109	125	127	108	79	89
87	101	111	92	84	81	92	91	73	51	59
147	174	202	173	152	142	170	190	159	111	123
524	612	738	635	527	463	554	614	542	375	347
314	372	437	380	339	325	376	396	329	235	254
70	85	102	90	82	82	99	104	89	61	65
48	57	68	61	60	61	71	72	62	46	55
32	36	38	33	34	38	44	40	31	26	36
36	42	44	39	41	45	54	52	40	35	50
107	125	140	115	108	114	130	140	112	84	105
164	191	218	181	163	165	194	204	164	117	140
71	85	96	81	78	88	109	111	91	69	85
40	46	50	45	45	51	60	58	44	36	46
54	65	72	59	55	61	71	75	56	43	56
73	87	96	84	83	90	107	105	82	65	83
36	45	49	42	43	47	56	58	46	36	50
321	356	376	320	297	310	365	343	272	203	235
47	52	53	49	51	56	64	55	44	36	46
71	80	87	82	86	95	111	97	77	65	80
100	110	112	105	109	120	136	120	96	83	107
63	73	76	67	67	77	90	86	69	55	70
60	68	70	62	67	77	88	79	61	53	66
90	97	99	94	103	120	132	110	89	78	103
95	102	106	92	89	93	98	66	55	49	54

第10表　都道府県，年齢（5歳階級），
Table 10. Population by Age (Five-Year Groups) and Sex

（単位　千人）

都道府県 Prefectures	総人口　男							
	総数 Total	0～4歳 years old	5～9	10～14	15～19	20～24	25～29	30～34
全国 Japan	61, 588	2, 421	2, 640	2, 757	2, 995	3, 259	3, 260	3, 499
01 北海道 Hokkaido	2, 480	87	99	105	116	118	116	130
02 青森県 Aomori-ken	590	20	23	25	28	25	25	29
03 岩手県 Iwate-ken	590	20	24	26	28	25	25	29
04 宮城県 Miyagi-ken	1, 128	43	48	50	59	62	59	65
05 秋田県 Akita-ken	458	14	16	19	19	17	17	21
06 山形県 Yamagata-ken	522	18	21	24	25	22	22	26
07 福島県 Fukushima-ken	914	33	36	40	44	41	43	49
08 茨城県 Ibaraki-ken	1, 437	52	59	64	70	73	72	80
09 栃木県 Tochigi-ken	970	36	40	44	45	46	50	56
10 群馬県 Gumma-ken	964	35	40	44	48	49	48	51
11 埼玉県 Saitama-ken	3, 657	140	153	160	175	200	198	210
12 千葉県 Chiba-ken	3, 120	118	129	136	150	170	167	179
13 東京都 Tokyo-to	6, 889	274	269	259	291	431	488	490
14 神奈川県 Kanagawa-ken	4, 589	177	190	197	218	263	263	270
15 新潟県 Niigata-ken	1, 079	38	44	48	51	48	48	56
16 富山県 Toyama-ken	506	18	20	23	24	25	24	26
17 石川県 Ishikawa-ken	553	22	24	25	30	32	28	29
18 福井県 Fukui-ken	376	15	17	18	19	18	18	20
19 山梨県 Yamanashi-ken	400	14	16	18	21	20	19	20
20 長野県 Nagano-ken	1, 007	38	43	47	48	45	45	50
21 岐阜県 Gifu-ken	967	37	43	47	50	48	45	50
22 静岡県 Shizuoka-ken	1, 802	68	78	83	86	83	88	99
23 愛知県 Aichi-ken	3, 777	160	172	176	190	219	226	235
24 三重県 Mie-ken	871	33	38	41	43	43	44	47
25 滋賀県 Shiga-ken	699	31	34	36	39	40	37	40
26 京都府 Kyoto-fu	1, 239	47	52	55	66	79	66	66
27 大阪府 Osaka-fu	4, 243	168	179	188	213	242	236	241
28 兵庫県 Hyogo-ken	2, 614	106	117	124	131	132	125	138
29 奈良県 Nara-ken	628	24	27	30	34	31	27	30
30 和歌山県 Wakayama-ken	439	17	19	20	21	19	19	22
31 鳥取県 Tottori-ken	266	11	12	13	13	12	12	14
32 島根県 Shimane-ken	327	13	14	15	16	14	14	16
33 岡山県 Okayama-ken	912	37	41	44	48	50	46	49
34 広島県 Hiroshima-ken	1, 364	56	63	65	68	71	71	77
35 山口県 Yamaguchi-ken	644	24	27	29	31	30	28	32
36 徳島県 Tokushima-ken	347	13	14	15	16	16	15	17
37 香川県 Kagawa-ken	463	18	20	22	23	21	21	25
38 愛媛県 Ehime-ken	638	24	28	29	31	28	28	32
39 高知県 Kochi-ken	330	12	13	14	16	14	13	15
40 福岡県 Fukuoka-ken	2, 431	109	118	117	126	138	127	139
41 佐賀県 Saga-ken	387	17	19	20	20	18	18	20
42 長崎県 Nagasaki-ken	624	27	29	30	31	26	26	31
43 熊本県 Kumamoto-ken	828	37	41	41	42	38	37	44
44 大分県 Oita-ken	538	21	24	25	27	25	24	28
45 宮崎県 Miyazaki-ken	508	22	25	26	25	21	21	25
46 鹿児島県 Kagoshima-ken	754	33	37	38	37	30	31	37
47 沖縄県 Okinawa-ken	719	41	42	42	40	38	38	44

男 女 別 人 口－総人口，日本人人口（2019年10月１日現在）（続き）
for Prefectures - Total population, Japanese population, October 1, 2019 - Continued

(Thousand persons)

Total population Male

35～39	40～44	45～49	50～54	55～59	60～64	65～69	70～74	75～79	80～84	85歳以上 and over
3,874	4,452	4,991	4,329	3,867	3,722	4,216	4,079	3,217	2,183	1,827
147	176	192	167	164	165	199	177	134	99	89
34	40	43	41	42	44	51	44	32	24	20
34	40	43	39	41	44	49	41	32	25	23
73	82	87	74	72	75	84	70	53	38	34
26	31	31	29	33	37	43	36	27	22	20
31	35	35	32	35	39	45	38	28	22	22
54	62	66	60	64	69	77	62	47	34	32
89	103	115	98	89	93	108	100	80	51	40
62	71	78	66	61	65	74	66	49	32	27
58	69	78	67	59	61	70	69	53	34	31
234	275	322	272	226	207	237	239	201	125	83
199	231	269	230	192	178	204	208	173	110	78
521	556	602	539	439	353	363	363	290	197	163
301	349	408	370	299	250	271	274	227	151	114
63	75	80	72	70	76	88	78	59	44	41
29	37	42	34	31	31	37	40	30	19	18
32	40	45	36	33	33	38	40	30	18	17
22	26	28	24	24	25	28	26	20	14	14
22	26	31	29	27	27	30	27	22	15	15
57	70	79	69	64	64	73	72	59	40	42
56	68	76	65	60	59	69	70	55	37	32
110	127	144	127	114	114	129	125	101	67	56
251	281	322	272	228	200	219	229	187	120	88
52	61	70	60	55	53	60	60	49	33	29
45	51	56	46	42	40	45	44	34	22	19
72	86	100	85	74	69	80	87	70	46	38
259	302	366	315	261	226	264	283	238	155	108
154	183	214	185	164	156	179	184	146	96	79
34	41	49	43	39	39	46	48	40	26	21
24	29	34	29	28	30	34	34	27	18	17
16	18	19	16	17	19	21	19	14	10	10
19	22	23	19	20	23	27	25	17	14	15
54	63	71	57	53	56	63	66	50	34	32
83	96	110	90	81	81	93	96	73	48	42
36	43	48	39	38	42	52	51	39	27	25
20	23	25	22	22	25	29	28	20	14	14
27	33	36	29	27	30	34	36	25	18	18
37	44	48	40	40	43	51	49	36	26	25
18	23	25	20	21	23	27	27	20	14	15
158	175	186	154	143	149	174	158	117	78	67
23	26	26	23	25	27	31	26	19	14	13
35	40	43	39	41	46	54	45	32	26	23
50	54	55	50	52	58	66	57	41	33	32
32	37	38	32	32	37	43	40	30	22	21
29	34	34	30	32	37	42	37	27	21	20
44	47	48	45	50	59	65	53	39	31	30
47	51	53	46	45	47	50	32	25	21	17

第10表　都道府県，年齢（5歳階級），
Table 10. Population by Age (Five-Year Groups) and Sex

（単位　千人）

都道府県 Prefectures	総人口　女							
	総数 Total	0～4歳 years old	5～9	10～14	15～19	20～24	25～29	30～34
全国 Japan	64, 967	2, 306	2, 513	2, 622	2, 843	3, 101	3, 085	3, 353
01 北海道 Hokkaido	2, 780	83	94	100	110	114	115	130
02 青森県 Aomori-ken	663	19	22	24	27	23	23	28
03 岩手県 Iwate-ken	636	19	23	25	26	22	24	27
04 宮城県 Miyagi-ken	1, 184	40	45	47	55	58	57	63
05 秋田県 Akita-ken	514	13	16	18	18	15	16	20
06 山形県 Yamagata-ken	558	17	20	22	24	20	20	25
07 福島県 Fukushima-ken	938	32	34	38	40	36	38	44
08 茨城県 Ibaraki-ken	1, 442	50	56	61	66	63	61	70
09 栃木県 Tochigi-ken	974	34	38	41	44	41	42	49
10 群馬県 Gumma-ken	984	33	38	42	45	43	41	46
11 埼玉県 Saitama-ken	3, 685	134	145	152	166	190	185	195
12 千葉県 Chiba-ken	3, 162	112	122	129	141	159	156	166
13 東京都 Tokyo-to	7, 118	262	257	246	281	434	476	475
14 神奈川県 Kanagawa-ken	4, 635	168	181	187	207	246	239	250
15 新潟県 Niigata-ken	1, 145	36	42	45	48	44	44	52
16 富山県 Toyama-ken	537	17	19	21	22	22	21	23
17 石川県 Ishikawa-ken	586	21	23	25	27	27	25	28
18 福井県 Fukui-ken	396	14	16	17	17	16	16	19
19 山梨県 Yamanashi-ken	415	14	15	17	20	18	17	18
20 長野県 Nagano-ken	1, 054	36	41	45	46	40	41	47
21 岐阜県 Gifu-ken	1, 025	36	41	45	48	46	42	47
22 静岡県 Shizuoka-ken	1, 851	65	74	79	80	75	78	90
23 愛知県 Aichi-ken	3, 780	153	163	168	179	200	198	210
24 三重県 Mie-ken	912	32	36	39	41	40	39	43
25 滋賀県 Shiga-ken	717	29	32	33	36	35	33	38
26 京都府 Kyoto-fu	1, 353	45	49	52	64	76	66	66
27 大阪府 Osaka-fu	4, 599	160	171	179	205	244	241	245
28 兵庫県 Hyogo-ken	2, 874	101	112	118	128	135	126	139
29 奈良県 Nara-ken	705	23	26	29	32	32	29	32
30 和歌山県 Wakayama-ken	492	16	18	19	20	19	18	22
31 鳥取県 Tottori-ken	291	10	12	12	12	11	11	13
32 島根県 Shimane-ken	350	12	14	14	15	12	13	16
33 岡山県 Okayama-ken	985	36	39	40	46	48	45	49
34 広島県 Hiroshima-ken	1, 449	54	60	61	64	66	64	72
35 山口県 Yamaguchi-ken	713	23	26	28	30	27	26	30
36 徳島県 Tokushima-ken	381	12	13	14	16	15	14	17
37 香川県 Kagawa-ken	494	17	19	21	21	20	20	23
38 愛媛県 Ehime-ken	708	23	26	28	29	27	27	32
39 高知県 Kochi-ken	369	11	13	14	15	13	13	15
40 福岡県 Fukuoka-ken	2, 703	104	112	112	122	137	132	144
41 佐賀県 Saga-ken	430	16	18	19	20	18	17	21
42 長崎県 Nagasaki-ken	703	25	28	29	29	26	26	31
43 熊本県 Kumamoto-ken	922	35	39	39	40	37	38	45
44 大分県 Oita-ken	596	21	23	24	25	23	23	27
45 宮崎県 Miyazaki-ken	569	21	24	25	24	20	21	26
46 鹿児島県 Kagoshima-ken	848	32	35	36	36	31	33	40
47 沖縄県 Okinawa-ken	742	39	41	40	38	36	38	44

男　女　別　人　口－総人口，日本人人口（2019年10月１日現在）（続き）
for Prefectures - Total population, Japanese population, October 1, 2019 - Continued

(Thousand persons)

Total population　　Female

35～39	40～44	45～49	50～54	55～59	60～64	65～69	70～74	75～79	80～84	85歳以上 and over
3, 758	4, 322	4, 871	4, 277	3, 872	3, 811	4, 482	4, 576	3, 997	3, 131	4, 047
150	178	197	181	177	180	226	217	183	151	194
34	40	44	43	44	49	56	51	45	41	51
33	38	40	39	40	44	51	46	43	40	54
72	80	83	73	72	76	88	76	65	56	76
25	29	31	30	34	39	46	41	37	36	50
29	33	34	33	36	39	46	39	35	34	51
50	57	60	57	61	68	77	64	57	51	75
81	94	106	92	87	93	112	106	90	66	87
56	65	71	62	59	64	76	70	57	44	60
53	64	74	64	58	61	73	74	63	47	65
220	255	297	255	214	204	249	266	234	159	166
187	217	252	215	183	177	216	232	201	141	157
498	532	588	509	411	343	373	407	376	297	353
283	329	387	340	277	242	282	307	277	202	232
61	72	76	71	69	76	91	84	72	65	96
27	34	40	33	31	33	40	44	37	29	43
31	38	44	37	34	35	41	45	36	28	41
21	24	27	24	24	25	29	28	24	20	31
21	25	29	28	26	27	31	30	26	21	31
55	67	75	67	64	65	76	77	69	56	88
54	65	75	66	63	63	75	76	66	51	67
103	119	137	121	112	114	135	137	121	92	121
228	262	300	254	219	198	232	253	221	160	184
49	58	67	59	56	56	65	67	59	46	61
43	50	54	46	42	41	48	48	39	29	40
75	88	102	88	78	73	90	103	88	65	85
265	310	372	320	266	237	290	331	304	220	239
159	190	223	195	175	168	197	212	183	139	175
37	44	53	48	43	43	52	56	49	34	44
25	29	35	32	32	32	37	39	35	28	38
16	18	19	17	18	20	22	21	18	16	26
18	20	22	19	20	22	27	27	22	21	35
53	62	70	58	55	58	67	74	62	50	73
81	95	108	91	83	84	100	108	91	69	98
35	42	48	42	40	46	56	60	52	42	60
20	23	26	23	23	26	31	30	25	22	33
27	32	36	30	28	31	37	39	31	26	38
37	43	49	43	43	47	56	56	47	39	58
18	22	25	21	22	24	29	31	26	22	35
163	181	191	166	154	161	192	185	155	125	168
24	26	27	25	26	29	33	29	25	22	33
36	41	45	43	45	49	57	52	45	39	57
51	56	57	55	56	62	70	63	55	50	74
31	36	39	35	35	40	47	46	39	34	49
31	35	35	33	35	40	45	42	35	32	46
47	50	51	49	54	61	67	57	50	47	73
48	51	52	46	44	46	49	34	30	28	37

第10表　都道府県，年齢（5歳階級），
Table 10. Population by Age (Five-Year Groups) and Sex

（単位　千人）

都道府県 Prefectures	日本人人口 男女計 総数 Total	0～4歳 years old	5～9	10～14	15～19	20～24	25～29	30～34
全国 Japan	123, 886	4, 645	5, 081	5, 318	5, 716	5, 927	5, 930	6, 535
01 北海道 Hokkaido	5, 223	169	192	205	226	223	224	254
02 青森県 Aomori-ken	1, 247	39	45	49	54	46	47	56
03 岩手県 Iwate-ken	1, 218	40	46	51	54	46	48	56
04 宮城県 Miyagi-ken	2, 290	83	93	97	113	116	111	126
05 秋田県 Akita-ken	968	27	32	37	37	31	32	40
06 山形県 Yamagata-ken	1, 073	36	42	46	49	41	41	51
07 福島県 Fukushima-ken	1, 838	64	70	77	83	74	78	92
08 茨城県 Ibaraki-ken	2, 818	100	114	124	134	126	123	143
09 栃木県 Tochigi-ken	1, 905	69	77	85	88	81	85	101
10 群馬県 Gumma-ken	1, 892	66	75	85	91	83	81	91
11 埼玉県 Saitama-ken	7, 166	266	292	308	334	364	356	382
12 千葉県 Chiba-ken	6, 131	224	246	262	284	307	300	326
13 東京都 Tokyo-to	13, 442	519	510	493	544	775	871	894
14 神奈川県 Kanagawa-ken	9, 004	336	364	379	417	483	469	491
15 新潟県 Niigata-ken	2, 208	75	86	92	99	89	90	106
16 富山県 Toyama-ken	1, 026	35	39	44	46	43	41	47
17 石川県 Ishikawa-ken	1, 124	43	47	50	57	55	50	55
18 福井県 Fukui-ken	758	29	32	35	35	32	32	37
19 山梨県 Yamanashi-ken	800	28	31	34	40	36	34	37
20 長野県 Nagano-ken	2, 026	73	83	92	92	80	81	93
21 岐阜県 Gifu-ken	1, 941	71	83	89	95	86	79	91
22 静岡県 Shizuoka-ken	3, 564	130	149	160	161	146	154	179
23 愛知県 Aichi-ken	7, 301	303	326	335	357	382	386	414
24 三重県 Mie-ken	1, 734	63	72	78	81	76	75	85
25 滋賀県 Shiga-ken	1, 384	59	66	68	73	70	65	75
26 京都府 Kyoto-fu	2, 532	91	100	107	127	144	124	127
27 大阪府 Osaka-fu	8, 612	322	345	364	408	455	444	463
28 兵庫県 Hyogo-ken	5, 383	205	227	239	255	251	239	268
29 奈良県 Nara-ken	1, 321	46	53	58	66	62	54	61
30 和歌山県 Wakayama-ken	925	32	36	39	41	37	37	43
31 鳥取県 Tottori-ken	553	21	23	25	26	22	22	27
32 島根県 Shimane-ken	668	26	28	29	30	25	26	31
33 岡山県 Okayama-ken	1, 869	73	80	83	92	91	86	94
34 広島県 Hiroshima-ken	2, 762	109	122	125	130	128	126	141
35 山口県 Yamaguchi-ken	1, 340	47	53	57	60	54	52	60
36 徳島県 Tokushima-ken	722	24	27	29	32	30	28	33
37 香川県 Kagawa-ken	945	35	40	42	43	38	38	46
38 愛媛県 Ehime-ken	1, 335	47	54	57	59	52	52	62
39 高知県 Kochi-ken	695	23	26	28	30	26	25	30
40 福岡県 Fukuoka-ken	5, 058	212	228	228	244	256	245	275
41 佐賀県 Saga-ken	810	34	38	40	40	34	34	40
42 長崎県 Nagasaki-ken	1, 318	52	57	59	59	49	51	61
43 熊本県 Kumamoto-ken	1, 734	72	79	81	81	70	72	86
44 大分県 Oita-ken	1, 121	42	47	49	50	44	44	53
45 宮崎県 Miyazaki-ken	1, 071	43	49	50	48	40	41	50
46 鹿児島県 Kagoshima-ken	1, 591	65	73	74	72	58	62	76
47 沖縄県 Okinawa-ken	1, 442	79	83	82	78	69	73	86

男　女　別　人　口－総人口，日本人人口（2019年10月１日現在）（続き）
for Prefectures - Total population, Japanese population, October 1, 2019 - Continued

(Thousand persons)

Japanese population　Both sexes

35～39	40～44	45～49	50～54	55～59	60～64	65～69	70～74	75～79	80～84	85歳以上 and over
7, 377	8, 573	9, 679	8, 451	7, 622	7, 451	8, 637	8, 610	7, 183	5, 294	5, 859
294	352	388	347	340	344	424	393	316	249	282
67	79	87	83	86	93	107	95	77	65	71
67	78	82	78	81	88	101	87	75	65	77
143	161	169	146	143	150	171	146	118	94	110
50	60	62	59	67	76	89	77	63	59	71
60	68	69	64	70	78	90	77	63	56	73
103	118	125	116	124	137	153	125	104	85	107
165	192	217	186	173	184	219	205	170	116	127
115	134	146	125	118	128	149	136	106	75	87
106	129	147	127	115	120	143	142	115	81	96
435	517	606	516	432	406	483	503	434	284	248
371	436	510	435	367	350	418	439	373	250	234
960	1, 044	1, 151	1, 016	826	681	726	764	661	492	514
560	659	778	695	565	484	548	577	502	351	345
123	146	155	142	138	151	178	162	131	108	136
55	69	80	66	62	63	76	83	67	48	61
62	77	88	72	67	68	78	85	66	46	58
42	49	55	48	48	49	56	54	44	34	44
42	50	59	55	52	53	60	57	48	36	46
108	135	151	134	125	128	148	149	127	96	130
105	128	148	129	121	120	143	146	121	88	98
203	239	274	242	222	226	263	261	221	159	178
453	522	604	512	436	392	446	478	405	278	271
96	116	134	117	110	108	124	126	107	78	89
85	99	108	90	83	80	92	91	73	50	59
143	171	198	170	149	139	168	188	157	109	122
505	597	723	622	515	452	543	605	535	370	343
306	365	430	374	333	319	371	391	325	232	253
69	84	101	90	81	81	98	103	89	60	64
48	57	68	61	60	61	71	72	62	46	55
32	36	37	33	34	38	44	40	31	26	36
35	42	44	38	40	45	54	52	40	35	50
105	123	139	114	107	113	129	139	112	84	105
159	188	215	179	162	164	193	203	163	117	139
70	84	95	81	78	87	108	110	90	69	85
39	46	50	44	45	51	60	58	44	36	46
53	64	71	58	55	61	71	75	56	43	56
72	86	96	83	83	90	106	105	82	65	83
36	45	49	41	43	47	56	58	46	36	50
315	352	373	317	295	308	363	342	271	202	234
47	51	53	48	51	56	64	55	44	36	46
70	80	87	82	86	95	111	97	77	65	80
99	109	111	104	108	120	136	120	96	83	107
62	73	76	67	67	77	90	86	69	55	70
60	68	69	62	67	77	88	78	61	53	66
89	97	98	94	103	120	132	110	89	78	103
93	100	105	91	89	93	98	66	55	49	54

第10表　都道府県，年齢（5歳階級），
Table 10. Population by Age (Five-Year Groups) and Sex

（単位　千人）

都道府県 Prefectures	日本人人口　男							
	総数 Total	0～4歳 years old	5～9	10～14	15～19	20～24	25～29	30～34
全国 Japan	60, 282	2, 379	2, 603	2, 726	2, 933	3, 026	3, 029	3, 332
01 北海道 Hokkaido	2, 464	86	98	105	116	115	113	128
02 青森県 Aomori-ken	588	20	23	25	28	25	25	29
03 岩手県 Iwate-ken	587	20	24	26	28	24	25	29
04 宮城県 Miyagi-ken	1, 118	43	47	50	58	60	57	64
05 秋田県 Akita-ken	457	14	16	19	19	17	17	21
06 山形県 Yamagata-ken	519	18	21	24	25	22	22	26
07 福島県 Fukushima-ken	908	32	36	40	44	40	42	48
08 茨城県 Ibaraki-ken	1, 406	51	58	64	69	67	66	75
09 栃木県 Tochigi-ken	950	36	40	44	45	43	46	53
10 群馬県 Gumma-ken	935	34	39	44	47	44	43	48
11 埼玉県 Saitama-ken	3, 569	136	150	158	171	185	182	197
12 千葉県 Chiba-ken	3, 047	115	126	134	146	158	154	168
13 東京都 Tokyo-to	6, 612	265	261	252	277	384	441	454
14 神奈川県 Kanagawa-ken	4, 481	172	187	194	214	248	244	255
15 新潟県 Niigata-ken	1, 073	38	44	48	51	47	47	55
16 富山県 Toyama-ken	498	18	20	23	24	23	22	25
17 石川県 Ishikawa-ken	545	22	24	25	30	29	26	28
18 福井県 Fukui-ken	370	15	17	18	18	17	17	19
19 山梨県 Yamanashi-ken	393	14	16	17	21	19	18	19
20 長野県 Nagano-ken	991	38	43	47	48	42	42	48
21 岐阜県 Gifu-ken	942	36	42	46	49	44	41	47
22 静岡県 Shizuoka-ken	1, 758	67	77	82	83	76	81	94
23 愛知県 Aichi-ken	3, 648	155	167	172	184	198	204	219
24 三重県 Mie-ken	845	32	37	40	42	39	39	44
25 滋賀県 Shiga-ken	682	30	34	35	38	37	34	38
26 京都府 Kyoto-fu	1, 210	47	51	55	65	73	62	63
27 大阪府 Osaka-fu	4, 131	165	176	186	208	225	218	229
28 兵庫県 Hyogo-ken	2, 563	105	116	123	129	124	118	133
29 奈良県 Nara-ken	623	24	27	29	34	30	26	30
30 和歌山県 Wakayama-ken	436	16	19	20	21	19	19	21
31 鳥取県 Tottori-ken	265	11	12	13	13	12	11	14
32 島根県 Shimane-ken	323	13	14	15	16	14	13	16
33 岡山県 Okayama-ken	899	37	41	43	47	46	43	48
34 広島県 Hiroshima-ken	1, 338	55	62	64	67	66	65	73
35 山口県 Yamaguchi-ken	636	24	27	29	31	28	27	31
36 徳島県 Tokushima-ken	345	13	14	15	16	15	14	17
37 香川県 Kagawa-ken	457	18	20	21	22	20	20	23
38 愛媛県 Ehime-ken	632	24	28	29	31	27	26	31
39 高知県 Kochi-ken	328	12	13	14	16	14	13	15
40 福岡県 Fukuoka-ken	2, 391	108	117	116	124	127	119	134
41 佐賀県 Saga-ken	384	17	19	20	20	17	17	20
42 長崎県 Nagasaki-ken	619	27	29	30	30	25	25	30
43 熊本県 Kumamoto-ken	821	37	41	41	41	36	36	43
44 大分県 Oita-ken	532	21	24	25	26	23	23	27
45 宮崎県 Miyazaki-ken	505	22	25	26	25	20	21	25
46 鹿児島県 Kagoshima-ken	750	33	37	38	37	29	30	37
47 沖縄県 Okinawa-ken	708	41	42	42	40	35	36	42

男　女　別　人　口－総人口，日本人人口（2019年10月１日現在）（続き）
for Prefectures - Total population, Japanese population, October 1, 2019 - Continued

(Thousand persons)

Japanese population Male										
35～39	40～44	45～49	50～54	55～59	60～64	65～69	70～74	75～79	80～84	85歳以上 and over
3, 754	4, 364	4, 917	4, 267	3, 819	3, 687	4, 188	4, 057	3, 204	2, 175	1, 822
146	175	191	167	163	165	199	177	134	99	89
34	40	43	41	42	44	50	44	32	24	20
34	40	43	39	41	44	49	41	32	25	23
72	82	86	74	72	75	84	70	53	38	34
26	31	31	29	33	37	43	36	27	22	20
31	35	35	32	35	39	45	38	28	22	22
54	62	66	60	64	69	77	62	47	34	32
86	101	114	97	88	93	108	99	80	51	40
61	70	77	65	61	64	74	66	49	31	27
55	67	76	65	58	61	70	68	53	34	31
225	269	317	268	223	205	236	238	200	125	82
192	226	265	226	190	176	203	207	172	110	78
493	535	585	526	429	347	358	360	288	196	162
289	340	401	364	294	247	268	272	227	150	113
63	75	80	72	69	75	87	78	59	44	40
29	36	42	33	31	31	37	40	30	19	18
32	39	44	36	33	33	38	40	30	18	17
21	25	28	24	24	24	28	26	20	14	14
22	26	30	28	27	26	30	27	22	15	15
56	69	78	68	63	64	73	71	59	40	42
54	66	75	64	59	58	69	70	55	37	31
106	124	142	124	112	113	129	124	101	67	56
239	272	314	266	223	197	217	227	185	119	88
49	59	69	59	54	53	60	60	49	33	28
43	50	55	46	41	40	45	43	34	21	19
70	85	98	83	73	67	79	86	69	45	38
250	295	359	309	255	221	259	279	236	153	107
150	179	211	182	161	154	177	182	144	95	79
33	41	49	42	39	38	46	47	40	26	20
24	28	34	29	28	30	34	33	27	18	17
16	18	19	16	16	19	21	19	14	10	10
18	22	22	19	20	23	27	25	17	14	15
53	62	70	56	52	55	63	66	50	34	32
81	95	109	89	80	80	93	96	72	48	42
35	42	48	39	38	42	52	51	39	27	25
20	23	25	22	22	25	29	28	20	14	14
27	32	36	29	27	29	34	36	25	18	18
36	43	48	40	40	43	51	49	35	26	25
18	23	24	20	21	23	27	27	20	14	15
155	173	184	153	142	148	173	157	116	78	67
23	26	26	23	25	27	31	26	19	14	13
34	39	42	39	41	46	54	45	32	26	23
49	54	55	50	52	58	66	57	41	33	32
31	37	38	32	32	37	43	40	30	22	21
29	34	34	30	32	37	42	37	27	21	20
43	47	48	45	50	59	65	53	39	31	30
46	50	53	45	45	46	49	32	25	21	17

第10表　都道府県，年齢（5歳階級），
Table 10. Population by Age (Five-Year Groups) and Sex

（単位　千人）

都道府県 Prefectures	日本人人口　女							
	総数 Total	0～4歳 years old	5～9	10～14	15～19	20～24	25～29	30～34
全国 Japan	63, 605	2, 266	2, 479	2, 592	2, 782	2, 901	2, 900	3, 203
01 北海道 Hokkaido	2, 759	83	94	100	110	108	111	127
02 青森県 Aomori-ken	659	19	22	24	26	22	22	28
03 岩手県 Iwate-ken	631	19	23	25	26	22	23	27
04 宮城県 Miyagi-ken	1, 172	40	45	47	55	56	55	62
05 秋田県 Akita-ken	512	13	16	18	18	15	15	20
06 山形県 Yamagata-ken	553	17	20	22	24	19	20	24
07 福島県 Fukushima-ken	930	32	34	38	40	35	37	44
08 茨城県 Ibaraki-ken	1, 412	49	55	60	65	60	57	67
09 栃木県 Tochigi-ken	954	33	38	41	43	39	39	48
10 群馬県 Gumma-ken	957	32	37	41	44	40	38	43
11 埼玉県 Saitama-ken	3, 597	130	142	150	163	179	174	185
12 千葉県 Chiba-ken	3, 084	109	119	128	138	150	146	158
13 東京都 Tokyo-to	6, 830	254	249	241	267	390	431	440
14 神奈川県 Kanagawa-ken	4, 523	164	178	185	203	234	225	236
15 新潟県 Niigata-ken	1, 135	36	42	45	48	42	43	51
16 富山県 Toyama-ken	528	17	19	21	22	20	19	22
17 石川県 Ishikawa-ken	579	21	23	25	27	25	24	27
18 福井県 Fukui-ken	388	14	16	17	17	15	15	18
19 山梨県 Yamanashi-ken	407	14	15	17	19	17	16	18
20 長野県 Nagano-ken	1, 035	36	41	45	45	38	39	45
21 岐阜県 Gifu-ken	999	35	40	44	47	42	39	44
22 静岡県 Shizuoka-ken	1, 806	63	73	78	77	70	73	85
23 愛知県 Aichi-ken	3, 653	148	159	163	173	184	182	196
24 三重県 Mie-ken	888	31	35	38	40	37	36	41
25 滋賀県 Shiga-ken	702	29	32	33	35	33	31	36
26 京都府 Kyoto-fu	1, 323	44	49	52	62	70	62	64
27 大阪府 Osaka-fu	4, 481	157	169	177	200	229	226	234
28 兵庫県 Hyogo-ken	2, 820	100	111	117	126	127	121	134
29 奈良県 Nara-ken	699	23	26	29	32	31	28	31
30 和歌山県 Wakayama-ken	489	16	18	19	20	18	18	21
31 鳥取県 Tottori-ken	288	10	12	12	12	10	11	13
32 島根県 Shimane-ken	346	12	14	14	14	12	12	15
33 岡山県 Okayama-ken	971	36	39	40	45	45	42	47
34 広島県 Hiroshima-ken	1, 424	53	60	61	63	61	61	69
35 山口県 Yamaguchi-ken	704	23	26	28	29	25	25	29
36 徳島県 Tokushima-ken	377	12	13	14	16	14	13	16
37 香川県 Kagawa-ken	489	17	19	20	21	18	19	22
38 愛媛県 Ehime-ken	702	23	26	28	28	25	26	31
39 高知県 Kochi-ken	367	11	13	14	15	12	12	15
40 福岡県 Fukuoka-ken	2, 667	103	111	111	120	129	126	140
41 佐賀県 Saga-ken	426	16	18	19	20	17	17	20
42 長崎県 Nagasaki-ken	698	25	28	29	29	24	25	31
43 熊本県 Kumamoto-ken	913	35	38	39	39	35	36	44
44 大分県 Oita-ken	589	21	23	24	24	21	22	26
45 宮崎県 Miyazaki-ken	565	21	24	25	24	19	20	26
46 鹿児島県 Kagoshima-ken	841	32	35	36	35	29	32	39
47 沖縄県 Okinawa-ken	733	39	41	40	38	34	37	43

男 女 別 人 口－総人口，日本人人口（2019年10月１日現在）（続き）
for Prefectures - Total population, Japanese population, October 1, 2019 - Continued

(Thousand persons)

Japanese population Female										
35～39	40～44	45～49	50～54	55～59	60～64	65～69	70～74	75～79	80～84	85歳以上 and over
3, 623	4, 208	4, 763	4, 184	3, 803	3, 764	4, 449	4, 552	3, 979	3, 119	4, 037
148	177	196	180	177	179	226	217	183	151	194
33	39	44	42	44	49	56	51	45	40	51
32	38	40	38	40	44	51	46	43	40	54
71	79	82	72	71	76	88	76	65	56	76
24	29	31	30	34	39	46	41	37	36	50
29	33	34	32	35	39	45	39	35	34	51
49	56	59	56	61	67	76	64	57	51	75
79	91	103	89	85	92	111	106	90	66	87
54	63	69	61	57	63	75	70	57	44	60
50	62	71	62	57	60	73	73	62	47	65
210	247	289	248	209	201	247	265	233	159	166
179	210	245	208	178	174	214	231	200	141	157
468	509	566	490	398	334	367	404	373	296	352
271	318	377	331	271	238	279	305	276	201	232
60	71	75	70	69	75	91	84	72	65	96
26	33	39	33	31	32	40	44	37	29	43
31	38	43	36	34	35	41	45	36	28	41
20	24	27	24	24	25	29	28	24	20	31
20	24	28	27	26	27	31	30	26	21	31
53	65	73	65	62	64	75	77	69	55	88
51	62	73	64	62	62	74	76	66	51	67
98	115	132	117	109	113	134	136	120	92	121
214	250	290	246	213	195	229	251	219	159	183
46	56	65	58	55	55	64	66	59	45	60
41	49	53	45	42	41	47	47	39	29	40
73	86	100	86	76	72	89	101	87	64	84
255	302	365	313	259	230	284	326	300	217	236
155	186	219	192	172	165	194	209	181	137	174
36	43	52	47	43	43	52	56	49	34	44
24	29	34	32	31	32	37	39	35	28	38
15	17	18	16	18	20	22	21	17	16	26
17	20	21	19	20	22	27	27	22	21	35
52	61	69	58	55	58	67	73	62	50	73
78	93	106	90	82	84	100	107	90	69	97
35	42	47	42	40	45	56	59	51	42	60
19	23	25	23	23	26	31	30	25	22	33
26	32	35	29	28	31	36	39	31	26	38
36	43	48	43	43	47	56	56	47	39	58
18	22	25	21	22	24	29	30	26	22	35
160	178	189	164	153	160	191	185	155	125	167
24	26	27	25	26	29	33	29	25	22	33
36	41	45	43	45	49	57	51	45	39	57
50	55	56	54	56	62	70	63	55	50	74
31	36	38	34	35	40	47	46	39	34	49
31	34	35	33	35	40	45	42	35	32	46
46	50	50	49	53	61	66	57	50	47	73
47	50	52	45	44	46	49	34	30	28	37

第10表　都道府県，年齢（5歳階級），
Table 10. Population by Age (Five-Year Groups) and Sex

（単位　千人）

都道府県 Prefectures	総人口 男女計 総数 Total	0〜4歳 years old	5〜9	10〜14	15〜19	20〜24	25〜29	30〜34
全国 Japan	126, 146	4, 541	5, 114	5, 376	5, 706	6, 320	6, 384	6, 714
01 北海道 Hokkaido	5, 225	163	190	204	223	229	230	252
02 青森県 Aomori-ken	1, 238	38	44	49	53	46	47	54
03 岩手県 Iwate-ken	1, 211	37	45	50	53	46	48	55
04 宮城県 Miyagi-ken	2, 302	79	92	97	111	121	114	125
05 秋田県 Akita-ken	960	25	31	36	37	31	33	39
06 山形県 Yamagata-ken	1, 068	34	41	45	48	42	42	50
07 福島県 Fukushima-ken	1, 833	61	70	76	82	74	80	90
08 茨城県 Ibaraki-ken	2, 867	97	114	124	133	135	133	147
09 栃木県 Tochigi-ken	1, 933	66	77	84	89	86	91	102
10 群馬県 Gumma-ken	1, 939	65	76	85	92	91	90	95
11 埼玉県 Saitama-ken	7, 345	264	296	313	333	388	387	400
12 千葉県 Chiba-ken	6, 284	222	249	265	284	331	328	341
13 東京都 Tokyo-to	14, 048	522	532	515	551	858	987	959
14 神奈川県 Kanagawa-ken	9, 237	331	369	386	415	514	510	511
15 新潟県 Niigata-ken	2, 201	71	85	92	97	90	91	104
16 富山県 Toyama-ken	1, 035	34	39	43	46	45	45	48
17 石川県 Ishikawa-ken	1, 133	41	47	50	56	59	53	56
18 福井県 Fukui-ken	767	28	32	35	36	34	35	38
19 山梨県 Yamanashi-ken	810	27	31	34	40	38	35	38
20 長野県 Nagano-ken	2, 048	71	83	91	94	83	86	95
21 岐阜県 Gifu-ken	1, 979	69	83	90	96	93	87	95
22 静岡県 Shizuoka-ken	3, 633	127	150	162	164	155	165	184
23 愛知県 Aichi-ken	7, 542	302	333	345	361	416	425	437
24 三重県 Mie-ken	1, 770	62	73	79	82	81	83	89
25 滋賀県 Shiga-ken	1, 414	57	66	69	73	76	69	76
26 京都府 Kyoto-fu	2, 578	88	100	107	125	156	132	129
27 大阪府 Osaka-fu	8, 838	318	347	367	405	491	484	484
28 兵庫県 Hyogo-ken	5, 465	199	227	241	254	264	251	271
29 奈良県 Nara-ken	1, 324	44	53	58	65	63	54	60
30 和歌山県 Wakayama-ken	923	31	36	39	40	36	37	42
31 鳥取県 Tottori-ken	553	21	23	24	25	23	23	26
32 島根県 Shimane-ken	671	24	28	29	31	26	27	31
33 岡山県 Okayama-ken	1, 888	71	79	83	92	98	91	95
34 広島県 Hiroshima-ken	2, 800	106	122	126	130	136	135	145
35 山口県 Yamaguchi-ken	1, 342	45	53	57	59	57	54	59
36 徳島県 Tokushima-ken	720	23	27	28	31	31	28	33
37 香川県 Kagawa-ken	950	34	39	42	43	40	41	46
38 愛媛県 Ehime-ken	1, 335	44	53	57	58	54	54	62
39 高知県 Kochi-ken	692	22	26	28	30	27	26	29
40 福岡県 Fukuoka-ken	5, 135	206	229	232	242	276	263	277
41 佐賀県 Saga-ken	811	32	37	40	40	36	35	39
42 長崎県 Nagasaki-ken	1, 312	49	56	59	59	50	51	60
43 熊本県 Kumamoto-ken	1, 738	69	79	81	80	74	74	85
44 大分県 Oita-ken	1, 124	40	46	50	50	47	46	52
45 宮崎県 Miyazaki-ken	1, 070	41	48	51	48	41	42	49
46 鹿児島県 Kagoshima-ken	1, 588	62	72	74	71	61	62	74
47 沖縄県 Okinawa-ken	1, 467	78	84	83	78	73	77	86

注）総務省統計局「国勢調査」（不詳補完値）

男 女 別 人 口－総人口，日本人人口（2020年10月１日現在）（続き）
for Prefectures - Total population, Japanese population, October 1, 2020 - Continued

(Thousand persons)

Total population　　Both sexes

35～39	40～44	45～49	50～54	55～59	60～64	65～69	70～74	75～79	80～84	85歳以上 and over
7, 498	8, 476	9, 868	8, 738	7, 940	7, 442	8, 236	9, 189	7, 065	5, 404	6, 133
291	340	393	349	343	339	400	424	310	250	295
66	77	87	83	86	90	102	103	75	63	74
65	76	83	78	81	86	97	95	72	64	80
143	159	172	150	144	147	164	160	115	94	114
49	59	63	59	65	73	84	85	61	57	73
58	67	70	65	69	76	86	84	61	55	75
102	116	127	116	123	134	148	138	100	84	109
167	190	222	194	179	181	211	220	167	121	132
116	132	151	130	121	125	143	148	105	77	90
108	128	152	133	121	118	137	152	114	84	99
447	511	617	540	459	406	457	532	428	299	268
382	432	518	457	390	349	395	461	368	260	250
1, 009	1, 066	1, 185	1, 068	895	708	696	804	647	500	548
573	654	786	726	607	496	520	610	495	365	371
121	142	158	142	139	146	170	177	127	108	139
55	67	82	69	63	62	72	89	65	49	62
62	74	89	74	68	67	74	91	65	47	59
42	49	56	49	49	49	54	59	43	34	45
43	50	59	57	54	53	58	61	47	37	47
108	132	154	138	130	127	141	158	125	98	132
108	127	151	132	125	120	135	156	119	91	102
208	237	281	250	231	225	250	277	217	164	185
471	522	621	537	467	399	424	503	401	292	288
98	114	137	120	115	107	118	134	105	80	92
86	98	112	94	86	81	88	98	72	52	61
143	167	202	176	157	141	158	201	155	113	128
515	586	730	651	554	463	515	639	529	388	370
308	356	435	387	350	322	355	415	325	238	267
69	81	101	91	85	81	93	109	87	63	67
47	55	68	61	61	60	67	77	60	46	57
31	35	39	33	34	37	42	43	31	26	37
36	41	45	39	40	44	51	56	39	34	50
106	119	142	117	109	112	123	145	113	84	108
160	183	219	185	166	162	182	214	164	119	145
70	81	97	83	79	85	101	118	89	69	87
39	44	51	44	45	49	58	62	43	36	47
53	63	72	60	56	59	67	80	55	43	57
72	83	98	84	84	88	101	112	81	65	85
36	43	50	42	43	46	53	61	45	36	51
316	348	381	327	300	304	347	369	266	206	244
46	51	54	49	50	54	62	60	43	36	48
70	78	88	82	85	93	107	105	74	65	82
99	108	114	103	108	117	131	130	93	82	110
61	71	77	67	67	75	86	92	68	55	72
59	67	71	62	66	75	85	85	60	51	68
89	96	100	93	101	116	130	120	85	77	105
95	100	108	94	89	92	97	76	52	49	57

Note) Statistics Bureau, Ministry of Internal Affairs and Communications, "Population Census" (Result with Imputation)

第10表　都道府県，年齢（5歳階級），
Table 10. Population by Age (Five-Year Groups) and Sex

（単位　千人）

都道府県 Prefectures	総人口 男							
	総数 Total	0〜4歳 years old	5〜9	10〜14	15〜19	20〜24	25〜29	30〜34
全国 Japan	61, 350	2, 325	2, 620	2, 756	2, 928	3, 234	3, 279	3, 431
01 北海道 Hokkaido	2, 465	83	97	105	114	117	116	127
02 青森県 Aomori-ken	583	19	23	25	27	24	25	28
03 岩手県 Iwate-ken	583	19	23	26	27	24	25	28
04 宮城県 Miyagi-ken	1, 123	41	47	50	57	63	58	63
05 秋田県 Akita-ken	452	13	16	19	19	16	17	20
06 山形県 Yamagata-ken	516	18	21	23	25	22	22	25
07 福島県 Fukushima-ken	904	31	36	39	43	40	43	47
08 茨城県 Ibaraki-ken	1, 431	49	58	64	69	72	72	78
09 栃木県 Tochigi-ken	965	34	40	44	45	45	50	54
10 群馬県 Gumma-ken	959	33	39	44	48	48	48	51
11 埼玉県 Saitama-ken	3, 652	135	152	160	171	198	199	207
12 千葉県 Chiba-ken	3, 118	113	128	136	146	171	170	177
13 東京都 Tokyo-to	6, 898	267	272	264	280	427	498	485
14 神奈川県 Kanagawa-ken	4, 588	170	189	198	212	265	266	265
15 新潟県 Niigata-ken	1, 069	36	43	47	50	47	47	54
16 富山県 Toyama-ken	503	18	20	22	24	24	24	25
17 石川県 Ishikawa-ken	550	21	24	25	29	32	27	29
18 福井県 Fukui-ken	374	14	17	18	19	18	19	20
19 山梨県 Yamanashi-ken	397	14	16	18	21	20	19	20
20 長野県 Nagano-ken	1, 000	36	42	47	48	43	46	49
21 岐阜県 Gifu-ken	960	35	43	46	49	47	45	49
22 静岡県 Shizuoka-ken	1, 791	65	77	83	85	81	88	97
23 愛知県 Aichi-ken	3, 762	155	171	177	186	216	225	231
24 三重県 Mie-ken	864	32	37	40	42	42	44	46
25 滋賀県 Shiga-ken	697	29	34	36	38	40	37	40
26 京都府 Kyoto-fu	1, 231	45	51	55	64	80	66	64
27 大阪府 Osaka-fu	4, 236	163	177	188	206	244	240	241
28 兵庫県 Hyogo-ken	2, 600	102	116	123	129	130	125	136
29 奈良県 Nara-ken	624	23	27	29	33	31	26	29
30 和歌山県 Wakayama-ken	435	16	18	20	21	18	19	21
31 鳥取県 Tottori-ken	264	11	12	13	13	12	11	13
32 島根県 Shimane-ken	324	13	15	15	16	14	14	16
33 岡山県 Okayama-ken	908	36	41	43	47	50	46	48
34 広島県 Hiroshima-ken	1, 357	54	62	65	67	70	70	75
35 山口県 Yamaguchi-ken	637	23	27	29	31	30	28	31
36 徳島県 Tokushima-ken	343	12	14	15	16	16	15	17
37 香川県 Kagawa-ken	459	17	20	21	23	21	21	24
38 愛媛県 Ehime-ken	633	23	27	29	30	28	28	31
39 高知県 Kochi-ken	327	11	13	14	16	14	13	15
40 福岡県 Fukuoka-ken	2, 431	105	118	118	123	139	129	136
41 佐賀県 Saga-ken	384	17	19	20	20	18	18	19
42 長崎県 Nagasaki-ken	617	25	29	30	30	25	26	30
43 熊本県 Kumamoto-ken	822	35	41	41	41	37	37	42
44 大分県 Oita-ken	533	21	24	25	26	24	24	27
45 宮崎県 Miyazaki-ken	505	21	25	26	25	21	21	24
46 鹿児島県 Kagoshima-ken	748	31	37	38	36	30	30	35
47 沖縄県 Okinawa-ken	723	40	42	42	40	38	39	43

注）総務省統計局「国勢調査」（不詳補完値）

男　女　別　人　口－総人口，日本人人口（2020年10月１日現在）（続き）
for Prefectures - Total population, Japanese population, October 1, 2020 - Continued

(Thousand persons)

Total population　Male

35～39	40～44	45～49	50～54	55～59	60～64	65～69	70～74	75～79	80～84	85歳以上 and over
3, 806	4, 299	4, 994	4, 394	3, 967	3, 677	3, 999	4, 337	3, 146	2, 232	1, 927
144	169	195	169	164	163	188	192	131	99	93
33	39	43	41	41	43	48	48	31	24	21
33	39	43	39	41	43	48	45	31	25	24
72	81	88	76	72	73	80	77	52	38	36
25	30	32	29	32	36	41	40	26	22	21
30	34	35	32	34	38	43	41	28	22	23
53	61	66	60	63	68	74	68	45	34	33
87	99	116	100	90	90	103	106	79	53	42
61	69	79	66	62	63	71	72	48	33	28
56	66	78	68	61	59	67	73	53	35	32
231	265	320	279	236	205	224	252	196	132	91
197	223	268	236	200	176	193	219	168	114	84
515	543	599	546	461	359	345	381	282	199	174
295	336	402	376	315	253	256	288	222	156	123
62	73	80	72	70	73	83	85	57	44	42
28	35	42	35	31	31	34	42	29	20	18
31	38	45	37	34	33	36	43	29	19	18
22	25	29	24	24	24	26	28	19	14	14
22	25	30	29	27	26	29	29	22	15	15
55	68	79	70	65	63	69	76	58	42	43
55	65	77	66	61	58	65	74	54	38	33
108	122	144	128	117	112	123	133	99	70	59
246	270	321	277	239	201	206	238	183	125	94
51	58	70	61	57	52	57	64	48	34	30
44	49	57	47	43	39	43	47	34	23	20
70	82	99	86	76	68	75	93	68	47	40
255	289	361	323	274	227	246	295	231	160	117
152	174	213	188	169	155	169	193	143	98	84
34	39	49	43	40	38	44	50	39	27	22
23	27	34	29	29	29	32	36	26	19	17
16	18	20	16	16	18	21	21	14	10	10
18	21	23	20	20	22	25	27	17	13	15
53	60	71	58	54	55	60	68	50	34	33
81	92	110	92	82	79	88	101	73	49	44
35	41	49	40	38	41	49	55	38	27	26
20	22	25	22	22	24	28	30	19	14	14
27	32	37	30	28	29	32	38	25	18	18
36	42	49	41	41	42	48	53	35	26	26
18	22	25	20	21	22	25	29	19	14	15
155	171	188	158	144	146	165	170	114	80	70
23	25	27	23	24	26	30	29	18	14	14
34	38	43	39	41	45	52	49	31	25	24
49	54	56	49	52	57	64	62	40	32	33
31	36	38	32	32	36	41	43	30	22	22
29	33	35	30	32	36	41	40	26	21	21
43	47	49	44	49	57	64	58	38	31	32
47	50	55	47	45	46	49	38	24	21	18

Note) Statistics Bureau, Ministry of Internal Affairs and Communications, "Population Census" (Result with Imputation)

第10表　都道府県，年齢（5歳階級），
Table 10. Population by Age (Five-Year Groups) and Sex

（単位　千人）

都道府県 Prefectures		総人口 女						
		総数 Total	0～4歳 years old	5～9	10～14	15～19	20～24	25～29	30～34
全国	Japan	64,797	2,217	2,494	2,620	2,779	3,086	3,105	3,283
01 北海道	Hokkaido	2,760	79	93	99	109	111	114	125
02 青森県	Aomori-ken	655	19	21	24	26	22	23	27
03 岩手県	Iwate-ken	628	18	22	24	26	22	23	26
04 宮城県	Miyagi-ken	1,179	39	45	48	54	58	56	61
05 秋田県	Akita-ken	507	12	15	18	18	14	16	19
06 山形県	Yamagata-ken	552	17	20	22	23	19	20	24
07 福島県	Fukushima-ken	929	30	34	37	39	34	37	43
08 茨城県	Ibaraki-ken	1,436	47	55	60	64	63	61	68
09 栃木県	Tochigi-ken	968	32	38	41	43	41	41	48
10 群馬県	Gumma-ken	980	32	37	41	45	43	41	45
11 埼玉県	Saitama-ken	3,693	129	145	152	163	190	188	193
12 千葉県	Chiba-ken	3,166	108	121	129	138	161	158	164
13 東京都	Tokyo-to	7,149	255	260	251	271	431	489	474
14 神奈川県	Kanagawa-ken	4,649	162	180	188	202	249	244	245
15 新潟県	Niigata-ken	1,133	35	41	45	47	43	44	51
16 富山県	Toyama-ken	532	17	19	21	22	21	21	23
17 石川県	Ishikawa-ken	583	20	23	25	27	27	25	27
18 福井県	Fukui-ken	393	14	16	17	17	16	16	18
19 山梨県	Yamanashi-ken	413	13	15	17	19	18	17	18
20 長野県	Nagano-ken	1,048	34	41	45	45	39	41	46
21 岐阜県	Gifu-ken	1,018	34	40	44	47	45	42	46
22 静岡県	Shizuoka-ken	1,842	62	73	79	79	74	77	88
23 愛知県	Aichi-ken	3,781	147	162	168	175	200	200	206
24 三重県	Mie-ken	906	30	35	39	40	39	39	42
25 滋賀県	Shiga-ken	716	28	32	34	35	35	33	37
26 京都府	Kyoto-fu	1,347	43	49	52	61	77	66	65
27 大阪府	Osaka-fu	4,602	155	170	179	199	247	244	243
28 兵庫県	Hyogo-ken	2,865	97	111	117	125	134	126	136
29 奈良県	Nara-ken	701	22	26	28	32	32	28	31
30 和歌山県	Wakayama-ken	488	15	18	19	19	18	18	21
31 鳥取県	Tottori-ken	289	10	12	12	12	11	11	13
32 島根県	Shimane-ken	347	12	14	14	14	12	13	15
33 岡山県	Okayama-ken	980	35	39	40	45	48	45	47
34 広島県	Hiroshima-ken	1,443	51	60	62	63	65	65	70
35 山口県	Yamaguchi-ken	705	22	26	28	29	27	26	29
36 徳島県	Tokushima-ken	376	11	13	14	15	15	14	16
37 香川県	Kagawa-ken	491	16	19	20	21	19	20	22
38 愛媛県	Ehime-ken	702	22	26	28	28	26	26	30
39 高知県	Kochi-ken	365	11	13	13	14	13	12	15
40 福岡県	Fukuoka-ken	2,704	101	112	113	119	137	134	141
41 佐賀県	Saga-ken	427	16	18	19	20	18	17	20
42 長崎県	Nagasaki-ken	695	24	28	29	29	25	26	30
43 熊本県	Kumamoto-ken	916	34	38	40	39	37	37	43
44 大分県	Oita-ken	590	20	23	24	24	23	22	26
45 宮崎県	Miyazaki-ken	565	20	24	25	23	20	21	25
46 鹿児島県	Kagoshima-ken	840	30	35	36	35	31	32	38
47 沖縄県	Okinawa-ken	745	38	41	41	38	36	38	43

注）総務省統計局　「国勢調査」（不詳補完値）

男　女　別　人　口－総人口，日本人人口（2020年10月１日現在）（続き）
for Prefectures - Total population, Japanese population, October 1, 2020 - Continued

(Thousand persons)

Total population　Female

35～39	40～44	45～49	50～54	55～59	60～64	65～69	70～74	75～79	80～84	85歳以上 and over
3, 692	4, 178	4, 875	4, 344	3, 973	3, 766	4, 237	4, 852	3, 918	3, 172	4, 207
146	172	198	181	179	176	212	232	179	151	202
33	38	43	42	44	47	54	56	44	40	53
32	37	40	38	40	43	49	50	41	39	56
71	78	85	74	72	75	84	83	63	56	78
24	29	31	30	33	38	44	45	35	35	52
29	32	35	32	35	39	44	42	34	33	52
49	55	61	56	60	66	74	70	55	51	76
80	91	106	94	88	90	107	114	88	68	90
55	63	72	63	59	62	72	76	56	44	62
52	62	74	65	60	59	70	79	61	48	67
216	246	297	261	223	201	233	281	231	167	177
185	209	250	221	190	174	203	243	199	146	166
494	522	586	522	433	348	351	423	365	300	374
278	318	384	350	292	244	264	322	273	209	248
59	69	77	70	69	73	87	91	70	64	97
26	32	40	34	32	32	37	47	36	29	44
31	36	44	37	35	34	39	48	36	28	42
21	24	28	24	25	25	27	31	24	20	31
21	24	29	28	27	27	29	32	26	21	32
53	65	75	68	65	64	72	82	68	56	89
53	62	75	66	64	62	70	81	65	52	69
101	115	136	122	114	112	127	144	118	94	126
225	252	300	260	228	198	218	265	218	166	193
48	56	67	60	58	55	61	71	57	46	62
42	49	55	47	43	41	45	51	39	30	41
73	85	102	89	81	73	84	109	87	66	88
260	297	368	329	281	236	269	344	298	228	254
156	182	222	199	181	167	186	222	182	140	183
36	42	52	48	45	43	49	59	48	35	46
24	28	34	32	33	31	35	41	34	28	40
15	17	19	17	17	19	22	23	17	16	26
17	20	22	19	20	22	25	29	22	20	35
53	59	71	60	56	58	63	77	62	49	74
79	91	109	93	84	83	94	113	91	70	101
35	40	48	43	41	44	52	63	51	42	61
19	22	26	23	23	25	30	32	24	21	33
26	31	36	30	29	30	35	42	31	25	39
36	42	49	43	44	46	53	59	46	39	59
18	21	25	22	22	24	28	32	26	21	36
161	177	193	169	156	158	182	199	152	126	174
23	26	27	25	26	28	32	31	25	22	34
36	40	45	43	44	48	55	56	43	39	58
50	54	58	54	56	61	68	68	53	49	76
31	35	39	35	35	39	45	49	38	33	50
30	34	36	32	35	39	44	45	34	31	47
46	49	51	49	53	60	66	62	48	46	74
48	50	53	47	44	46	48	39	28	28	39

Note)　Statistics Bureau, Ministry of Internal Affairs and Communications, "Population Census" (Result with Imputation)

第10表 都道府県，年齢（5歳階級），
Table 10. Population by Age (Five-Year Groups) and Sex

（単位 千人）

都道府県 Prefectures	日本人人口 男女計 総数 Total	0～4歳 years old	5～9	10～14	15～19	20～24	25～29	30～34
全国 Japan	123, 399	4, 458	5, 037	5, 315	5, 619	5, 916	5, 951	6, 363
01 北海道 Hokkaido	5, 188	162	189	204	222	221	223	246
02 青森県 Aomori-ken	1, 232	38	44	49	53	45	47	54
03 岩手県 Iwate-ken	1, 203	37	45	50	53	44	47	54
04 宮城県 Miyagi-ken	2, 280	79	92	97	110	116	109	122
05 秋田県 Akita-ken	956	25	31	36	37	30	32	39
06 山形県 Yamagata-ken	1, 061	34	41	45	47	40	41	49
07 福島県 Fukushima-ken	1, 819	61	70	76	82	72	78	89
08 茨城県 Ibaraki-ken	2, 802	95	112	122	131	125	123	138
09 栃木県 Tochigi-ken	1, 891	65	76	83	87	80	84	97
10 群馬県 Gumma-ken	1, 880	63	74	83	90	82	81	88
11 埼玉県 Saitama-ken	7, 159	256	290	308	328	364	359	374
12 千葉県 Chiba-ken	6, 122	216	244	262	280	310	303	319
13 東京都 Tokyo-to	13, 484	505	516	503	533	783	896	880
14 神奈川県 Kanagawa-ken	9, 007	323	361	380	408	489	476	480
15 新潟県 Niigata-ken	2, 185	71	85	92	97	87	88	103
16 富山県 Toyama-ken	1, 017	34	38	43	46	41	42	46
17 石川県 Ishikawa-ken	1, 117	41	46	50	55	56	50	53
18 福井県 Fukui-ken	752	28	32	35	35	31	32	36
19 山梨県 Yamanashi-ken	794	27	31	34	39	36	33	36
20 長野県 Nagano-ken	2, 014	70	82	91	92	78	82	91
21 岐阜県 Gifu-ken	1, 925	67	81	88	94	84	79	88
22 静岡県 Shizuoka-ken	3, 541	124	146	159	160	143	153	174
23 愛知県 Aichi-ken	7, 283	292	323	337	351	381	387	404
24 三重県 Mie-ken	1, 719	60	71	77	80	74	75	82
25 滋賀県 Shiga-ken	1, 380	56	65	68	71	71	64	72
26 京都府 Kyoto-fu	2, 520	87	99	106	123	147	123	123
27 大阪府 Osaka-fu	8, 595	312	342	363	398	461	449	457
28 兵庫県 Hyogo-ken	5, 357	196	225	239	251	250	236	261
29 奈良県 Nara-ken	1, 312	44	53	57	64	61	52	59
30 和歌山県 Wakayama-ken	916	30	36	39	40	35	36	42
31 鳥取県 Tottori-ken	549	21	23	24	25	22	22	26
32 島根県 Shimane-ken	662	24	28	29	30	25	26	30
33 岡山県 Okayama-ken	1, 859	70	79	83	90	92	85	92
34 広島県 Hiroshima-ken	2, 747	104	121	125	129	126	125	137
35 山口県 Yamaguchi-ken	1, 326	44	52	56	59	53	51	58
36 徳島県 Tokushima-ken	714	23	27	28	31	30	27	32
37 香川県 Kagawa-ken	937	33	39	41	43	37	38	44
38 愛媛県 Ehime-ken	1, 322	44	53	57	58	51	52	60
39 高知県 Kochi-ken	687	22	25	28	30	26	25	29
40 福岡県 Fukuoka-ken	5, 055	204	227	231	240	258	247	268
41 佐賀県 Saga-ken	805	32	37	39	40	34	33	38
42 長崎県 Nagasaki-ken	1, 303	49	56	59	58	48	50	59
43 熊本県 Kumamoto-ken	1, 722	69	79	81	80	69	71	83
44 大分県 Oita-ken	1, 112	40	46	49	49	43	44	51
45 宮崎県 Miyazaki-ken	1, 063	41	48	51	48	39	41	48
46 鹿児島県 Kagoshima-ken	1, 577	61	72	74	71	57	60	72
47 沖縄県 Okinawa-ken	1, 447	77	83	82	78	69	73	83

注）総務省統計局 「国勢調査」（不詳補完値）

男　女　別　人　口－総人口，日本人人口（2020年10月１日現在）（続き）
for Prefectures - Total population, Japanese population, October 1, 2020 - Continued

(Thousand persons)

Japanese population　Both sexes

35～39	40～44	45～49	50～54	55～59	60～64	65～69	70～74	75～79	80～84	85歳以上 and over
7, 229	8, 260	9, 679	8, 569	7, 809	7, 353	8, 170	9, 140	7, 031	5, 382	6, 117
287	338	391	348	342	338	399	423	310	250	295
65	77	86	83	85	90	102	103	75	63	74
65	75	83	77	80	86	97	95	72	64	80
141	158	171	148	143	147	164	160	115	94	114
49	58	63	58	65	73	84	85	61	57	73
58	66	70	64	69	76	86	84	61	55	75
101	115	126	115	122	133	147	138	100	84	109
161	185	218	189	175	179	209	220	167	121	132
112	129	148	127	119	124	143	147	104	77	90
103	123	147	129	118	116	136	151	114	83	99
427	496	604	528	450	400	454	530	427	298	268
365	419	507	445	381	344	392	459	367	259	249
947	1, 017	1, 145	1, 033	868	691	685	797	643	497	545
547	634	768	710	594	488	515	606	493	364	370
119	141	156	141	139	146	170	176	127	108	139
53	65	81	68	63	62	72	89	65	49	62
61	73	88	74	68	67	74	91	65	47	59
41	48	55	48	48	48	53	59	43	34	45
41	48	58	56	53	52	58	61	47	37	47
105	129	151	135	127	126	140	157	125	98	132
102	122	148	129	123	119	134	155	118	90	102
199	229	273	244	227	222	248	276	216	164	185
444	500	603	522	455	391	419	499	398	290	286
93	110	134	117	112	106	117	133	104	80	92
83	95	109	92	85	79	87	97	72	52	61
139	163	198	172	154	139	156	199	153	112	127
495	570	714	637	541	451	504	629	522	383	367
299	348	428	380	343	317	350	410	321	236	265
68	80	100	90	84	80	93	109	87	63	67
47	54	67	61	61	60	67	77	60	46	57
31	35	38	32	34	37	42	43	31	26	37
35	40	45	38	39	44	50	56	39	34	50
103	118	141	116	108	111	123	145	112	83	108
155	180	217	183	165	161	181	212	163	118	145
68	80	96	82	78	85	100	117	89	69	87
38	44	50	44	45	49	57	62	43	36	47
52	62	72	59	56	59	67	79	55	43	57
70	82	97	83	84	88	100	112	81	65	85
36	42	49	42	43	46	53	61	45	36	51
310	344	377	323	298	302	345	368	265	206	244
46	51	54	48	50	54	62	60	43	36	48
69	77	87	81	85	93	107	105	74	64	82
97	107	113	103	108	117	131	130	93	82	110
60	70	77	67	67	74	86	92	68	55	72
59	67	71	62	66	75	84	85	60	51	68
88	95	99	93	101	116	129	120	85	77	105
93	98	107	93	89	91	96	76	52	49	57

Note) Statistics Bureau, Ministry of Internal Affairs and Communications, "Population Census" (Result with Imputation)

第10表　都道府県，年齢（5歳階級），
Table 10. Population by Age (Five-Year Groups) and Sex

（単位　千人）

都道府県 Prefectures	日本人人口 男 総数 Total	0～4歳 years old	5～9	10～14	15～19	20～24	25～29	30～34
全国 Japan	60,003	2,282	2,580	2,724	2,883	3,016	3,038	3,245
01 北海道 Hokkaido	2,449	83	97	105	114	114	113	124
02 青森県 Aomori-ken	581	19	23	25	27	24	24	27
03 岩手県 Iwate-ken	580	19	23	26	27	24	24	28
04 宮城県 Miyagi-ken	1,112	41	47	50	57	60	56	62
05 秋田県 Akita-ken	451	13	16	19	19	16	17	20
06 山形県 Yamagata-ken	514	18	21	23	25	22	21	25
07 福島県 Fukushima-ken	898	31	36	39	43	39	41	47
08 茨城県 Ibaraki-ken	1,397	48	58	63	68	66	66	73
09 栃木県 Tochigi-ken	944	34	39	43	45	42	45	51
10 群馬県 Gumma-ken	929	32	38	43	46	43	43	47
11 埼玉県 Saitama-ken	3,560	131	148	158	168	184	183	193
12 千葉県 Chiba-ken	3,039	110	126	134	144	159	155	165
13 東京都 Tokyo-to	6,624	258	264	258	270	387	452	445
14 神奈川県 Kanagawa-ken	4,475	165	185	195	209	250	247	249
15 新潟県 Niigata-ken	1,062	36	43	47	50	46	46	53
16 富山県 Toyama-ken	494	17	20	22	24	22	22	24
17 石川県 Ishikawa-ken	542	21	24	25	29	30	26	27
18 福井県 Fukui-ken	367	14	17	18	18	17	17	19
19 山梨県 Yamanashi-ken	390	14	16	17	20	19	18	19
20 長野県 Nagano-ken	985	36	42	46	48	41	43	47
21 岐阜県 Gifu-ken	934	34	42	45	48	43	40	45
22 静岡県 Shizuoka-ken	1,746	64	75	81	83	74	81	91
23 愛知県 Aichi-ken	3,633	150	166	173	181	197	203	213
24 三重県 Mie-ken	838	31	36	39	41	38	39	43
25 滋賀県 Shiga-ken	680	29	33	35	37	37	34	37
26 京都府 Kyoto-fu	1,203	45	51	54	63	75	62	61
27 大阪府 Osaka-fu	4,117	160	174	186	203	228	220	226
28 兵庫県 Hyogo-ken	2,547	101	115	122	128	122	117	130
29 奈良県 Nara-ken	618	23	27	29	33	30	25	29
30 和歌山県 Wakayama-ken	432	16	18	20	21	18	19	21
31 鳥取県 Tottori-ken	263	11	12	13	13	12	11	13
32 島根県 Shimane-ken	320	13	14	15	16	13	13	15
33 岡山県 Okayama-ken	894	36	41	43	46	46	43	46
34 広島県 Hiroshima-ken	1,330	53	62	64	67	65	65	71
35 山口県 Yamaguchi-ken	629	23	27	29	31	28	27	30
36 徳島県 Tokushima-ken	341	12	14	14	16	16	14	16
37 香川県 Kagawa-ken	452	17	20	21	23	19	20	23
38 愛媛県 Ehime-ken	627	22	27	29	30	26	27	30
39 高知県 Kochi-ken	324	11	13	14	15	14	13	14
40 福岡県 Fukuoka-ken	2,389	104	117	118	122	129	120	131
41 佐賀県 Saga-ken	382	17	19	20	20	17	17	19
42 長崎県 Nagasaki-ken	612	25	29	30	30	24	25	29
43 熊本県 Kumamoto-ken	815	35	40	41	41	35	35	41
44 大分県 Oita-ken	528	21	24	25	26	22	22	26
45 宮崎県 Miyazaki-ken	502	21	25	26	25	20	21	24
46 鹿児島県 Kagoshima-ken	744	31	37	38	36	29	29	35
47 沖縄県 Okinawa-ken	711	40	42	42	40	35	37	41

注）総務省統計局　「国勢調査」（不詳補完値）

男 女 別 人 口－総人口，日本人人口（2020年10月１日現在）（続き）
for Prefectures - Total population, Japanese population, October 1, 2020 - Continued

(Thousand persons)

Japanese population Male										
35～39	40～44	45～49	50～54	55～59	60～64	65～69	70～74	75～79	80～84	85歳以上 and over
3, 676	4, 203	4, 915	4, 328	3, 913	3, 639	3, 970	4, 314	3, 132	2, 223	1, 922
143	168	194	168	164	162	188	191	131	99	93
33	39	43	41	41	43	48	48	31	24	21
33	39	43	39	41	43	47	45	31	25	24
71	80	87	76	72	72	80	77	52	38	36
25	30	32	29	32	36	41	40	26	22	21
30	34	35	32	34	38	43	41	28	22	23
53	60	66	60	63	67	74	68	45	34	33
84	97	114	99	89	90	103	106	78	53	42
59	68	78	65	61	62	71	72	48	33	28
54	64	76	66	60	58	67	73	52	35	32
221	258	315	274	232	203	223	251	196	131	90
189	217	263	232	197	174	191	218	168	114	84
485	520	581	531	450	352	340	378	280	198	173
283	327	395	370	310	249	254	286	222	156	123
61	73	80	72	70	73	83	85	57	44	42
28	34	42	34	31	30	34	42	29	20	18
31	37	45	37	33	32	36	43	29	19	17
21	25	28	24	24	24	26	28	19	14	14
21	25	30	29	27	26	29	29	22	15	15
54	66	78	69	64	63	69	76	58	42	43
52	63	75	65	60	58	64	74	54	38	33
104	119	141	125	115	111	122	132	99	70	59
234	261	313	271	233	197	204	236	182	125	94
48	56	69	59	56	52	56	63	47	34	30
42	48	56	46	42	39	43	47	33	22	20
68	81	98	85	75	67	73	91	68	47	40
245	281	354	316	268	222	241	290	228	158	116
148	171	210	185	166	152	167	191	142	97	83
33	39	48	43	40	38	44	50	39	27	22
23	27	33	29	29	29	32	36	26	19	17
16	18	19	16	16	18	21	21	14	10	10
18	21	23	19	20	22	25	27	17	13	15
52	60	71	58	53	54	60	68	50	34	33
79	91	109	91	81	79	88	100	73	49	44
34	41	49	40	38	41	48	54	38	27	26
19	22	25	22	22	24	28	30	19	14	14
26	31	36	30	27	29	32	38	25	18	18
35	41	48	41	40	42	48	52	35	26	26
18	22	25	20	21	22	25	29	19	14	15
152	169	187	157	143	145	164	169	113	80	70
23	25	27	23	24	26	30	28	18	14	14
34	38	43	39	40	45	51	49	31	25	24
48	53	56	49	51	57	64	62	40	32	33
30	36	38	32	32	36	41	43	29	22	22
29	33	35	30	32	36	41	40	26	21	21
43	46	49	44	49	57	64	58	38	31	32
46	49	54	47	45	46	48	37	24	21	18

Note) Statistics Bureau, Ministry of Internal Affairs and Communications, "Population Census" (Result with Imputation)

第10表　都道府県，年齢（5歳階級），
Table 10. Population by Age (Five-Year Groups) and Sex

（単位　千人）

都道府県 Prefectures	日本人人口　女							
	総数 Total	0～4歳 years old	5～9	10～14	15～19	20～24	25～29	30～34
全国 Japan	63, 396	2, 177	2, 457	2, 591	2, 736	2, 900	2, 914	3, 119
01 北海道 Hokkaido	2, 740	79	93	99	108	107	110	122
02 青森県 Aomori-ken	651	19	21	24	25	21	22	26
03 岩手県 Iwate-ken	623	18	22	24	26	21	22	26
04 宮城県 Miyagi-ken	1, 168	38	45	47	53	56	54	60
05 秋田県 Akita-ken	505	12	15	18	18	14	15	19
06 山形県 Yamagata-ken	547	17	20	22	23	19	19	24
07 福島県 Fukushima-ken	921	30	34	37	39	33	36	42
08 茨城県 Ibaraki-ken	1, 405	46	55	60	63	59	57	65
09 栃木県 Tochigi-ken	948	31	37	40	43	38	39	46
10 群馬県 Gumma-ken	951	31	36	40	44	39	38	42
11 埼玉県 Saitama-ken	3, 599	125	142	150	160	180	176	181
12 千葉県 Chiba-ken	3, 083	106	119	127	136	152	148	154
13 東京都 Tokyo-to	6, 860	247	252	245	262	395	444	435
14 神奈川県 Kanagawa-ken	4, 532	158	176	185	199	239	229	231
15 新潟県 Niigata-ken	1, 123	35	41	45	47	41	43	50
16 富山県 Toyama-ken	523	16	19	21	22	19	20	22
17 石川県 Ishikawa-ken	576	20	23	24	26	26	24	26
18 福井県 Fukui-ken	385	14	16	17	17	15	15	17
19 山梨県 Yamanashi-ken	404	13	15	17	19	17	16	17
20 長野県 Nagano-ken	1, 028	34	40	44	45	37	39	44
21 岐阜県 Gifu-ken	990	33	40	43	46	41	38	42
22 静岡県 Shizuoka-ken	1, 795	60	71	78	77	68	72	83
23 愛知県 Aichi-ken	3, 651	142	157	164	170	184	184	191
24 三重県 Mie-ken	881	29	34	38	39	36	35	40
25 滋賀県 Shiga-ken	701	27	32	33	34	33	31	35
26 京都府 Kyoto-fu	1, 317	42	48	51	60	72	62	62
27 大阪府 Osaka-fu	4, 479	153	167	177	196	233	229	231
28 兵庫県 Hyogo-ken	2, 810	96	110	117	124	127	119	131
29 奈良県 Nara-ken	694	22	26	28	31	31	27	30
30 和歌山県 Wakayama-ken	484	15	18	19	19	17	18	21
31 鳥取県 Tottori-ken	286	10	12	12	12	10	11	13
32 島根県 Shimane-ken	342	12	14	14	14	12	12	14
33 岡山県 Okayama-ken	965	34	38	40	44	46	42	45
34 広島県 Hiroshima-ken	1, 417	51	59	61	62	61	61	67
35 山口県 Yamaguchi-ken	697	22	25	28	29	25	24	28
36 徳島県 Tokushima-ken	373	11	13	14	15	14	13	16
37 香川県 Kagawa-ken	485	16	19	20	21	18	19	22
38 愛媛県 Ehime-ken	696	22	26	28	28	25	25	30
39 高知県 Kochi-ken	363	11	13	13	14	12	12	14
40 福岡県 Fukuoka-ken	2, 666	100	111	113	118	129	127	137
41 佐賀県 Saga-ken	423	16	18	19	19	17	16	19
42 長崎県 Nagasaki-ken	691	24	27	29	28	24	25	30
43 熊本県 Kumamoto-ken	907	34	38	40	39	34	36	42
44 大分県 Oita-ken	584	20	23	24	24	21	21	25
45 宮崎県 Miyazaki-ken	561	20	24	25	23	19	20	25
46 鹿児島県 Kagoshima-ken	833	30	35	36	35	29	31	38
47 沖縄県 Okinawa-ken	736	38	41	40	38	34	37	42

注）総務省統計局「国勢調査」（不詳補完値）

男　女　別　人　口－総人口，日本人人口（2020年10月１日現在）（続き）
for Prefectures - Total population, Japanese population, October 1, 2020 - Continued

(Thousand persons)

Japanese population							Female			
35～39	40～44	45～49	50～54	55～59	60～64	65～69	70～74	75～79	80～84	85歳以上 and over
3, 552	4, 057	4, 764	4, 241	3, 896	3, 714	4, 200	4, 826	3, 899	3, 159	4, 195
144	170	197	180	179	176	212	232	179	151	202
32	38	43	42	44	47	54	56	44	40	53
32	37	40	38	40	43	49	50	41	39	56
70	78	84	73	71	74	84	83	63	56	78
24	28	31	29	33	38	44	45	35	35	52
28	32	34	32	34	38	43	42	34	33	52
48	55	60	56	60	66	74	70	55	51	76
77	88	104	90	86	89	106	114	88	68	90
53	61	70	61	58	61	72	75	56	44	62
49	59	71	62	58	58	69	78	61	48	67
206	237	289	253	217	197	231	280	231	167	177
176	202	243	214	184	170	201	242	199	146	165
462	497	564	502	418	338	345	420	362	299	372
265	307	373	340	284	239	261	320	271	208	247
58	68	76	69	69	73	86	91	70	64	97
26	31	39	33	31	31	37	47	36	29	44
30	36	43	37	35	34	38	48	36	28	42
20	23	27	24	24	25	27	30	24	20	31
20	24	28	27	26	26	29	32	26	21	32
51	63	73	66	63	63	71	81	68	56	89
50	59	72	65	63	61	70	81	65	52	69
96	110	132	118	112	111	126	144	118	94	126
211	239	290	251	221	194	215	263	216	165	192
45	53	65	58	57	54	61	70	57	46	62
40	47	54	46	43	41	45	51	39	30	41
70	83	100	88	79	71	82	107	86	65	87
249	289	360	321	273	229	263	339	293	225	251
152	177	218	195	178	164	183	219	179	139	182
35	41	52	48	44	42	49	59	48	35	46
24	27	34	32	32	31	35	41	34	28	40
15	17	19	16	17	19	21	23	17	16	26
17	19	22	19	20	22	25	29	22	20	35
51	58	70	59	55	57	63	77	62	49	74
76	89	107	91	83	83	93	112	90	69	101
34	40	47	42	40	44	52	63	50	42	61
19	22	26	23	23	25	30	32	24	21	33
26	31	35	30	28	30	34	42	31	25	39
35	41	48	43	43	46	53	59	46	39	59
18	21	25	21	22	24	27	32	26	21	36
157	174	191	167	155	157	181	198	151	126	174
23	25	27	25	26	28	32	31	25	22	34
35	39	45	42	44	48	55	56	43	39	58
49	54	57	53	56	61	68	68	53	49	76
30	35	39	34	35	39	45	49	38	33	50
30	33	36	32	34	39	44	45	34	31	47
45	49	51	48	52	60	65	62	48	46	74
47	49	53	46	44	46	48	39	28	28	39

Note)　Statistics Bureau, Ministry of Internal Affairs and Communications, "Population Census" (Result with Imputation)

第11表　都道府県，年齢（3区分），
Table 11. Population by Age (3 Groups) and Sex

（単位　千人）

都道府県 Prefectures	総人口							
	男女計 Both sexes							
	総数 Total	15歳未満 Under	15～64	65歳以上 and over	65～74歳 years old	75歳以上 and over	総数 Total	15歳未満 Under
全国 Japan	127,042	15,809	76,673	34,560	17,669	16,891	61,816	8,098
01 北海道 Hokkaido	5,355	601	3,153	1,601	808	793	2,523	307
02 青森県 Aomori-ken	1,295	145	749	401	197	204	609	74
03 岩手県 Iwate-ken	1,268	148	726	394	183	211	610	76
04 宮城県 Miyagi-ken	2,332	286	1,432	614	308	306	1,139	147
05 秋田県 Akita-ken	1,011	104	557	350	160	190	475	53
06 山形県 Yamagata-ken	1,114	133	630	351	160	191	536	68
07 福島県 Fukushima-ken	1,903	226	1,118	559	269	290	940	116
08 茨城県 Ibaraki-ken	2,910	361	1,748	800	424	376	1,451	185
09 栃木県 Tochigi-ken	1,969	249	1,194	525	278	247	979	128
10 群馬県 Gumma-ken	1,969	247	1,165	557	288	269	972	127
11 埼玉県 Saitama-ken	7,288	909	4,523	1,856	1,034	822	3,637	466
12 千葉県 Chiba-ken	6,242	764	3,828	1,650	903	747	3,104	392
13 東京都 Tokyo-to	13,646	1,539	8,992	3,114	1,587	1,527	6,728	787
14 神奈川県 Kanagawa-ken	9,152	1,136	5,783	2,233	1,186	1,047	4,566	581
15 新潟県 Niigata-ken	2,286	271	1,316	699	334	366	1,107	139
16 富山県 Toyama-ken	1,061	127	605	330	166	164	513	65
17 石川県 Ishikawa-ken	1,151	147	678	326	169	157	558	75
18 福井県 Fukui-ken	783	102	452	229	112	117	380	53
19 山梨県 Yamanashi-ken	831	101	488	241	118	123	407	52
20 長野県 Nagano-ken	2,091	266	1,185	640	304	336	1,019	136
21 岐阜県 Gifu-ken	2,024	264	1,179	581	296	285	980	135
22 静岡県 Shizuoka-ken	3,690	472	2,168	1,050	536	514	1,817	243
23 愛知県 Aichi-ken	7,509	1,019	4,669	1,821	973	848	3,755	523
24 三重県 Mie-ken	1,809	231	1,063	515	259	256	881	118
25 滋賀県 Shiga-ken	1,414	202	861	350	184	166	697	104
26 京都府 Kyoto-fu	2,608	313	1,562	733	381	352	1,247	161
27 大阪府 Osaka-fu	8,841	1,085	5,390	2,366	1,256	1,110	4,254	555
28 兵庫県 Hyogo-ken	5,526	703	3,289	1,534	798	736	2,636	360
29 奈良県 Nara-ken	1,357	167	790	401	210	191	640	85
30 和歌山県 Wakayama-ken	956	114	539	302	148	154	450	58
31 鳥取県 Tottori-ken	570	73	324	173	81	92	272	37
32 島根県 Shimane-ken	691	86	377	228	105	123	332	44
33 岡山県 Okayama-ken	1,917	248	1,109	560	278	282	920	128
34 広島県 Hiroshima-ken	2,840	373	1,669	798	410	389	1,376	191
35 山口県 Yamaguchi-ken	1,394	167	769	457	224	233	660	86
36 徳島県 Tokushima-ken	750	86	426	238	115	123	357	44
37 香川県 Kagawa-ken	973	122	554	297	148	149	471	63
38 愛媛県 Ehime-ken	1,377	167	778	432	210	221	651	86
39 高知県 Kochi-ken	721	82	397	242	115	127	339	42
40 福岡県 Fukuoka-ken	5,113	679	3,079	1,355	697	658	2,417	347
41 佐賀県 Saga-ken	829	115	478	236	113	123	391	59
42 長崎県 Nagasaki-ken	1,367	176	775	416	198	218	642	90
43 熊本県 Kumamoto-ken	1,775	239	1,013	522	244	279	837	123
44 大分県 Oita-ken	1,160	145	653	361	174	187	549	74
45 宮崎県 Miyazaki-ken	1,097	148	617	332	158	174	516	76
46 鹿児島県 Kagoshima-ken	1,637	220	925	493	225	268	768	113
47 沖縄県 Okinawa-ken	1,442	248	900	293	144	150	709	127

男 女 別 人 口－総人口，日本人人口（2016年10月 1 日現在）
for Prefectures - Total population, Japanese population, October 1, 2016

(Thousand persons)

Total population									
男 Male				女 Female					
15～64	65歳以上 and over	65～74歳 years old	75歳以上 and over	総数 Total	15歳未満 Under	15～64	65歳以上 and over	65～74歳 years old	75歳以上 and over
38, 740	14, 979	8, 416	6, 563	65, 226	7, 712	37, 933	19, 581	9, 253	10, 328
1, 547	669	368	301	2, 831	294	1, 605	931	440	491
371	164	91	73	686	71	378	238	106	132
370	165	87	78	658	72	356	230	96	134
726	266	149	117	1, 192	140	705	348	159	189
279	143	76	68	536	51	278	207	85	122
318	149	79	71	578	65	311	201	81	120
582	243	133	109	962	110	536	316	135	181
905	360	208	152	1, 459	176	843	440	216	224
619	233	137	97	989	121	576	292	141	151
599	246	140	106	997	120	566	311	148	163
2, 328	843	497	346	3, 652	443	2, 195	1, 014	537	477
1, 965	747	435	312	3, 138	372	1, 863	903	469	435
4, 594	1, 346	755	592	6, 918	753	4, 398	1, 768	832	935
2, 988	997	568	428	4, 585	555	2, 794	1, 236	618	619
670	299	162	137	1, 179	132	646	401	172	228
308	140	79	61	548	62	296	190	87	103
343	139	81	59	594	72	335	187	88	99
229	99	54	45	403	50	223	130	58	73
249	105	57	48	424	49	239	136	61	75
603	280	147	132	1, 072	130	582	361	157	204
590	255	142	113	1, 043	129	589	326	154	172
1, 111	463	259	204	1, 874	230	1, 056	588	277	310
2, 418	814	469	345	3, 754	496	2, 251	1, 007	505	502
538	225	124	101	928	113	525	290	135	155
437	156	89	66	716	98	424	194	95	100
772	314	177	137	1, 361	153	789	419	203	215
2, 671	1, 027	588	439	4, 588	530	2, 719	1, 339	667	671
1, 613	663	376	287	2, 890	343	1, 676	871	422	449
380	175	98	77	717	82	409	226	112	114
264	127	69	58	506	56	275	175	79	96
163	72	39	33	298	36	161	101	42	59
192	95	51	45	359	42	185	133	54	79
553	239	132	107	997	120	556	321	146	175
843	343	195	148	1, 464	182	826	456	215	241
384	190	105	86	734	82	385	267	119	148
211	102	56	46	393	42	215	136	60	77
279	128	71	57	502	59	274	168	77	91
385	181	99	82	726	82	394	251	111	140
197	100	54	46	382	40	200	142	61	81
1, 506	563	324	240	2, 696	331	1, 573	792	373	418
235	98	53	44	437	56	243	138	60	79
380	171	93	79	725	86	395	245	105	139
496	218	115	103	938	117	517	305	129	176
323	151	82	70	611	71	329	210	93	118
301	139	75	65	581	72	315	193	84	109
449	207	109	98	869	107	476	287	116	170
452	130	71	59	733	121	448	163	73	91

第11表　都道府県，年齢（3区分），
Table 11.　Population by Age (3 Groups) and Sex

（単位　千人）

都道府県 Prefectures	日本人人口 男女計 Both sexes 総数 Total	15歳未満 Under	15～64	65歳以上 and over	65～74歳 years old	75歳以上 and over	総数 Total	15歳未満 Under
全国 Japan	125, 071	15, 635	75, 019	34, 417	17, 580	16, 837	60, 892	8, 008
01 北海道 Hokkaido	5, 330	600	3, 131	1, 599	807	792	2, 514	306
02 青森県 Aomori-ken	1, 291	145	745	401	197	204	607	74
03 岩手県 Iwate-ken	1, 262	148	721	394	183	211	608	76
04 宮城県 Miyagi-ken	2, 315	286	1, 417	613	307	306	1, 132	146
05 秋田県 Akita-ken	1, 008	104	554	350	160	190	474	53
06 山形県 Yamagata-ken	1, 108	133	625	351	160	191	534	68
07 福島県 Fukushima-ken	1, 893	225	1, 109	558	268	290	937	116
08 茨城県 Ibaraki-ken	2, 864	357	1, 708	799	423	376	1, 428	183
09 栃木県 Tochigi-ken	1, 939	246	1, 168	524	277	247	965	126
10 群馬県 Gumma-ken	1, 928	242	1, 130	556	287	269	951	124
11 埼玉県 Saitama-ken	7, 168	896	4, 420	1, 851	1, 031	821	3, 580	459
12 千葉県 Chiba-ken	6, 135	754	3, 736	1, 645	900	745	3, 056	387
13 東京都 Tokyo-to	13, 216	1, 503	8, 619	3, 094	1, 575	1, 519	6, 520	768
14 神奈川県 Kanagawa-ken	8, 988	1, 119	5, 646	2, 224	1, 180	1, 044	4, 489	572
15 新潟県 Niigata-ken	2, 274	270	1, 305	699	334	365	1, 103	139
16 富山県 Toyama-ken	1, 049	126	594	329	166	164	508	65
17 石川県 Ishikawa-ken	1, 141	146	669	326	169	157	552	75
18 福井県 Fukui-ken	773	102	443	228	111	117	376	52
19 山梨県 Yamanashi-ken	819	100	478	241	118	123	401	51
20 長野県 Nagano-ken	2, 063	263	1, 161	639	303	335	1, 007	135
21 岐阜県 Gifu-ken	1, 985	259	1, 147	579	295	285	963	133
22 静岡県 Shizuoka-ken	3, 625	464	2, 113	1, 048	534	513	1, 786	239
23 愛知県 Aichi-ken	7, 321	997	4, 515	1, 809	966	843	3, 664	511
24 三重県 Mie-ken	1, 775	227	1, 035	513	257	256	864	116
25 滋賀県 Shiga-ken	1, 392	200	843	349	183	165	686	103
26 京都府 Kyoto-fu	2, 561	311	1, 525	725	376	349	1, 225	159
27 大阪府 Osaka-fu	8, 670	1, 073	5, 260	2, 337	1, 238	1, 098	4, 173	549
28 兵庫県 Hyogo-ken	5, 442	697	3, 226	1, 519	789	730	2, 596	357
29 奈良県 Nara-ken	1, 348	166	782	400	209	190	636	85
30 和歌山県 Wakayama-ken	951	114	535	301	148	153	448	58
31 鳥取県 Tottori-ken	566	73	321	172	81	91	271	37
32 島根県 Shimane-ken	685	86	371	228	104	123	329	44
33 岡山県 Okayama-ken	1, 897	247	1, 093	558	277	281	911	127
34 広島県 Hiroshima-ken	2, 800	370	1, 635	795	408	387	1, 356	189
35 山口県 Yamaguchi-ken	1, 381	167	759	455	223	232	654	86
36 徳島県 Tokushima-ken	746	86	422	238	115	123	356	44
37 香川県 Kagawa-ken	964	122	546	296	148	149	466	63
38 愛媛県 Ehime-ken	1, 368	167	770	431	210	221	646	86
39 高知県 Kochi-ken	718	82	394	242	115	127	338	42
40 福岡県 Fukuoka-ken	5, 059	675	3, 034	1, 350	694	656	2, 390	346
41 佐賀県 Saga-ken	825	115	474	236	113	123	390	59
42 長崎県 Nagasaki-ken	1, 358	176	767	415	198	217	637	90
43 熊本県 Kumamoto-ken	1, 766	239	1, 005	522	243	279	833	122
44 大分県 Oita-ken	1, 150	145	644	361	174	187	545	74
45 宮崎県 Miyazaki-ken	1, 093	148	613	332	158	174	515	76
46 鹿児島県 Kagoshima-ken	1, 631	220	919	493	225	268	767	113
47 沖縄県 Okinawa-ken	1, 429	247	889	292	143	149	702	126

男　女　別　人　口－総人口，日本人人口（2016年10月１日現在）（続き）
for Prefectures - Total population, Japanese population, October 1, 2016 - Continued

(Thousand persons)

Japanese population									
男 Male				女 Female					
15～64	65歳以上 and over	65～74歳 years old	75歳以上 and over	総数 Total	15歳未満 Under	15～64	65歳以上 and over	65～74歳 years old	75歳以上 and over
37, 968	14, 916	8, 374	6, 542	64, 180	7, 627	37, 051	19, 501	9, 207	10, 295
1, 539	668	367	301	2, 817	294	1, 592	931	440	491
370	163	91	73	684	71	376	237	106	131
368	165	87	77	654	72	353	230	96	134
720	266	148	117	1, 184	139	697	347	159	189
278	143	76	68	534	51	276	207	85	122
317	149	79	71	574	65	308	201	81	120
579	243	133	109	956	110	530	316	135	181
885	359	207	152	1, 436	174	823	439	216	224
606	233	136	96	973	120	562	292	141	151
582	246	139	106	976	118	548	310	148	163
2, 281	840	496	345	3, 587	437	2, 140	1, 011	535	476
1, 924	745	433	311	3, 080	368	1, 812	901	467	434
4, 414	1, 337	749	588	6, 697	735	4, 205	1, 757	826	931
2, 924	993	566	427	4, 499	546	2, 722	1, 231	615	617
666	299	162	137	1, 171	132	639	400	172	228
304	140	79	61	541	61	290	190	87	103
339	139	80	58	588	72	330	187	88	99
225	98	54	45	397	50	218	130	57	72
245	105	57	48	417	49	233	136	61	75
593	279	147	132	1, 056	128	568	360	156	203
576	254	141	113	1, 022	126	571	325	153	172
1, 086	461	258	203	1, 839	226	1, 027	586	276	310
2, 344	809	465	344	3, 656	486	2, 170	1, 000	501	499
524	224	123	101	910	111	510	289	134	155
428	155	89	66	706	97	415	194	94	99
755	311	175	136	1, 336	151	770	414	201	213
2, 609	1, 015	580	435	4, 497	525	2, 651	1, 322	658	664
1, 583	656	372	284	2, 846	340	1, 643	863	417	446
377	174	98	77	712	81	405	225	112	114
263	127	69	58	503	56	273	174	79	95
162	72	39	33	296	36	159	101	42	59
190	95	51	45	355	42	181	132	54	79
546	238	132	107	986	120	547	320	145	174
826	341	194	147	1, 444	181	809	454	214	240
380	189	104	85	727	81	380	266	119	147
210	102	56	46	390	42	212	136	60	77
276	128	71	57	498	59	271	168	77	91
380	180	99	82	722	81	389	251	111	140
196	100	54	46	380	40	198	142	61	81
1, 483	561	322	239	2, 669	329	1, 551	789	372	417
234	98	53	44	435	56	241	138	60	78
376	171	93	78	721	85	392	244	105	139
493	218	115	103	933	116	512	304	128	176
320	151	81	69	605	71	325	210	92	118
300	139	75	65	578	72	313	193	84	109
447	206	109	98	864	107	471	286	116	170
446	130	71	59	727	121	444	163	72	91

第11表　都道府県，年齢（3区分），
Table 11. Population by Age (3 Groups) and Sex

（単位　千人）

都道府県 Prefectures	総人口 男女計 Both sexes 総数 Total	15歳未満 Under	15～64	65歳以上 and over	65～74歳 years old	75歳以上 and over	総数 Total	15歳未満 Under
全国 Japan	126, 919	15, 641	76, 190	35, 087	17, 643	17, 444	61, 753	8, 013
01 北海道 Hokkaido	5, 325	591	3, 105	1, 630	816	814	2, 510	302
02 青森県 Aomori-ken	1, 282	141	734	407	199	208	603	72
03 岩手県 Iwate-ken	1, 254	144	711	399	186	214	603	74
04 宮城県 Miyagi-ken	2, 326	282	1, 418	626	314	312	1, 136	145
05 秋田県 Akita-ken	999	101	543	354	162	192	470	52
06 山形県 Yamagata-ken	1, 103	130	618	355	163	192	531	66
07 福島県 Fukushima-ken	1, 886	222	1, 098	566	274	292	931	114
08 茨城県 Ibaraki-ken	2, 902	356	1, 729	818	428	390	1, 448	183
09 栃木県 Tochigi-ken	1, 962	245	1, 181	536	282	254	977	126
10 群馬県 Gumma-ken	1, 963	242	1, 155	567	289	278	970	124
11 埼玉県 Saitama-ken	7, 307	902	4, 506	1, 899	1, 027	872	3, 643	462
12 千葉県 Chiba-ken	6, 258	759	3, 818	1, 681	895	786	3, 111	389
13 東京都 Tokyo-to	13, 768	1, 550	9, 070	3, 148	1, 566	1, 582	6, 782	792
14 神奈川県 Kanagawa-ken	9, 173	1, 124	5, 772	2, 277	1, 175	1, 102	4, 571	575
15 新潟県 Niigata-ken	2, 267	266	1, 294	708	337	370	1, 099	136
16 富山県 Toyama-ken	1, 056	124	599	333	164	168	512	64
17 石川県 Ishikawa-ken	1, 148	145	673	330	168	162	557	74
18 福井県 Fukui-ken	780	101	448	231	112	119	379	52
19 山梨県 Yamanashi-ken	826	99	482	244	119	126	404	51
20 長野県 Nagano-ken	2, 082	261	1, 176	645	303	342	1, 016	134
21 岐阜県 Gifu-ken	2, 012	259	1, 164	589	296	293	975	133
22 静岡県 Shizuoka-ken	3, 681	465	2, 149	1, 066	536	530	1, 813	239
23 愛知県 Aichi-ken	7, 528	1, 011	4, 665	1, 851	964	888	3, 763	518
24 三重県 Mie-ken	1, 801	227	1, 053	521	258	263	877	116
25 滋賀県 Shiga-ken	1, 414	200	857	357	185	172	697	103
26 京都府 Kyoto-fu	2, 604	310	1, 552	742	375	367	1, 245	159
27 大阪府 Osaka-fu	8, 841	1, 071	5, 372	2, 398	1, 229	1, 169	4, 249	548
28 兵庫県 Hyogo-ken	5, 515	695	3, 262	1, 558	791	766	2, 629	356
29 奈良県 Nara-ken	1, 349	164	778	408	208	199	636	84
30 和歌山県 Wakayama-ken	948	113	531	305	147	158	446	58
31 鳥取県 Tottori-ken	566	72	319	175	83	92	270	37
32 島根県 Shimane-ken	687	85	372	229	105	124	330	44
33 岡山県 Okayama-ken	1, 911	244	1, 102	565	277	289	917	126
34 広島県 Hiroshima-ken	2, 833	369	1, 657	807	407	401	1, 373	189
35 山口県 Yamaguchi-ken	1, 382	164	757	461	224	238	655	84
36 徳島県 Tokushima-ken	744	84	418	241	117	124	354	43
37 香川県 Kagawa-ken	968	121	548	299	148	152	468	62
38 愛媛県 Ehime-ken	1, 368	165	766	437	212	225	647	84
39 高知県 Kochi-ken	714	81	390	244	115	129	337	41
40 福岡県 Fukuoka-ken	5, 123	677	3, 065	1, 381	703	677	2, 423	347
41 佐賀県 Saga-ken	825	113	472	240	115	124	390	58
42 長崎県 Nagasaki-ken	1, 355	173	759	422	202	221	636	89
43 熊本県 Kumamoto-ken	1, 767	237	1, 000	530	249	281	834	122
44 大分県 Oita-ken	1, 152	144	643	366	176	190	545	73
45 宮崎県 Miyazaki-ken	1, 091	147	606	338	161	177	514	75
46 鹿児島県 Kagoshima-ken	1, 626	217	908	501	232	269	764	112
47 沖縄県 Okinawa-ken	1, 448	248	897	303	150	153	712	126

男　女　別　人　口－総人口，日本人人口（2017年10月１日現在）（続き）
for Prefectures - Total population, Japanese population, October 1, 2017 - Continued

(Thousand persons)

Total population									
男 Male				女 Female					
15～64	65歳以上 and over	65～74歳 years old	75歳以上 and over	総数 Total	15歳未満 Under	15～64	65歳以上 and over	65～74歳 years old	75歳以上 and over
38, 519	15, 221	8, 413	6, 809	65, 165	7, 628	37, 671	19, 866	9, 230	10, 635
1, 527	681	373	309	2, 815	289	1, 578	948	443	505
364	166	92	74	679	69	369	240	107	134
362	167	89	78	651	70	349	232	97	135
720	272	152	120	1, 190	138	699	354	162	192
273	145	77	69	529	50	271	209	86	123
313	152	80	71	571	63	305	203	83	120
571	247	136	110	954	108	527	320	138	182
897	368	209	159	1, 454	173	832	449	219	230
612	239	139	100	985	119	568	298	143	154
595	251	140	110	993	118	560	316	149	167
2, 320	861	493	368	3, 664	440	2, 186	1, 038	534	504
1, 962	760	430	330	3, 147	369	1, 856	922	465	456
4, 629	1, 361	748	613	6, 985	758	4, 441	1, 787	818	969
2, 981	1, 015	563	451	4, 602	549	2, 791	1, 262	612	650
659	303	164	140	1, 168	129	635	404	174	231
306	141	78	63	545	60	293	191	86	105
341	141	80	61	592	71	332	189	88	101
227	100	54	46	401	49	221	131	58	74
247	107	58	49	421	48	236	137	61	76
599	282	147	136	1, 067	127	577	363	156	206
583	259	142	117	1, 037	126	581	330	154	176
1, 103	471	259	211	1, 868	227	1, 046	596	277	319
2, 418	827	463	364	3, 765	493	2, 247	1, 025	501	524
534	227	123	104	924	111	519	293	135	159
436	159	90	69	717	97	421	198	96	103
768	318	175	143	1, 359	151	784	424	201	223
2, 663	1, 039	576	463	4, 591	524	2, 709	1, 359	654	705
1, 600	672	373	300	2, 886	339	1, 662	885	419	467
375	178	97	81	713	80	403	230	111	119
260	129	69	60	502	55	271	176	78	98
161	73	40	33	296	35	159	102	43	59
190	97	51	45	356	41	182	133	54	79
549	242	131	111	994	118	552	323	145	178
838	347	194	153	1, 460	180	820	460	213	247
378	193	105	88	728	80	379	269	119	150
208	103	56	47	389	41	211	138	60	78
277	130	71	59	500	59	271	170	77	93
379	183	100	83	721	80	387	254	112	142
194	102	55	47	378	39	196	142	61	82
1, 501	575	327	248	2, 700	330	1, 564	806	376	430
232	100	55	45	435	55	239	140	61	79
372	175	95	80	719	84	387	247	106	141
490	222	118	104	933	116	510	308	130	177
318	153	83	71	607	70	324	212	93	119
296	143	77	66	577	72	310	196	85	111
441	211	113	99	862	105	467	289	119	170
450	135	74	61	736	121	446	168	76	93

第11表　都道府県，年齢（3区分），
Table 11. Population by Age (3 Groups) and Sex

（単位　千人）

都道府県 Prefectures	日本人人口							
	男女計 Both sexes							
	総数 Total	15歳未満 Under	15～64	65歳以上 and over	65～74歳 years old	75歳以上 and over	総数 Total	15歳未満 Under
全国 Japan	124, 745	15, 454	74, 355	34, 936	17, 549	17, 386	60, 722	7, 916
01 北海道 Hokkaido	5, 298	589	3, 080	1, 628	815	813	2, 499	301
02 青森県 Aomori-ken	1, 277	141	730	406	199	208	601	72
03 岩手県 Iwate-ken	1, 249	144	706	399	185	213	602	74
04 宮城県 Miyagi-ken	2, 309	281	1, 403	625	313	311	1, 128	144
05 秋田県 Akita-ken	995	101	541	354	162	192	469	52
06 山形県 Yamagata-ken	1, 097	130	613	355	163	192	530	66
07 福島県 Fukushima-ken	1, 875	221	1, 088	566	274	292	927	113
08 茨城県 Ibaraki-ken	2, 852	351	1, 684	816	427	389	1, 422	180
09 栃木県 Tochigi-ken	1, 929	242	1, 152	535	281	254	961	124
10 群馬県 Gumma-ken	1, 917	237	1, 115	565	288	277	946	121
11 埼玉県 Saitama-ken	7, 171	887	4, 390	1, 894	1, 023	871	3, 580	455
12 千葉県 Chiba-ken	6, 137	748	3, 713	1, 676	892	784	3, 055	384
13 東京都 Tokyo-to	13, 293	1, 511	8, 655	3, 126	1, 553	1, 574	6, 550	772
14 神奈川県 Kanagawa-ken	8, 994	1, 106	5, 621	2, 267	1, 169	1, 098	4, 486	566
15 新潟県 Niigata-ken	2, 254	265	1, 282	707	337	370	1, 094	136
16 富山県 Toyama-ken	1, 043	123	587	332	164	168	505	63
17 石川県 Ishikawa-ken	1, 137	144	663	330	167	162	551	74
18 福井県 Fukui-ken	769	100	438	230	111	119	374	52
19 山梨県 Yamanashi-ken	813	98	471	244	118	126	399	50
20 長野県 Nagano-ken	2, 052	258	1, 150	644	302	342	1, 002	132
21 岐阜県 Gifu-ken	1, 971	254	1, 130	587	294	293	956	130
22 静岡県 Shizuoka-ken	3, 608	457	2, 088	1, 064	534	529	1, 778	234
23 愛知県 Aichi-ken	7, 321	987	4, 495	1, 839	956	883	3, 662	506
24 三重県 Mie-ken	1, 762	222	1, 021	519	257	262	858	114
25 滋賀県 Shiga-ken	1, 390	197	838	355	184	171	685	101
26 京都府 Kyoto-fu	2, 554	307	1, 513	734	371	363	1, 221	158
27 大阪府 Osaka-fu	8, 652	1, 058	5, 227	2, 367	1, 211	1, 156	4, 160	541
28 兵庫県 Hyogo-ken	5, 425	689	3, 194	1, 542	782	760	2, 586	353
29 奈良県 Nara-ken	1, 340	163	770	406	208	199	632	83
30 和歌山県 Wakayama-ken	943	112	527	304	147	157	444	57
31 鳥取県 Tottori-ken	562	72	316	174	82	92	269	37
32 島根県 Shimane-ken	679	85	366	229	105	124	327	44
33 岡山県 Okayama-ken	1, 890	243	1, 083	563	275	288	908	125
34 広島県 Hiroshima-ken	2, 790	366	1, 621	804	405	399	1, 352	187
35 山口県 Yamaguchi-ken	1, 369	164	746	459	222	237	649	84
36 徳島県 Tokushima-ken	739	84	414	241	117	124	353	43
37 香川県 Kagawa-ken	959	121	540	299	147	152	464	62
38 愛媛県 Ehime-ken	1, 358	164	757	437	212	225	642	84
39 高知県 Kochi-ken	711	80	386	244	115	129	335	41
40 福岡県 Fukuoka-ken	5, 061	673	3, 013	1, 376	700	675	2, 391	345
41 佐賀県 Saga-ken	820	113	467	240	115	124	388	58
42 長崎県 Nagasaki-ken	1, 346	173	752	422	201	220	632	89
43 熊本県 Kumamoto-ken	1, 756	237	990	529	248	281	829	121
44 大分県 Oita-ken	1, 141	143	633	365	175	190	541	73
45 宮崎県 Miyazaki-ken	1, 086	146	602	338	161	177	512	75
46 鹿児島県 Kagoshima-ken	1, 618	217	901	500	231	269	762	112
47 沖縄県 Okinawa-ken	1, 434	247	885	302	149	153	704	126

男　女　別　人　口－総人口，日本人人口（2017年10月１日現在）（続き）
for Prefectures - Total population, Japanese population, October 1, 2017 - Continued

(Thousand persons)

Japanese population									
男 Male				女 Female					
15～64	65歳以上 and over	65～74歳 years old	75歳以上 and over	総数 Total	15歳未満 Under	15～64	65歳以上 and over	65～74歳 years old	75歳以上 and over
37, 651	15, 155	8, 369	6, 786	64, 022	7, 538	36, 704	19, 781	9, 181	10, 600
1, 517	681	372	308	2, 799	288	1, 564	947	443	504
363	166	92	74	676	69	367	240	107	134
361	167	89	78	647	70	345	232	97	135
712	271	152	120	1, 180	137	690	353	162	192
272	145	76	69	527	50	269	208	85	123
312	152	80	71	567	63	301	203	82	120
567	246	136	110	948	108	521	319	137	182
874	368	208	159	1, 429	171	810	448	218	230
599	238	138	100	968	117	554	297	143	154
575	250	140	110	970	115	540	315	148	167
2, 266	859	491	367	3, 592	433	2, 124	1, 035	532	503
1, 914	757	428	329	3, 082	364	1, 799	919	463	455
4, 426	1, 352	742	610	6, 742	739	4, 229	1, 775	811	964
2, 910	1, 010	560	450	4, 508	540	2, 711	1, 257	608	648
655	303	164	140	1, 160	129	627	404	173	231
301	141	78	63	537	60	286	191	86	105
336	141	80	61	586	71	326	189	88	101
223	100	54	46	394	49	215	131	57	74
242	107	57	49	414	48	229	137	61	76
588	282	146	135	1, 050	126	562	362	156	206
569	258	141	117	1, 015	124	562	329	153	176
1, 075	469	258	211	1, 830	222	1, 014	594	276	318
2, 335	821	459	362	3, 658	481	2, 159	1, 018	497	521
518	226	123	104	904	109	503	292	134	158
426	158	89	69	705	96	412	197	95	102
749	315	172	142	1, 333	149	764	419	198	221
2, 593	1, 026	567	459	4, 493	517	2, 634	1, 341	644	697
1, 567	666	368	297	2, 839	336	1, 627	876	414	462
372	177	97	81	708	80	399	229	111	118
259	128	69	60	499	55	268	176	78	98
160	73	40	33	293	35	156	102	43	59
187	96	51	45	352	41	178	133	54	79
541	241	131	110	982	118	542	322	144	178
819	346	193	153	1, 439	179	802	458	212	246
373	192	104	87	720	80	373	268	118	150
206	103	56	47	386	41	208	138	60	78
273	129	71	59	495	59	267	170	77	93
375	183	100	83	716	80	382	253	112	142
192	101	55	47	376	39	194	142	61	82
1, 474	573	326	247	2, 670	328	1, 539	803	374	428
230	100	55	45	432	55	237	140	61	79
368	175	95	80	714	84	383	247	106	141
486	222	118	104	926	115	503	307	130	177
314	153	82	71	601	70	319	212	93	119
295	142	77	66	574	72	307	195	85	111
439	211	113	99	857	105	462	289	119	170
444	134	74	60	730	121	441	168	75	92

第11表　都道府県，年齢（3区分），
Table 11. Population by Age (3 Groups) and Sex

（単位　千人）

都道府県 Prefectures	総人口 男女計 Both sexes 総数 Total	15歳未満 Under	15～64	65歳以上 and over	65～74歳 years old	75歳以上 and over	総数 Total	15歳未満 Under
全国 Japan	126, 749	15, 473	75, 796	35, 479	17, 567	17, 913	61, 673	7, 927
01 北海道 Hokkaido	5, 293	580	3, 061	1, 652	819	833	2, 495	297
02 青森県 Aomori-ken	1, 268	138	718	412	201	211	597	70
03 岩手県 Iwate-ken	1, 240	141	697	403	187	215	597	72
04 宮城県 Miyagi-ken	2, 320	279	1, 406	635	317	317	1, 132	143
05 秋田県 Akita-ken	985	99	530	356	164	192	464	50
06 山形県 Yamagata-ken	1, 092	127	607	358	166	192	527	65
07 福島県 Fukushima-ken	1, 869	217	1, 080	572	278	294	922	111
08 茨城県 Ibaraki-ken	2, 892	350	1, 711	831	429	402	1, 443	180
09 栃木県 Tochigi-ken	1, 953	240	1, 167	546	285	261	974	124
10 群馬県 Gumma-ken	1, 957	238	1, 146	574	289	285	967	122
11 埼玉県 Saitama-ken	7, 325	894	4, 498	1, 933	1, 013	920	3, 650	458
12 千葉県 Chiba-ken	6, 273	753	3, 815	1, 704	881	823	3, 117	386
13 東京都 Tokyo-to	13, 887	1, 561	9, 157	3, 169	1, 538	1, 631	6, 835	798
14 神奈川県 Kanagawa-ken	9, 197	1, 113	5, 775	2, 309	1, 157	1, 152	4, 579	570
15 新潟県 Niigata-ken	2, 246	260	1, 272	714	340	373	1, 090	134
16 富山県 Toyama-ken	1, 050	122	594	335	163	171	510	63
17 石川県 Ishikawa-ken	1, 145	143	669	333	166	167	555	73
18 福井県 Fukui-ken	777	100	444	233	111	121	378	51
19 山梨県 Yamanashi-ken	821	97	477	247	118	128	402	50
20 長野県 Nagano-ken	2, 073	256	1, 168	649	302	347	1, 012	131
21 岐阜県 Gifu-ken	2, 001	254	1, 153	595	294	301	971	130
22 静岡県 Shizuoka-ken	3, 667	458	2, 131	1, 078	534	544	1, 807	235
23 愛知県 Aichi-ken	7, 541	1, 003	4, 663	1, 875	953	922	3, 768	514
24 三重県 Mie-ken	1, 793	223	1, 045	525	256	269	875	114
25 滋賀県 Shiga-ken	1, 414	198	854	362	185	177	698	102
26 京都府 Kyoto-fu	2, 598	305	1, 544	749	369	379	1, 241	156
27 大阪府 Osaka-fu	8, 838	1, 059	5, 360	2, 419	1, 204	1, 215	4, 245	542
28 兵庫県 Hyogo-ken	5, 501	687	3, 238	1, 576	785	791	2, 621	352
29 奈良県 Nara-ken	1, 341	161	768	413	206	207	632	82
30 和歌山県 Wakayama-ken	940	110	523	306	146	160	443	56
31 鳥取県 Tottori-ken	562	71	314	176	84	93	268	36
32 島根県 Shimane-ken	682	84	368	230	106	124	329	43
33 岡山県 Okayama-ken	1, 904	241	1, 094	569	275	294	914	124
34 広島県 Hiroshima-ken	2, 824	365	1, 645	814	404	410	1, 369	187
35 山口県 Yamaguchi-ken	1, 369	161	745	464	222	241	649	82
36 徳島県 Tokushima-ken	736	83	411	243	118	125	351	43
37 香川県 Kagawa-ken	963	120	542	301	148	153	466	61
38 愛媛県 Ehime-ken	1, 357	162	755	440	214	226	642	83
39 高知県 Kochi-ken	707	79	383	245	115	129	333	40
40 福岡県 Fukuoka-ken	5, 131	676	3, 053	1, 403	711	692	2, 428	346
41 佐賀県 Saga-ken	821	112	465	243	118	125	388	58
42 長崎県 Nagasaki-ken	1, 341	171	744	426	206	221	630	88
43 熊本県 Kumamoto-ken	1, 759	235	987	536	253	283	831	121
44 大分県 Oita-ken	1, 143	141	632	369	177	192	541	72
45 宮崎県 Miyazaki-ken	1, 084	145	597	342	164	178	511	74
46 鹿児島県 Kagoshima-ken	1, 614	215	894	506	237	269	759	111
47 沖縄県 Okinawa-ken	1, 454	247	894	313	157	156	715	126

男　女　別　人　口－総人口，日本人人口（2018年10月１日現在）（続き）
for Prefectures - Total population, Japanese population, October 1, 2018 - Continued

(Thousand persons)

Total population									
男 Male				女 Female					
15～64	65歳以上 and over	65～74歳 years old	75歳以上 and over	総数 Total	15歳未満 Under	15～64	65歳以上 and over	65～74歳 years old	75歳以上 and over
38, 347	15, 398	8, 384	7, 014	65, 076	7, 546	37, 449	20, 081	9, 183	10, 898
1, 508	691	375	315	2, 798	283	1, 553	961	444	517
358	169	94	75	671	67	361	243	107	135
355	169	90	79	643	69	342	233	97	136
713	276	154	123	1, 187	136	693	358	164	195
266	147	78	69	522	48	264	210	86	123
308	154	82	72	565	62	299	204	84	120
561	250	138	111	946	106	518	322	140	183
889	375	209	165	1, 449	170	822	456	220	237
607	244	140	104	979	116	561	302	145	157
591	254	140	114	990	116	555	319	148	171
2, 318	874	486	389	3, 675	436	2, 180	1, 058	527	531
1, 962	768	422	346	3, 156	367	1, 853	936	459	477
4, 666	1, 370	738	632	7, 053	763	4, 491	1, 799	800	999
2, 982	1, 027	555	472	4, 618	543	2, 793	1, 282	602	680
649	307	166	141	1, 157	127	624	407	175	232
304	142	78	64	541	59	290	192	85	107
340	142	79	63	590	70	329	190	87	103
226	101	54	47	399	48	218	132	58	75
244	108	58	51	418	47	233	138	61	77
596	285	146	138	1, 061	125	572	364	155	209
579	261	141	120	1, 031	124	574	333	153	180
1, 096	476	258	218	1, 859	223	1, 035	602	276	326
2, 418	836	457	379	3, 772	489	2, 244	1, 039	495	543
531	229	122	107	918	109	514	296	134	161
435	161	90	72	716	96	419	201	96	105
764	320	172	149	1, 356	149	780	428	198	230
2, 658	1, 045	563	482	4, 594	517	2, 703	1, 374	641	733
1, 590	679	369	310	2, 880	335	1, 648	897	416	481
371	180	96	84	709	79	397	233	110	123
257	129	68	61	497	54	266	177	78	99
158	74	40	33	293	35	156	103	43	59
189	97	52	45	353	41	180	133	54	79
546	244	131	114	989	117	548	325	144	181
832	350	193	158	1, 455	178	813	464	211	252
373	194	105	89	720	78	372	270	118	152
204	104	57	47	385	40	206	139	60	78
274	131	71	59	498	58	269	171	77	94
374	185	101	84	715	79	381	255	113	142
191	102	55	47	374	39	192	143	61	82
1, 497	586	332	254	2, 703	330	1, 556	817	379	438
229	102	56	45	432	55	236	141	62	80
365	178	98	80	711	83	379	249	108	141
485	226	121	105	928	115	503	310	132	178
314	155	84	72	602	69	319	214	94	120
292	145	78	67	573	71	305	197	86	111
434	215	116	99	855	104	460	291	121	170
449	140	78	62	739	121	445	173	79	94

第11表　都道府県，年齢（3区分），
Table 11.　Population by Age (3 Groups) and Sex

（単位　千人）

都道府県 Prefectures	日本人人口 男女計 Both sexes 総数 Total	15歳未満 Under	15～64	65歳以上 and over	65～74歳 years old	75歳以上 and over	総数 Total	15歳未満 Under
全国 Japan	124, 349	15, 273	73, 758	35, 318	17, 468	17, 851	60, 518	7, 824
01 北海道 Hokkaido	5, 262	579	3, 033	1, 650	818	832	2, 482	296
02 青森県 Aomori-ken	1, 263	138	714	411	201	211	595	70
03 岩手県 Iwate-ken	1, 234	140	691	402	187	215	594	72
04 宮城県 Miyagi-ken	2, 301	278	1, 389	634	317	317	1, 124	143
05 秋田県 Akita-ken	982	98	527	356	164	192	463	50
06 山形県 Yamagata-ken	1, 085	127	601	357	166	192	525	65
07 福島県 Fukushima-ken	1, 856	217	1, 068	571	277	294	917	111
08 茨城県 Ibaraki-ken	2, 836	345	1, 662	829	427	402	1, 415	177
09 栃木県 Tochigi-ken	1, 918	237	1, 136	545	284	261	956	122
10 群馬県 Gumma-ken	1, 906	232	1, 102	572	287	285	941	119
11 埼玉県 Saitama-ken	7, 171	878	4, 366	1, 927	1, 009	918	3, 575	450
12 千葉県 Chiba-ken	6, 136	741	3, 696	1, 699	877	821	3, 052	380
13 東京都 Tokyo-to	13, 368	1, 520	8, 702	3, 146	1, 524	1, 622	6, 581	777
14 神奈川県 Kanagawa-ken	8, 999	1, 094	5, 607	2, 299	1, 150	1, 148	4, 484	560
15 新潟県 Niigata-ken	2, 232	260	1, 259	713	340	373	1, 084	133
16 富山県 Toyama-ken	1, 035	121	580	334	163	171	502	62
17 石川県 Ishikawa-ken	1, 131	142	657	332	166	166	548	72
18 福井県 Fukui-ken	764	99	433	232	111	121	372	51
19 山梨県 Yamanashi-ken	807	96	465	246	118	128	396	49
20 長野県 Nagano-ken	2, 040	254	1, 139	647	301	347	997	130
21 岐阜県 Gifu-ken	1, 957	249	1, 116	593	293	300	950	127
22 静岡県 Shizuoka-ken	3, 587	448	2, 065	1, 075	532	543	1, 769	230
23 愛知県 Aichi-ken	7, 312	977	4, 473	1, 862	945	917	3, 656	500
24 三重県 Mie-ken	1, 749	218	1, 009	523	255	268	853	111
25 滋賀県 Shiga-ken	1, 387	195	832	361	184	176	684	100
26 京都府 Kyoto-fu	2, 544	302	1, 502	740	364	375	1, 215	155
27 大阪府 Osaka-fu	8, 632	1, 046	5, 200	2, 386	1, 185	1, 201	4, 145	535
28 兵庫県 Hyogo-ken	5, 405	681	3, 164	1, 560	776	784	2, 575	349
29 奈良県 Nara-ken	1, 331	160	759	411	205	206	628	82
30 和歌山県 Wakayama-ken	934	110	519	305	145	160	441	56
31 鳥取県 Tottori-ken	558	71	311	176	83	92	267	36
32 島根県 Shimane-ken	674	84	361	229	105	124	325	43
33 岡山県 Okayama-ken	1, 880	240	1, 073	567	274	294	903	124
34 広島県 Hiroshima-ken	2, 777	362	1, 605	811	402	409	1, 345	185
35 山口県 Yamaguchi-ken	1, 355	160	733	461	221	240	642	82
36 徳島県 Tokushima-ken	731	82	406	243	117	125	349	42
37 香川県 Kagawa-ken	953	119	533	301	148	153	461	61
38 愛媛県 Ehime-ken	1, 347	161	746	440	213	226	637	83
39 高知県 Kochi-ken	703	79	380	245	115	129	331	40
40 福岡県 Fukuoka-ken	5, 061	671	2, 993	1, 398	708	690	2, 392	344
41 佐賀県 Saga-ken	815	112	460	243	118	125	386	57
42 長崎県 Nagasaki-ken	1, 333	171	736	426	205	221	626	88
43 熊本県 Kumamoto-ken	1, 745	235	975	535	253	283	826	120
44 大分県 Oita-ken	1, 132	141	622	369	177	192	536	72
45 宮崎県 Miyazaki-ken	1, 078	145	592	342	164	178	509	74
46 鹿児島県 Kagoshima-ken	1, 606	215	886	505	237	269	756	111
47 沖縄県 Okinawa-ken	1, 438	246	880	312	156	156	706	125

男　女　別　人　口－総人口，日本人人口（2018年10月１日現在）（続き）
for Prefectures - Total population, Japanese population, October 1, 2018 - Continued

(Thousand persons)

Japanese population									
男 Male				女 Female					
15～64	65歳以上 and over	65～74歳 years old	75歳以上 and over	総数 Total	15歳未満 Under	15～64	65歳以上 and over	65～74歳 years old	75歳以上 and over
37, 366	15, 328	8, 338	6, 990	63, 831	7, 449	36, 392	19, 991	9, 130	10, 861
1, 496	690	375	315	2, 780	283	1, 537	960	444	517
356	169	93	75	668	67	358	243	107	135
353	169	90	79	639	69	338	233	97	136
705	276	153	123	1, 177	135	684	358	163	194
266	147	78	69	519	48	262	209	86	123
306	154	82	72	561	62	295	204	84	120
557	249	138	111	939	106	512	322	139	182
864	374	209	165	1, 421	168	798	455	219	236
591	243	140	103	961	115	545	301	144	157
569	253	140	114	965	113	533	318	148	171
2, 254	872	484	388	3, 595	428	2, 112	1, 055	525	530
1, 907	766	421	345	3, 084	361	1, 790	933	457	476
4, 444	1, 360	731	629	6, 787	743	4, 258	1, 786	792	994
2, 901	1, 022	552	470	4, 515	534	2, 706	1, 276	599	678
644	307	165	141	1, 148	126	616	406	174	232
298	142	78	64	533	59	282	192	85	107
334	142	79	63	583	70	323	190	87	103
221	100	54	47	391	48	212	132	57	74
239	108	57	51	411	47	226	138	61	77
583	284	146	138	1, 043	124	556	363	155	209
562	260	141	120	1, 007	121	554	332	152	180
1, 064	474	257	217	1, 819	218	1, 000	600	275	326
2, 325	830	453	377	3, 657	477	2, 148	1, 032	491	540
513	228	121	107	897	107	496	294	133	161
423	160	89	72	704	95	409	200	95	105
744	317	169	147	1, 328	147	758	423	195	228
2, 579	1, 031	555	477	4, 486	511	2, 621	1, 354	630	724
1, 554	672	365	307	2, 830	332	1, 611	888	411	476
367	179	96	84	703	79	393	232	110	122
255	129	68	61	494	54	263	176	77	99
157	74	40	33	291	35	154	102	43	59
185	97	52	45	349	41	176	132	54	79
536	243	130	113	976	116	536	324	143	180
812	349	192	157	1, 432	177	794	462	210	251
367	193	104	89	712	78	366	268	117	151
203	104	57	47	382	40	203	139	60	78
269	130	71	59	492	58	264	171	77	94
370	185	101	84	710	79	376	255	113	142
189	102	55	47	372	39	190	143	61	82
1, 465	583	330	253	2, 670	328	1, 528	814	377	437
227	102	56	45	429	55	233	141	62	80
361	177	97	80	706	83	375	248	108	140
480	226	121	105	920	115	495	310	132	178
309	155	83	72	595	69	313	214	93	120
290	145	78	67	570	71	302	197	86	111
431	214	115	99	849	104	454	291	121	170
441	139	78	62	731	120	439	173	79	94

第11表　都道府県，年齢（3区分），
Table 11.　Population by Age (3 Groups) and Sex

（単位　千人）

都道府県 Prefectures	総人口 男女計 Both sexes 総数 Total	15歳未満 Under	15～64	65歳以上 and over	65～74歳 years old	75歳以上 and over	総数 Total	15歳未満 Under
全国 Japan	126, 555	15, 259	75, 542	35, 754	17, 353	18, 402	61, 588	7, 818
01 北海道 Hokkaido	5, 259	568	3, 025	1, 667	819	848	2, 480	291
02 青森県 Aomori-ken	1, 253	134	704	415	202	213	590	68
03 岩手県 Iwate-ken	1, 226	137	684	405	188	217	590	70
04 宮城県 Miyagi-ken	2, 312	274	1, 397	641	318	323	1, 128	141
05 秋田県 Akita-ken	972	96	518	358	166	193	458	49
06 山形県 Yamagata-ken	1, 080	123	597	359	167	192	522	63
07 福島県 Fukushima-ken	1, 852	212	1, 064	576	279	297	914	109
08 茨城県 Ibaraki-ken	2, 879	342	1, 697	840	426	414	1, 437	176
09 栃木県 Tochigi-ken	1, 943	234	1, 155	554	286	268	970	121
10 群馬県 Gumma-ken	1, 949	232	1, 138	579	286	293	964	119
11 埼玉県 Saitama-ken	7, 342	884	4, 500	1, 958	991	968	3, 657	453
12 千葉県 Chiba-ken	6, 283	745	3, 818	1, 720	861	859	3, 120	382
13 東京都 Tokyo-to	14, 007	1, 567	9, 258	3, 182	1, 506	1, 677	6, 889	802
14 神奈川県 Kanagawa-ken	9, 224	1, 101	5, 789	2, 335	1, 133	1, 202	4, 589	564
15 新潟県 Niigata-ken	2, 224	254	1, 253	717	341	376	1, 079	130
16 富山県 Toyama-ken	1, 043	119	589	335	160	175	506	61
17 石川県 Ishikawa-ken	1, 139	140	664	335	164	171	553	72
18 福井県 Fukui-ken	771	98	440	234	111	123	376	50
19 山梨県 Yamanashi-ken	815	95	472	248	118	130	400	48
20 長野県 Nagano-ken	2, 061	251	1, 159	651	298	354	1, 007	129
21 岐阜県 Gifu-ken	1, 992	249	1, 145	598	290	308	967	127
22 静岡県 Shizuoka-ken	3, 653	449	2, 120	1, 085	526	559	1, 802	230
23 愛知県 Aichi-ken	7, 557	992	4, 673	1, 891	933	959	3, 777	508
24 三重県 Mie-ken	1, 783	218	1, 038	527	252	275	871	111
25 滋賀県 Shiga-ken	1, 416	195	854	367	184	183	699	100
26 京都府 Kyoto-fu	2, 592	300	1, 539	753	360	392	1, 239	154
27 大阪府 Osaka-fu	8, 842	1, 045	5, 365	2, 432	1, 168	1, 264	4, 243	535
28 兵庫県 Hyogo-ken	5, 488	677	3, 221	1, 589	772	818	2, 614	347
29 奈良県 Nara-ken	1, 333	158	759	417	202	214	628	81
30 和歌山県 Wakayama-ken	931	108	517	307	143	163	439	55
31 鳥取県 Tottori-ken	557	70	310	177	84	93	266	36
32 島根県 Shimane-ken	677	83	364	230	105	124	327	43
33 岡山県 Okayama-ken	1, 897	237	1, 089	571	270	301	912	122
34 広島県 Hiroshima-ken	2, 813	359	1, 635	818	398	421	1, 364	184
35 山口県 Yamaguchi-ken	1, 357	158	735	464	219	245	644	81
36 徳島県 Tokushima-ken	728	81	403	244	118	127	347	41
37 香川県 Kagawa-ken	958	117	539	301	146	156	463	60
38 愛媛県 Ehime-ken	1, 346	158	747	441	212	230	638	81
39 高知県 Kochi-ken	699	77	377	245	114	131	330	39
40 福岡県 Fukuoka-ken	5, 134	672	3, 045	1, 418	709	710	2, 431	344
41 佐賀県 Saga-ken	817	111	460	246	119	126	387	57
42 長崎県 Nagasaki-ken	1, 327	168	729	430	208	222	624	86
43 熊本県 Kumamoto-ken	1, 749	232	976	541	256	285	828	119
44 大分県 Oita-ken	1, 134	139	624	372	177	195	538	71
45 宮崎県 Miyazaki-ken	1, 077	143	589	346	166	180	508	73
46 鹿児島県 Kagoshima-ken	1, 602	212	879	511	242	270	754	109
47 沖縄県 Okinawa-ken	1, 462	246	893	323	164	159	719	125

男　女　別　人　口－総人口，日本人人口（2019年10月１日現在）（続き）
for Prefectures - Total population, Japanese population, October 1, 2019 - Continued

(Thousand persons)

Total population									
男 Male				女 Female					
15～64	65歳以上 and over	65～74歳 years old	75歳以上 and over	総数 Total	15歳未満 Under	15～64	65歳以上 and over	65～74歳 years old	75歳以上 and over
38, 249	15, 521	8, 295	7, 227	64, 967	7, 441	37, 293	20, 233	9, 058	11, 175
1, 492	697	376	321	2, 780	277	1, 532	970	443	527
351	170	94	76	663	66	353	244	107	137
349	171	91	80	636	67	335	234	97	137
708	280	154	125	1, 184	133	689	361	164	197
261	148	79	69	514	47	257	210	87	123
303	155	82	72	558	60	294	204	85	120
553	252	139	113	938	104	511	324	140	184
883	379	208	171	1, 442	166	814	461	218	243
601	248	141	107	974	114	554	306	146	161
588	257	139	118	984	113	550	322	147	175
2, 320	885	476	409	3, 685	431	2, 180	1, 074	515	559
1, 965	773	413	360	3, 162	363	1, 853	947	448	499
4, 711	1, 376	726	650	7, 118	765	4, 546	1, 806	780	1, 026
2, 989	1, 036	544	492	4, 635	537	2, 800	1, 299	588	710
640	309	166	143	1, 145	124	613	407	175	233
302	143	76	66	537	58	287	193	84	109
338	143	78	65	586	69	326	192	86	106
224	101	54	47	396	47	216	133	57	76
242	109	57	52	415	46	230	139	60	79
592	286	145	142	1, 054	122	567	365	153	212
577	263	139	124	1, 025	121	569	335	151	184
1, 092	479	254	225	1, 851	219	1, 027	606	271	334
2, 426	842	448	395	3, 780	483	2, 247	1, 049	485	564
529	230	120	110	912	106	509	297	132	165
436	163	89	75	717	95	418	204	95	108
763	322	167	154	1, 353	146	776	431	193	238
2, 660	1, 048	547	501	4, 599	511	2, 704	1, 384	621	763
1, 582	684	363	321	2, 874	330	1, 639	905	409	497
367	181	94	87	705	77	392	235	108	127
254	130	67	62	492	53	262	177	76	101
156	75	41	34	291	34	154	103	43	59
187	98	52	46	350	40	178	132	54	79
545	245	129	117	985	115	544	325	141	184
828	353	190	163	1, 449	175	807	466	208	258
368	195	103	91	713	77	366	270	116	154
201	105	57	48	381	39	202	139	61	79
272	131	70	61	494	57	267	171	76	95
371	186	100	86	708	77	376	255	111	144
188	102	54	48	369	38	189	143	60	83
1, 494	593	331	262	2, 703	328	1, 550	825	377	448
227	103	57	46	430	54	233	143	62	80
358	180	99	81	703	82	371	250	109	141
480	229	122	106	922	113	496	312	133	179
310	157	84	73	596	68	314	215	93	122
289	147	79	68	569	70	300	199	87	112
427	218	118	100	848	103	452	293	123	170
449	145	82	63	742	120	444	178	82	95

第11表　都道府県，年齢（3区分），
Table 11. Population by Age (3 Groups) and Sex

（単位　千人）

都道府県 Prefectures	日本人人口 男女計 Both sexes 総数 Total	15歳未満 Under	15～64	65歳以上 and over	65～74歳 years old	75歳以上 and over	総数 Total	15歳未満 Under
全国 Japan	123, 886	15, 045	73, 260	35, 582	17, 247	18, 335	60, 282	7, 707
01 北海道 Hokkaido	5, 223	566	2, 991	1, 665	818	848	2, 464	290
02 青森県 Aomori-ken	1, 247	134	699	414	201	213	588	68
03 岩手県 Iwate-ken	1, 218	137	677	404	188	217	587	70
04 宮城県 Miyagi-ken	2, 290	273	1, 377	640	318	322	1, 118	140
05 秋田県 Akita-ken	968	96	515	358	165	193	457	49
06 山形県 Yamagata-ken	1, 073	123	590	359	167	192	519	63
07 福島県 Fukushima-ken	1, 838	212	1, 051	575	279	296	908	108
08 茨城県 Ibaraki-ken	2, 818	337	1, 643	838	425	414	1, 406	173
09 栃木県 Tochigi-ken	1, 905	231	1, 121	553	285	268	950	119
10 群馬県 Gumma-ken	1, 892	226	1, 090	577	284	292	935	116
11 埼玉県 Saitama-ken	7, 166	866	4, 348	1, 952	986	966	3, 569	444
12 千葉県 Chiba-ken	6, 131	732	3, 686	1, 714	856	857	3, 047	375
13 東京都 Tokyo-to	13, 442	1, 523	8, 762	3, 157	1, 490	1, 668	6, 612	779
14 神奈川県 Kanagawa-ken	9, 004	1, 080	5, 601	2, 323	1, 125	1, 198	4, 481	553
15 新潟県 Niigata-ken	2, 208	253	1, 238	716	340	376	1, 073	130
16 富山県 Toyama-ken	1, 026	118	573	335	160	175	498	61
17 石川県 Ishikawa-ken	1, 124	139	651	334	164	171	545	71
18 福井県 Fukui-ken	758	97	428	233	110	122	370	50
19 山梨県 Yamanashi-ken	800	93	459	247	117	130	393	48
20 長野県 Nagano-ken	2, 026	248	1, 129	649	296	353	991	127
21 岐阜県 Gifu-ken	1, 941	243	1, 102	596	289	307	942	124
22 静岡県 Shizuoka-ken	3, 564	439	2, 044	1, 081	523	558	1, 758	225
23 愛知県 Aichi-ken	7, 301	964	4, 459	1, 878	924	953	3, 648	494
24 三重県 Mie-ken	1, 734	213	996	525	250	274	845	109
25 滋賀県 Shiga-ken	1, 384	192	827	365	182	182	682	99
26 京都府 Kyoto-fu	2, 532	297	1, 491	743	355	388	1, 210	153
27 大阪府 Osaka-fu	8, 612	1, 031	5, 184	2, 397	1, 148	1, 249	4, 131	527
28 兵庫県 Hyogo-ken	5, 383	671	3, 140	1, 572	762	810	2, 563	344
29 奈良県 Nara-ken	1, 321	157	749	415	201	214	623	80
30 和歌山県 Wakayama-ken	925	108	511	306	143	163	436	55
31 鳥取県 Tottori-ken	553	70	306	177	84	93	265	36
32 島根県 Shimane-ken	668	83	356	229	105	124	323	43
33 岡山県 Okayama-ken	1, 869	236	1, 065	569	268	300	899	122
34 広島県 Hiroshima-ken	2, 762	356	1, 591	815	396	419	1, 338	182
35 山口県 Yamaguchi-ken	1, 340	157	721	462	218	244	636	80
36 徳島県 Tokushima-ken	722	80	398	244	118	126	345	41
37 香川県 Kagawa-ken	945	117	528	301	146	155	457	60
38 愛媛県 Ehime-ken	1, 335	158	736	441	211	230	632	81
39 高知県 Kochi-ken	695	77	373	245	114	131	328	39
40 福岡県 Fukuoka-ken	5, 058	667	2, 978	1, 413	705	707	2, 391	341
41 佐賀県 Saga-ken	810	111	454	246	119	126	384	57
42 長崎県 Nagasaki-ken	1, 318	168	721	429	207	222	619	86
43 熊本県 Kumamoto-ken	1, 734	232	961	541	255	285	821	119
44 大分県 Oita-ken	1, 121	139	612	371	176	195	532	71
45 宮崎県 Miyazaki-ken	1, 071	142	582	346	166	180	505	73
46 鹿児島県 Kagoshima-ken	1, 591	211	869	511	241	270	750	109
47 沖縄県 Okinawa-ken	1, 442	244	876	322	163	158	708	125

男　女　別　人　口－総人口，日本人人口（2019年10月１日現在）（続き）
for Prefectures - Total population, Japanese population, October 1, 2019 - Continued

(Thousand persons)

Japanese population									
男 Male				女 Female					
15～64	65歳以上 and over	65～74歳 years old	75歳以上 and over	総数 Total	15歳未満 Under	15～64	65歳以上 and over	65～74歳 years old	75歳以上 and over
37, 128	15, 446	8, 246	7, 201	63, 605	7, 337	36, 132	20, 136	9, 001	11, 135
1, 478	696	375	321	2, 759	277	1, 513	969	442	527
349	170	94	76	659	66	350	244	107	137
347	171	91	80	631	67	330	234	97	137
698	279	154	125	1, 172	133	679	361	164	197
260	148	79	69	512	47	255	210	87	123
301	155	82	72	553	60	289	204	84	120
548	252	139	113	930	103	503	324	140	183
854	378	207	171	1, 412	164	788	460	217	243
584	247	140	107	954	112	537	305	145	160
563	256	138	118	957	110	526	321	146	175
2, 244	882	474	408	3, 597	423	2, 104	1, 070	512	558
1, 902	771	411	360	3, 084	356	1, 784	943	445	497
4, 468	1, 365	718	646	6, 830	744	4, 293	1, 793	771	1, 021
2, 897	1, 031	541	490	4, 523	526	2, 704	1, 292	584	708
634	309	166	143	1, 135	123	605	407	174	233
295	143	76	66	528	57	279	192	84	109
331	143	78	65	579	68	320	191	86	105
219	101	53	47	388	47	209	132	57	75
236	109	57	52	407	46	223	139	60	79
579	285	144	141	1, 035	121	550	364	152	212
556	262	139	123	999	119	546	334	150	184
1, 056	477	253	224	1, 806	214	989	604	270	334
2, 318	836	444	393	3, 653	470	2, 141	1, 041	481	561
508	229	119	110	888	104	489	295	131	165
421	162	88	74	702	93	406	202	94	108
739	318	165	153	1, 323	145	752	426	190	235
2, 570	1, 033	538	495	4, 481	504	2, 614	1, 364	610	753
1, 542	677	358	318	2, 820	327	1, 598	895	403	492
362	181	94	87	699	77	387	234	108	127
252	129	67	62	489	53	259	177	76	101
155	74	41	34	288	34	152	102	43	59
183	97	52	46	346	40	173	132	54	79
533	244	128	116	971	114	532	324	140	184
805	351	189	162	1, 424	174	786	464	207	257
362	194	103	91	704	76	359	268	115	153
199	105	57	48	377	39	199	139	61	79
266	131	70	61	489	57	261	170	76	95
365	186	100	86	702	77	370	255	111	144
186	102	54	48	367	38	187	142	60	83
1, 459	590	330	261	2, 667	326	1, 519	822	376	447
224	103	57	46	426	54	230	142	62	80
353	180	99	81	698	82	367	250	109	141
473	229	122	106	913	113	488	312	133	179
305	156	83	73	589	68	307	214	93	122
286	147	79	68	565	70	296	199	87	112
424	218	118	100	841	103	445	293	123	170
439	144	81	63	733	120	436	177	82	95

第11表　都道府県，年齢（3区分），
Table 11. Population by Age (3 Groups) and Sex

（単位　千人）

都道府県 Prefectures	総人口							
	男女計 Both sexes							
	総数 Total	15歳未満 Under	15～64	65歳以上 and over	65～74歳 years old	75歳以上 and over	総数 Total	15歳未満 Under
全国 Japan	126,146	15,032	75,088	36,027	17,425	18,602	61,350	7,700
01 北海道 Hokkaido	5,225	557	2,989	1,679	824	856	2,465	285
02 青森県 Aomori-ken	1,238	130	690	418	205	212	583	66
03 岩手県 Iwate-ken	1,211	133	671	407	192	215	583	68
04 宮城県 Miyagi-ken	2,302	269	1,385	648	325	323	1,123	138
05 秋田県 Akita-ken	960	93	507	360	169	191	452	48
06 山形県 Yamagata-ken	1,068	120	587	361	170	191	516	62
07 福島県 Fukushima-ken	1,833	207	1,046	580	286	294	904	106
08 茨城県 Ibaraki-ken	2,867	335	1,682	851	431	420	1,431	172
09 栃木県 Tochigi-ken	1,933	228	1,143	562	291	271	965	118
10 群馬県 Gumma-ken	1,939	227	1,128	585	289	296	959	116
11 埼玉県 Saitama-ken	7,345	873	4,488	1,984	989	994	3,652	447
12 千葉県 Chiba-ken	6,284	737	3,814	1,734	857	877	3,118	378
13 東京都 Tokyo-to	14,048	1,568	9,284	3,195	1,500	1,694	6,898	803
14 神奈川県 Kanagawa-ken	9,237	1,086	5,790	2,361	1,130	1,231	4,588	557
15 新潟県 Niigata-ken	2,201	248	1,232	721	347	375	1,069	127
16 富山県 Toyama-ken	1,035	116	582	337	161	176	503	60
17 石川県 Ishikawa-ken	1,133	137	658	337	166	172	550	70
18 福井県 Fukui-ken	767	96	436	235	113	122	374	49
19 山梨県 Yamanashi-ken	810	93	467	250	119	131	397	47
20 長野県 Nagano-ken	2,048	245	1,148	655	299	356	1,000	126
21 岐阜県 Gifu-ken	1,979	243	1,134	602	291	312	960	124
22 静岡県 Shizuoka-ken	3,633	439	2,101	1,093	527	566	1,791	225
23 愛知県 Aichi-ken	7,542	980	4,655	1,907	927	981	3,762	503
24 三重県 Mie-ken	1,770	213	1,027	530	252	277	864	109
25 滋賀県 Shiga-ken	1,414	192	850	372	186	186	697	99
26 京都府 Kyoto-fu	2,578	294	1,527	756	360	397	1,231	151
27 大阪府 Osaka-fu	8,838	1,032	5,363	2,442	1,154	1,288	4,236	528
28 兵庫県 Hyogo-ken	5,465	667	3,197	1,601	771	831	2,600	342
29 奈良県 Nara-ken	1,324	155	750	420	203	218	624	79
30 和歌山県 Wakayama-ken	923	106	509	308	144	164	435	54
31 鳥取県 Tottori-ken	553	69	306	179	86	93	264	35
32 島根県 Shimane-ken	671	82	360	230	106	123	324	42
33 岡山県 Okayama-ken	1,888	233	1,082	573	269	304	908	120
34 広島県 Hiroshima-ken	2,800	354	1,623	823	396	427	1,357	181
35 山口県 Yamaguchi-ken	1,342	154	724	465	219	245	637	79
36 徳島県 Tokushima-ken	720	78	395	246	120	126	343	40
37 香川県 Kagawa-ken	950	115	534	302	146	156	459	59
38 愛媛県 Ehime-ken	1,335	154	737	443	212	231	633	79
39 高知県 Kochi-ken	692	75	371	245	114	131	327	38
40 福岡県 Fukuoka-ken	5,135	667	3,035	1,433	716	717	2,431	341
41 佐賀県 Saga-ken	811	109	454	249	122	126	384	56
42 長崎県 Nagasaki-ken	1,312	165	715	433	212	221	617	84
43 熊本県 Kumamoto-ken	1,738	229	963	546	261	285	822	117
44 大分県 Oita-ken	1,124	136	614	374	178	195	533	70
45 宮崎県 Miyazaki-ken	1,070	140	580	349	169	179	505	72
46 鹿児島県 Kagoshima-ken	1,588	208	864	517	249	267	748	107
47 沖縄県 Okinawa-ken	1,467	244	892	331	173	158	723	124

注）総務省統計局　「国勢調査」（不詳補完値）

男　女　別　人　口－総人口，日本人人口（2020年10月１日現在）（続き）
for Prefectures - Total population, Japanese population, October 1, 2020 - Continued

(Thousand persons)

Total population									
男 Male				女 Female					
15～64	65歳以上 and over	65～74歳 years old	75歳以上 and over	総数 Total	15歳未満 Under	15～64	65歳以上 and over	65～74歳 years old	75歳以上 and over
38, 009	15, 641	8, 336	7, 305	64, 797	7, 332	37, 079	20, 386	9, 089	11, 297
1, 478	702	379	323	2, 760	272	1, 511	977	444	533
345	172	96	76	655	64	345	246	109	137
343	172	93	79	628	65	328	235	99	136
702	283	157	126	1, 179	131	684	365	168	197
256	149	81	68	507	45	251	211	88	122
299	156	84	72	552	59	288	205	86	119
544	254	142	112	929	101	502	326	144	182
876	384	210	174	1, 436	163	806	467	221	246
595	252	143	109	968	111	548	310	148	162
583	260	140	120	980	111	544	325	148	176
2, 311	895	476	419	3, 693	426	2, 177	1, 089	513	576
1, 963	777	411	366	3, 166	359	1, 851	956	446	511
4, 715	1, 381	726	655	7, 149	766	4, 570	1, 814	775	1, 039
2, 985	1, 046	544	502	4, 649	530	2, 805	1, 315	586	729
629	312	169	143	1, 133	121	603	409	178	231
299	144	77	67	532	56	282	193	84	109
335	145	79	66	583	67	323	193	87	106
223	102	55	47	393	47	213	133	58	75
240	110	58	52	413	45	227	140	61	79
587	288	145	143	1, 048	120	561	366	154	213
572	265	139	125	1, 018	118	562	338	152	186
1, 083	483	255	228	1, 842	214	1, 018	610	272	338
2, 411	848	445	403	3, 781	478	2, 244	1, 059	482	577
524	232	120	111	906	104	504	298	132	166
433	166	90	76	716	93	417	206	96	110
757	323	167	156	1, 347	143	770	433	192	241
2, 659	1, 049	541	509	4, 602	504	2, 705	1, 393	613	780
1, 570	688	363	325	2, 865	325	1, 627	913	408	505
362	183	94	89	701	76	387	238	108	129
251	130	68	62	488	52	258	178	76	101
154	75	41	34	289	33	152	103	44	59
184	98	52	46	347	40	175	132	54	78
541	247	128	118	980	113	541	326	140	186
821	355	189	166	1, 443	173	802	468	207	261
363	195	103	91	705	75	361	270	116	154
197	106	58	48	376	38	198	140	62	78
270	131	70	61	491	56	264	171	76	95
367	187	100	87	702	75	370	256	112	144
185	103	54	49	365	37	186	143	60	83
1, 490	600	335	264	2, 704	326	1, 545	833	381	452
224	105	59	46	427	53	230	144	64	80
351	182	101	81	695	80	364	251	111	140
474	232	125	106	916	112	489	315	136	179
306	158	84	74	590	67	308	216	94	122
285	148	81	68	565	69	296	201	89	112
420	222	122	100	840	101	444	295	127	168
449	149	86	63	745	120	443	182	87	95

Note) Statistics Bureau, Ministry of Internal Affairs and Communications, "Population Census" (Result with Imputation)

第11表　都 道 府 県 ，年 齢 （3 区 分），
Table 11. Population by Age (3 Groups) and Sex

（単位　千人）

都道府県 Prefectures	日本人人口							
	男女計 Both sexes							
	総数 Total	15歳未満 Under	15～64	65歳以上 and over	65～74歳 years old	75歳以上 and over	総数 Total	15歳未満 Under
全国 Japan	123,399	14,810	72,749	35,840	17,310	18,530	60,003	7,586
01 北海道 Hokkaido	5,188	555	2,956	1,677	823	855	2,449	284
02 青森県 Aomori-ken	1,232	130	685	417	205	212	581	66
03 岩手県 Iwate-ken	1,203	133	664	407	191	215	580	68
04 宮城県 Miyagi-ken	2,280	268	1,366	647	324	323	1,112	137
05 秋田県 Akita-ken	956	93	504	359	169	190	451	47
06 山形県 Yamagata-ken	1,061	120	580	361	170	191	514	62
07 福島県 Fukushima-ken	1,819	206	1,033	580	286	294	898	106
08 茨城県 Ibaraki-ken	2,802	329	1,624	848	429	419	1,397	169
09 栃木県 Tochigi-ken	1,891	225	1,106	560	290	271	944	116
10 群馬県 Gumma-ken	1,880	220	1,077	582	287	295	929	113
11 埼玉県 Saitama-ken	7,159	854	4,329	1,976	984	992	3,560	437
12 千葉県 Chiba-ken	6,122	722	3,673	1,727	852	875	3,039	370
13 東京都 Tokyo-to	13,484	1,523	8,793	3,167	1,483	1,685	6,624	779
14 神奈川県 Kanagawa-ken	9,007	1,065	5,594	2,348	1,121	1,227	4,475	546
15 新潟県 Niigata-ken	2,185	247	1,218	720	346	374	1,062	127
16 富山県 Toyama-ken	1,017	115	566	336	160	176	494	59
17 石川県 Ishikawa-ken	1,117	137	644	336	165	171	542	70
18 福井県 Fukui-ken	752	95	423	234	112	122	367	49
19 山梨県 Yamanashi-ken	794	91	454	249	119	130	390	47
20 長野県 Nagano-ken	2,014	243	1,118	652	297	355	985	124
21 岐阜県 Gifu-ken	1,925	237	1,088	600	289	311	934	121
22 静岡県 Shizuoka-ken	3,541	429	2,023	1,089	524	565	1,746	220
23 愛知県 Aichi-ken	7,283	952	4,439	1,893	918	975	3,633	488
24 三重県 Mie-ken	1,719	208	984	527	251	276	838	106
25 滋賀県 Shiga-ken	1,380	189	822	369	185	185	680	97
26 京都府 Kyoto-fu	2,520	292	1,481	747	355	392	1,203	150
27 大阪府 Osaka-fu	8,595	1,017	5,174	2,405	1,133	1,271	4,117	520
28 兵庫県 Hyogo-ken	5,357	660	3,113	1,583	761	823	2,547	338
29 奈良県 Nara-ken	1,312	154	739	419	202	217	618	79
30 和歌山県 Wakayama-ken	916	105	504	307	144	163	432	54
31 鳥取県 Tottori-ken	549	68	302	178	85	93	263	35
32 島根県 Shimane-ken	662	81	352	229	106	123	320	42
33 岡山県 Okayama-ken	1,859	232	1,056	571	268	303	894	119
34 広島県 Hiroshima-ken	2,747	350	1,577	819	393	426	1,330	179
35 山口県 Yamaguchi-ken	1,326	153	711	462	218	244	629	79
36 徳島県 Tokushima-ken	714	78	390	246	120	126	341	40
37 香川県 Kagawa-ken	937	114	522	302	146	156	452	58
38 愛媛県 Ehime-ken	1,322	154	726	443	212	231	627	79
39 高知県 Kochi-ken	687	75	367	245	114	131	324	38
40 福岡県 Fukuoka-ken	5,055	662	2,966	1,427	712	714	2,389	339
41 佐賀県 Saga-ken	805	109	448	248	122	126	382	56
42 長崎県 Nagasaki-ken	1,303	164	706	432	211	221	612	84
43 熊本県 Kumamoto-ken	1,722	229	948	546	261	285	815	117
44 大分県 Oita-ken	1,112	136	603	373	178	195	528	69
45 宮崎県 Miyazaki-ken	1,063	140	574	349	169	179	502	72
46 鹿児島県 Kagoshima-ken	1,577	207	853	516	249	267	744	107
47 沖縄県 Okinawa-ken	1,447	243	875	330	172	158	711	124

注）総務省統計局　「国勢調査」（不詳補完値）

男　女　別　人　口ー総人口，日本人人口（2020年10月１日現在）（続き）
for Prefectures - Total population, Japanese population, October 1, 2020 - Continued

(Thousand persons)

Japanese population									
男 Male				女 Female					
15～64	65歳以上 and over	65～74歳 years old	75歳以上 and over	総数 Total	15歳未満 Under	15～64	65歳以上 and over	65～74歳 years old	75歳以上 and over
36,857	15,560	8,284	7,277	63,396	7,225	35,892	20,279	9,026	11,253
1,463	702	379	323	2,740	271	1,493	976	444	532
343	172	96	76	651	64	342	246	109	136
340	172	93	79	623	65	324	235	99	136
692	282	157	126	1,168	131	673	364	167	197
255	149	81	68	505	45	249	210	88	122
296	156	84	72	547	58	284	205	86	119
538	254	142	112	921	101	495	326	144	182
845	383	209	174	1,405	160	779	465	220	245
576	252	143	109	948	109	530	309	147	162
557	259	140	119	951	107	520	323	147	176
2,231	891	474	418	3,599	417	2,098	1,085	510	575
1,894	775	409	365	3,083	352	1,779	952	442	510
4,475	1,369	718	652	6,860	744	4,318	1,798	765	1,033
2,889	1,040	540	500	4,532	519	2,705	1,308	581	727
624	312	169	143	1,123	120	594	409	177	231
292	143	76	67	523	56	274	193	84	109
328	144	79	66	576	67	317	192	86	106
217	101	54	47	385	46	206	133	58	75
234	110	58	52	404	45	220	139	61	79
573	287	145	142	1,028	118	545	365	153	213
550	263	138	125	990	116	538	336	151	186
1,045	481	254	227	1,795	209	978	608	270	337
2,303	842	440	401	3,651	464	2,136	1,051	478	574
501	230	120	111	881	102	483	297	131	165
418	165	89	75	701	92	404	205	95	109
734	319	165	154	1,317	142	748	428	190	238
2,563	1,034	531	502	4,479	497	2,611	1,371	602	769
1,528	680	358	322	2,810	322	1,585	903	403	500
357	182	94	88	694	75	382	237	108	129
249	130	68	62	484	51	255	177	76	101
153	75	41	34	286	33	150	103	44	59
180	98	52	46	342	39	171	132	54	78
529	246	128	118	965	113	528	325	140	185
798	353	188	165	1,417	171	780	466	206	260
357	194	103	91	697	75	354	268	115	153
195	106	58	48	373	38	195	140	62	78
264	131	70	61	485	56	258	171	76	95
361	187	100	87	696	75	365	256	112	144
183	103	54	49	363	37	184	142	60	83
1,453	597	333	264	2,666	324	1,513	830	379	451
221	105	59	46	423	53	227	144	63	80
347	181	101	81	691	80	360	251	111	140
467	231	125	106	907	112	481	314	136	178
300	158	84	73	584	66	302	216	94	122
282	148	80	68	561	69	292	200	89	112
416	222	122	100	833	101	437	295	127	168
439	148	86	63	736	119	435	182	87	95

Note) Statistics Bureau, Ministry of Internal Affairs and Communications, "Population Census" (Result with Imputation)

第12表　都道府県，年齢（3区分），
Table 12. Percentage of Population by Age (3 Groups) and Sex

都道府県 Prefectures	総人口							
	男女計 Both sexes							
	総数 Total	15歳未満 Under	15～64	65歳以上 and over	65～74歳 years old	75歳以上 and over	総数 Total	15歳未満 Under
全国 Japan	100.0	12.4	60.4	27.2	13.9	13.3	100.0	13.1
01 北海道 Hokkaido	100.0	11.2	58.9	29.9	15.1	14.8	100.0	12.2
02 青森県 Aomori-ken	100.0	11.2	57.8	31.0	15.2	15.8	100.0	12.2
03 岩手県 Iwate-ken	100.0	11.7	57.2	31.1	14.5	16.7	100.0	12.4
04 宮城県 Miyagi-ken	100.0	12.3	61.4	26.3	13.2	13.1	100.0	12.9
05 秋田県 Akita-ken	100.0	10.3	55.1	34.7	15.9	18.8	100.0	11.2
06 山形県 Yamagata-ken	100.0	11.9	56.6	31.5	14.4	17.1	100.0	12.7
07 福島県 Fukushima-ken	100.0	11.9	58.8	29.4	14.1	15.2	100.0	12.3
08 茨城県 Ibaraki-ken	100.0	12.4	60.1	27.5	14.6	12.9	100.0	12.8
09 栃木県 Tochigi-ken	100.0	12.7	60.7	26.7	14.1	12.6	100.0	13.1
10 群馬県 Gumma-ken	100.0	12.5	59.2	28.3	14.6	13.7	100.0	13.0
11 埼玉県 Saitama-ken	100.0	12.5	62.1	25.5	14.2	11.3	100.0	12.8
12 千葉県 Chiba-ken	100.0	12.2	61.3	26.4	14.5	12.0	100.0	12.6
13 東京都 Tokyo-to	100.0	11.3	65.9	22.8	11.6	11.2	100.0	11.7
14 神奈川県 Kanagawa-ken	100.0	12.4	63.2	24.4	13.0	11.4	100.0	12.7
15 新潟県 Niigata-ken	100.0	11.8	57.6	30.6	14.6	16.0	100.0	12.5
16 富山県 Toyama-ken	100.0	12.0	57.0	31.1	15.6	15.4	100.0	12.7
17 石川県 Ishikawa-ken	100.0	12.8	58.9	28.3	14.7	13.7	100.0	13.4
18 福井県 Fukui-ken	100.0	13.1	57.7	29.2	14.2	15.0	100.0	13.8
19 山梨県 Yamanashi-ken	100.0	12.2	58.8	29.1	14.2	14.8	100.0	12.8
20 長野県 Nagano-ken	100.0	12.7	56.7	30.6	14.6	16.1	100.0	13.4
21 岐阜県 Gifu-ken	100.0	13.0	58.2	28.7	14.6	14.1	100.0	13.8
22 静岡県 Shizuoka-ken	100.0	12.8	58.7	28.5	14.5	13.9	100.0	13.4
23 愛知県 Aichi-ken	100.0	13.6	62.2	24.3	13.0	11.3	100.0	13.9
24 三重県 Mie-ken	100.0	12.8	58.8	28.5	14.3	14.2	100.0	13.4
25 滋賀県 Shiga-ken	100.0	14.3	60.9	24.8	13.0	11.7	100.0	14.9
26 京都府 Kyoto-fu	100.0	12.0	59.9	28.1	14.6	13.5	100.0	12.9
27 大阪府 Osaka-fu	100.0	12.3	61.0	26.8	14.2	12.6	100.0	13.0
28 兵庫県 Hyogo-ken	100.0	12.7	59.5	27.8	14.4	13.3	100.0	13.7
29 奈良県 Nara-ken	100.0	12.3	58.2	29.5	15.5	14.1	100.0	13.3
30 和歌山県 Wakayama-ken	100.0	12.0	56.4	31.6	15.5	16.1	100.0	13.0
31 鳥取県 Tottori-ken	100.0	12.8	56.9	30.3	14.3	16.1	100.0	13.7
32 島根県 Shimane-ken	100.0	12.5	54.5	33.0	15.1	17.9	100.0	13.3
33 岡山県 Okayama-ken	100.0	12.9	57.9	29.2	14.5	14.7	100.0	13.9
34 広島県 Hiroshima-ken	100.0	13.1	58.8	28.1	14.4	13.7	100.0	13.9
35 山口県 Yamaguchi-ken	100.0	12.0	55.2	32.8	16.1	16.7	100.0	13.0
36 徳島県 Tokushima-ken	100.0	11.5	56.8	31.7	15.4	16.4	100.0	12.4
37 香川県 Kagawa-ken	100.0	12.6	56.9	30.5	15.2	15.3	100.0	13.4
38 愛媛県 Ehime-ken	100.0	12.1	56.5	31.3	15.3	16.1	100.0	13.2
39 高知県 Kochi-ken	100.0	11.4	55.0	33.6	16.0	17.6	100.0	12.4
40 福岡県 Fukuoka-ken	100.0	13.3	60.2	26.5	13.6	12.9	100.0	14.4
41 佐賀県 Saga-ken	100.0	13.9	57.7	28.4	13.6	14.8	100.0	15.0
42 長崎県 Nagasaki-ken	100.0	12.9	56.7	30.4	14.5	15.9	100.0	14.1
43 熊本県 Kumamoto-ken	100.0	13.5	57.1	29.4	13.7	15.7	100.0	14.7
44 大分県 Oita-ken	100.0	12.5	56.3	31.2	15.0	16.1	100.0	13.6
45 宮崎県 Miyazaki-ken	100.0	13.5	56.2	30.3	14.4	15.9	100.0	14.7
46 鹿児島県 Kagoshima-ken	100.0	13.4	56.5	30.1	13.8	16.4	100.0	14.7
47 沖縄県 Okinawa-ken	100.0	17.2	62.4	20.3	10.0	10.4	100.0	17.9

男 女 別 人 口 の 割 合－総人口，日本人人口（2016年10月１日現在）
for Prefectures - Total population, Japanese population, October 1, 2016

(%)

Total population									
男 Male				女 Female					
15～64	65歳以上 and over	65～74歳 years old	75歳以上 and over	総数 Total	15歳未満 Under	15～64	65歳以上 and over	65～74歳 years old	75歳以上 and over
62.7	24.2	13.6	10.6	100.0	11.8	58.2	30.0	14.2	15.8
61.3	26.5	14.6	11.9	100.0	10.4	56.7	32.9	15.6	17.3
61.0	26.9	14.9	11.9	100.0	10.3	55.0	34.6	15.5	19.2
60.6	27.0	14.3	12.7	100.0	11.0	54.1	34.9	14.6	20.3
63.8	23.3	13.1	10.3	100.0	11.7	59.1	29.2	13.3	15.8
58.6	30.2	15.9	14.3	100.0	9.5	51.9	38.6	15.8	22.8
59.4	27.9	14.7	13.2	100.0	11.2	53.9	34.9	14.1	20.8
61.9	25.8	14.2	11.6	100.0	11.4	55.7	32.8	14.0	18.8
62.4	24.8	14.3	10.5	100.0	12.0	57.8	30.2	14.8	15.4
63.2	23.8	13.9	9.9	100.0	12.3	58.2	29.5	14.3	15.2
61.6	25.3	14.4	11.0	100.0	12.1	56.7	31.2	14.9	16.3
64.0	23.2	13.7	9.5	100.0	12.1	60.1	27.8	14.7	13.0
63.3	24.1	14.0	10.1	100.0	11.9	59.4	28.8	14.9	13.8
68.3	20.0	11.2	8.8	100.0	10.9	63.6	25.6	12.0	13.5
65.4	21.8	12.4	9.4	100.0	12.1	60.9	27.0	13.5	13.5
60.5	27.0	14.6	12.4	100.0	11.2	54.8	34.0	14.6	19.4
60.0	27.2	15.4	11.8	100.0	11.3	54.1	34.7	15.9	18.8
61.6	25.0	14.5	10.5	100.0	12.1	56.4	31.5	14.9	16.6
60.2	26.0	14.2	11.8	100.0	12.4	55.4	32.3	14.3	18.0
61.3	25.9	14.1	11.8	100.0	11.6	56.3	32.1	14.3	17.7
59.2	27.4	14.5	13.0	100.0	12.1	54.3	33.6	14.6	19.0
60.2	26.1	14.5	11.6	100.0	12.3	56.4	31.2	14.7	16.5
61.2	25.5	14.3	11.2	100.0	12.3	56.4	31.4	14.8	16.6
64.4	21.7	12.5	9.2	100.0	13.2	60.0	26.8	13.4	13.4
61.1	25.5	14.0	11.5	100.0	12.1	56.6	31.3	14.5	16.7
62.7	22.3	12.8	9.5	100.0	13.7	59.1	27.1	13.2	13.9
61.9	25.2	14.2	11.0	100.0	11.2	58.0	30.8	15.0	15.8
62.8	24.2	13.8	10.3	100.0	11.6	59.3	29.2	14.5	14.6
61.2	25.1	14.3	10.9	100.0	11.9	58.0	30.2	14.6	15.5
59.4	27.3	15.3	12.0	100.0	11.4	57.1	31.5	15.6	15.9
58.7	28.3	15.4	12.9	100.0	11.1	54.4	34.5	15.6	18.9
59.9	26.4	14.3	12.1	100.0	12.0	54.1	33.9	14.2	19.7
57.9	28.8	15.3	13.4	100.0	11.7	51.4	36.9	15.0	22.0
60.1	26.0	14.4	11.7	100.0	12.0	55.8	32.2	14.6	17.5
61.2	24.9	14.2	10.7	100.0	12.4	56.4	31.1	14.7	16.5
58.2	28.8	15.9	13.0	100.0	11.1	52.5	36.4	16.3	20.1
59.2	28.5	15.6	12.8	100.0	10.6	54.6	34.7	15.2	19.6
59.4	27.3	15.1	12.2	100.0	11.8	54.6	33.5	15.3	18.2
59.1	27.7	15.2	12.6	100.0	11.2	54.2	34.6	15.3	19.2
58.1	29.6	16.0	13.6	100.0	10.6	52.3	37.1	15.9	21.2
62.3	23.3	13.4	9.9	100.0	12.3	58.4	29.4	13.8	15.5
60.1	24.9	13.6	11.3	100.0	12.8	55.6	31.6	13.6	18.0
59.3	26.7	14.4	12.2	100.0	11.8	54.5	33.7	14.5	19.2
59.3	26.0	13.8	12.3	100.0	12.4	55.1	32.5	13.7	18.8
58.9	27.5	14.9	12.7	100.0	11.6	53.9	34.4	15.2	19.3
58.3	27.0	14.4	12.6	100.0	12.5	54.3	33.2	14.4	18.8
58.4	26.9	14.2	12.7	100.0	12.3	54.7	33.0	13.4	19.6
63.8	18.3	10.0	8.3	100.0	16.6	61.2	22.3	9.9	12.4

第12表　都道府県，年齢（3区分），
Table 12. Percentage of Population by Age (3 Groups) and Sex

都道府県 Prefectures	日本人人口 男女計 Both sexes 総数 Total	15歳未満 Under	15～64	65歳以上 and over	65～74歳 years old	75歳以上 and over	総数 Total	15歳未満 Under
全国 Japan	100.0	12.5	60.0	27.5	14.1	13.5	100.0	13.2
01 北海道 Hokkaido	100.0	11.3	58.7	30.0	15.1	14.9	100.0	12.2
02 青森県 Aomori-ken	100.0	11.2	57.7	31.0	15.2	15.8	100.0	12.2
03 岩手県 Iwate-ken	100.0	11.7	57.1	31.2	14.5	16.7	100.0	12.4
04 宮城県 Miyagi-ken	100.0	12.3	61.2	26.5	13.3	13.2	100.0	12.9
05 秋田県 Akita-ken	100.0	10.3	55.0	34.7	15.9	18.8	100.0	11.2
06 山形県 Yamagata-ken	100.0	12.0	56.4	31.6	14.4	17.2	100.0	12.7
07 福島県 Fukushima-ken	100.0	11.9	58.6	29.5	14.2	15.3	100.0	12.3
08 茨城県 Ibaraki-ken	100.0	12.5	59.6	27.9	14.8	13.1	100.0	12.8
09 栃木県 Tochigi-ken	100.0	12.7	60.3	27.0	14.3	12.7	100.0	13.1
10 群馬県 Gumma-ken	100.0	12.5	58.6	28.8	14.9	14.0	100.0	13.0
11 埼玉県 Saitama-ken	100.0	12.5	61.7	25.8	14.4	11.4	100.0	12.8
12 千葉県 Chiba-ken	100.0	12.3	60.9	26.8	14.7	12.1	100.0	12.7
13 東京都 Tokyo-to	100.0	11.4	65.2	23.4	11.9	11.5	100.0	11.8
14 神奈川県 Kanagawa-ken	100.0	12.4	62.8	24.7	13.1	11.6	100.0	12.7
15 新潟県 Niigata-ken	100.0	11.9	57.4	30.7	14.7	16.1	100.0	12.6
16 富山県 Toyama-ken	100.0	12.0	56.6	31.4	15.8	15.6	100.0	12.8
17 石川県 Ishikawa-ken	100.0	12.8	58.6	28.6	14.8	13.8	100.0	13.5
18 福井県 Fukui-ken	100.0	13.2	57.3	29.5	14.4	15.1	100.0	13.9
19 山梨県 Yamanashi-ken	100.0	12.2	58.4	29.4	14.4	15.0	100.0	12.8
20 長野県 Nagano-ken	100.0	12.8	56.3	31.0	14.7	16.3	100.0	13.4
21 岐阜県 Gifu-ken	100.0	13.1	57.8	29.2	14.8	14.3	100.0	13.8
22 静岡県 Shizuoka-ken	100.0	12.8	58.3	28.9	14.7	14.2	100.0	13.4
23 愛知県 Aichi-ken	100.0	13.6	61.7	24.7	13.2	11.5	100.0	13.9
24 三重県 Mie-ken	100.0	12.8	58.3	28.9	14.5	14.4	100.0	13.4
25 滋賀県 Shiga-ken	100.0	14.4	60.6	25.0	13.2	11.9	100.0	15.0
26 京都府 Kyoto-fu	100.0	12.1	59.6	28.3	14.7	13.6	100.0	13.0
27 大阪府 Osaka-fu	100.0	12.4	60.7	27.0	14.3	12.7	100.0	13.1
28 兵庫県 Hyogo-ken	100.0	12.8	59.3	27.9	14.5	13.4	100.0	13.8
29 奈良県 Nara-ken	100.0	12.3	58.0	29.6	15.5	14.1	100.0	13.3
30 和歌山県 Wakayama-ken	100.0	12.0	56.3	31.7	15.6	16.1	100.0	13.0
31 鳥取県 Tottori-ken	100.0	12.9	56.7	30.4	14.3	16.1	100.0	13.7
32 島根県 Shimane-ken	100.0	12.5	54.2	33.3	15.2	18.0	100.0	13.4
33 岡山県 Okayama-ken	100.0	13.0	57.6	29.4	14.6	14.8	100.0	13.9
34 広島県 Hiroshima-ken	100.0	13.2	58.4	28.4	14.6	13.8	100.0	13.9
35 山口県 Yamaguchi-ken	100.0	12.1	55.0	33.0	16.1	16.8	100.0	13.1
36 徳島県 Tokushima-ken	100.0	11.5	56.6	31.9	15.5	16.4	100.0	12.4
37 香川県 Kagawa-ken	100.0	12.6	56.6	30.7	15.3	15.4	100.0	13.4
38 愛媛県 Ehime-ken	100.0	12.2	56.3	31.5	15.3	16.2	100.0	13.2
39 高知県 Kochi-ken	100.0	11.4	54.9	33.7	16.0	17.7	100.0	12.4
40 福岡県 Fukuoka-ken	100.0	13.3	60.0	26.7	13.7	13.0	100.0	14.5
41 佐賀県 Saga-ken	100.0	13.9	57.5	28.6	13.7	14.9	100.0	15.0
42 長崎県 Nagasaki-ken	100.0	12.9	56.5	30.6	14.6	16.0	100.0	14.2
43 熊本県 Kumamoto-ken	100.0	13.5	56.9	29.6	13.8	15.8	100.0	14.7
44 大分県 Oita-ken	100.0	12.6	56.0	31.4	15.1	16.3	100.0	13.6
45 宮崎県 Miyazaki-ken	100.0	13.5	56.1	30.4	14.5	15.9	100.0	14.7
46 鹿児島県 Kagoshima-ken	100.0	13.5	56.3	30.2	13.8	16.4	100.0	14.7
47 沖縄県 Okinawa-ken	100.0	17.3	62.2	20.5	10.0	10.4	100.0	18.0

男女別人口の割合－総人口，日本人人口（2016年10月１日現在）（続き）
for Prefectures - Total population, Japanese population, October 1, 2016 - Continued

(%)

Japanese population									
男 Male				女 Female					
15～64	65歳以上 and over	65～74歳 years old	75歳以上 and over	総数 Total	15歳未満 Under	15～64	65歳以上 and over	65～74歳 years old	75歳以上 and over
62.4	24.5	13.8	10.7	100.0	11.9	57.7	30.4	14.3	16.0
61.2	26.6	14.6	12.0	100.0	10.4	56.5	33.0	15.6	17.4
60.9	26.9	14.9	12.0	100.0	10.4	54.9	34.7	15.5	19.2
60.5	27.1	14.3	12.7	100.0	11.0	53.9	35.1	14.7	20.4
63.6	23.5	13.1	10.3	100.0	11.8	58.9	29.3	13.4	15.9
58.6	30.2	15.9	14.3	100.0	9.5	51.7	38.7	15.9	22.9
59.3	28.0	14.7	13.2	100.0	11.3	53.6	35.1	14.1	20.9
61.8	25.9	14.2	11.7	100.0	11.5	55.5	33.0	14.1	18.9
62.0	25.2	14.5	10.6	100.0	12.1	57.3	30.6	15.0	15.6
62.8	24.1	14.1	10.0	100.0	12.3	57.7	30.0	14.5	15.5
61.2	25.8	14.6	11.2	100.0	12.1	56.1	31.8	15.1	16.7
63.7	23.5	13.8	9.6	100.0	12.2	59.6	28.2	14.9	13.3
63.0	24.4	14.2	10.2	100.0	11.9	58.8	29.2	15.2	14.1
67.7	20.5	11.5	9.0	100.0	11.0	62.8	26.2	12.3	13.9
65.1	22.1	12.6	9.5	100.0	12.1	60.5	27.4	13.7	13.7
60.4	27.1	14.7	12.4	100.0	11.2	54.6	34.2	14.7	19.5
59.8	27.5	15.5	12.0	100.0	11.3	53.6	35.1	16.1	19.0
61.4	25.1	14.6	10.6	100.0	12.2	56.1	31.8	15.0	16.8
59.9	26.2	14.3	11.9	100.0	12.5	54.9	32.7	14.4	18.2
61.0	26.2	14.2	12.0	100.0	11.7	55.8	32.5	14.5	18.0
58.9	27.7	14.6	13.1	100.0	12.2	53.8	34.1	14.8	19.3
59.8	26.4	14.7	11.7	100.0	12.4	55.8	31.8	15.0	16.8
60.8	25.8	14.4	11.4	100.0	12.3	55.9	31.9	15.0	16.9
64.0	22.1	12.7	9.4	100.0	13.3	59.4	27.4	13.7	13.7
60.7	25.9	14.2	11.7	100.0	12.2	56.1	31.8	14.8	17.0
62.4	22.6	13.0	9.6	100.0	13.8	58.8	27.4	13.3	14.1
61.6	25.4	14.3	11.1	100.0	11.3	57.7	31.0	15.0	16.0
62.5	24.3	13.9	10.4	100.0	11.7	59.0	29.4	14.6	14.8
61.0	25.3	14.3	11.0	100.0	12.0	57.7	30.3	14.7	15.7
59.3	27.4	15.3	12.0	100.0	11.4	56.9	31.7	15.7	16.0
58.6	28.3	15.4	12.9	100.0	11.1	54.2	34.7	15.7	19.0
59.8	26.4	14.3	12.1	100.0	12.0	53.8	34.1	14.3	19.8
57.7	29.0	15.4	13.5	100.0	11.7	51.0	37.2	15.1	22.2
59.9	26.2	14.4	11.7	100.0	12.1	55.5	32.4	14.7	17.7
60.9	25.2	14.3	10.9	100.0	12.5	56.1	31.4	14.8	16.6
58.0	28.9	15.9	13.0	100.0	11.2	52.3	36.6	16.3	20.2
59.0	28.5	15.7	12.9	100.0	10.7	54.3	35.0	15.3	19.7
59.1	27.5	15.2	12.3	100.0	11.9	54.4	33.8	15.4	18.4
58.9	27.9	15.3	12.6	100.0	11.3	54.0	34.8	15.4	19.3
57.9	29.7	16.1	13.6	100.0	10.6	52.2	37.2	16.0	21.3
62.1	23.5	13.5	10.0	100.0	12.3	58.1	29.6	13.9	15.6
59.9	25.0	13.7	11.3	100.0	12.9	55.4	31.7	13.7	18.0
59.0	26.8	14.5	12.3	100.0	11.9	54.3	33.9	14.6	19.3
59.2	26.1	13.8	12.3	100.0	12.5	54.9	32.6	13.8	18.9
58.7	27.7	15.0	12.7	100.0	11.7	53.6	34.7	15.3	19.4
58.2	27.1	14.5	12.6	100.0	12.5	54.1	33.4	14.5	18.9
58.4	26.9	14.2	12.7	100.0	12.3	54.5	33.1	13.4	19.7
63.5	18.5	10.1	8.4	100.0	16.6	61.0	22.4	9.9	12.5

第12表　都道府県，年齢（3区分），
Table 12.　Percentage of Population by Age (3 Groups) and Sex

都道府県 Prefectures	総人口 男女計 Both sexes 総数 Total	15歳未満 Under	15～64	65歳以上 and over	65～74歳 years old	75歳以上 and over	総数 Total	15歳未満 Under
全国 Japan	100.0	12.3	60.0	27.6	13.9	13.7	100.0	13.0
01 北海道 Hokkaido	100.0	11.1	58.3	30.6	15.3	15.3	100.0	12.0
02 青森県 Aomori-ken	100.0	11.0	57.2	31.7	15.5	16.2	100.0	12.0
03 岩手県 Iwate-ken	100.0	11.5	56.7	31.8	14.8	17.0	100.0	12.3
04 宮城県 Miyagi-ken	100.0	12.1	61.0	26.9	13.5	13.4	100.0	12.7
05 秋田県 Akita-ken	100.0	10.1	54.4	35.4	16.2	19.2	100.0	11.0
06 山形県 Yamagata-ken	100.0	11.8	56.1	32.2	14.8	17.4	100.0	12.5
07 福島県 Fukushima-ken	100.0	11.8	58.2	30.0	14.5	15.5	100.0	12.2
08 茨城県 Ibaraki-ken	100.0	12.3	59.6	28.2	14.7	13.4	100.0	12.6
09 栃木県 Tochigi-ken	100.0	12.5	60.2	27.3	14.4	13.0	100.0	12.9
10 群馬県 Gumma-ken	100.0	12.3	58.8	28.9	14.7	14.1	100.0	12.8
11 埼玉県 Saitama-ken	100.0	12.3	61.7	26.0	14.0	11.9	100.0	12.7
12 千葉県 Chiba-ken	100.0	12.1	61.0	26.9	14.3	12.6	100.0	12.5
13 東京都 Tokyo-to	100.0	11.3	65.9	22.9	11.4	11.5	100.0	11.7
14 神奈川県 Kanagawa-ken	100.0	12.3	62.9	24.8	12.8	12.0	100.0	12.6
15 新潟県 Niigata-ken	100.0	11.7	57.1	31.2	14.9	16.3	100.0	12.4
16 富山県 Toyama-ken	100.0	11.8	56.7	31.5	15.6	15.9	100.0	12.5
17 石川県 Ishikawa-ken	100.0	12.6	58.6	28.7	14.6	14.1	100.0	13.3
18 福井県 Fukui-ken	100.0	13.0	57.4	29.6	14.3	15.3	100.0	13.7
19 山梨県 Yamanashi-ken	100.0	12.0	58.4	29.6	14.4	15.2	100.0	12.5
20 長野県 Nagano-ken	100.0	12.5	56.5	31.0	14.6	16.4	100.0	13.2
21 岐阜県 Gifu-ken	100.0	12.9	57.9	29.3	14.7	14.6	100.0	13.6
22 静岡県 Shizuoka-ken	100.0	12.6	58.4	29.0	14.6	14.4	100.0	13.2
23 愛知県 Aichi-ken	100.0	13.4	62.0	24.6	12.8	11.8	100.0	13.8
24 三重県 Mie-ken	100.0	12.6	58.5	28.9	14.3	14.6	100.0	13.2
25 滋賀県 Shiga-ken	100.0	14.1	60.6	25.3	13.1	12.1	100.0	14.7
26 京都府 Kyoto-fu	100.0	11.9	59.6	28.5	14.4	14.1	100.0	12.8
27 大阪府 Osaka-fu	100.0	12.1	60.8	27.1	13.9	13.2	100.0	12.9
28 兵庫県 Hyogo-ken	100.0	12.6	59.1	28.2	14.3	13.9	100.0	13.6
29 奈良県 Nara-ken	100.0	12.1	57.6	30.2	15.4	14.8	100.0	13.1
30 和歌山県 Wakayama-ken	100.0	11.9	56.0	32.1	15.5	16.6	100.0	12.9
31 鳥取県 Tottori-ken	100.0	12.7	56.4	30.9	14.6	16.3	100.0	13.6
32 島根県 Shimane-ken	100.0	12.4	54.2	33.4	15.3	18.1	100.0	13.3
33 岡山県 Okayama-ken	100.0	12.8	57.6	29.6	14.5	15.1	100.0	13.7
34 広島県 Hiroshima-ken	100.0	13.0	58.5	28.5	14.4	14.1	100.0	13.7
35 山口県 Yamaguchi-ken	100.0	11.9	54.7	33.4	16.2	17.2	100.0	12.8
36 徳島県 Tokushima-ken	100.0	11.3	56.3	32.4	15.7	16.7	100.0	12.3
37 香川県 Kagawa-ken	100.0	12.5	56.6	30.9	15.2	15.7	100.0	13.3
38 愛媛県 Ehime-ken	100.0	12.0	56.0	31.9	15.5	16.5	100.0	13.1
39 高知県 Kochi-ken	100.0	11.3	54.6	34.2	16.1	18.0	100.0	12.2
40 福岡県 Fukuoka-ken	100.0	13.2	59.8	27.0	13.7	13.2	100.0	14.3
41 佐賀県 Saga-ken	100.0	13.8	57.2	29.1	14.0	15.1	100.0	14.9
42 長崎県 Nagasaki-ken	100.0	12.8	56.0	31.2	14.9	16.3	100.0	14.0
43 熊本県 Kumamoto-ken	100.0	13.4	56.6	30.0	14.1	15.9	100.0	14.6
44 大分県 Oita-ken	100.0	12.5	55.8	31.8	15.2	16.5	100.0	13.5
45 宮崎県 Miyazaki-ken	100.0	13.4	55.6	31.0	14.8	16.2	100.0	14.6
46 鹿児島県 Kagoshima-ken	100.0	13.4	55.8	30.8	14.2	16.6	100.0	14.6
47 沖縄県 Okinawa-ken	100.0	17.1	61.9	20.9	10.4	10.6	100.0	17.8

男女別人口の割合－総人口，日本人人口（2017年10月１日現在）（続き）
for Prefectures - Total population, Japanese population, October 1, 2017 - Continued

(%)

Total population									
男 Male				女 Female					
15～64	65歳以上 and over	65～74歳 years old	75歳以上 and over	総数 Total	15歳未満 Under	15～64	65歳以上 and over	65～74歳 years old	75歳以上 and over
62.4	24.6	13.6	11.0	100.0	11.7	57.8	30.5	14.2	16.3
60.8	27.1	14.8	12.3	100.0	10.3	56.1	33.7	15.8	17.9
60.4	27.6	15.3	12.3	100.0	10.2	54.4	35.4	15.7	19.7
60.0	27.7	14.7	13.0	100.0	10.8	53.6	35.6	14.9	20.8
63.3	23.9	13.4	10.6	100.0	11.6	58.7	29.7	13.6	16.1
58.0	30.9	16.3	14.6	100.0	9.4	51.2	39.4	16.2	23.2
58.9	28.6	15.1	13.4	100.0	11.1	53.4	35.5	14.5	21.0
61.3	26.5	14.6	11.8	100.0	11.3	55.2	33.5	14.4	19.1
62.0	25.4	14.4	11.0	100.0	11.9	57.2	30.9	15.1	15.8
62.7	24.5	14.2	10.3	100.0	12.1	57.7	30.2	14.6	15.6
61.3	25.9	14.5	11.4	100.0	11.9	56.3	31.8	15.0	16.8
63.7	23.6	13.5	10.1	100.0	12.0	59.7	28.3	14.6	13.8
63.1	24.4	13.8	10.6	100.0	11.7	59.0	29.3	14.8	14.5
68.2	20.1	11.0	9.0	100.0	10.8	63.6	25.6	11.7	13.9
65.2	22.2	12.3	9.9	100.0	11.9	60.7	27.4	13.3	14.1
60.0	27.6	14.9	12.7	100.0	11.1	54.3	34.6	14.9	19.8
59.8	27.7	15.3	12.3	100.0	11.1	53.8	35.1	15.8	19.3
61.4	25.3	14.4	11.0	100.0	12.0	56.0	32.0	14.8	17.1
59.9	26.4	14.3	12.1	100.0	12.3	55.0	32.8	14.4	18.4
61.0	26.5	14.2	12.2	100.0	11.5	55.9	32.6	14.5	18.1
59.0	27.8	14.5	13.4	100.0	11.9	54.0	34.0	14.7	19.4
59.9	26.5	14.5	12.0	100.0	12.2	56.0	31.8	14.8	17.0
60.9	26.0	14.3	11.7	100.0	12.1	56.0	31.9	14.8	17.1
64.3	22.0	12.3	9.7	100.0	13.1	59.7	27.2	13.3	13.9
60.8	25.9	14.0	11.9	100.0	12.0	56.2	31.8	14.6	17.2
62.5	22.8	12.9	9.9	100.0	13.6	58.8	27.6	13.3	14.3
61.7	25.6	14.0	11.5	100.0	11.1	57.7	31.2	14.8	16.4
62.7	24.5	13.5	10.9	100.0	11.4	59.0	29.6	14.2	15.4
60.9	25.6	14.2	11.4	100.0	11.7	57.6	30.7	14.5	16.2
59.0	27.9	15.2	12.7	100.0	11.3	56.5	32.3	15.6	16.6
58.3	28.8	15.4	13.4	100.0	10.9	54.0	35.1	15.6	19.5
59.4	26.9	14.7	12.2	100.0	11.9	53.7	34.4	14.5	19.9
57.5	29.2	15.5	13.7	100.0	11.6	51.1	37.3	15.2	22.1
59.9	26.4	14.3	12.1	100.0	11.9	55.6	32.5	14.6	17.9
61.0	25.3	14.1	11.2	100.0	12.3	56.1	31.5	14.6	16.9
57.7	29.4	16.0	13.4	100.0	11.0	52.0	37.0	16.3	20.6
58.6	29.1	16.0	13.2	100.0	10.5	54.1	35.4	15.4	19.9
59.1	27.7	15.1	12.5	100.0	11.8	54.3	34.0	15.4	18.6
58.6	28.3	15.4	12.9	100.0	11.1	53.7	35.2	15.5	19.6
57.6	30.2	16.2	14.0	100.0	10.5	51.9	37.7	16.1	21.6
62.0	23.7	13.5	10.2	100.0	12.2	57.9	29.8	13.9	15.9
59.5	25.6	14.1	11.5	100.0	12.7	55.1	32.2	13.9	18.3
58.5	27.5	15.0	12.6	100.0	11.7	53.9	34.4	14.8	19.6
58.8	26.7	14.2	12.5	100.0	12.4	54.6	33.0	14.0	19.0
58.4	28.1	15.1	13.0	100.0	11.6	53.4	35.0	15.3	19.7
57.7	27.7	14.9	12.8	100.0	12.4	53.7	33.9	14.7	19.2
57.7	27.7	14.7	12.9	100.0	12.2	54.2	33.6	13.8	19.8
63.3	19.0	10.5	8.5	100.0	16.5	60.6	22.9	10.3	12.6

第12表　都道府県，年齢（3区分），
Table 12. Percentage of Population by Age (3 Groups) and Sex

都道府県 Prefectures	日本人人口							
	男女計 Both sexes							
	総数 Total	15歳未満 Under	15～64	65歳以上 and over	65～74歳 years old	75歳以上 and over	総数 Total	15歳未満 Under
全国 Japan	100. 0	12. 4	59. 6	28. 0	14. 1	13. 9	100. 0	13. 0
01 北海道 Hokkaido	100. 0	11. 1	58. 1	30. 7	15. 4	15. 3	100. 0	12. 1
02 青森県 Aomori-ken	100. 0	11. 1	57. 1	31. 8	15. 6	16. 3	100. 0	12. 0
03 岩手県 Iwate-ken	100. 0	11. 5	56. 5	31. 9	14. 8	17. 1	100. 0	12. 3
04 宮城県 Miyagi-ken	100. 0	12. 2	60. 8	27. 1	13. 6	13. 5	100. 0	12. 8
05 秋田県 Akita-ken	100. 0	10. 2	54. 3	35. 5	16. 3	19. 3	100. 0	11. 0
06 山形県 Yamagata-ken	100. 0	11. 8	55. 9	32. 3	14. 8	17. 5	100. 0	12. 5
07 福島県 Fukushima-ken	100. 0	11. 8	58. 0	30. 2	14. 6	15. 6	100. 0	12. 2
08 茨城県 Ibaraki-ken	100. 0	12. 3	59. 1	28. 6	15. 0	13. 6	100. 0	12. 7
09 栃木県 Tochigi-ken	100. 0	12. 5	59. 7	27. 7	14. 6	13. 2	100. 0	12. 9
10 群馬県 Gumma-ken	100. 0	12. 3	58. 2	29. 5	15. 0	14. 5	100. 0	12. 8
11 埼玉県 Saitama-ken	100. 0	12. 4	61. 2	26. 4	14. 3	12. 1	100. 0	12. 7
12 千葉県 Chiba-ken	100. 0	12. 2	60. 5	27. 3	14. 5	12. 8	100. 0	12. 6
13 東京都 Tokyo-to	100. 0	11. 4	65. 1	23. 5	11. 7	11. 8	100. 0	11. 8
14 神奈川県 Kanagawa-ken	100. 0	12. 3	62. 5	25. 2	13. 0	12. 2	100. 0	12. 6
15 新潟県 Niigata-ken	100. 0	11. 7	56. 9	31. 4	15. 0	16. 4	100. 0	12. 4
16 富山県 Toyama-ken	100. 0	11. 8	56. 3	31. 9	15. 7	16. 1	100. 0	12. 6
17 石川県 Ishikawa-ken	100. 0	12. 7	58. 3	29. 0	14. 7	14. 3	100. 0	13. 4
18 福井県 Fukui-ken	100. 0	13. 1	57. 0	30. 0	14. 5	15. 5	100. 0	13. 8
19 山梨県 Yamanashi-ken	100. 0	12. 0	58. 0	30. 0	14. 5	15. 5	100. 0	12. 6
20 長野県 Nagano-ken	100. 0	12. 6	56. 0	31. 4	14. 7	16. 6	100. 0	13. 2
21 岐阜県 Gifu-ken	100. 0	12. 9	57. 3	29. 8	14. 9	14. 8	100. 0	13. 6
22 静岡県 Shizuoka-ken	100. 0	12. 7	57. 9	29. 5	14. 8	14. 7	100. 0	13. 2
23 愛知県 Aichi-ken	100. 0	13. 5	61. 4	25. 1	13. 1	12. 1	100. 0	13. 8
24 三重県 Mie-ken	100. 0	12. 6	57. 9	29. 4	14. 6	14. 9	100. 0	13. 3
25 滋賀県 Shiga-ken	100. 0	14. 2	60. 3	25. 6	13. 2	12. 3	100. 0	14. 8
26 京都府 Kyoto-fu	100. 0	12. 0	59. 2	28. 7	14. 5	14. 2	100. 0	12. 9
27 大阪府 Osaka-fu	100. 0	12. 2	60. 4	27. 4	14. 0	13. 4	100. 0	13. 0
28 兵庫県 Hyogo-ken	100. 0	12. 7	58. 9	28. 4	14. 4	14. 0	100. 0	13. 7
29 奈良県 Nara-ken	100. 0	12. 2	57. 5	30. 3	15. 5	14. 8	100. 0	13. 2
30 和歌山県 Wakayama-ken	100. 0	11. 9	55. 9	32. 2	15. 5	16. 7	100. 0	12. 9
31 鳥取県 Tottori-ken	100. 0	12. 8	56. 2	31. 0	14. 6	16. 4	100. 0	13. 7
32 島根県 Shimane-ken	100. 0	12. 5	53. 8	33. 7	15. 5	18. 2	100. 0	13. 4
33 岡山県 Okayama-ken	100. 0	12. 9	57. 3	29. 8	14. 6	15. 2	100. 0	13. 8
34 広島県 Hiroshima-ken	100. 0	13. 1	58. 1	28. 8	14. 5	14. 3	100. 0	13. 8
35 山口県 Yamaguchi-ken	100. 0	11. 9	54. 5	33. 5	16. 3	17. 3	100. 0	12. 9
36 徳島県 Tokushima-ken	100. 0	11. 4	56. 0	32. 6	15. 8	16. 8	100. 0	12. 3
37 香川県 Kagawa-ken	100. 0	12. 6	56. 3	31. 2	15. 4	15. 8	100. 0	13. 4
38 愛媛県 Ehime-ken	100. 0	12. 1	55. 8	32. 1	15. 6	16. 6	100. 0	13. 1
39 高知県 Kochi-ken	100. 0	11. 3	54. 4	34. 3	16. 2	18. 1	100. 0	12. 3
40 福岡県 Fukuoka-ken	100. 0	13. 3	59. 5	27. 2	13. 8	13. 3	100. 0	14. 4
41 佐賀県 Saga-ken	100. 0	13. 8	57. 0	29. 2	14. 1	15. 2	100. 0	15. 0
42 長崎県 Nagasaki-ken	100. 0	12. 9	55. 8	31. 3	14. 9	16. 4	100. 0	14. 1
43 熊本県 Kumamoto-ken	100. 0	13. 5	56. 4	30. 1	14. 1	16. 0	100. 0	14. 6
44 大分県 Oita-ken	100. 0	12. 5	55. 5	32. 0	15. 4	16. 6	100. 0	13. 5
45 宮崎県 Miyazaki-ken	100. 0	13. 5	55. 4	31. 1	14. 9	16. 2	100. 0	14. 6
46 鹿児島県 Kagoshima-ken	100. 0	13. 4	55. 7	30. 9	14. 3	16. 6	100. 0	14. 7
47 沖縄県 Okinawa-ken	100. 0	17. 2	61. 7	21. 1	10. 4	10. 7	100. 0	17. 9

男女別人口の割合－総人口，日本人人口（2017年10月１日現在）（続き）
for Prefectures - Total population, Japanese population, October 1, 2017 - Continued

(%)

Japanese population									
男 Male				女 Female					
15～64	65歳以上 and over	65～74歳 years old	75歳以上 and over	総数 Total	15歳未満 Under	15～64	65歳以上 and over	65～74歳 years old	75歳以上 and over
62.0	25.0	13.8	11.2	100.0	11.8	57.3	30.9	14.3	16.6
60.7	27.2	14.9	12.3	100.0	10.3	55.9	33.8	15.8	18.0
60.4	27.6	15.3	12.3	100.0	10.2	54.3	35.5	15.8	19.8
59.9	27.8	14.8	13.0	100.0	10.9	53.3	35.8	14.9	20.9
63.1	24.1	13.4	10.6	100.0	11.6	58.5	29.9	13.7	16.2
58.0	31.0	16.3	14.7	100.0	9.4	51.0	39.6	16.2	23.3
58.8	28.7	15.2	13.5	100.0	11.1	53.1	35.7	14.5	21.2
61.2	26.6	14.7	11.9	100.0	11.4	54.9	33.7	14.5	19.2
61.5	25.8	14.7	11.2	100.0	12.0	56.7	31.4	15.3	16.1
62.3	24.8	14.4	10.4	100.0	12.1	57.2	30.7	14.8	15.9
60.8	26.4	14.8	11.6	100.0	11.9	55.7	32.5	15.3	17.2
63.3	24.0	13.7	10.3	100.0	12.0	59.1	28.8	14.8	14.0
62.7	24.8	14.0	10.8	100.0	11.8	58.4	29.8	15.0	14.8
67.6	20.6	11.3	9.3	100.0	11.0	62.7	26.3	12.0	14.3
64.9	22.5	12.5	10.0	100.0	12.0	60.1	27.9	13.5	14.4
59.9	27.7	15.0	12.8	100.0	11.1	54.1	34.8	14.9	19.9
59.5	27.9	15.5	12.5	100.0	11.1	53.3	35.6	16.0	19.6
61.1	25.6	14.5	11.1	100.0	12.1	55.7	32.2	15.0	17.3
59.6	26.6	14.4	12.2	100.0	12.4	54.4	33.2	14.6	18.6
60.7	26.8	14.4	12.4	100.0	11.5	55.4	33.1	14.7	18.4
58.7	28.1	14.6	13.5	100.0	12.0	53.5	34.5	14.8	19.6
59.4	27.0	14.8	12.2	100.0	12.2	55.4	32.4	15.1	17.3
60.4	26.4	14.5	11.9	100.0	12.1	55.4	32.5	15.1	17.4
63.8	22.4	12.5	9.9	100.0	13.2	59.0	27.8	13.6	14.2
60.4	26.4	14.3	12.1	100.0	12.0	55.6	32.3	14.8	17.5
62.1	23.1	13.0	10.1	100.0	13.6	58.4	28.0	13.5	14.5
61.3	25.8	14.1	11.6	100.0	11.2	57.3	31.5	14.9	16.6
62.3	24.7	13.6	11.0	100.0	11.5	58.6	29.8	14.3	15.5
60.6	25.7	14.2	11.5	100.0	11.8	57.3	30.9	14.6	16.3
58.8	28.0	15.3	12.7	100.0	11.3	56.3	32.4	15.7	16.7
58.2	28.8	15.4	13.4	100.0	11.0	53.8	35.2	15.7	19.6
59.3	27.0	14.7	12.3	100.0	12.0	53.3	34.7	14.6	20.1
57.2	29.5	15.7	13.8	100.0	11.7	50.7	37.6	15.3	22.3
59.6	26.6	14.4	12.2	100.0	12.0	55.2	32.8	14.7	18.1
60.6	25.6	14.3	11.3	100.0	12.4	55.7	31.9	14.7	17.1
57.6	29.5	16.1	13.5	100.0	11.1	51.8	37.2	16.4	20.8
58.5	29.2	16.0	13.2	100.0	10.6	53.8	35.7	15.6	20.1
58.7	27.9	15.3	12.6	100.0	11.8	53.9	34.2	15.5	18.8
58.4	28.5	15.5	13.0	100.0	11.2	53.4	35.4	15.6	19.8
57.4	30.3	16.3	14.0	100.0	10.5	51.7	37.8	16.1	21.7
61.6	24.0	13.6	10.3	100.0	12.3	57.6	30.1	14.0	16.0
59.3	25.7	14.1	11.6	100.0	12.8	54.8	32.4	14.0	18.4
58.3	27.6	15.0	12.6	100.0	11.8	53.7	34.5	14.9	19.7
58.6	26.8	14.2	12.5	100.0	12.5	54.4	33.2	14.1	19.1
58.1	28.3	15.2	13.1	100.0	11.6	53.1	35.3	15.5	19.8
57.6	27.8	15.0	12.9	100.0	12.5	53.5	34.0	14.8	19.3
57.6	27.7	14.8	12.9	100.0	12.3	53.9	33.8	13.9	19.9
63.0	19.1	10.5	8.6	100.0	16.6	60.4	23.0	10.3	12.7

第12表　都道府県，年齢（3区分），
Table 12. Percentage of Population by Age (3 Groups) and Sex

都道府県 Prefectures	総人口 男女計 Both sexes 総数 Total	15歳未満 Under	15～64	65歳以上 and over	65～74歳 years old	75歳以上 and over	総数 Total	15歳未満 Under
全国 Japan	100.0	12.2	59.8	28.0	13.9	14.1	100.0	12.9
01 北海道 Hokkaido	100.0	11.0	57.8	31.2	15.5	15.7	100.0	11.9
02 青森県 Aomori-ken	100.0	10.9	56.7	32.5	15.8	16.6	100.0	11.8
03 岩手県 Iwate-ken	100.0	11.3	56.2	32.5	15.1	17.4	100.0	12.1
04 宮城県 Miyagi-ken	100.0	12.0	60.6	27.4	13.7	13.7	100.0	12.6
05 秋田県 Akita-ken	100.0	10.0	53.8	36.2	16.7	19.5	100.0	10.9
06 山形県 Yamagata-ken	100.0	11.6	55.6	32.8	15.2	17.6	100.0	12.3
07 福島県 Fukushima-ken	100.0	11.6	57.8	30.6	14.9	15.7	100.0	12.1
08 茨城県 Ibaraki-ken	100.0	12.1	59.2	28.7	14.8	13.9	100.0	12.4
09 栃木県 Tochigi-ken	100.0	12.3	59.8	28.0	14.6	13.4	100.0	12.7
10 群馬県 Gumma-ken	100.0	12.1	58.5	29.3	14.8	14.6	100.0	12.6
11 埼玉県 Saitama-ken	100.0	12.2	61.4	26.4	13.8	12.6	100.0	12.5
12 千葉県 Chiba-ken	100.0	12.0	60.8	27.2	14.0	13.1	100.0	12.4
13 東京都 Tokyo-to	100.0	11.2	65.9	22.8	11.1	11.7	100.0	11.7
14 神奈川県 Kanagawa-ken	100.0	12.1	62.8	25.1	12.6	12.5	100.0	12.5
15 新潟県 Niigata-ken	100.0	11.6	56.6	31.8	15.1	16.6	100.0	12.3
16 富山県 Toyama-ken	100.0	11.6	56.5	31.9	15.6	16.3	100.0	12.3
17 石川県 Ishikawa-ken	100.0	12.5	58.5	29.1	14.5	14.6	100.0	13.1
18 福井県 Fukui-ken	100.0	12.8	57.2	30.0	14.4	15.6	100.0	13.5
19 山梨県 Yamanashi-ken	100.0	11.8	58.1	30.0	14.4	15.6	100.0	12.4
20 長野県 Nagano-ken	100.0	12.4	56.3	31.3	14.6	16.8	100.0	13.0
21 岐阜県 Gifu-ken	100.0	12.7	57.6	29.7	14.7	15.0	100.0	13.4
22 静岡県 Shizuoka-ken	100.0	12.5	58.1	29.4	14.6	14.8	100.0	13.0
23 愛知県 Aichi-ken	100.0	13.3	61.8	24.9	12.6	12.2	100.0	13.6
24 三重県 Mie-ken	100.0	12.4	58.3	29.3	14.3	15.0	100.0	13.0
25 滋賀県 Shiga-ken	100.0	14.0	60.4	25.6	13.1	12.5	100.0	14.6
26 京都府 Kyoto-fu	100.0	11.7	59.4	28.8	14.2	14.6	100.0	12.6
27 大阪府 Osaka-fu	100.0	12.0	60.6	27.4	13.6	13.7	100.0	12.8
28 兵庫県 Hyogo-ken	100.0	12.5	58.9	28.7	14.3	14.4	100.0	13.4
29 奈良県 Nara-ken	100.0	12.0	57.2	30.8	15.4	15.4	100.0	13.0
30 和歌山県 Wakayama-ken	100.0	11.7	55.7	32.6	15.5	17.0	100.0	12.7
31 鳥取県 Tottori-ken	100.0	12.6	56.0	31.4	14.9	16.5	100.0	13.6
32 島根県 Shimane-ken	100.0	12.4	54.0	33.7	15.5	18.2	100.0	13.2
33 岡山県 Okayama-ken	100.0	12.7	57.4	29.9	14.4	15.5	100.0	13.6
34 広島県 Hiroshima-ken	100.0	12.9	58.2	28.8	14.3	14.5	100.0	13.6
35 山口県 Yamaguchi-ken	100.0	11.8	54.4	33.9	16.2	17.6	100.0	12.7
36 徳島県 Tokushima-ken	100.0	11.2	55.8	33.0	16.0	17.0	100.0	12.1
37 香川県 Kagawa-ken	100.0	12.4	56.3	31.3	15.4	15.9	100.0	13.2
38 愛媛県 Ehime-ken	100.0	11.9	55.7	32.4	15.7	16.7	100.0	12.9
39 高知県 Kochi-ken	100.0	11.2	54.2	34.6	16.3	18.3	100.0	12.1
40 福岡県 Fukuoka-ken	100.0	13.2	59.5	27.3	13.9	13.5	100.0	14.2
41 佐賀県 Saga-ken	100.0	13.7	56.7	29.6	14.4	15.3	100.0	14.8
42 長崎県 Nagasaki-ken	100.0	12.8	55.5	31.8	15.3	16.5	100.0	14.0
43 熊本県 Kumamoto-ken	100.0	13.4	56.1	30.5	14.4	16.1	100.0	14.5
44 大分県 Oita-ken	100.0	12.4	55.3	32.3	15.5	16.8	100.0	13.4
45 宮崎県 Miyazaki-ken	100.0	13.4	55.1	31.6	15.2	16.4	100.0	14.5
46 鹿児島県 Kagoshima-ken	100.0	13.3	55.4	31.3	14.7	16.7	100.0	14.6
47 沖縄県 Okinawa-ken	100.0	17.0	61.5	21.5	10.8	10.7	100.0	17.6

男女別人口の割合－総人口，日本人人口（2018年10月１日現在）（続き）
for Prefectures - Total population, Japanese population, October 1, 2018 - Continued

(%)

Total population									
男 Male				女 Female					
15～64	65歳以上 and over	65～74歳 years old	75歳以上 and over	総数 Total	15歳未満 Under	15～64	65歳以上 and over	65～74歳 years old	75歳以上 and over
62.2	25.0	13.6	11.4	100.0	11.6	57.5	30.9	14.1	16.7
60.4	27.7	15.0	12.6	100.0	10.1	55.5	34.4	15.9	18.5
60.0	28.3	15.7	12.6	100.0	10.1	53.8	36.2	16.0	20.2
59.6	28.4	15.1	13.3	100.0	10.7	53.1	36.3	15.1	21.2
63.0	24.4	13.6	10.8	100.0	11.4	58.4	30.2	13.8	16.4
57.4	31.7	16.8	14.9	100.0	9.2	50.6	40.2	16.5	23.6
58.5	29.2	15.5	13.6	100.0	10.9	53.0	36.1	14.9	21.2
60.9	27.1	15.0	12.1	100.0	11.2	54.8	34.0	14.8	19.3
61.6	26.0	14.5	11.5	100.0	11.7	56.8	31.5	15.2	16.3
62.3	25.0	14.4	10.6	100.0	11.9	57.2	30.9	14.8	16.1
61.1	26.3	14.5	11.8	100.0	11.7	56.0	32.3	15.0	17.3
63.5	24.0	13.3	10.6	100.0	11.9	59.3	28.8	14.3	14.5
63.0	24.6	13.6	11.1	100.0	11.6	58.7	29.7	14.5	15.1
68.3	20.0	10.8	9.2	100.0	10.8	63.7	25.5	11.3	14.2
65.1	22.4	12.1	10.3	100.0	11.8	60.5	27.8	13.0	14.7
59.5	28.2	15.2	13.0	100.0	10.9	53.9	35.1	15.1	20.0
59.7	27.9	15.3	12.7	100.0	10.9	53.5	35.5	15.8	19.7
61.3	25.6	14.3	11.4	100.0	11.9	55.8	32.3	14.8	17.5
59.8	26.7	14.3	12.4	100.0	12.1	54.7	33.1	14.4	18.7
60.7	26.9	14.3	12.6	100.0	11.3	55.6	33.1	14.5	18.5
58.9	28.1	14.5	13.7	100.0	11.8	53.9	34.3	14.6	19.7
59.7	26.9	14.5	12.4	100.0	12.0	55.7	32.3	14.8	17.5
60.7	26.3	14.3	12.1	100.0	12.0	55.7	32.4	14.8	17.5
64.2	22.2	12.1	10.0	100.0	13.0	59.5	27.5	13.1	14.4
60.8	26.2	14.0	12.2	100.0	11.9	55.9	32.2	14.6	17.6
62.3	23.1	12.8	10.3	100.0	13.4	58.5	28.1	13.4	14.7
61.6	25.8	13.8	12.0	100.0	11.0	57.5	31.6	14.6	17.0
62.6	24.6	13.3	11.3	100.0	11.3	58.8	29.9	13.9	16.0
60.6	25.9	14.1	11.8	100.0	11.6	57.2	31.1	14.4	16.7
58.6	28.4	15.2	13.3	100.0	11.1	56.0	32.9	15.6	17.3
58.1	29.2	15.4	13.8	100.0	10.8	53.6	35.6	15.6	20.0
59.0	27.5	15.0	12.5	100.0	11.8	53.3	34.9	14.8	20.2
57.3	29.5	15.7	13.8	100.0	11.6	50.9	37.5	15.2	22.3
59.7	26.7	14.3	12.4	100.0	11.8	55.4	32.8	14.6	18.3
60.8	25.6	14.1	11.5	100.0	12.3	55.9	31.9	14.5	17.3
57.4	29.9	16.1	13.8	100.0	10.9	51.7	37.4	16.4	21.1
58.2	29.7	16.3	13.4	100.0	10.4	53.6	36.0	15.7	20.3
58.8	28.0	15.3	12.8	100.0	11.7	54.0	34.3	15.5	18.8
58.3	28.8	15.7	13.1	100.0	11.0	53.3	35.7	15.8	19.9
57.3	30.7	16.4	14.2	100.0	10.4	51.4	38.2	16.2	21.9
61.6	24.1	13.7	10.5	100.0	12.2	57.6	30.2	14.0	16.2
59.0	26.2	14.5	11.7	100.0	12.7	54.6	32.7	14.3	18.5
57.9	28.2	15.5	12.7	100.0	11.7	53.3	35.0	15.2	19.8
58.3	27.2	14.6	12.6	100.0	12.4	54.2	33.4	14.2	19.2
57.9	28.7	15.4	13.3	100.0	11.5	53.0	35.6	15.6	20.0
57.2	28.3	15.3	13.0	100.0	12.4	53.2	34.5	15.1	19.4
57.2	28.3	15.2	13.0	100.0	12.2	53.8	34.0	14.2	19.9
62.8	19.6	10.9	8.7	100.0	16.4	60.2	23.4	10.7	12.7

第12表 都道府県，年齢（3区分），
Table 12. Percentage of Population by Age (3 Groups) and Sex

都道府県 Prefectures	日本人人口							
	男女計 Both sexes							
	総数 Total	15歳未満 Under	15～64	65歳以上 and over	65～74歳 years old	75歳以上 and over	総数 Total	15歳未満 Under
全国 Japan	100.0	12.3	59.3	28.4	14.0	14.4	100.0	12.9
01 北海道 Hokkaido	100.0	11.0	57.6	31.4	15.5	15.8	100.0	11.9
02 青森県 Aomori-ken	100.0	10.9	56.5	32.6	15.9	16.7	100.0	11.8
03 岩手県 Iwate-ken	100.0	11.4	56.0	32.6	15.2	17.4	100.0	12.1
04 宮城県 Miyagi-ken	100.0	12.1	60.4	27.6	13.8	13.8	100.0	12.7
05 秋田県 Akita-ken	100.0	10.0	53.7	36.3	16.7	19.6	100.0	10.9
06 山形県 Yamagata-ken	100.0	11.7	55.4	32.9	15.3	17.7	100.0	12.4
07 福島県 Fukushima-ken	100.0	11.7	57.6	30.8	14.9	15.8	100.0	12.1
08 茨城県 Ibaraki-ken	100.0	12.2	58.6	29.2	15.1	14.2	100.0	12.5
09 栃木県 Tochigi-ken	100.0	12.4	59.2	28.4	14.8	13.6	100.0	12.8
10 群馬県 Gumma-ken	100.0	12.2	57.8	30.0	15.1	14.9	100.0	12.6
11 埼玉県 Saitama-ken	100.0	12.2	60.9	26.9	14.1	12.8	100.0	12.6
12 千葉県 Chiba-ken	100.0	12.1	60.2	27.7	14.3	13.4	100.0	12.4
13 東京都 Tokyo-to	100.0	11.4	65.1	23.5	11.4	12.1	100.0	11.8
14 神奈川県 Kanagawa-ken	100.0	12.2	62.3	25.5	12.8	12.8	100.0	12.5
15 新潟県 Niigata-ken	100.0	11.6	56.4	31.9	15.2	16.7	100.0	12.3
16 富山県 Toyama-ken	100.0	11.7	56.0	32.3	15.8	16.5	100.0	12.4
17 石川県 Ishikawa-ken	100.0	12.6	58.1	29.4	14.7	14.7	100.0	13.2
18 福井県 Fukui-ken	100.0	12.9	56.7	30.4	14.5	15.8	100.0	13.6
19 山梨県 Yamanashi-ken	100.0	11.9	57.6	30.5	14.6	15.9	100.0	12.4
20 長野県 Nagano-ken	100.0	12.4	55.8	31.7	14.7	17.0	100.0	13.0
21 岐阜県 Gifu-ken	100.0	12.7	57.0	30.3	15.0	15.3	100.0	13.4
22 静岡県 Shizuoka-ken	100.0	12.5	57.6	30.0	14.8	15.1	100.0	13.0
23 愛知県 Aichi-ken	100.0	13.4	61.2	25.5	12.9	12.5	100.0	13.7
24 三重県 Mie-ken	100.0	12.5	57.7	29.9	14.6	15.3	100.0	13.1
25 滋賀県 Shiga-ken	100.0	14.1	60.0	26.0	13.3	12.7	100.0	14.7
26 京都府 Kyoto-fu	100.0	11.9	59.0	29.1	14.3	14.8	100.0	12.7
27 大阪府 Osaka-fu	100.0	12.1	60.2	27.6	13.7	13.9	100.0	12.9
28 兵庫県 Hyogo-ken	100.0	12.6	58.5	28.9	14.4	14.5	100.0	13.6
29 奈良県 Nara-ken	100.0	12.0	57.0	30.9	15.4	15.5	100.0	13.0
30 和歌山県 Wakayama-ken	100.0	11.8	55.5	32.7	15.6	17.1	100.0	12.8
31 鳥取県 Tottori-ken	100.0	12.7	55.8	31.5	15.0	16.6	100.0	13.6
32 島根県 Shimane-ken	100.0	12.5	53.5	34.0	15.6	18.4	100.0	13.3
33 岡山県 Okayama-ken	100.0	12.8	57.1	30.2	14.5	15.6	100.0	13.7
34 広島県 Hiroshima-ken	100.0	13.0	57.8	29.2	14.5	14.7	100.0	13.7
35 山口県 Yamaguchi-ken	100.0	11.8	54.1	34.1	16.3	17.7	100.0	12.8
36 徳島県 Tokushima-ken	100.0	11.3	55.5	33.2	16.1	17.1	100.0	12.2
37 香川県 Kagawa-ken	100.0	12.5	55.9	31.6	15.5	16.1	100.0	13.3
38 愛媛県 Ehime-ken	100.0	12.0	55.4	32.6	15.8	16.8	100.0	13.0
39 高知県 Kochi-ken	100.0	11.2	54.0	34.8	16.4	18.4	100.0	12.1
40 福岡県 Fukuoka-ken	100.0	13.3	59.1	27.6	14.0	13.6	100.0	14.4
41 佐賀県 Saga-ken	100.0	13.8	56.5	29.8	14.5	15.3	100.0	14.9
42 長崎県 Nagasaki-ken	100.0	12.8	55.2	31.9	15.4	16.6	100.0	14.0
43 熊本県 Kumamoto-ken	100.0	13.5	55.9	30.7	14.5	16.2	100.0	14.6
44 大分県 Oita-ken	100.0	12.5	55.0	32.6	15.6	17.0	100.0	13.5
45 宮崎県 Miyazaki-ken	100.0	13.4	54.9	31.7	15.2	16.5	100.0	14.6
46 鹿児島県 Kagoshima-ken	100.0	13.4	55.2	31.5	14.7	16.7	100.0	14.6
47 沖縄県 Okinawa-ken	100.0	17.1	61.2	21.7	10.9	10.8	100.0	17.8

男　女　別　人　口　の　割　合－総人口，日本人人口（2018年10月１日現在）（続き）
for Prefectures - Total population, Japanese population, October 1, 2018 - Continued

(%)

Japanese population									
男 Male				女 Female					
15～64	65歳以上 and over	65～74歳 years old	75歳以上 and over	総数 Total	15歳未満 Under	15～64	65歳以上 and over	65～74歳 years old	75歳以上 and over
61.7	25.3	13.8	11.6	100.0	11.7	57.0	31.3	14.3	17.0
60.3	27.8	15.1	12.7	100.0	10.2	55.3	34.5	16.0	18.6
59.9	28.3	15.7	12.6	100.0	10.1	53.6	36.3	16.1	20.3
59.4	28.5	15.1	13.3	100.0	10.7	52.8	36.5	15.2	21.3
62.8	24.6	13.7	10.9	100.0	11.5	58.1	30.4	13.9	16.5
57.4	31.7	16.8	14.9	100.0	9.3	50.4	40.3	16.6	23.7
58.4	29.3	15.6	13.7	100.0	11.0	52.6	36.3	15.0	21.4
60.7	27.2	15.0	12.1	100.0	11.3	54.5	34.3	14.8	19.4
61.1	26.4	14.7	11.7	100.0	11.8	56.2	32.0	15.4	16.6
61.8	25.4	14.6	10.8	100.0	11.9	56.7	31.4	15.0	16.4
60.5	26.9	14.9	12.1	100.0	11.7	55.3	33.0	15.3	17.7
63.0	24.4	13.5	10.9	100.0	11.9	58.7	29.3	14.6	14.8
62.5	25.1	13.8	11.3	100.0	11.7	58.0	30.3	14.8	15.5
67.5	20.7	11.1	9.6	100.0	10.9	62.7	26.3	11.7	14.6
64.7	22.8	12.3	10.5	100.0	11.8	59.9	28.3	13.3	15.0
59.4	28.3	15.3	13.0	100.0	11.0	53.6	35.4	15.2	20.2
59.3	28.3	15.5	12.8	100.0	11.0	53.0	36.0	16.0	20.0
60.9	25.9	14.4	11.5	100.0	11.9	55.4	32.6	14.9	17.7
59.4	26.9	14.4	12.5	100.0	12.3	54.1	33.6	14.6	19.0
60.4	27.3	14.5	12.8	100.0	11.4	55.0	33.6	14.7	18.8
58.5	28.5	14.6	13.8	100.0	11.9	53.3	34.8	14.8	20.0
59.2	27.4	14.8	12.6	100.0	12.0	55.0	33.0	15.1	17.9
60.2	26.8	14.5	12.3	100.0	12.0	55.0	33.0	15.1	17.9
63.6	22.7	12.4	10.3	100.0	13.0	58.8	28.2	13.4	14.8
60.2	26.8	14.2	12.5	100.0	11.9	55.3	32.8	14.9	18.0
61.9	23.5	13.0	10.5	100.0	13.5	58.1	28.4	13.5	14.9
61.2	26.1	13.9	12.1	100.0	11.1	57.1	31.9	14.7	17.2
62.2	24.9	13.4	11.5	100.0	11.4	58.4	30.2	14.1	16.1
60.3	26.1	14.2	11.9	100.0	11.7	56.9	31.4	14.5	16.8
58.4	28.6	15.2	13.3	100.0	11.2	55.8	33.0	15.6	17.4
58.0	29.2	15.4	13.8	100.0	10.9	53.4	35.8	15.7	20.1
58.8	27.6	15.1	12.5	100.0	11.9	52.9	35.2	14.9	20.3
56.9	29.9	15.9	14.0	100.0	11.7	50.4	37.9	15.4	22.5
59.4	26.9	14.4	12.5	100.0	11.9	54.9	33.2	14.7	18.5
60.3	25.9	14.2	11.7	100.0	12.3	55.4	32.2	14.7	17.6
57.2	30.0	16.2	13.9	100.0	11.0	51.3	37.7	16.5	21.2
58.0	29.8	16.3	13.5	100.0	10.5	53.2	36.3	15.8	20.5
58.4	28.3	15.4	12.9	100.0	11.8	53.6	34.6	15.6	19.0
58.0	29.0	15.8	13.2	100.0	11.1	53.0	35.9	15.9	20.0
57.1	30.8	16.5	14.3	100.0	10.4	51.2	38.3	16.3	22.0
61.2	24.4	13.8	10.6	100.0	12.3	57.2	30.5	14.1	16.4
58.8	26.3	14.6	11.7	100.0	12.7	54.3	32.9	14.3	18.6
57.7	28.3	15.5	12.8	100.0	11.7	53.1	35.2	15.3	19.9
58.1	27.3	14.6	12.7	100.0	12.4	53.9	33.7	14.3	19.3
57.6	28.9	15.5	13.4	100.0	11.6	52.5	35.9	15.7	20.2
57.0	28.4	15.3	13.1	100.0	12.4	52.9	34.6	15.1	19.5
57.0	28.3	15.3	13.1	100.0	12.3	53.5	34.2	14.3	20.0
62.5	19.7	11.0	8.8	100.0	16.5	59.9	23.6	10.8	12.8

第12表　都道府県，年齢（3区分），
Table 12. Percentage of Population by Age (3 Groups) and Sex

都道府県 Prefectures	総人口 男女計 Both sexes 総数 Total	15歳未満 Under	15～64	65歳以上 and over	65～74歳 years old	75歳以上 and over	総数 Total	15歳未満 Under
全国 Japan	100.0	12.1	59.7	28.3	13.7	14.5	100.0	12.7
01 北海道 Hokkaido	100.0	10.8	57.5	31.7	15.6	16.1	100.0	11.7
02 青森県 Aomori-ken	100.0	10.7	56.2	33.1	16.1	17.0	100.0	11.6
03 岩手県 Iwate-ken	100.0	11.2	55.8	33.0	15.3	17.7	100.0	11.9
04 宮城県 Miyagi-ken	100.0	11.8	60.4	27.7	13.8	14.0	100.0	12.5
05 秋田県 Akita-ken	100.0	9.9	53.3	36.8	17.0	19.8	100.0	10.7
06 山形県 Yamagata-ken	100.0	11.4	55.3	33.3	15.5	17.8	100.0	12.1
07 福島県 Fukushima-ken	100.0	11.5	57.4	31.1	15.1	16.0	100.0	11.9
08 茨城県 Ibaraki-ken	100.0	11.9	58.9	29.2	14.8	14.4	100.0	12.2
09 栃木県 Tochigi-ken	100.0	12.1	59.4	28.5	14.7	13.8	100.0	12.4
10 群馬県 Gumma-ken	100.0	11.9	58.4	29.7	14.7	15.0	100.0	12.3
11 埼玉県 Saitama-ken	100.0	12.0	61.3	26.7	13.5	13.2	100.0	12.4
12 千葉県 Chiba-ken	100.0	11.9	60.8	27.4	13.7	13.7	100.0	12.2
13 東京都 Tokyo-to	100.0	11.2	66.1	22.7	10.7	12.0	100.0	11.6
14 神奈川県 Kanagawa-ken	100.0	11.9	62.8	25.3	12.3	13.0	100.0	12.3
15 新潟県 Niigata-ken	100.0	11.4	56.3	32.2	15.3	16.9	100.0	12.1
16 富山県 Toyama-ken	100.0	11.4	56.4	32.2	15.4	16.8	100.0	12.1
17 石川県 Ishikawa-ken	100.0	12.3	58.3	29.4	14.4	15.0	100.0	12.9
18 福井県 Fukui-ken	100.0	12.7	57.0	30.3	14.4	15.9	100.0	13.4
19 山梨県 Yamanashi-ken	100.0	11.6	57.9	30.4	14.4	16.0	100.0	12.1
20 長野県 Nagano-ken	100.0	12.2	56.2	31.6	14.4	17.2	100.0	12.8
21 岐阜県 Gifu-ken	100.0	12.5	57.5	30.0	14.6	15.5	100.0	13.2
22 静岡県 Shizuoka-ken	100.0	12.3	58.0	29.7	14.4	15.3	100.0	12.8
23 愛知県 Aichi-ken	100.0	13.1	61.8	25.0	12.3	12.7	100.0	13.5
24 三重県 Mie-ken	100.0	12.2	58.2	29.6	14.1	15.4	100.0	12.8
25 滋賀県 Shiga-ken	100.0	13.8	60.3	25.9	13.0	12.9	100.0	14.3
26 京都府 Kyoto-fu	100.0	11.6	59.4	29.0	13.9	15.1	100.0	12.4
27 大阪府 Osaka-fu	100.0	11.8	60.7	27.5	13.2	14.3	100.0	12.6
28 兵庫県 Hyogo-ken	100.0	12.3	58.7	29.0	14.1	14.9	100.0	13.3
29 奈良県 Nara-ken	100.0	11.9	56.9	31.2	15.2	16.1	100.0	12.8
30 和歌山県 Wakayama-ken	100.0	11.6	55.5	32.9	15.4	17.5	100.0	12.6
31 鳥取県 Tottori-ken	100.0	12.5	55.7	31.8	15.1	16.7	100.0	13.4
32 島根県 Shimane-ken	100.0	12.3	53.8	33.9	15.6	18.4	100.0	13.1
33 岡山県 Okayama-ken	100.0	12.5	57.4	30.1	14.2	15.9	100.0	13.4
34 広島県 Hiroshima-ken	100.0	12.8	58.1	29.1	14.1	15.0	100.0	13.5
35 山口県 Yamaguchi-ken	100.0	11.6	54.2	34.2	16.2	18.0	100.0	12.5
36 徳島県 Tokushima-ken	100.0	11.1	55.4	33.6	16.2	17.4	100.0	12.0
37 香川県 Kagawa-ken	100.0	12.3	56.3	31.5	15.2	16.2	100.0	13.0
38 愛媛県 Ehime-ken	100.0	11.8	55.5	32.8	15.7	17.1	100.0	12.7
39 高知県 Kochi-ken	100.0	11.0	53.9	35.0	16.3	18.8	100.0	11.9
40 福岡県 Fukuoka-ken	100.0	13.1	59.3	27.6	13.8	13.8	100.0	14.1
41 佐賀県 Saga-ken	100.0	13.6	56.3	30.1	14.6	15.5	100.0	14.7
42 長崎県 Nagasaki-ken	100.0	12.7	54.9	32.4	15.6	16.8	100.0	13.9
43 熊本県 Kumamoto-ken	100.0	13.3	55.8	30.9	14.6	16.3	100.0	14.4
44 大分県 Oita-ken	100.0	12.2	55.0	32.8	15.6	17.2	100.0	13.2
45 宮崎県 Miyazaki-ken	100.0	13.2	54.6	32.1	15.4	16.7	100.0	14.3
46 鹿児島県 Kagoshima-ken	100.0	13.2	54.9	31.9	15.1	16.8	100.0	14.4
47 沖縄県 Okinawa-ken	100.0	16.8	61.1	22.1	11.2	10.9	100.0	17.4

男女別人口の割合－総人口，日本人人口（2019年10月１日現在）（続き）
for Prefectures - Total population, Japanese population, October 1, 2019 - Continued

(%)

Total population									
男 Male				女 Female					
15～64	65歳以上 and over	65～74歳 years old	75歳以上 and over	総数 Total	15歳未満 Under	15～64	65歳以上 and over	65～74歳 years old	75歳以上 and over
62.1	25.2	13.5	11.7	100.0	11.5	57.4	31.1	13.9	17.2
60.2	28.1	15.2	12.9	100.0	10.0	55.1	34.9	15.9	19.0
59.6	28.9	16.0	12.9	100.0	9.9	53.2	36.9	16.2	20.6
59.2	28.9	15.4	13.6	100.0	10.5	52.7	36.8	15.3	21.5
62.8	24.8	13.7	11.1	100.0	11.3	58.2	30.5	13.9	16.7
57.0	32.4	17.2	15.1	100.0	9.1	50.0	40.9	16.9	24.0
58.2	29.7	15.8	13.9	100.0	10.8	52.6	36.6	15.2	21.5
60.5	27.6	15.2	12.4	100.0	11.0	54.4	34.5	15.0	19.6
61.4	26.4	14.5	11.9	100.0	11.5	56.5	32.0	15.2	16.9
62.0	25.6	14.5	11.1	100.0	11.7	56.9	31.5	14.9	16.5
61.0	26.6	14.4	12.2	100.0	11.5	55.8	32.7	14.9	17.8
63.4	24.2	13.0	11.2	100.0	11.7	59.2	29.1	14.0	15.2
63.0	24.8	13.2	11.6	100.0	11.5	58.6	29.9	14.2	15.8
68.4	20.0	10.5	9.4	100.0	10.8	63.9	25.4	11.0	14.4
65.1	22.6	11.9	10.7	100.0	11.6	60.4	28.0	12.7	15.3
59.3	28.7	15.4	13.3	100.0	10.8	53.6	35.6	15.3	20.3
59.7	28.2	15.1	13.1	100.0	10.8	53.4	35.9	15.6	20.3
61.1	25.9	14.1	11.8	100.0	11.7	55.6	32.7	14.7	18.0
59.7	26.9	14.3	12.6	100.0	12.0	54.5	33.5	14.4	19.1
60.6	27.3	14.3	12.9	100.0	11.2	55.4	33.5	14.5	18.9
58.8	28.4	14.4	14.1	100.0	11.6	53.8	34.6	14.5	20.1
59.7	27.2	14.4	12.8	100.0	11.8	55.4	32.7	14.7	18.0
60.6	26.6	14.1	12.5	100.0	11.8	55.5	32.7	14.7	18.1
64.2	22.3	11.9	10.4	100.0	12.8	59.5	27.8	12.8	14.9
60.8	26.4	13.8	12.6	100.0	11.7	55.8	32.5	14.4	18.1
62.3	23.3	12.7	10.7	100.0	13.2	58.4	28.4	13.3	15.1
61.6	26.0	13.5	12.5	100.0	10.8	57.4	31.8	14.3	17.6
62.7	24.7	12.9	11.8	100.0	11.1	58.8	30.1	13.5	16.6
60.5	26.2	13.9	12.3	100.0	11.5	57.0	31.5	14.2	17.3
58.3	28.8	15.0	13.9	100.0	11.0	55.6	33.4	15.4	18.0
57.9	29.5	15.3	14.2	100.0	10.7	53.3	36.0	15.5	20.5
58.6	28.0	15.2	12.7	100.0	11.7	53.0	35.3	14.9	20.3
57.1	29.8	15.9	14.0	100.0	11.5	50.7	37.7	15.3	22.4
59.7	26.9	14.1	12.8	100.0	11.7	55.3	33.0	14.3	18.7
60.7	25.9	13.9	11.9	100.0	12.1	55.7	32.2	14.4	17.8
57.2	30.2	16.1	14.2	100.0	10.8	51.4	37.8	16.3	21.6
57.8	30.2	16.5	13.8	100.0	10.3	53.2	36.6	15.9	20.7
58.8	28.2	15.1	13.1	100.0	11.6	53.9	34.5	15.3	19.2
58.1	29.2	15.7	13.5	100.0	10.9	53.1	36.1	15.7	20.3
57.0	31.1	16.4	14.7	100.0	10.2	51.2	38.6	16.2	22.4
61.5	24.4	13.6	10.8	100.0	12.1	57.3	30.5	14.0	16.6
58.6	26.7	14.8	11.9	100.0	12.6	54.3	33.2	14.5	18.7
57.3	28.8	15.8	13.0	100.0	11.6	52.8	35.6	15.5	20.1
58.0	27.6	14.8	12.8	100.0	12.3	53.8	33.9	14.4	19.4
57.7	29.1	15.5	13.6	100.0	11.4	52.6	36.0	15.6	20.4
56.8	28.9	15.6	13.3	100.0	12.3	52.7	35.0	15.3	19.7
56.6	28.9	15.7	13.3	100.0	12.1	53.3	34.6	14.5	20.0
62.4	20.1	11.4	8.8	100.0	16.2	59.8	24.0	11.1	12.9

第12表　都道府県，年齢（3区分），
Table 12. Percentage of Population by Age (3 Groups) and Sex

都道府県 Prefectures	日本人人口 男女計 Both sexes 総数 Total	15歳未満 Under	15～64	65歳以上 and over	65～74歳 years old	75歳以上 and over	総数 Total	15歳未満 Under
全国 Japan	100.0	12.1	59.1	28.7	13.9	14.8	100.0	12.8
01 北海道 Hokkaido	100.0	10.8	57.3	31.9	15.7	16.2	100.0	11.8
02 青森県 Aomori-ken	100.0	10.7	56.1	33.2	16.2	17.1	100.0	11.6
03 岩手県 Iwate-ken	100.0	11.2	55.6	33.2	15.4	17.8	100.0	11.9
04 宮城県 Miyagi-ken	100.0	11.9	60.1	27.9	13.9	14.1	100.0	12.5
05 秋田県 Akita-ken	100.0	9.9	53.2	37.0	17.1	19.9	100.0	10.7
06 山形県 Yamagata-ken	100.0	11.5	55.1	33.5	15.6	17.9	100.0	12.2
07 福島県 Fukushima-ken	100.0	11.5	57.2	31.3	15.2	16.1	100.0	11.9
08 茨城県 Ibaraki-ken	100.0	12.0	58.3	29.7	15.1	14.7	100.0	12.3
09 栃木県 Tochigi-ken	100.0	12.1	58.9	29.0	15.0	14.1	100.0	12.5
10 群馬県 Gumma-ken	100.0	11.9	57.6	30.5	15.0	15.4	100.0	12.4
11 埼玉県 Saitama-ken	100.0	12.1	60.7	27.2	13.8	13.5	100.0	12.4
12 千葉県 Chiba-ken	100.0	11.9	60.1	27.9	14.0	14.0	100.0	12.3
13 東京都 Tokyo-to	100.0	11.3	65.2	23.5	11.1	12.4	100.0	11.8
14 神奈川県 Kanagawa-ken	100.0	12.0	62.2	25.8	12.5	13.3	100.0	12.3
15 新潟県 Niigata-ken	100.0	11.5	56.1	32.4	15.4	17.0	100.0	12.1
16 富山県 Toyama-ken	100.0	11.5	55.9	32.6	15.6	17.1	100.0	12.2
17 石川県 Ishikawa-ken	100.0	12.4	57.9	29.7	14.6	15.2	100.0	13.0
18 福井県 Fukui-ken	100.0	12.8	56.5	30.7	14.5	16.2	100.0	13.5
19 山梨県 Yamanashi-ken	100.0	11.7	57.4	30.9	14.6	16.3	100.0	12.1
20 長野県 Nagano-ken	100.0	12.3	55.7	32.1	14.6	17.4	100.0	12.8
21 岐阜県 Gifu-ken	100.0	12.5	56.8	30.7	14.9	15.8	100.0	13.2
22 静岡県 Shizuoka-ken	100.0	12.3	57.4	30.3	14.7	15.7	100.0	12.8
23 愛知県 Aichi-ken	100.0	13.2	61.1	25.7	12.7	13.1	100.0	13.5
24 三重県 Mie-ken	100.0	12.3	57.5	30.3	14.4	15.8	100.0	12.9
25 滋賀県 Shiga-ken	100.0	13.9	59.8	26.3	13.2	13.2	100.0	14.5
26 京都府 Kyoto-fu	100.0	11.7	58.9	29.4	14.0	15.3	100.0	12.6
27 大阪府 Osaka-fu	100.0	12.0	60.2	27.8	13.3	14.5	100.0	12.8
28 兵庫県 Hyogo-ken	100.0	12.5	58.3	29.2	14.2	15.1	100.0	13.4
29 奈良県 Nara-ken	100.0	11.9	56.7	31.4	15.2	16.2	100.0	12.9
30 和歌山県 Wakayama-ken	100.0	11.6	55.3	33.1	15.5	17.6	100.0	12.6
31 鳥取県 Tottori-ken	100.0	12.6	55.4	32.0	15.2	16.8	100.0	13.5
32 島根県 Shimane-ken	100.0	12.4	53.3	34.3	15.7	18.6	100.0	13.2
33 岡山県 Okayama-ken	100.0	12.6	57.0	30.4	14.4	16.1	100.0	13.5
34 広島県 Hiroshima-ken	100.0	12.9	57.6	29.5	14.3	15.2	100.0	13.6
35 山口県 Yamaguchi-ken	100.0	11.7	53.8	34.5	16.3	18.2	100.0	12.6
36 徳島県 Tokushima-ken	100.0	11.1	55.1	33.8	16.3	17.5	100.0	12.0
37 香川県 Kagawa-ken	100.0	12.3	55.8	31.8	15.4	16.4	100.0	13.1
38 愛媛県 Ehime-ken	100.0	11.8	55.1	33.0	15.8	17.2	100.0	12.8
39 高知県 Kochi-ken	100.0	11.1	53.7	35.2	16.3	18.9	100.0	12.0
40 福岡県 Fukuoka-ken	100.0	13.2	58.9	27.9	13.9	14.0	100.0	14.3
41 佐賀県 Saga-ken	100.0	13.7	56.0	30.3	14.7	15.6	100.0	14.8
42 長崎県 Nagasaki-ken	100.0	12.7	54.7	32.6	15.7	16.9	100.0	13.9
43 熊本県 Kumamoto-ken	100.0	13.4	55.4	31.2	14.7	16.5	100.0	14.5
44 大分県 Oita-ken	100.0	12.3	54.6	33.1	15.7	17.4	100.0	13.3
45 宮崎県 Miyazaki-ken	100.0	13.3	54.4	32.3	15.5	16.8	100.0	14.4
46 鹿児島県 Kagoshima-ken	100.0	13.3	54.6	32.1	15.2	16.9	100.0	14.5
47 沖縄県 Okinawa-ken	100.0	16.9	60.8	22.3	11.3	11.0	100.0	17.6

男　女　別　人　口　の　割　合－総人口，日本人人口（2019年10月１日現在）（続き）
for Prefectures - Total population, Japanese population, October 1, 2019 - Continued

(%)

Japanese population									
男 Male				女 Female					
15～64	65歳以上 and over	65～74歳 years old	75歳以上 and over	総数 Total	15歳未満 Under	15～64	65歳以上 and over	65～74歳 years old	75歳以上 and over
61.6	25.6	13.7	11.9	100.0	11.5	56.8	31.7	14.2	17.5
60.0	28.3	15.2	13.0	100.0	10.0	54.9	35.1	16.0	19.1
59.4	29.0	16.0	12.9	100.0	9.9	53.0	37.0	16.3	20.7
59.0	29.0	15.4	13.6	100.0	10.6	52.4	37.0	15.4	21.7
62.5	25.0	13.8	11.2	100.0	11.3	57.9	30.8	14.0	16.8
56.9	32.4	17.3	15.2	100.0	9.1	49.8	41.0	16.9	24.1
58.0	29.8	15.9	13.9	100.0	10.9	52.3	36.9	15.3	21.6
60.3	27.7	15.3	12.4	100.0	11.1	54.1	34.8	15.1	19.7
60.8	26.9	14.7	12.2	100.0	11.6	55.8	32.6	15.4	17.2
61.5	26.0	14.7	11.3	100.0	11.7	56.3	32.0	15.2	16.8
60.2	27.4	14.8	12.6	100.0	11.5	55.0	33.5	15.3	18.3
62.9	24.7	13.3	11.4	100.0	11.7	58.5	29.8	14.2	15.5
62.4	25.3	13.5	11.8	100.0	11.6	57.9	30.6	14.4	16.1
67.6	20.6	10.9	9.8	100.0	10.9	62.9	26.2	11.3	15.0
64.6	23.0	12.1	10.9	100.0	11.6	59.8	28.6	12.9	15.7
59.1	28.8	15.5	13.4	100.0	10.9	53.3	35.9	15.4	20.5
59.2	28.6	15.3	13.3	100.0	10.8	52.8	36.4	15.8	20.6
60.7	26.3	14.3	12.0	100.0	11.8	55.2	33.0	14.8	18.2
59.3	27.2	14.4	12.8	100.0	12.1	53.8	34.0	14.6	19.4
60.2	27.7	14.5	13.1	100.0	11.2	54.7	34.0	14.7	19.3
58.4	28.8	14.5	14.3	100.0	11.7	53.1	35.2	14.7	20.5
59.0	27.8	14.7	13.1	100.0	11.9	54.7	33.5	15.1	18.4
60.0	27.2	14.4	12.8	100.0	11.8	54.7	33.4	15.0	18.5
63.5	22.9	12.2	10.8	100.0	12.9	58.6	28.5	13.2	15.4
60.0	27.1	14.1	13.0	100.0	11.7	55.0	33.3	14.7	18.5
61.8	23.8	12.9	10.9	100.0	13.3	57.9	28.8	13.5	15.4
61.1	26.3	13.7	12.6	100.0	10.9	56.9	32.2	14.4	17.8
62.2	25.0	13.0	12.0	100.0	11.2	58.3	30.4	13.6	16.8
60.2	26.4	14.0	12.4	100.0	11.6	56.7	31.8	14.3	17.4
58.1	29.0	15.0	14.0	100.0	11.0	55.4	33.6	15.4	18.1
57.8	29.6	15.4	14.2	100.0	10.8	53.1	36.2	15.5	20.6
58.4	28.1	15.3	12.8	100.0	11.8	52.7	35.6	15.0	20.5
56.6	30.2	16.0	14.2	100.0	11.6	50.2	38.2	15.5	22.7
59.3	27.2	14.3	12.9	100.0	11.8	54.8	33.4	14.5	18.9
60.2	26.2	14.1	12.1	100.0	12.2	55.2	32.6	14.5	18.0
56.9	30.4	16.2	14.3	100.0	10.9	51.0	38.1	16.4	21.7
57.6	30.4	16.6	13.8	100.0	10.3	52.8	36.9	16.0	20.9
58.3	28.6	15.3	13.2	100.0	11.6	53.5	34.9	15.5	19.4
57.8	29.4	15.8	13.6	100.0	11.0	52.7	36.3	15.8	20.5
56.8	31.2	16.5	14.8	100.0	10.3	50.9	38.8	16.2	22.6
61.0	24.7	13.8	10.9	100.0	12.2	57.0	30.8	14.1	16.7
58.4	26.9	14.9	12.0	100.0	12.7	53.9	33.4	14.6	18.8
57.1	29.0	15.9	13.1	100.0	11.7	52.6	35.8	15.5	20.2
57.7	27.8	14.9	12.9	100.0	12.4	53.4	34.2	14.6	19.6
57.3	29.4	15.7	13.7	100.0	11.5	52.1	36.4	15.8	20.6
56.6	29.0	15.6	13.4	100.0	12.3	52.4	35.2	15.4	19.8
56.4	29.1	15.7	13.3	100.0	12.2	53.0	34.8	14.7	20.2
62.0	20.4	11.5	8.9	100.0	16.3	59.5	24.2	11.2	13.0

第12表　都道府県，年齢（3区分），
Table 12. Percentage of Population by Age (3 Groups) and Sex

都道府県 Prefectures	総人口 男女計 Both sexes 総数 Total	15歳未満 Under	15～64	65歳以上 and over	65～74歳 years old	75歳以上 and over	総数 Total	15歳未満 Under
全国 Japan	100.0	11.9	59.5	28.6	13.8	14.7	100.0	12.6
01 北海道 Hokkaido	100.0	10.7	57.2	32.1	15.8	16.4	100.0	11.6
02 青森県 Aomori-ken	100.0	10.5	55.7	33.7	16.6	17.2	100.0	11.4
03 岩手県 Iwate-ken	100.0	11.0	55.4	33.6	15.8	17.8	100.0	11.7
04 宮城県 Miyagi-ken	100.0	11.7	60.2	28.1	14.1	14.0	100.0	12.3
05 秋田県 Akita-ken	100.0	9.7	52.8	37.5	17.6	19.9	100.0	10.5
06 山形県 Yamagata-ken	100.0	11.3	54.9	33.8	15.9	17.9	100.0	11.9
07 福島県 Fukushima-ken	100.0	11.3	57.1	31.7	15.6	16.0	100.0	11.7
08 茨城県 Ibaraki-ken	100.0	11.7	58.7	29.7	15.0	14.6	100.0	12.0
09 栃木県 Tochigi-ken	100.0	11.8	59.1	29.1	15.1	14.0	100.0	12.2
10 群馬県 Gumma-ken	100.0	11.7	58.2	30.2	14.9	15.3	100.0	12.1
11 埼玉県 Saitama-ken	100.0	11.9	61.1	27.0	13.5	13.5	100.0	12.2
12 千葉県 Chiba-ken	100.0	11.7	60.7	27.6	13.6	14.0	100.0	12.1
13 東京都 Tokyo-to	100.0	11.2	66.1	22.7	10.7	12.1	100.0	11.6
14 神奈川県 Kanagawa-ken	100.0	11.8	62.7	25.6	12.2	13.3	100.0	12.1
15 新潟県 Niigata-ken	100.0	11.3	56.0	32.8	15.7	17.0	100.0	11.9
16 富山県 Toyama-ken	100.0	11.2	56.2	32.6	15.5	17.0	100.0	11.9
17 石川県 Ishikawa-ken	100.0	12.1	58.1	29.8	14.6	15.2	100.0	12.8
18 福井県 Fukui-ken	100.0	12.5	56.9	30.6	14.7	16.0	100.0	13.2
19 山梨県 Yamanashi-ken	100.0	11.4	57.7	30.8	14.7	16.1	100.0	11.9
20 長野県 Nagano-ken	100.0	12.0	56.1	32.0	14.6	17.4	100.0	12.6
21 岐阜県 Gifu-ken	100.0	12.3	57.3	30.4	14.7	15.7	100.0	12.9
22 静岡県 Shizuoka-ken	100.0	12.1	57.8	30.1	14.5	15.6	100.0	12.6
23 愛知県 Aichi-ken	100.0	13.0	61.7	25.3	12.3	13.0	100.0	13.4
24 三重県 Mie-ken	100.0	12.1	58.0	29.9	14.3	15.7	100.0	12.6
25 滋賀県 Shiga-ken	100.0	13.6	60.1	26.3	13.2	13.1	100.0	14.2
26 京都府 Kyoto-fu	100.0	11.4	59.2	29.3	14.0	15.4	100.0	12.3
27 大阪府 Osaka-fu	100.0	11.7	60.7	27.6	13.1	14.6	100.0	12.5
28 兵庫県 Hyogo-ken	100.0	12.2	58.5	29.3	14.1	15.2	100.0	13.1
29 奈良県 Nara-ken	100.0	11.7	56.6	31.7	15.3	16.4	100.0	12.7
30 和歌山県 Wakayama-ken	100.0	11.4	55.2	33.4	15.6	17.7	100.0	12.4
31 鳥取県 Tottori-ken	100.0	12.4	55.3	32.3	15.5	16.8	100.0	13.3
32 島根県 Shimane-ken	100.0	12.2	53.6	34.2	15.8	18.4	100.0	13.0
33 岡山県 Okayama-ken	100.0	12.4	57.3	30.3	14.2	16.1	100.0	13.2
34 広島県 Hiroshima-ken	100.0	12.6	58.0	29.4	14.1	15.3	100.0	13.3
35 山口県 Yamaguchi-ken	100.0	11.5	53.9	34.6	16.3	18.3	100.0	12.4
36 徳島県 Tokushima-ken	100.0	10.9	54.9	34.2	16.6	17.5	100.0	11.7
37 香川県 Kagawa-ken	100.0	12.1	56.2	31.8	15.4	16.4	100.0	12.8
38 愛媛県 Ehime-ken	100.0	11.6	55.2	33.2	15.9	17.3	100.0	12.5
39 高知県 Kochi-ken	100.0	10.9	53.6	35.5	16.5	19.0	100.0	11.8
40 福岡県 Fukuoka-ken	100.0	13.0	59.1	27.9	13.9	14.0	100.0	14.0
41 佐賀県 Saga-ken	100.0	13.5	55.9	30.6	15.1	15.6	100.0	14.6
42 長崎県 Nagasaki-ken	100.0	12.5	54.5	33.0	16.1	16.9	100.0	13.7
43 熊本県 Kumamoto-ken	100.0	13.2	55.4	31.4	15.0	16.4	100.0	14.2
44 大分県 Oita-ken	100.0	12.1	54.6	33.3	15.9	17.4	100.0	13.1
45 宮崎県 Miyazaki-ken	100.0	13.1	54.3	32.6	15.8	16.8	100.0	14.2
46 鹿児島県 Kagoshima-ken	100.0	13.1	54.4	32.5	15.7	16.8	100.0	14.3
47 沖縄県 Okinawa-ken	100.0	16.6	60.8	22.6	11.8	10.8	100.0	17.2

注）総務省統計局　「国勢調査」（不詳補完値）

男 女 別 人 口 の 割 合－総人口，日本人人口（2020年10月１日現在）（続き）
for Prefectures - Total population, Japanese population, October 1, 2020 - Continued

(%)

Total population

男 Male 15～64	男 Male 65歳以上 and over	男 Male 65～74歳 years old	男 Male 75歳以上 and over	女 Female 総数 Total	女 Female 15歳未満 Under	女 Female 15～64	女 Female 65歳以上 and over	女 Female 65～74歳 years old	女 Female 75歳以上 and over
62.0	25.5	13.6	11.9	100.0	11.3	57.2	31.5	14.0	17.4
59.9	28.5	15.4	13.1	100.0	9.8	54.8	35.4	16.1	19.3
59.1	29.5	16.5	13.0	100.0	9.7	52.7	37.6	16.7	20.9
58.8	29.5	15.9	13.6	100.0	10.3	52.3	37.4	15.8	21.6
62.5	25.2	14.0	11.2	100.0	11.1	58.0	30.9	14.2	16.7
56.6	32.9	17.8	15.1	100.0	8.9	49.5	41.5	17.5	24.1
57.8	30.3	16.2	14.0	100.0	10.6	52.2	37.2	15.6	21.6
60.2	28.1	15.7	12.4	100.0	10.9	54.0	35.1	15.5	19.6
61.2	26.8	14.7	12.2	100.0	11.4	56.1	32.5	15.4	17.1
61.7	26.1	14.8	11.3	100.0	11.4	56.6	32.0	15.3	16.7
60.8	27.1	14.6	12.5	100.0	11.3	55.6	33.1	15.1	18.0
63.3	24.5	13.0	11.5	100.0	11.5	59.0	29.5	13.9	15.6
62.9	24.9	13.2	11.7	100.0	11.3	58.5	30.2	14.1	16.1
68.3	20.0	10.5	9.5	100.0	10.7	63.9	25.4	10.8	14.5
65.1	22.8	11.9	10.9	100.0	11.4	60.3	28.3	12.6	15.7
58.9	29.2	15.8	13.4	100.0	10.7	53.2	36.1	15.7	20.4
59.5	28.6	15.2	13.3	100.0	10.6	53.1	36.3	15.8	20.5
60.9	26.3	14.3	11.9	100.0	11.5	55.4	33.0	14.9	18.2
59.6	27.2	14.6	12.6	100.0	11.8	54.3	33.9	14.8	19.1
60.4	27.7	14.7	13.0	100.0	11.0	55.1	33.9	14.8	19.1
58.6	28.8	14.5	14.3	100.0	11.4	53.6	35.0	14.7	20.3
59.5	27.5	14.5	13.1	100.0	11.6	55.2	33.2	14.9	18.3
60.4	27.0	14.3	12.7	100.0	11.6	55.3	33.1	14.7	18.4
64.1	22.5	11.8	10.7	100.0	12.6	59.3	28.0	12.8	15.3
60.6	26.8	13.9	12.9	100.0	11.5	55.6	32.9	14.6	18.3
62.1	23.7	12.9	10.9	100.0	13.0	58.2	28.8	13.4	15.4
61.5	26.2	13.6	12.7	100.0	10.6	57.2	32.2	14.3	17.9
62.8	24.8	12.8	12.0	100.0	11.0	58.8	30.3	13.3	16.9
60.4	26.5	14.0	12.5	100.0	11.3	56.8	31.9	14.2	17.6
58.1	29.3	15.1	14.2	100.0	10.8	55.3	33.9	15.5	18.4
57.7	29.9	15.6	14.3	100.0	10.6	53.0	36.5	15.7	20.8
58.2	28.5	15.6	12.9	100.0	11.5	52.7	35.7	15.3	20.4
56.8	30.2	16.1	14.1	100.0	11.5	50.6	38.0	15.6	22.4
59.6	27.1	14.1	13.0	100.0	11.6	55.1	33.3	14.3	19.0
60.5	26.2	13.9	12.2	100.0	12.0	55.6	32.4	14.3	18.1
57.0	30.6	16.3	14.4	100.0	10.6	51.1	38.2	16.4	21.8
57.4	30.8	16.9	13.9	100.0	10.1	52.6	37.2	16.4	20.8
58.7	28.5	15.3	13.2	100.0	11.4	53.7	34.9	15.5	19.4
58.0	29.5	15.9	13.7	100.0	10.7	52.8	36.5	16.0	20.5
56.8	31.5	16.6	14.9	100.0	10.1	50.9	39.1	16.4	22.7
61.3	24.7	13.8	10.9	100.0	12.1	57.1	30.8	14.1	16.7
58.2	27.3	15.3	12.0	100.0	12.4	53.9	33.7	14.9	18.8
56.8	29.5	16.4	13.1	100.0	11.5	52.4	36.1	16.0	20.2
57.6	28.2	15.2	12.9	100.0	12.2	53.4	34.4	14.8	19.5
57.3	29.6	15.8	13.8	100.0	11.3	52.1	36.6	15.9	20.7
56.4	29.4	16.0	13.4	100.0	12.2	52.3	35.5	15.7	19.8
56.1	29.6	16.3	13.3	100.0	12.0	52.9	35.1	15.2	20.0
62.2	20.6	11.9	8.7	100.0	16.1	59.5	24.5	11.7	12.8

Note) Statistics Bureau, Ministry of Internal Affairs and Communications, "Population Census" (Result with Imputation)

第12表　都道府県，年齢（3区分），
Table 12.　Percentage of Population by Age (3 Groups) and Sex

都道府県 Prefectures	日本人人口							
	男女計 Both sexes							
	総数 Total	15歳未満 Under	15～64	65歳以上 and over	65～74歳 years old	75歳以上 and over	総数 Total	15歳未満 Under
全国 Japan	100.0	12.0	59.0	29.0	14.0	15.0	100.0	12.6
01 北海道 Hokkaido	100.0	10.7	57.0	32.3	15.9	16.5	100.0	11.6
02 青森県 Aomori-ken	100.0	10.6	55.6	33.9	16.6	17.2	100.0	11.4
03 岩手県 Iwate-ken	100.0	11.0	55.2	33.8	15.9	17.9	100.0	11.7
04 宮城県 Miyagi-ken	100.0	11.8	59.9	28.4	14.2	14.2	100.0	12.4
05 秋田県 Akita-ken	100.0	9.7	52.7	37.6	17.7	19.9	100.0	10.5
06 山形県 Yamagata-ken	100.0	11.3	54.7	34.0	16.0	18.0	100.0	12.0
07 福島県 Fukushima-ken	100.0	11.3	56.8	31.9	15.7	16.2	100.0	11.8
08 茨城県 Ibaraki-ken	100.0	11.8	58.0	30.3	15.3	15.0	100.0	12.1
09 栃木県 Tochigi-ken	100.0	11.9	58.5	29.6	15.3	14.3	100.0	12.3
10 群馬県 Gumma-ken	100.0	11.7	57.3	31.0	15.3	15.7	100.0	12.1
11 埼玉県 Saitama-ken	100.0	11.9	60.5	27.6	13.7	13.9	100.0	12.3
12 千葉県 Chiba-ken	100.0	11.8	60.0	28.2	13.9	14.3	100.0	12.2
13 東京都 Tokyo-to	100.0	11.3	65.2	23.5	11.0	12.5	100.0	11.8
14 神奈川県 Kanagawa-ken	100.0	11.8	62.1	26.1	12.4	13.6	100.0	12.2
15 新潟県 Niigata-ken	100.0	11.3	55.7	33.0	15.8	17.1	100.0	11.9
16 富山県 Toyama-ken	100.0	11.3	55.6	33.1	15.8	17.3	100.0	12.0
17 石川県 Ishikawa-ken	100.0	12.2	57.7	30.1	14.8	15.3	100.0	12.9
18 福井県 Fukui-ken	100.0	12.6	56.3	31.1	14.9	16.2	100.0	13.3
19 山梨県 Yamanashi-ken	100.0	11.5	57.1	31.3	14.9	16.4	100.0	12.0
20 長野県 Nagano-ken	100.0	12.1	55.5	32.4	14.8	17.6	100.0	12.6
21 岐阜県 Gifu-ken	100.0	12.3	56.5	31.2	15.0	16.1	100.0	13.0
22 静岡県 Shizuoka-ken	100.0	12.1	57.1	30.8	14.8	15.9	100.0	12.6
23 愛知県 Aichi-ken	100.0	13.1	60.9	26.0	12.6	13.4	100.0	13.4
24 三重県 Mie-ken	100.0	12.1	57.2	30.7	14.6	16.1	100.0	12.7
25 滋賀県 Shiga-ken	100.0	13.7	59.5	26.8	13.4	13.4	100.0	14.3
26 京都府 Kyoto-fu	100.0	11.6	58.8	29.6	14.1	15.6	100.0	12.4
27 大阪府 Osaka-fu	100.0	11.8	60.2	28.0	13.2	14.8	100.0	12.6
28 兵庫県 Hyogo-ken	100.0	12.3	58.1	29.6	14.2	15.4	100.0	13.3
29 奈良県 Nara-ken	100.0	11.7	56.3	31.9	15.4	16.5	100.0	12.7
30 和歌山県 Wakayama-ken	100.0	11.5	55.0	33.5	15.7	17.8	100.0	12.5
31 鳥取県 Tottori-ken	100.0	12.5	55.1	32.5	15.5	16.9	100.0	13.4
32 島根県 Shimane-ken	100.0	12.3	53.1	34.6	16.0	18.6	100.0	13.1
33 岡山県 Okayama-ken	100.0	12.5	56.8	30.7	14.4	16.3	100.0	13.4
34 広島県 Hiroshima-ken	100.0	12.8	57.4	29.8	14.3	15.5	100.0	13.5
35 山口県 Yamaguchi-ken	100.0	11.6	53.6	34.9	16.4	18.4	100.0	12.5
36 徳島県 Tokushima-ken	100.0	10.9	54.6	34.4	16.8	17.7	100.0	11.8
37 香川県 Kagawa-ken	100.0	12.2	55.7	32.2	15.6	16.6	100.0	12.9
38 愛媛県 Ehime-ken	100.0	11.7	54.9	33.5	16.0	17.4	100.0	12.6
39 高知県 Kochi-ken	100.0	10.9	53.4	35.7	16.6	19.1	100.0	11.8
40 福岡県 Fukuoka-ken	100.0	13.1	58.7	28.2	14.1	14.1	100.0	14.2
41 佐賀県 Saga-ken	100.0	13.5	55.6	30.8	15.2	15.7	100.0	14.7
42 長崎県 Nagasaki-ken	100.0	12.6	54.2	33.2	16.2	17.0	100.0	13.8
43 熊本県 Kumamoto-ken	100.0	13.3	55.0	31.7	15.2	16.5	100.0	14.3
44 大分県 Oita-ken	100.0	12.2	54.2	33.6	16.0	17.6	100.0	13.2
45 宮崎県 Miyazaki-ken	100.0	13.2	54.0	32.8	15.9	16.9	100.0	14.3
46 鹿児島県 Kagoshima-ken	100.0	13.1	54.1	32.7	15.8	16.9	100.0	14.3
47 沖縄県 Okinawa-ken	100.0	16.8	60.4	22.8	11.9	10.9	100.0	17.4

注）総務省統計局「国勢調査」（不詳補完値）

男 女 別 人 口 の 割 合－総人口，日本人人口（2020年10月１日現在）（続き）
for Prefectures - Total population, Japanese population, October 1, 2020 - Continued

(%)

Japanese population									
男 Male				女 Female					
15～64	65歳以上 and over	65～74歳 years old	75歳以上 and over	総数 Total	15歳未満 Under	15～64	65歳以上 and over	65～74歳 years old	75歳以上 and over
61.4	25.9	13.8	12.1	100.0	11.4	56.6	32.0	14.2	17.8
59.7	28.7	15.5	13.2	100.0	9.9	54.5	35.6	16.2	19.4
59.0	29.6	16.5	13.1	100.0	9.8	52.5	37.7	16.8	21.0
58.7	29.7	16.0	13.7	100.0	10.4	51.9	37.7	15.9	21.8
62.3	25.4	14.1	11.3	100.0	11.2	57.6	31.2	14.3	16.9
56.5	33.0	17.9	15.2	100.0	9.0	49.3	41.7	17.5	24.2
57.6	30.4	16.3	14.1	100.0	10.7	51.9	37.4	15.7	21.7
60.0	28.3	15.8	12.5	100.0	10.9	53.7	35.4	15.6	19.7
60.5	27.4	15.0	12.4	100.0	11.4	55.4	33.1	15.7	17.5
61.1	26.6	15.1	11.5	100.0	11.5	55.9	32.6	15.5	17.1
60.0	27.9	15.0	12.8	100.0	11.3	54.7	34.0	15.5	18.5
62.7	25.0	13.3	11.7	100.0	11.6	58.3	30.1	14.2	16.0
62.3	25.5	13.5	12.0	100.0	11.4	57.7	30.9	14.4	16.5
67.6	20.7	10.8	9.8	100.0	10.8	62.9	26.2	11.1	15.1
64.6	23.2	12.1	11.2	100.0	11.5	59.7	28.9	12.8	16.0
58.7	29.4	15.9	13.5	100.0	10.7	52.9	36.4	15.8	20.6
59.0	29.0	15.5	13.5	100.0	10.7	52.5	36.9	16.1	20.8
60.5	26.6	14.5	12.1	100.0	11.6	55.0	33.4	15.0	18.4
59.1	27.6	14.8	12.8	100.0	12.0	53.5	34.5	15.0	19.5
59.9	28.1	14.9	13.3	100.0	11.1	54.5	34.5	15.0	19.4
58.2	29.2	14.7	14.5	100.0	11.5	53.0	35.5	14.8	20.7
58.8	28.2	14.8	13.4	100.0	11.7	54.4	34.0	15.2	18.8
59.8	27.6	14.5	13.0	100.0	11.6	54.5	33.9	15.1	18.8
63.4	23.2	12.1	11.0	100.0	12.7	58.5	28.8	13.1	15.7
59.8	27.5	14.3	13.2	100.0	11.5	54.8	33.7	14.9	18.8
61.5	24.2	13.1	11.1	100.0	13.1	57.6	29.2	13.6	15.6
61.0	26.5	13.7	12.8	100.0	10.8	56.7	32.5	14.4	18.1
62.3	25.1	12.9	12.2	100.0	11.1	58.3	30.6	13.4	17.2
60.0	26.7	14.1	12.7	100.0	11.5	56.4	32.1	14.3	17.8
57.8	29.5	15.2	14.3	100.0	10.9	55.0	34.1	15.6	18.5
57.5	30.0	15.6	14.4	100.0	10.6	52.7	36.6	15.7	20.9
58.1	28.6	15.7	12.9	100.0	11.6	52.3	36.0	15.4	20.6
56.4	30.5	16.3	14.2	100.0	11.5	50.0	38.4	15.7	22.7
59.2	27.5	14.3	13.2	100.0	11.7	54.6	33.7	14.5	19.2
60.0	26.6	14.1	12.4	100.0	12.1	55.0	32.9	14.5	18.4
56.7	30.8	16.3	14.5	100.0	10.7	50.8	38.5	16.5	22.0
57.2	31.0	17.0	14.0	100.0	10.2	52.2	37.6	16.6	21.0
58.3	28.8	15.5	13.4	100.0	11.5	53.3	35.3	15.7	19.6
57.6	29.8	16.0	13.8	100.0	10.8	52.4	36.8	16.1	20.7
56.5	31.7	16.7	15.0	100.0	10.1	50.6	39.3	16.5	22.8
60.8	25.0	14.0	11.0	100.0	12.1	56.7	31.1	14.2	16.9
57.9	27.4	15.4	12.1	100.0	12.5	53.5	33.9	15.0	18.9
56.6	29.6	16.4	13.2	100.0	11.6	52.1	36.3	16.0	20.3
57.3	28.4	15.3	13.0	100.0	12.3	53.0	34.7	15.0	19.7
57.0	29.9	16.0	13.9	100.0	11.4	51.7	36.9	16.1	20.8
56.2	29.5	16.0	13.5	100.0	12.2	52.0	35.8	15.8	19.9
55.9	29.8	16.4	13.4	100.0	12.1	52.5	35.4	15.3	20.1
61.7	20.9	12.0	8.8	100.0	16.1	59.2	24.7	11.8	12.9

Note) Statistics Bureau, Ministry of Internal Affairs and Communications, "Population Census" (Result with Imputation)

第13表 都道府県，男女別
Table 13. Indices of Age Composition

都道府県 Prefectures		男女計 Both sexes			
	年少人口指数[1)] Child dependency ratio	老年人口指数[2)] Aged dependency ratio	従属人口指数[3)] Dependency ratio	老年化指数[4)] Aging index	年少人口指数[1)] Child dependency ratio
全国 Japan	20.6	45.1	65.7	218.6	20.9
01 北海道 Hokkaido	19.1	50.8	69.8	266.2	19.9
02 青森県 Aomori-ken	19.4	53.6	72.9	276.3	20.0
03 岩手県 Iwate-ken	20.4	54.4	74.7	266.9	20.5
04 宮城県 Miyagi-ken	20.0	42.9	62.9	214.2	20.2
05 秋田県 Akita-ken	18.7	62.9	81.6	337.0	19.1
06 山形県 Yamagata-ken	21.1	55.7	76.8	263.9	21.4
07 福島県 Fukushima-ken	20.2	50.0	70.2	247.3	19.9
08 茨城県 Ibaraki-ken	20.7	45.8	66.5	221.6	20.5
09 栃木県 Tochigi-ken	20.9	44.0	64.8	210.9	20.7
10 群馬県 Gumma-ken	21.2	47.9	69.1	225.7	21.1
11 埼玉県 Saitama-ken	20.1	41.0	61.1	204.2	20.0
12 千葉県 Chiba-ken	20.0	43.1	63.1	215.9	19.9
13 東京都 Tokyo-to	17.1	34.6	51.8	202.3	17.1
14 神奈川県 Kanagawa-ken	19.6	38.6	58.3	196.6	19.4
15 新潟県 Niigata-ken	20.6	53.2	73.7	258.2	20.7
16 富山県 Toyama-ken	21.0	54.6	75.6	259.7	21.2
17 石川県 Ishikawa-ken	21.7	48.1	69.8	221.9	21.8
18 福井県 Fukui-ken	22.7	50.6	73.3	223.6	23.0
19 山梨県 Yamanashi-ken	20.7	49.4	70.2	238.4	20.8
20 長野県 Nagano-ken	22.4	54.0	76.4	240.8	22.6
21 岐阜県 Gifu-ken	22.4	49.3	71.7	220.4	22.9
22 静岡県 Shizuoka-ken	21.8	48.5	70.2	222.4	21.8
23 愛知県 Aichi-ken	21.8	39.0	60.8	178.7	21.6
24 三重県 Mie-ken	21.7	48.4	70.2	222.9	22.0
25 滋賀県 Shiga-ken	23.5	40.7	64.2	173.0	23.8
26 京都府 Kyoto-fu	20.1	46.9	67.0	234.0	20.8
27 大阪府 Osaka-fu	20.1	43.9	64.0	218.1	20.8
28 兵庫県 Hyogo-ken	21.4	46.6	68.0	218.1	22.3
29 奈良県 Nara-ken	21.1	50.8	71.9	240.5	22.4
30 和歌山県 Wakayama-ken	21.2	56.0	77.2	263.9	22.1
31 鳥取県 Tottori-ken	22.5	53.3	75.8	236.8	22.9
32 島根県 Shimane-ken	22.8	60.5	83.3	265.1	23.0
33 岡山県 Okayama-ken	22.3	50.5	72.8	226.2	23.1
34 広島県 Hiroshima-ken	22.3	47.8	70.2	214.2	22.6
35 山口県 Yamaguchi-ken	21.8	59.4	81.2	273.2	22.4
36 徳島県 Tokushima-ken	20.2	55.9	76.1	276.6	21.0
37 香川県 Kagawa-ken	22.1	53.6	75.7	242.5	22.5
38 愛媛県 Ehime-ken	21.5	55.5	77.0	258.1	22.3
39 高知県 Kochi-ken	20.7	61.0	81.7	294.5	21.3
40 福岡県 Fukuoka-ken	22.0	44.0	66.0	199.7	23.1
41 佐賀県 Saga-ken	24.0	49.3	73.3	205.3	25.0
42 長崎県 Nagasaki-ken	22.7	53.6	76.3	236.3	23.7
43 熊本県 Kumamoto-ken	23.6	51.6	75.2	218.3	24.7
44 大分県 Oita-ken	22.3	55.4	77.7	248.5	23.0
45 宮崎県 Miyazaki-ken	24.0	53.9	78.0	224.3	25.2
46 鹿児島県 Kagoshima-ken	23.8	53.3	77.1	224.4	25.2
47 沖縄県 Okinawa-ken	27.6	32.6	60.2	118.1	28.1

注)

1) 年少人口指数 $= \frac{15歳未満人口}{15\sim64歳人口} \times 100$

2) 老年人口指数 $= \frac{65歳以上人口}{15\sim64歳人口} \times 100$

3) 従属人口指数 $= \frac{15歳未満人口+65歳以上人口}{15\sim64歳人口} \times 100$

4) 老年化指数 $= \frac{65歳以上人口}{15歳未満人口} \times 100$

年 齢 構 造 指 数－総人口（2016年10月１日現在）
by Sex for Prefectures - Total population, October 1, 2016

男 Male			女 Female			
老年人口指数[2] Aged dependency ratio	従属人口指数[3] Dependency ratio	老年化指数[4] Aging index	年少人口指数[1] Child dependency ratio	老年人口指数[2] Aged dependency ratio	従属人口指数[3] Dependency ratio	老年化指数[4] Aging index
38.7	59.6	185.0	20.3	51.6	71.9	253.9
43.2	63.1	217.8	18.3	58.0	76.3	316.6
44.1	64.0	220.5	18.8	62.9	81.7	334.6
44.6	65.0	217.7	20.3	64.5	84.8	318.6
36.6	56.8	181.0	19.8	49.3	69.1	249.1
51.5	70.5	270.2	18.3	74.4	92.7	406.7
47.0	68.3	219.8	20.9	64.7	85.5	310.2
41.7	61.6	209.7	20.5	58.9	79.5	286.9
39.8	60.3	194.2	20.9	52.2	73.1	250.5
37.7	58.3	182.3	21.0	50.7	71.8	241.0
41.1	62.3	194.6	21.3	55.0	76.2	258.5
36.2	56.2	180.9	20.2	46.2	66.3	228.8
38.0	58.0	190.7	20.0	48.5	68.5	242.6
29.3	46.4	171.1	17.1	40.2	57.3	234.9
33.4	52.8	171.5	19.8	44.2	64.1	222.9
44.6	65.4	215.1	20.4	62.0	82.4	303.6
45.4	66.6	214.0	20.8	64.1	85.0	308.2
40.5	62.4	185.6	21.5	55.9	77.5	259.6
43.2	66.2	188.0	22.3	58.3	80.6	261.2
42.3	63.1	202.8	20.6	56.9	77.5	275.9
46.3	68.9	205.4	22.3	62.0	84.2	278.0
43.3	66.2	188.9	21.8	55.3	77.2	253.5
41.6	63.5	190.6	21.7	55.6	77.4	255.9
33.7	55.3	155.8	22.1	44.7	66.8	202.9
41.8	63.7	189.9	21.5	55.3	76.7	257.5
35.6	59.4	149.6	23.2	45.9	69.1	197.8
40.7	61.5	195.6	19.3	53.0	72.4	274.4
38.5	59.2	185.2	19.5	49.2	68.7	252.5
41.1	63.4	184.0	20.5	52.0	72.5	253.9
45.9	68.3	205.2	19.9	55.3	75.2	277.3
48.2	70.3	217.5	20.3	63.5	83.8	312.3
44.0	66.9	192.4	22.1	62.7	84.8	283.1
49.6	72.6	216.0	22.7	71.8	94.5	316.8
43.3	66.3	187.6	21.6	57.6	79.2	267.2
40.7	63.3	179.7	22.0	55.1	77.2	250.3
49.5	71.9	221.6	21.2	69.3	90.5	327.6
48.1	69.1	229.5	19.5	63.6	83.0	326.5
46.0	68.5	204.3	21.7	61.3	83.0	282.8
47.0	69.2	210.7	20.7	63.8	84.5	307.9
51.0	72.3	239.6	20.2	70.9	91.0	351.6
37.4	60.5	162.1	21.0	50.3	71.4	239.1
41.5	66.5	166.1	23.1	56.8	79.9	246.4
45.0	68.8	189.6	21.7	61.9	83.6	285.5
43.9	68.7	177.6	22.6	58.9	81.5	261.1
46.8	69.8	203.1	21.6	63.8	85.4	296.1
46.3	71.5	184.0	23.0	61.2	84.2	266.3
46.0	71.2	182.8	22.5	60.3	82.7	268.4
28.8	56.8	102.5	27.1	36.4	63.5	134.4

Note)

1) Child dependency ratio $= \frac{\text{Population under 15}}{\text{Population aged 15 to 64}} \times 100$

2) Aged dependency ratio $= \frac{\text{Population aged 65 and over}}{\text{Population aged 15 to 64}} \times 100$

3) Dependency ratio $= \frac{\text{Population under 15} + \text{Population aged 65 and over}}{\text{Population aged 15 to 64}} \times 100$

4) Aging index $= \frac{\text{Population aged 65 and over}}{\text{Population under 15}} \times 100$

第13表　都道府県，男女別
Table 13. Indices of Age Composition

都道府県 Prefectures	男女計 Both sexes				
	年少人口指数[1)] Child dependency ratio	老年人口指数[2)] Aged dependency ratio	従属人口指数[3)] Dependency ratio	老年化指数[4)] Aging index	年少人口指数[1)] Child dependency ratio
全国 Japan	20.5	46.1	66.6	224.3	20.8
01 北海道 Hokkaido	19.0	52.5	71.5	275.8	19.8
02 青森県 Aomori-ken	19.3	55.4	74.7	287.8	19.8
03 岩手県 Iwate-ken	20.3	56.1	76.4	276.4	20.4
04 宮城県 Miyagi-ken	19.9	44.1	64.0	221.6	20.1
05 秋田県 Akita-ken	18.6	65.1	83.8	349.2	19.0
06 山形県 Yamagata-ken	21.0	57.4	78.4	273.5	21.2
07 福島県 Fukushima-ken	20.2	51.6	71.8	255.6	19.9
08 茨城県 Ibaraki-ken	20.6	47.3	67.9	229.9	20.4
09 栃木県 Tochigi-ken	20.7	45.4	66.2	219.2	20.5
10 群馬県 Gumma-ken	21.0	49.1	70.0	234.0	20.9
11 埼玉県 Saitama-ken	20.0	42.1	62.1	210.6	19.9
12 千葉県 Chiba-ken	19.9	44.0	63.9	221.6	19.8
13 東京都 Tokyo-to	17.1	34.7	51.8	203.1	17.1
14 神奈川県 Kanagawa-ken	19.5	39.4	58.9	202.5	19.3
15 新潟県 Niigata-ken	20.5	54.7	75.2	266.6	20.7
16 富山県 Toyama-ken	20.8	55.6	76.3	267.5	20.9
17 石川県 Ishikawa-ken	21.6	49.0	70.6	227.4	21.7
18 福井県 Fukui-ken	22.6	51.6	74.2	228.6	22.9
19 山梨県 Yamanashi-ken	20.5	50.7	71.2	246.7	20.6
20 長野県 Nagano-ken	22.2	54.9	77.1	247.3	22.3
21 岐阜県 Gifu-ken	22.2	50.6	72.8	227.6	22.7
22 静岡県 Shizuoka-ken	21.7	49.6	71.3	229.1	21.7
23 愛知県 Aichi-ken	21.7	39.7	61.4	183.1	21.4
24 三重県 Mie-ken	21.5	49.5	71.0	229.5	21.8
25 滋賀県 Shiga-ken	23.3	41.7	65.0	178.6	23.6
26 京都府 Kyoto-fu	19.9	47.8	67.8	239.8	20.7
27 大阪府 Osaka-fu	19.9	44.6	64.6	223.9	20.6
28 兵庫県 Hyogo-ken	21.3	47.7	69.1	224.0	22.3
29 奈良県 Nara-ken	21.1	52.4	73.5	248.9	22.3
30 和歌山県 Wakayama-ken	21.2	57.3	78.5	270.7	22.1
31 鳥取県 Tottori-ken	22.6	54.7	77.2	242.4	22.9
32 島根県 Shimane-ken	23.0	61.7	84.6	268.5	23.2
33 岡山県 Okayama-ken	22.2	51.3	73.5	231.4	22.9
34 広島県 Hiroshima-ken	22.3	48.7	71.0	218.8	22.5
35 山口県 Yamaguchi-ken	21.7	61.0	82.7	281.1	22.2
36 徳島県 Tokushima-ken	20.2	57.6	77.7	285.6	20.9
37 香川県 Kagawa-ken	22.1	54.6	76.7	247.1	22.5
38 愛媛県 Ehime-ken	21.5	57.0	78.5	265.4	22.3
39 高知県 Kochi-ken	20.7	62.6	83.3	302.9	21.2
40 福岡県 Fukuoka-ken	22.1	45.0	67.1	204.0	23.1
41 佐賀県 Saga-ken	24.1	50.9	74.9	211.4	25.0
42 長崎県 Nagasaki-ken	22.9	55.6	78.5	243.3	24.0
43 熊本県 Kumamoto-ken	23.7	53.0	76.7	223.3	24.8
44 大分県 Oita-ken	22.3	56.9	79.2	254.9	23.1
45 宮崎県 Miyazaki-ken	24.2	55.8	79.9	230.6	25.3
46 鹿児島県 Kagoshima-ken	23.9	55.1	79.1	230.5	25.4
47 沖縄県 Okinawa-ken	27.6	33.8	61.4	122.4	28.1

注)

1) 年少人口指数 $= \frac{\text{15歳未満人口}}{\text{15〜64歳人口}} \times 100$　2) 老年人口指数 $= \frac{\text{65歳以上人口}}{\text{15〜64歳人口}} \times 100$

3) 従属人口指数 $= \frac{\text{15歳未満人口}+\text{65歳以上人口}}{\text{15〜64歳人口}} \times 100$　4) 老年化指数 $= \frac{\text{65歳以上人口}}{\text{15歳未満人口}} \times 100$

年齢構造指数－総人口（2017年10月１日現在）（続き）
by Sex for Prefectures - Total population, October 1, 2017 - Continued

男 Male			女 Female			
老年人口指数[2)] Aged dependency ratio	従属人口指数[3)] Dependency ratio	老年化指数[4)] Aging index	年少人口指数[1)] Child dependency ratio	老年人口指数[2)] Aged dependency ratio	従属人口指数[3)] Dependency ratio	老年化指数[4)] Aging index
39.5	60.3	190.0	20.3	52.7	73.0	260.4
44.6	64.4	225.5	18.3	60.1	78.4	328.5
45.7	65.5	230.5	18.7	65.1	83.8	347.6
46.2	66.6	226.0	20.2	66.5	86.6	329.3
37.8	57.9	187.7	19.7	50.6	70.3	257.3
53.3	72.3	280.6	18.3	77.0	95.3	420.8
48.5	69.7	228.6	20.7	66.5	87.2	320.5
43.2	63.1	217.3	20.5	60.7	81.2	295.7
41.1	61.4	201.8	20.8	54.0	74.8	259.6
39.0	59.6	189.9	20.9	52.4	73.3	250.1
42.1	63.0	201.8	21.1	56.4	77.5	268.0
37.1	57.0	186.3	20.1	47.5	67.6	236.1
38.7	58.5	195.1	19.9	49.6	69.6	249.5
29.4	46.5	171.8	17.1	40.2	57.3	235.9
34.0	53.3	176.3	19.7	45.2	64.9	230.0
46.1	66.7	222.7	20.4	63.7	84.1	313.0
46.2	67.2	220.8	20.6	65.3	85.9	317.0
41.3	63.0	190.4	21.4	57.0	78.5	266.1
44.0	66.8	192.2	22.3	59.6	81.9	267.1
43.4	63.9	211.0	20.5	58.3	78.8	284.2
47.1	69.4	211.2	22.1	63.0	85.0	285.3
44.4	67.1	195.2	21.7	56.8	78.6	261.5
42.7	64.3	197.0	21.7	57.0	78.7	263.0
34.2	55.6	159.5	21.9	45.6	67.5	207.9
42.6	64.4	195.8	21.3	56.5	77.8	264.8
36.5	60.1	154.8	23.1	47.0	70.1	203.7
41.4	62.1	200.3	19.2	54.1	73.3	281.4
39.0	59.6	189.8	19.3	50.2	69.5	259.6
42.0	64.3	188.6	20.4	53.3	73.7	261.2
47.3	69.6	212.7	19.9	57.1	77.1	286.5
49.4	71.5	223.1	20.3	65.0	85.3	320.6
45.3	68.2	197.5	22.2	64.2	86.4	289.4
50.8	74.0	219.5	22.8	73.0	95.7	320.5
44.1	67.0	192.4	21.4	58.5	79.9	272.9
41.4	64.0	184.0	22.0	56.2	78.2	255.2
50.9	73.2	229.0	21.2	71.0	92.2	335.9
49.6	70.5	237.5	19.4	65.4	84.8	336.6
46.8	69.3	208.2	21.7	62.6	84.3	288.2
48.3	70.6	216.9	20.7	65.6	86.3	316.5
52.4	73.6	247.3	20.2	72.7	92.8	360.7
38.3	61.4	166.0	21.1	51.5	72.6	244.0
43.0	68.0	171.7	23.1	58.5	81.6	252.9
47.1	71.0	196.4	21.8	63.8	85.6	292.9
45.4	70.2	182.7	22.7	60.4	83.0	266.0
48.2	71.2	208.9	21.6	65.5	87.1	303.1
48.1	73.4	190.1	23.1	63.1	86.2	273.0
48.0	73.3	188.9	22.6	61.9	84.5	274.5
30.0	58.0	106.8	27.2	37.7	64.9	138.6

Note)

1) Child dependency ratio $= \frac{\text{Population under 15}}{\text{Population aged 15 to 64}} \times 100$

2) Aged dependency ratio $= \frac{\text{Population aged 65 and over}}{\text{Population aged 15 to 64}} \times 100$

3) Dependency ratio $= \frac{\text{Population under 15} + \text{Population aged 65 and over}}{\text{Population aged 15 to 64}} \times 100$

4) Aging index $= \frac{\text{Population aged 65 and over}}{\text{Population under 15}} \times 100$

第13表　都 道 府 県 , 男 女 別
Table 13. Indices of Age Composition

都道府県 Prefectures		男女計 Both sexes			
	年少人口指数[1] Child dependency ratio	老年人口指数[2] Aged dependency ratio	従属人口指数[3] Dependency ratio	老年化指数[4] Aging index	年少人口指数[1] Child dependency ratio
全国 Japan	20.4	46.8	67.2	229.3	20.7
01 北海道 Hokkaido	19.0	54.0	72.9	284.7	19.7
02 青森県 Aomori-ken	19.2	57.3	76.4	298.8	19.6
03 岩手県 Iwate-ken	20.2	57.8	78.0	286.1	20.3
04 宮城県 Miyagi-ken	19.8	45.1	64.9	227.9	20.1
05 秋田県 Akita-ken	18.6	67.2	85.8	361.7	18.9
06 山形県 Yamagata-ken	20.9	58.9	79.8	281.9	21.1
07 福島県 Fukushima-ken	20.1	52.9	73.1	263.1	19.8
08 茨城県 Ibaraki-ken	20.4	48.6	69.0	237.5	20.2
09 栃木県 Tochigi-ken	20.6	46.8	67.4	227.5	20.4
10 群馬県 Gumma-ken	20.7	50.1	70.8	241.5	20.6
11 埼玉県 Saitama-ken	19.9	43.0	62.8	216.2	19.8
12 千葉県 Chiba-ken	19.7	44.7	64.4	226.3	19.7
13 東京都 Tokyo-to	17.1	34.6	51.7	203.0	17.1
14 神奈川県 Kanagawa-ken	19.3	40.0	59.3	207.4	19.1
15 新潟県 Niigata-ken	20.5	56.1	76.6	274.0	20.6
16 富山県 Toyama-ken	20.5	56.3	76.9	274.2	20.7
17 石川県 Ishikawa-ken	21.3	49.7	71.1	233.1	21.4
18 福井県 Fukui-ken	22.4	52.4	74.8	234.0	22.6
19 山梨県 Yamanashi-ken	20.4	51.7	72.0	253.8	20.3
20 長野県 Nagano-ken	21.9	55.6	77.5	253.4	22.0
21 岐阜県 Gifu-ken	22.0	51.6	73.6	234.4	22.4
22 静岡県 Shizuoka-ken	21.5	50.6	72.1	235.4	21.4
23 愛知県 Aichi-ken	21.5	40.2	61.7	186.9	21.3
24 三重県 Mie-ken	21.3	50.2	71.6	235.3	21.4
25 滋賀県 Shiga-ken	23.2	42.4	65.6	183.3	23.4
26 京都府 Kyoto-fu	19.7	48.5	68.2	245.5	20.4
27 大阪府 Osaka-fu	19.8	45.1	64.9	228.4	20.4
28 兵庫県 Hyogo-ken	21.2	48.7	69.9	229.4	22.2
29 奈良県 Nara-ken	21.0	53.8	74.8	256.5	22.1
30 和歌山県 Wakayama-ken	21.1	58.5	79.5	277.7	21.9
31 鳥取県 Tottori-ken	22.6	56.1	78.6	248.2	23.0
32 島根県 Shimane-ken	22.9	62.4	85.3	272.0	23.0
33 岡山県 Okayama-ken	22.0	52.0	74.1	236.0	22.8
34 広島県 Hiroshima-ken	22.2	49.5	71.7	223.2	22.4
35 山口県 Yamaguchi-ken	21.6	62.3	83.9	288.1	22.1
36 徳島県 Tokushima-ken	20.1	59.2	79.3	293.8	20.9
37 香川県 Kagawa-ken	22.1	55.5	77.6	251.6	22.5
38 愛媛県 Ehime-ken	21.4	58.2	79.7	272.0	22.2
39 高知県 Kochi-ken	20.6	63.9	84.5	310.0	21.0
40 福岡県 Fukuoka-ken	22.1	46.0	68.1	207.7	23.1
41 佐賀県 Saga-ken	24.2	52.3	76.4	216.4	25.1
42 長崎県 Nagasaki-ken	23.0	57.3	80.3	249.1	24.1
43 熊本県 Kumamoto-ken	23.9	54.3	78.1	227.6	24.9
44 大分県 Oita-ken	22.4	58.4	80.8	261.1	23.1
45 宮崎県 Miyazaki-ken	24.3	57.3	81.6	236.0	25.4
46 鹿児島県 Kagoshima-ken	24.0	56.6	80.6	235.2	25.5
47 沖縄県 Okinawa-ken	27.6	35.0	62.6	126.7	28.1

注)

1) 年少人口指数 $= \frac{\text{15歳未満人口}}{\text{15〜64歳人口}} \times 100$

2) 老年人口指数 $= \frac{\text{65歳以上人口}}{\text{15〜64歳人口}} \times 100$

3) 従属人口指数 $= \frac{\text{15歳未満人口＋65歳以上人口}}{\text{15〜64歳人口}} \times 100$

4) 老年化指数 $= \frac{\text{65歳以上人口}}{\text{15歳未満人口}} \times 100$

年　齢　構　造　指　数－総人口（2018年10月１日現在）（続き）
by Sex for Prefectures - Total population, October 1, 2018 - Continued

男 Male			女 Female			
老年人口指数[2] Aged dependency ratio	従属人口指数[3] Dependency ratio	老年化指数[4] Aging index	年少人口指数[1] Child dependency ratio	老年人口指数[2] Aged dependency ratio	従属人口指数[3] Dependency ratio	老年化指数[4] Aging index
40.2	60.8	194.2	20.2	53.6	73.8	266.1
45.8	65.5	232.7	18.2	61.9	80.1	339.2
47.2	66.8	240.2	18.7	67.3	86.0	359.8
47.6	67.9	235.0	20.1	68.3	88.4	339.8
38.8	58.8	193.3	19.6	51.7	71.2	264.4
55.1	74.1	291.4	18.2	79.4	97.6	435.4
49.9	71.0	236.2	20.7	68.2	88.8	329.9
44.4	64.3	224.1	20.4	62.2	82.6	304.1
42.1	62.3	208.5	20.7	55.5	76.2	268.1
40.2	60.6	197.2	20.8	53.9	74.7	259.6
43.0	63.6	208.8	20.9	57.6	78.4	276.0
37.7	57.5	191.0	20.0	48.5	68.5	242.6
39.1	58.8	198.8	19.8	50.5	70.3	255.2
29.4	46.5	171.6	17.0	40.1	57.0	235.8
34.4	53.6	180.1	19.4	45.9	65.4	236.1
47.3	68.0	229.3	20.3	65.2	85.5	321.3
46.8	67.4	226.4	20.4	66.4	86.8	325.0
41.8	63.3	195.3	21.2	57.9	79.1	272.3
44.6	67.2	196.9	22.2	60.6	82.7	273.2
44.3	64.6	217.8	20.4	59.4	79.8	291.6
47.8	69.8	216.9	21.8	63.7	85.6	291.9
45.1	67.6	201.0	21.6	58.1	79.7	269.5
43.4	64.8	202.6	21.5	58.2	79.7	270.0
34.6	55.8	162.6	21.8	46.3	68.1	212.3
43.1	64.6	201.1	21.2	57.6	78.8	271.1
37.1	60.5	158.7	22.9	48.0	70.9	209.3
41.9	62.4	205.0	19.1	54.9	74.0	288.2
39.3	59.7	192.9	19.1	50.8	70.0	265.4
42.7	64.9	192.9	20.3	54.4	74.7	267.8
48.5	70.7	219.2	19.9	58.7	78.6	295.3
50.2	72.2	228.9	20.2	66.4	86.6	328.9
46.6	69.6	202.6	22.2	65.6	87.8	296.1
51.6	74.6	223.8	22.8	73.7	96.5	323.1
44.7	67.5	196.4	21.3	59.3	80.6	278.2
42.1	64.6	187.9	21.9	57.1	79.0	260.1
52.1	74.2	235.1	21.1	72.5	93.6	343.7
51.0	71.9	244.8	19.4	67.2	86.6	345.9
47.7	70.2	212.3	21.7	63.5	85.2	293.1
49.5	71.6	223.3	20.7	66.9	87.6	323.1
53.5	74.6	254.3	20.2	74.2	94.4	367.7
39.1	62.2	169.3	21.2	52.5	73.7	247.9
44.4	69.5	176.5	23.2	59.9	83.1	258.4
48.7	72.8	202.0	21.9	65.6	87.5	298.9
46.6	71.5	187.0	22.8	61.7	84.5	270.3
49.6	72.6	214.7	21.7	67.1	88.8	309.7
49.6	74.9	195.2	23.2	64.8	88.0	278.7
49.5	74.9	194.0	22.7	63.3	85.9	279.0
31.2	59.2	111.1	27.2	38.9	66.1	142.9

Note)

1) $\text{Child dependency ratio} = \frac{\text{Population under 15}}{\text{Population aged 15 to 64}} \times 100$

2) $\text{Aged dependency ratio} = \frac{\text{Population aged 65 and over}}{\text{Population aged 15 to 64}} \times 100$

3) $\text{Dependency ratio} = \frac{\text{Population under 15} + \text{Population aged 65 and over}}{\text{Population aged 15 to 64}} \times 100$

4) $\text{Aging index} = \frac{\text{Population aged 65 and over}}{\text{Population under 15}} \times 100$

第13表　都道府県，男女別
Table 13. Indices of Age Composition

都道府県 Prefectures	男女計 Both sexes 年少人口指数[1] Child dependency ratio	老年人口指数[2] Aged dependency ratio	従属人口指数[3] Dependency ratio	老年化指数[4] Aging index	年少人口指数[1] Child dependency ratio
全国 Japan	20.2	47.3	67.5	234.3	20.4
01 北海道 Hokkaido	18.8	55.1	73.9	293.5	19.5
02 青森県 Aomori-ken	19.0	58.9	77.9	309.7	19.4
03 岩手県 Iwate-ken	20.0	59.2	79.2	295.5	20.1
04 宮城県 Miyagi-ken	19.6	45.9	65.5	234.0	19.9
05 秋田県 Akita-ken	18.5	69.1	87.6	373.9	18.8
06 山形県 Yamagata-ken	20.7	60.2	80.8	291.1	20.8
07 福島県 Fukushima-ken	19.9	54.1	74.1	271.4	19.6
08 茨城県 Ibaraki-ken	20.2	49.5	69.7	245.8	19.9
09 栃木県 Tochigi-ken	20.3	48.0	68.3	236.4	20.1
10 群馬県 Gumma-ken	20.4	50.9	71.3	249.4	20.2
11 埼玉県 Saitama-ken	19.6	43.5	63.2	221.5	19.5
12 千葉県 Chiba-ken	19.5	45.0	64.6	230.8	19.4
13 東京都 Tokyo-to	16.9	34.4	51.3	203.0	17.0
14 神奈川県 Kanagawa-ken	19.0	40.3	59.4	212.1	18.9
15 新潟県 Niigata-ken	20.3	57.2	77.5	282.2	20.4
16 富山県 Toyama-ken	20.2	57.0	77.2	281.5	20.3
17 石川県 Ishikawa-ken	21.1	50.4	71.5	239.2	21.2
18 福井県 Fukui-ken	22.2	53.1	75.3	239.0	22.4
19 山梨県 Yamanashi-ken	20.0	52.5	72.6	262.0	20.0
20 長野県 Nagano-ken	21.6	56.2	77.8	259.8	21.7
21 岐阜県 Gifu-ken	21.7	52.2	73.9	240.7	22.1
22 静岡県 Shizuoka-ken	21.2	51.2	72.4	241.7	21.1
23 愛知県 Aichi-ken	21.2	40.5	61.7	190.7	21.0
24 三重県 Mie-ken	21.0	50.8	71.8	241.8	21.1
25 滋賀県 Shiga-ken	22.8	42.9	65.8	188.0	23.0
26 京都府 Kyoto-fu	19.5	48.9	68.4	250.7	20.2
27 大阪府 Osaka-fu	19.5	45.3	64.8	232.6	20.1
28 兵庫県 Hyogo-ken	21.0	49.3	70.4	234.7	21.9
29 奈良県 Nara-ken	20.8	54.9	75.8	263.5	22.0
30 和歌山県 Wakayama-ken	20.9	59.4	80.3	284.1	21.7
31 鳥取県 Tottori-ken	22.5	57.1	79.6	254.3	22.9
32 島根県 Shimane-ken	22.9	63.1	85.9	276.0	22.9
33 岡山県 Okayama-ken	21.8	52.4	74.2	240.6	22.4
34 広島県 Hiroshima-ken	22.0	50.1	72.0	227.8	22.2
35 山口県 Yamaguchi-ken	21.5	63.2	84.7	294.6	21.9
36 徳島県 Tokushima-ken	20.0	60.6	80.6	303.3	20.7
37 香川県 Kagawa-ken	21.8	55.9	77.7	256.7	22.1
38 愛媛県 Ehime-ken	21.2	59.1	80.3	278.8	21.9
39 高知県 Kochi-ken	20.5	65.0	85.5	317.6	20.9
40 福岡県 Fukuoka-ken	22.1	46.6	68.6	211.2	23.0
41 佐賀県 Saga-ken	24.1	53.5	77.6	221.7	25.1
42 長崎県 Nagasaki-ken	23.1	59.0	82.1	255.7	24.2
43 熊本県 Kumamoto-ken	23.8	55.4	79.3	232.9	24.8
44 大分県 Oita-ken	22.3	59.6	81.8	267.6	22.9
45 宮崎県 Miyazaki-ken	24.2	58.8	83.0	242.4	25.3
46 鹿児島県 Kagoshima-ken	24.1	58.2	82.2	241.6	25.5
47 沖縄県 Okinawa-ken	27.5	36.1	63.6	131.5	27.9

注)

1) 年少人口指数 $= \frac{15歳未満人口}{15\sim64歳人口} \times 100$　2) 老年人口指数 $= \frac{65歳以上人口}{15\sim64歳人口} \times 100$

3) 従属人口指数 $= \frac{15歳未満人口+65歳以上人口}{15\sim64歳人口} \times 100$　4) 老年化指数 $= \frac{65歳以上人口}{15歳未満人口} \times 100$

年齢構造指数－総人口（2019年10月１日現在）（続き）
by Sex for Prefectures - Total population, October 1, 2019 - Continued

男 Male			女 Female			
老年人口指数[2)] Aged dependency ratio	従属人口指数[3)] Dependency ratio	老年化指数[4)] Aging index	年少人口指数[1)] Child dependency ratio	老年人口指数[2)] Aged dependency ratio	従属人口指数[3)] Dependency ratio	老年化指数[4)] Aging index
40.6	61.0	198.5	20.0	54.3	74.2	271.9
46.7	66.2	239.9	18.1	63.3	81.4	349.7
48.5	67.9	249.6	18.6	69.2	87.8	372.3
48.9	68.9	243.5	20.0	69.9	89.8	350.0
39.5	59.4	198.9	19.3	52.4	71.8	271.0
56.8	75.6	302.7	18.2	81.7	99.9	448.2
51.0	71.9	244.8	20.5	69.6	90.1	339.9
45.5	65.2	231.9	20.3	63.4	83.7	312.7
43.0	62.9	215.8	20.4	56.7	77.1	277.4
41.2	61.3	205.4	20.5	55.3	75.8	269.4
43.7	63.9	215.8	20.6	58.6	79.1	284.8
38.1	57.7	195.4	19.8	49.3	69.0	249.1
39.3	58.8	202.4	19.6	51.1	70.7	260.8
29.2	46.2	171.6	16.8	39.7	56.6	236.0
34.7	53.5	183.7	19.2	46.4	65.6	242.0
48.4	68.8	237.3	20.2	66.4	86.6	329.4
47.3	67.6	232.7	20.2	67.2	87.4	333.4
42.4	63.6	200.6	21.0	58.7	79.7	279.4
45.0	67.5	200.9	22.0	61.5	83.5	279.5
45.0	65.0	225.6	20.2	60.4	80.6	299.9
48.3	70.0	222.7	21.6	64.4	86.0	298.8
45.6	67.6	206.6	21.3	59.0	80.4	276.5
43.9	64.9	208.0	21.3	59.0	80.2	277.1
34.7	55.7	165.7	21.5	46.7	68.2	217.1
43.5	64.6	206.5	20.9	58.3	79.3	278.7
37.4	60.5	162.7	22.7	48.7	71.3	214.9
42.2	62.4	208.9	18.8	55.5	74.3	294.7
39.4	59.5	195.9	18.9	51.2	70.0	271.1
43.2	65.2	197.1	20.1	55.2	75.4	274.4
49.4	71.4	224.8	19.8	60.0	79.8	303.7
51.0	72.7	234.4	20.1	67.6	87.7	336.2
47.8	70.7	208.6	22.0	66.5	88.5	302.5
52.3	75.2	228.0	22.8	74.4	97.2	326.8
45.0	67.5	200.6	21.1	59.8	80.9	283.1
42.6	64.8	191.9	21.7	57.7	79.4	265.4
52.9	74.8	241.0	21.0	73.6	94.6	350.9
52.3	73.0	253.0	19.3	68.8	88.1	356.7
48.0	70.1	216.9	21.4	64.0	85.5	298.7
50.2	72.1	229.4	20.5	68.0	88.5	330.8
54.5	75.4	260.2	20.0	75.5	95.5	377.3
39.7	62.7	172.5	21.2	53.2	74.4	251.7
45.6	70.7	181.6	23.2	61.1	84.3	263.8
50.3	74.5	208.2	22.0	67.3	89.3	306.0
47.7	72.5	192.3	22.9	63.0	85.8	275.4
50.5	73.4	220.9	21.6	68.5	90.1	316.4
50.8	76.1	201.2	23.3	66.4	89.7	285.4
51.1	76.6	200.4	22.7	64.8	87.6	285.3
32.2	60.1	115.6	27.1	40.1	67.2	148.0

Note)

1) $\text{Child dependency ratio} = \frac{\text{Population under 15}}{\text{Population aged 15 to 64}} \times 100$

2) $\text{Aged dependency ratio} = \frac{\text{Population aged 65 and over}}{\text{Population aged 15 to 64}} \times 100$

3) $\text{Dependency ratio} = \frac{\text{Population under 15} + \text{Population aged 65 and over}}{\text{Population aged 15 to 64}} \times 100$

4) $\text{Aging index} = \frac{\text{Population aged 65 and over}}{\text{Population under 15}} \times 100$

付１　「人口推計」における人口の補間補正の方法

Ⅰ　概要

１　人口推計の範囲

人口推計の範囲は，我が国に常住している*全人口（外国人を含む。）である。ただし，外国人のうち，外国政府の外交使節団・領事機関の構成員（随員及び家族を含む。）及び外国軍隊の軍人・軍属（家族を含む。）は除いている。

＊ ３か月以上にわたって住んでいるか，又は住むことになっている者をいう。

２　推計の方法

平成27年（2015年）国勢調査人口（10月１日現在）を基準とし，以降の人口を次式により算出している。

（１）各月１日現在の全国人口

当該月の人口＝前月の人口＋前月の異動人口

異動人口＝自然動態（自然増減＝出生児数－死亡者数）

＋社会動態（社会増減＝入国超過数＊[1]）

（日本人について）

＋国籍異動（国籍の異動による純増

＝日本国籍取得者数－日本国籍喪失者数）

（２）各年10月１日現在の都道府県別人口

当該年の人口＝前年の人口＋１年間の異動人口

異動人口＝自然動態（自然増減＝出生児数－死亡者数）

＋社会動態（社会増減＝入国超過数＊[1]＋都道府県間転入超過数＊[2]）

（日本人について）

＋国籍異動（国籍の異動による純増

＝日本国籍取得者数－日本国籍喪失者数）

＊1：入国超過数＝入国者数－出国者数

＊2：都道府県間転入超過数＝都道府県間転入者数－都道府県間転出者数

３　推計のための基礎資料

・ 出生児数及び死亡者数 ……　「人口動態統計」（厚生労働省）＊[3]
・ 出入国者数 ………………　「出入国管理統計」（出入国在留管理庁）
・ 日本国籍取得者数及び日本国籍喪失者数 ……　法務省資料及び官報
・ 都道府県間転出入者数 ……　「住民基本台帳人口移動報告」（総務省統計局）
・ その他 …………………　「国勢調査」（総務省統計局）

＊3：調査票情報を利用した独自集計をしており、公表数字とは一致しない場合がある。

4　補間補正を行った人口

前述２により算出した2020年10月１日現在人口（平成27年（2015年）国勢調査基準）と令和２年（2020年）国勢調査人口とは必ずしも一致しないため，平成27年（2015年）国勢調査と令和２年（2020年）国勢調査の人口を基に，その間の各月の人口について補間補正を行った。

今回，補間補正を行った人口は，次のとおりである。今後，2015年11月から2020年９月までの人口推計としては，本資料に掲載された人口を利用されたい。

（１）各月１日現在の全国男女，年齢別人口（2015年11月～2020年９月）

（２）各年10月１日現在の都道府県，男女，年齢別人口（2016年～2019年）

Ⅱ　補間補正人口の算出方法

1　推計のための各要素

（１）各年10月１日現在の都道府県別人口

ア　基準人口

国勢調査の翌年は，国勢統計の確定人口を基準人口とし，国勢調査の翌年以外の年は前年10月１日現在人口の確定値を基準人口とする。

イ　異動人口（＝自然動態＋社会動態＋国籍異動）

（ア）自然動態（＝出生児数－死亡者数）

「人口動態統計（確定数）」（厚生労働省）による出生児数及び死亡者数を用いる。

（イ）社会動態（＝入国超過数＋都道府県間転入超過数）

①　日本人

(A)　入国超過数（＝入国者数－出国者数）

「出入国管理統計」（出入国在留管理庁）による入国者数及び出国者数を用い，海外滞在期間３か月以内の出入（帰）国者（出国から入国までの期間が３か月以内の者）を除く。

(B)　都道府県間転入超過数（＝転入者数－転出者数）

「住民基本台帳人口移動報告」（総務省）による都道府県間転出入者数を用いる。

②　外国人

国内滞在期間３か月以内の者を除く入国超過数のみを用いる。

また，出生年月により，前年10月１日現在の年齢別に集計して用いる。

（ウ）国籍異動（＝日本国籍取得者数－日本国籍喪失者数）

「官報に基づく帰化人口」（官報告示（「日本国に帰化を許可する件」）による「日本国籍を取得した者」を総務省で集計した数）及び「日本国籍取得者数及び喪失者数」（法務省）を用いる。

ウ　補間補正数

直近の国勢統計の確定人口とその時点の推計人口の年齢別の差について、５年間の年ごとに分配することで補間補正数を算出する。

T_0：推計人口の基準人口となる国勢調査の調査期日

T_1：T_0の５年後の国勢調査の調査期日

P^{T_0}　：T_0 の国勢調査人口

$P_n^{T_0}$　：T_0 のn年齢の国勢調査人口

${}^{Y}P^{T_0}(y)$：P^{T_0}を基準人口としたT_0からy年後の推計人口（$y \geqq 0, {}^{Y}P^{T_0}(0) = P^{T_0}$）

${}^{Y}I_n(y)$：T_0からy年後におけるn年齢の補間補正数

$$
{}^{Y}I_n(y) = \begin{cases} \dfrac{1}{n-y+6}\left(P_{n-y+5}{}^{T_1} - {}^{Y}P_{n-y+5}{}^{T_0}(5)\right) & \mathrm{n = y-5, \cdots, y-1 \geqq 0} \\ \dfrac{1}{5}\left(P_{n-y+5}{}^{T_1} - {}^{Y}P_{n-y+5}{}^{T_0}(5)\right) & \mathrm{n \geqq y} \end{cases}
$$

なお，$\displaystyle\sum_{y=1}^{5}\sum_{n \geqq 0} {}^{Y}I_n(y) = P^{T_1} - {}^{Y}P^{T_0}(5)$

（２）各月１日現在の全国人口

ア　基準人口

国勢調査の翌月は，国勢統計の確定人口を基準人口とし，国勢調査の翌々月以降は前月１日現在人口の確定値を基準人口とする。

イ　異動人口（＝自然動態＋社会動態＋国籍異動）

（ア）自然動態（＝出生児数－死亡者数）

「人口動態統計（確定数）」（厚生労働省）による出生児数及び死亡者数を用いる。

（イ）社会動態（＝入国者数－出国者数）

「出入国管理統計」（出入国在留管理庁）による入国者数及び出国者数を用いる。ただし，日本人は海外滞在期間３か月以内の出入（帰）国者（出国から入国までの期間が３か月以内の者）を除き，外国人は国内滞在期間３か月以内の者を除く。

（ウ）国籍異動（＝日本国籍取得者数－日本国籍喪失者数）

「官報に基づく帰化人口」（官報告示（「日本国に帰化を許可する件」）による「日本国籍を取得した者」を総務省で集計した数）を用いる。

なお，10月１日現在人口（確定値）の算出時のみ「日本国籍取得者数及び喪失者数」（法務省）も用いる。

ウ　補間補正数

当該月の属する年の年次補間補正人口の補間補正数を年齢５歳階級別に12等分して算出する。

${}^{M}I_n(m)$：T_0からm月後におけるn年齢５歳階級の補間補正数

$int(R)$：実数Rにおける整数値

$$
{}^{M}I_n(m)=\frac{1}{12}{}^{Y}I_n\left(int(\frac{m-1}{12}+1)\right)=
$$

$$
\begin{cases}
\dfrac{1}{12\left(n-int\left(\dfrac{m-1}{12}+1\right)+6\right)}\left(P_{n-int(\frac{m-1}{12}+1)+5}{}^{T_1}-{}^{Y}P_{n-int(\frac{m-1}{12}+1)+5}{}^{T_0}(5)\right) \\
\qquad\qquad n=int\left(\dfrac{m-1}{12}+1\right)-5,\cdots,int\left(\dfrac{m-1}{12}+1\right)-1\geqq 0 \\
\dfrac{1}{60}\left(P_{n-int(\frac{m-1}{12}+1)+5}{}^{T_1}-{}^{Y}P_{n-int(\frac{m-1}{12}+1)+5}{}^{T_0}(5)\right)\quad n\geqq int\left(\dfrac{m-1}{12}+1\right)
\end{cases}
$$

なお，$\displaystyle\sum_{\mathrm{m}=1}^{60}\sum_{n\geqq 0}{}^{M}I_n(m)=P^{T_1}-{}^{Y}P^{T_0}(5)$

2　補間補正人口の算出

以下により算出する。

各年10月１日現在の都道府県別人口

当該年の補間補正人口＝当該年の各歳の補間補正人口の合計

当該年の各歳の補間補正人口＝前年の各歳の補間補正人口

＋前年10月～当年９月の各歳の異動人口

＋各歳の補間補正数

$\overline{{}^{Y}P_n^{T_0}}(y)$：$P^{T_0}$を基準人口とした$T_0$から$y$年後における n 年齢の年次補間補正人口

$\Delta^{Y}p(y_0,y_1)$：T_0からy_1年後におけるy_0年後からの異動人口（$y_1\geqq y_0\geqq 0$）

$$
\begin{aligned}
\overline{{}^{Y}P^{T_0}}(y)&=\overline{{}^{Y}P^{T_0}}(y-1)+\Delta^{Y}p(y-1,y)+{}^{Y}I(y)\\
&=\sum_{n\geqq 0}\overline{{}^{Y}P_n^{T_0}}(y-1)+\sum_{n\geqq 0}\Delta^{Y}p_n(y-1,y)+\sum_{n\geqq 0}{}^{Y}I_n(y)\\
&=\sum_{n\geqq 0}\left(\overline{{}^{Y}P_n^{T_0}}(y-1)+\Delta^{Y}p_n(y-1,y)+{}^{Y}I_n(y)\right)\\
&=\sum_{n\geqq 1}\left(\overline{{}^{Y}P_{n-1}^{T_0}}(y-1)+\Delta^{Y}p_n(y-1,y)+{}^{Y}I_n(y)\right)+\Delta^{Y}p_0(y-1,y)+{}^{Y}I_0(y)
\end{aligned}
$$

$$
\overline{{}^{Y}P^{T_0}}(y)=\sum_{n\geqq 0}\overline{{}^{Y}P_n^{T_0}}(y)=\sum_{n\geqq 1}\overline{{}^{Y}P_n^{T_0}}(y)+\overline{{}^{Y}P_0^{T_0}}(y)
$$

より，
$$\begin{cases} \overline{{}^{Y}P_{n}^{T_0}}(y) = \overline{{}^{Y}P_{n-1}^{T_0}}(y-1) + \Delta^{Y}p_n(y-1,y) + {}^{Y}I_n(y),\ n \geqq 1 \\ \overline{{}^{Y}P_{0}^{T_0}}(y) = \Delta^{Y}p_0(y-1,y) + {}^{Y}I_0(y)\ \ (n=0) \end{cases}$$

各月１日現在の全国人口

当該月の補間補正人口＝当該月の各年齢５歳階級別の補間補正人口の合計

当該月の各年齢５歳階級別の補間補正人口＝前月の各年齢５歳階級別の補間補正人口
＋前月の各年齢５歳階級別の異動人口
＋各年齢５歳階級別の補間補正数

$\overline{{}^{M}P_{n}^{T_0}}(m)$：$P^{T_0}$を基準人口とした$T_0$から$m$月後における$n$年齢５歳階級の月次補間補正人口
$\Delta^{M}p(m_0,m_1)$：T_0からm_1月後におけるm_0月後からの異動人口（$m_1 \geqq m_0 \geqq 0$）

$$\begin{aligned} \overline{{}^{M}P^{T_0}}(m) &= \overline{{}^{M}P^{T_0}}(m-1) + \Delta^{M}p(m-1,m) + {}^{M}I(m) \\ &= \sum_{n \geqq 0}\left(\overline{{}^{M}P_{n}^{T_0}}(m-1) + \Delta^{M}p_n(m-1,m) + {}^{M}I_n(m)\right) \end{aligned}$$

3　補正前人口と補間補正人口の相違点

2015年から2020年までの人口として公表済みの人口（補正前人口）と，今回の補間補正を行った人口（補間補正人口）との相違点は次のとおりである。

区　　分	補 正 前 人 口	補 間 補 正 人 口
自然動態 （出生児数，死亡者数）	「人口動態統計（概数）」によるもの	「人口動態統計（確定数）」によるもの
補間補正数	――――――	平成27年（2015年）国勢調査の結果による確定人口を基準として算出した2020年10月１日現在人口と，令和２年（2020年）国勢調査の結果による確定人口との差を，年齢別に各月，各年に配分して算出した数

付2　既刊の人口推計資料

総務省統計局では，各年10月１日現在の都道府県別人口と全国年齢別人口（大正10年以降）及び各月１日現在の全国人口（昭和25年11月以降）を推計し公表している。

これらの人口については，公表後，人口動態統計の数字を置き換えたり，推計の期首・期末時の国勢調査結果による補間補正を行うなどの改定を行っているが，必ずしも各年（又は各月）の表題のついた報告書にその年（又は月）の人口の最新改定値が掲載されていない。

そこで，利用の便を考慮して，各年（又は各月）の人口（最新改定値）がどの報告書等に掲載されているかを次表に示した。

（全国　男女別人口）

<table>
<tr><th colspan="2">人　　口</th><th>資　料　名</th><th>備　　考</th></tr>
<tr><td rowspan="2">大正 10 年〜
昭和 24 年
各年 10 月 1 日
現在人口</td><td>沖縄県
を含む</td><td>人口推計資料 1956－1
「大正９年〜昭和 15 年および昭和 22 年〜25 年全国年令別人口の推計」</td><td rowspan="2">・昭和 15 年〜19 年(沖縄県を含む)は「人口推計月報昭和 42 年８月」
・補間補正済み
・1953-2 男女計のみ</td></tr>
<tr><td>沖縄県を含まない</td><td>人口推計資料 1953－2
「大正９年〜昭和 25 年わが国年次別人口の推計」</td></tr>
<tr><td colspan="2">昭和 25 年 11 月〜40 年９月
各月１日現在人口</td><td>人口推計月報（改訂数字特集）
－昭和 42 年 10 月刊－</td><td>・補間補正済み
・男女計のみ
・沖縄県を含まない</td></tr>
<tr><td colspan="2">昭和 40 年 11 月〜45 年９月
各月１日現在人口</td><td>人口推計月報（改訂数字特集）
－昭和 47 年 10 月刊－</td><td>・補間補正済み
・沖縄県を含まない</td></tr>
<tr><td colspan="2">昭和 45 年 11 月〜50 年９月
各月１日現在人口</td><td>人口推計月報（改訂数字特集）
－昭和 53 年３月刊－</td><td>補間補正済み</td></tr>
<tr><td colspan="2">昭和 50 年 11 月〜55 年９月
各月１日現在人口</td><td>人口推計月報（改訂数字特集）
－昭和 58 年８月刊－</td><td>同　上</td></tr>
<tr><td colspan="2">昭和 55 年 11 月〜60 年９月
各月１日現在人口</td><td>人口推計月報（改訂数字特集）
－昭和 62 年 12 月刊－</td><td>同　上</td></tr>
<tr><td colspan="2">昭和 60 年 11 月〜
平成２年９月
各月１日現在人口</td><td>人口推計月報
昭和 60 年及び平成２年国勢調査結果による補間補正　－平成４年 10 月刊－</td><td>同　上</td></tr>
<tr><td colspan="2">平成２年 11 月〜７年９月
各月１日現在人口</td><td>人口推計資料 No. 69
人口推計 国勢調査結果による補間補正人口
－平成９年 12 月刊－</td><td>同　上</td></tr>
<tr><td colspan="2">平成７年 11 月〜12 年９月
各月１日現在人口</td><td>人口推計資料 No. 74
人口推計 国勢調査結果による補間補正人口
－平成 14 年７月刊－</td><td>同　上</td></tr>
<tr><td colspan="2">平成 12 年 11 月〜17 年９月
各月１日現在人口</td><td>人口推計資料 No. 79
人口推計 国勢調査結果による補間補正人口
－平成 18 年 12 月刊－</td><td>同　上</td></tr>
<tr><td colspan="2">平成 17 年 11 月〜22 年９月
各月１日現在人口</td><td>人口推計資料 No. 84
人口推計 国勢調査結果による補間補正人口
－平成 24 年３月刊－</td><td>同　上</td></tr>
<tr><td colspan="2">平成 22 年 11 月〜27 年９月
各月１日現在人口</td><td>人口推計資料 No. 89
人口推計 国勢調査結果による補間補正人口
－平成 29 年３月刊－</td><td>同　上</td></tr>
<tr><td colspan="2">2015 年（平成 27 年）11 月
〜2020 年（令和２年）９月
各月１日現在人口</td><td>人口推計資料 No. 94
人口推計 国勢調査結果による補間補正人口
－2022 年（令和４年）３月刊－</td><td>同　上</td></tr>
</table>

（全国　男女別人口）（続き）

2020年（令和2年）11月以降　各月1日現在人口	2021年（令和3年）12月以降の人口推計 －各月1日現在人口－	・インターネット

（都道府県　男女別人口　－各年10月1日現在－）

人　口	資　料　名	備　考
大正10年～昭和24年	人口推計資料1957－1 「大正9年～昭和25年都道府県人口の推計」	・補間補正済み ・昭和20年～25年は沖縄県を含まない
昭和26年～29年	人口推計資料No.21 「昭和26年～29年各年10月1日現在都道府県人口の推計（改訂）」	・補間補正済み ・沖縄県を含まない
昭和31年～34年	人口推計資料No.26 「昭和31年～34年各年10月1日現在都道府県人口の推計（改訂）」	同　上
昭和36年～39年	人口推計資料No.35 「昭和36年～39年各年10月1日現在都道府県人口の推計（改訂）」	同　上
昭和41年～44年	人口推計資料No.42 「昭和41年～44年各年10月1日現在都道府県人口の推計（改訂）」	同　上
昭和46年～49年	人口推計資料No.49 「昭和46年～49年各年10月1日現在都道府県人口の推計（改訂）」	補間補正済み
昭和51年～54年	人口推計資料No.55 「昭和51年～54年各年10月1日現在都道府県人口の推計（改訂）」	同　上
昭和56年～59年	人口推計資料No.59 「昭和56年～59年各年10月1日現在都道府県人口の推計（改訂）」	同　上
昭和61年～平成元年	人口推計資料No.64 「昭和61年～平成元年各年10月1日現在都道府県人口の推計」昭和60年及び平成2年国勢調査結果による補間補正	同　上
平成3年～6年	人口推計資料No.69 人口推計 国勢調査結果による補間補正人口 －平成9年12月刊－	同　上
平成8年～11年	人口推計資料No.74 人口推計 国勢調査結果による補間補正人口 －平成14年7月刊－	同　上
平成13年～16年	人口推計資料No.79 人口推計 国勢調査結果による補間補正人口 －平成18年12月刊－	同　上
平成18年～21年	人口推計資料No.84 人口推計 国勢調査結果による補間補正人口 －平成24年3月刊－	同　上

（都道府県　男女別人口 －各年10月1日現在－）（続き）

平成23年～26年	人口推計資料No. 89 人口推計 国勢調査結果による補間補正人口 －平成29年3月刊－	同　上
2016年（平成28年） ～2019年（令和元年）	人口推計資料No. 94 人口推計 国勢調査結果による補間補正人口 －2022年（令和4年）3月刊－	同　上

（全国　年齢，男女別人口 －各年10月1日現在－）

人　口	資　料　名	備　考
大正10年～昭和15年 昭和23年，24年	人口推計資料1956－1「大正9年～昭和15年および昭和22年～25年全国年令別人口の推計」	・補間補正済み ・昭和22年～25年は沖縄県を含まない
昭和26年	人口推計資料1953－1 「昭和26年10月1日現在全国年令別人口の推計」	沖縄県を含まない
昭和27年，28年	人口推計資料1954－3 「昭和28年10月1日現在全国年令別人口の推計」	同　上
昭和29年	人口推計資料1955－2 「昭和29年10月1日現在全国年令別人口の推計」	同　上
昭和31年，32年	人口推計資料No. 16 「昭和33年10月1日現在全国年令別人口の推計」	同　上
昭和33年，34年	人口推計資料No. 18 「昭和34年10月1日現在全国年令別人口の推計」	同　上
昭和36年～38年	人口推計資料No. 25 「昭和38年10月1日現在全国年令別人口の推計」	同　上
昭和39年	人口推計資料No. 28 「昭和39年10月1日現在全国年令別人口の推計」	同　上
昭和41年，42年	人口推計資料No. 32 「昭和42年10月1日現在全国年令別人口の推計」	同　上
昭和43年	人口推計資料No. 34 「昭和43年10月1日現在全国年令別人口の推計」	同　上
昭和44年	人口推計資料No. 38 「昭和44年10月1日現在全国年令別人口の推計」	同　上
昭和46年，47年	人口推計資料No. 44 「昭和47年10月1日現在全国年齢別人口の推計」	
昭和48年	人口推計資料No. 46 「昭和48年10月1日現在全国年齢別人口の推計」	

（全国　都道府県　年齢，男女別人口 －各年 10 月 1 日現在－）

人　口	資　料　名	備　考
昭和 49 年	人口推計資料 No. 47 「昭和 49 年 10 月 1 日現在推計人口」	昭和 46 年～48 年の都道府県別人口の記載あり
昭和 51 年	人口推計資料 No. 48 「昭和 51 年 10 月 1 日現在推計人口」	
昭和 52 年	人口推計資料 No. 50 「昭和 52 年 10 月 1 日現在推計人口」	
昭和 53 年	人口推計資料 No. 51 「昭和 53 年 10 月 1 日現在推計人口」	
昭和 54 年	人口推計資料 No. 52 「昭和 54 年 10 月 1 日現在推計人口」	
昭和 56 年	人口推計資料 No. 53 「昭和 56 年 10 月 1 日現在推計人口」	
昭和 57 年	人口推計資料 No. 54 「昭和 57 年 10 月 1 日現在推計人口」	
昭和 58 年	人口推計資料 No. 56 「昭和 58 年 10 月 1 日現在推計人口」	
昭和 59 年	人口推計資料 No. 57 「昭和 59 年 10 月 1 日現在推計人口」	
昭和 61 年	人口推計資料 No. 58 「昭和 61 年 10 月 1 日現在推計人口」	
昭和 62 年	人口推計資料 No. 60 「昭和 62 年 10 月 1 日現在推計人口」	
昭和 63 年	人口推計資料 No. 61 「昭和 63 年 10 月 1 日現在推計人口」	
平成元年	人口推計資料 No. 62 「平成元年 10 月 1 日現在推計人口」	
平成 3 年	人口推計資料 No. 63 「平成 3 年 10 月 1 日現在推計人口」	
平成 4 年	人口推計資料 No. 65 「平成 4 年 10 月 1 日現在推計人口」	
平成 5 年	人口推計資料 No. 66 「平成 5 年 10 月 1 日現在推計人口」	
平成 6 年	人口推計資料 No. 67 「平成 6 年 10 月 1 日現在推計人口」	
平成 8 年	人口推計資料 No. 68 「平成 8 年 10 月 1 日現在推計人口」	
平成 9 年	人口推計資料 No. 70 人口推計年報　「平成 9 年 10 月 1 日現在推計人口」	
平成 10 年	人口推計資料 No. 71 人口推計年報　「平成 10 年 10 月 1 日現在推計人口」	
平成 11 年	人口推計資料 No. 72 人口推計年報　「平成 11 年 10 月 1 日現在推計人口」	

（全国　都道府県　年齢，男女別人口　－各年 10 月 1 日現在－）（続き）

人　　口	資　　料　　名	備　　考
平成 13 年	人口推計資料 No. 73 人口推計年報　「平成 13 年 10 月 1 日現在推計人口」	
平成 14 年	人口推計資料 No. 75 人口推計年報　「平成 14 年 10 月 1 日現在推計人口」	
平成 15 年	人口推計資料 No. 77 人口推計年報　「平成 15 年 10 月 1 日現在推計人口」	
平成 16 年	人口推計資料 No. 78 人口推計年報　「平成 16 年 10 月 1 日現在推計人口」	
平成 18 年	人口推計資料 No. 80 人口推計年報　「平成 18 年 10 月 1 日現在推計人口」	
平成 19 年	人口推計資料 No. 81 人口推計年報　「平成 19 年 10 月 1 日現在推計人口」	
平成 20 年	人口推計資料 No. 82 人口推計年報　「平成 20 年 10 月 1 日現在推計人口」	
平成 21 年	人口推計資料 No. 83 人口推計　「平成 21 年 10 月 1 日現在」	
平成 23 年	人口推計資料 No. 85 人口推計　「平成 23 年 10 月 1 日現在」	
平成 24 年	人口推計資料 No. 86 人口推計　「平成 24 年 10 月 1 日現在」	
平成 25 年	人口推計資料 No. 87 人口推計　「平成 25 年 10 月 1 日現在」	
平成 26 年	人口推計資料 No. 88 人口推計　「平成 26 年 10 月 1 日現在」	
2016 年（平成 28 年） ～2019 年（令和元年）	人口推計資料 No. 94 人口推計 国勢調査結果による補間補正人口 －2022 年（令和４年）３月刊－	補間補正済み

（その他）

資　料　名	備　　考
人口推計資料 No. 76 「我が国の推計人口」大正９年～平成 12 年 －平成 15 年９月刊－	大正９年国勢調査以降，平成 12 年までの主な推計結果を掲載
人口推計資料 No. 36　「日本の推計人口」 －昭和 45 年３月刊－	大正 10 年以降，昭和 44 年３月までの人口推計について，その推計方法，推計結果などをまとめて掲載
「明治５年以降わが国の人口」 内閣統計局　－昭和５年刊－	明治５年～大正９年各年１月１日現在男女別全国推計人口
「道府県現住人口」 内閣統計局　－明治 42 年８月刊－	明治 17 年～40 年　道府県現住人口
「道府県現住人口」 内閣統計局　－明治 40 年 11 月刊－	明治 17 年～36 年　道府県現住人口

Appendix 1 Outline of the Intercensal Adjustment of the Estimation

I Outline

1 Coverage of the population estimates

The population estimates cover all the population, including foreigners, who usually live in Japan. However, of the foreigners, foreign diplomatic and consular corps, including their party or family members, and foreign military personnel, including their family members, are excluded.

2 Method of the estimation

The population estimates are calculated using the recent census population (as of October 1st) as the base by the following formula.

(1) The population as of the first day of each month, Japan

Estimated population of the stated month = Estimated population of the previous month
+ Total net change during the previous month

Total net change = Natural change + Migration change + Net increase by change of nationality*

Natural change = Live births - Deaths

Migration change = Entries - Exits

Net increase by change of nationality = Acquisition of Japanese nationality – Loss of Japanese nationality

(2) The population as of October 1st of each year by prefectures

Estimated population of the stated year = Estimated population of the previous year
+ Total net change during the year

Total net change = Natural change + Migration change + Net increase by change of nationality*

Natural change = Live births - Deaths

Migration change = (Entries - Exits) + (In-migrants - Out-migrants)

Net increase by change of nationality = Acquisition of Japanese nationality – Loss of Japanese nationality

* : Only for the Japanese

3 Sources for the estimation

Live births and Deaths “Vital Statistics”, Ministry of Health, Labour and Welfare**

Entries and Exits “Statistics on Legal Migrants”, the Immigration Services Agency

Net increase by change of nationality
The Statistics Bureau, Ministry of Internal Affairs and Communications tabulated the data of Ministry of Justice

Inter-prefectural migrants “Report on Internal Migration in Japan Derived from the Basic Resident Registration”, Statistics Bureau, Ministry of Internal Affairs and Communications

Others “Population Census”, Statistics Bureau, Ministry of Internal Affairs and Communications

** : Data are collected independently using questionnaire information, and may not match published figures.

4 The intercensal adjusted population

In the method of the estimation explained above 2, the estimated population as of October 1st, 2020 based on the 2015 Population Census population is not necessarily equal to the 2020 Population Census population. Therefore, the population estimates between the 2015 and the 2020 Population Censuses have been revised by the intercensal adjustment.

The intercensal adjustment was made for the following population. It is recommended hereafter to use the figures in this report as the population estimates in the period from November 2015 to September 2020.

(1) The population by sex and age for Japan as of the first day of each month

(2) The population by sex and age for prefectures as of October 1st of each year

Ⅱ Outline of the intercensal adjustment

1 Elements of the estimates with intercensal adjustment

(1) Population of each prefecture as of October 1 of each year

a. Base population

The complete counts of Census population are used as the base population for the year following a Population Census, and for the year after the following year and thereafter, the final population estimates as of October 1 of the previous year is used as the base population.

b. Total net change (= Natural change + Migration change + Net increase by change of nationality)

(i) Natural change (=Live births – Deaths)

For live births and deaths, the data of the Vital Statistics (final results) is used.

(ii) Migration change (= Entry/exit balance of immigrants + Entry/exit balance of inter-prefecture migrants)

(A) Japanese

(a) Entry/exit balance of immigrants (=Entries – Exits)

For entering/exiting immigrants, the data of the Statistics on Legal Migrants (the Immigration Services Agency) is used. Note that the numbers of Japanese whose period of stay in foreign countries is within 3 months (i.e., reentry within 3 months from the last departure).

(b) Entry/exit balance of inter-prefecture migrants (= In-migrants – Out-migrants)

The data of inter-prefectural migrants of "Report on Internal Migration in Japan Derived from the Basic Resident Registration" (Statistics Bureau, Ministry of Internal Affairs and Communications) is used.

(B) Foreigners

Only the data of the entry/exit balance of immigrants excluding those within 3 months of stay in Japan is used.

As the data is tabulated by the age on October 1 of the previous year referring to their birth dates.

(iii) Net increase by change of nationality (= Acquisition of Japanese nationality – Loss of Japanese nationality)

"The number of naturalized Japanese based on the data of the official gazette": the data created by Ministry of Internal Affairs and Communications tabulating "the number of the people who acquired Japanese nationality," which was reported in the public notice through the official gazette "concerning the permission for naturalization," by age as of October 1 of the previous year referring to birth date, and the "numbers of the acquisition and loss of Japanese nationality" (Ministry of Justice) are used.

c. Intercensal adjustment value

The difference between the estimated population as of October 1, 2020 based on the complete counts of 2015 Population Census and the complete counts of 2020 Population Census is divided and applied to the estimate by age of each year.

(2) Japan's total population as of the first day of each month

a. Base population

The complete counts of Census population are used as the base population for the month following a Population Census, and for the month after the following month and thereafter, the final population estimate as of the first day of the previous month is used.

b. Total net change (= Natural change + Migration change + Net increase by change of nationality)

(i) Natural change (= Live births – Deaths)

For live births and deaths, the data of the Vital Statistics (final results) (Ministry of Health, Labour and Welfare) is used.

(ii) Migration change (= Entries – Exits)

For entering/exiting immigrants, the data of the Statistics on Legal Migrants (the Immigration Services Agency) is used. Note that the numbers of Japanese whose period of stay in foreign countries is within 3 months (i.e., reentry within 3 months from the last departure) and foreigners whose period of stay in Japan is within 3 months are excluded.

(iii) Net increase by change of nationality (= Acquisition of Japanese nationality – Loss of Japanese nationality)

"Numbers of naturalized Japanese based on the data of the official gazette": the data created by Ministry of Internal Affairs and Communications tabulating the numbers of the "people who acquired Japanese nationality," which was reported in the public notice through the official gazette "concerning the permission for naturalization," are used.

Note that the "numbers of the people who acquired or lost Japanese nationality" (Ministry of Justice) are also used only for the estimated population as of October 1 (final estimates).

c. Intercensal adjustment value

The difference between the estimated population as of October 1, 2020 based on the complete counts of 2015 Population Census and the complete counts of 2020 Population Census is divided and applied to the estimate by age (five-year group) of each month.

2 *Calculation of estimated population with intercensal adjustment*

Calculation method is as follow:

Population of each prefecture as of October 1 of each year

Intercensal adjusted population of the stated year

= Total intercensal adjusted population of the stated year by age

Intercensal adjusted population of the stated year by age

= Intercensal adjusted population of the previous year by age

+ Total net change in the immediately preceding 12 months (October to September) by age

+ Intercensal adjustment value by age

Population of all of Japan as of the first day of each month

Intercensal adjusted population of the stated month

= Total intercensal adjusted population by age (five-year group) of the stated month

Intercensal adjusted population by age (five-year group) of the stated month

= Intercensal adjusted population by age (five-year group) of the previous month

+ Total net change by age (five-year group) of the previous month

+ Intercensal adjustment value by age (five-year group)

3 Difference between the originally published population and intercensal adjusted population

The difference between the estimated population which has been originally published and the intercensal adjusted population in this report are as follows:

Category	Estimated population before intercensal adjustment	Estimated population after intercensal adjustment
Natural change (Live births, Deaths)	Based on the results of the "Vital Statistics" (preliminary results)	Based on the results of the "Vital Statistics" (final results)
Intercensal adjustment value	――――	The difference between the estimated population as of October 1, 2020 based on the complete counts of 2015 Population Census and the complete counts of 2020 Population Census is divided and applied to the estimate by age of each month and each year.

Appendix 2 List of Publication — Current Population Estimates Series

The Statistics Bureau has been estimating population for prefectures and Japan population by age as of October 1 of each year since 1921 as well as Japan population as of the first day of each month since November 1950. However, the estimated population once published has sometimes been revised according to the revision of the statistics used in the estimation or adjusted in order to link the estimated series to the results of the latest Population Census. The reports listed in the following tables include the final or latest figures of the corresponding population available at present.

(Population by sex for Japan)

<table>
<tr><th colspan="2">Population</th><th>Report</th><th>Note</th></tr>
<tr><td rowspan="2">Population as of Oct. 1, each year from 1921 to 1949</td><td>incl. Okinawa-ken</td><td>“Population Estimates Series” 1956-1</td><td rowspan="2">・Population as including Okinawa-ken from 1940 to 1944 has been reported in “Monthly Report on Current Population Estimates” Aug. 1967.
・With intercensal adjustment
・Only both sexes for 1953-2</td></tr>
<tr><td>excl. Okinawa-ken</td><td>“Population Estimates Series” 1953-2</td></tr>
<tr><td colspan="2">Population as of 1st of each month from Nov. 1950 to Sept. 1965</td><td>“Monthly Report on Current Population Estimates, Special Report on Revised Figures” —October 1967—</td><td>・With intercensal adjustment
・Only both sexes
・Okinawa-ken not included</td></tr>
<tr><td colspan="2">Population as of 1st of each month from Nov. 1965 to Sept. 1970</td><td>“Monthly Report on Current Population Estimates, Special Report on Revised Figures” —October 1972—</td><td>・With intercensal adjustment
・Okinawa-ken not included</td></tr>
<tr><td colspan="2">Population as of 1st of each month from Nov. 1970 to Sept. 1975</td><td>“Monthly Report on Current Population Estimates, Special Report on Revised Figures” —March 1978—</td><td>With intercensal adjustment</td></tr>
<tr><td colspan="2">Population as of 1st of each month from Nov. 1975 to Sept. 1980</td><td>“Monthly Report on Current Population Estimates, Special Report on Revised Figures” —August 1983—</td><td>do.</td></tr>
<tr><td colspan="2">Population as of 1st of each month from Nov. 1980 to Sept. 1985</td><td>“Monthly Report on Current Population Estimates, Special Report on Revised Figures” —December 1987—</td><td>do.</td></tr>
<tr><td colspan="2">Population as of 1st of each month from Nov. 1985 to Sept. 1990</td><td>“Monthly Report on Current Population Estimates, Intercensal Adjustment” —October 1992—</td><td>do.</td></tr>
<tr><td colspan="2">Population as of 1st of each month from Nov. 1990 to Sept. 1995</td><td>“Population Estimates Series” No.69 —December 1997—</td><td>do.</td></tr>
<tr><td colspan="2">Population as of 1st of each month from Nov. 1995 to Sept. 2000</td><td>“Population Estimates Series” No.74 —July 2002—</td><td>do.</td></tr>
<tr><td colspan="2">Population as of 1st of each month from Nov. 2000 to Sept. 2005</td><td>“Population Estimates Series” No.79 —December 2006—</td><td>do.</td></tr>
<tr><td colspan="2">Population as of 1st of each month from Nov. 2005 to Sept. 2010</td><td>“Population Estimates Series” No.84 —March 2012—</td><td>do.</td></tr>
<tr><td colspan="2">Population as of 1st of each month from Nov. 2010 to Sept. 2015</td><td>“Population Estimates Series” No.89 —March 2017—</td><td>do.</td></tr>
<tr><td colspan="2">Population as of 1st of each month from Nov. 2015 to Sept. 2020</td><td>“Population Estimates Series” No.94 —March 2022—</td><td>do.</td></tr>
</table>

(Population by sex for Japan) (continued)

Population as of 1st of each month since Nov. 2020	"Monthly Report on Current Population Estimates" for each month since Dec. 2021	・Internet

(Population by sex for prefectures as of October 1, each year)

Population	Report	Note
Population from 1921 to 1949	"Population Estimates Series" 1957-1	・With intercensal adjustment ・Okinawa-ken not included from 1945 to 1950
Population from 1951 to 1954	"Population Estimates Series" No.21	・With intercensal adjustment ・Okinawa-ken not included
Population from 1956 to 1959	"Population Estimates Series" No.26	do.
Population from 1961 to 1964	"Population Estimates Series" No.35	do.
Population from 1966 to 1969	"Population Estimates Series" No.42	do.
Population from 1971 to 1974	"Population Estimates Series" No.49	With intercensal adjustment
Population from 1976 to 1979	"Population Estimates Series" No.55	do.
Population from 1981 to 1984	"Population Estimates Series" No.59	do.
Population from 1986 to 1989	"Population Estimates Series" No.64	do.
Population from 1991 to 1994	"Population Estimates Series" No.69	do.
Population from 1996 to 1999	"Population Estimates Series" No.74	do.
Population from 2001 to 2004	"Population Estimates Series" No.79	do.
Population from 2006 to 2009	"Population Estimates Series" No.84	do.
Population from 2011 to 2014	"Population Estimates Series" No.89	do.
Population from 2016 to 2019	"Population Estimates Series" No.94	do.

(Population by age and sex for Japan as of October 1, each year)

Population	Report	Note
Population from 1921 to 1940	"Population Estimates Series"1956-1	With intercensal adjustment
Population of 1948 and 1949	"Population Estimates Series" 1956-1	・With intercensal adjustment ・Okinawa-ken not included
Population of 1951	"Population Estimates Series" 1953-1	Okinawa-ken not included
Population of 1952 and 1953	"Population Estimates Series" 1954-3	do.
Population of 1954	"Population Estimates Series" 1955-2	do.
Population of 1956 and 1957	"Population Estimates Series" No.16	do.
Population of 1958 and 1959	"Population Estimates Series" No.18	do.
Population from 1961 to 1963	"Population Estimates Series" No.25	do.
Population of 1964	"Population Estimates Series" No.28	do.
Population of 1966 and 1967	"Population Estimates Series" No.32	do.

(Population by age and sex for Japan as of October 1, each year)(continued)

Population of 1968	"Population Estimates Series" No.34	do.
Population of 1969	"Population Estimates Series" No.38	do.
Population of 1971 and 1972	"Population Estimates Series" No.44	
Population of 1973	"Population Estimates Series" No.46	

(Population by age and sex for Japan and population by age group and sex for prefectures as of October 1, each year)

Population	Report	Note
Population of 1974	"Population Estimates Series" No.47	From 1971 to 1973 also included.
Population of 1976	"Population Estimates Series" No.48	
Population of 1977	"Population Estimates Series" No.50	
Population of 1978	"Population Estimates Series" No.51	
Population of 1979	"Population Estimates Series" No.52	
Population of 1981	"Population Estimates Series" No.53	
Population of 1982	"Population Estimates Series" No.54	
Population of 1983	"Population Estimates Series" No.56	
Population of 1984	"Population Estimates Series" No.57	
Population of 1986	"Population Estimates Series" No.58	
Population of 1987	"Population Estimates Series" No.60	
Population of 1988	"Population Estimates Series" No.61	
Population of 1989	"Population Estimates Series" No.62	
Population of 1991	"Population Estimates Series" No.63	
Population of 1992	"Population Estimates Series" No.65	
Population of 1993	"Population Estimates Series" No.66	
Population of 1994	"Population Estimates Series" No.67	
Population of 1996	"Population Estimates Series" No.68	
Population of 1997	"Population Estimates Series" No.70	
Population of 1998	"Population Estimates Series" No.71	
Population of 1999	"Population Estimates Series" No.72	
Population of 2001	"Population Estimates Series" No.73	
Population of 2002	"Population Estimates Series" No.75	
Population of 2003	"Population Estimates Series" No.77	
Population of 2004	"Population Estimates Series" No.78	
Population of 2006	"Population Estimates Series" No.80	
Population of 2007	"Population Estimates Series" No.81	
Population of 2008	"Population Estimates Series" No.82	
Population of 2009	"Population Estimates Series" No.83	
Population of 2011	"Population Estimates Series" No.85	
Population of 2012	"Population Estimates Series" No.86	
Population of 2013	"Population Estimates Series" No.87	
Population of 2014	"Population Estimates Series" No.88	
Population of 2016 to 2019	"Population Estimates Series" No.94	With intercensal adjustment

(Others)

Report	Note
"Population Estimates Series No.76 Population Estimates of Japan",1920-2000 September 2003	This report presents the main results of the population estimates for each year from 1920 to 2000.
"Population Estimates Series No.36 Population Estimates of Japan", March 1970	This report presents the history of the population estimates from 1921 to 1969 March, as well as changes in the method of estimation and time series table for population estimates.
"Population of Japan since 1872", 1930	This report presents the estimated Japanese population by sex as of January 1 each year from 1872 to 1920.

『人口推計資料』の利用について

人口推計資料については，次の方法により利用（閲覧・入手等）することができます。

インターネット

人口推計に関する結果は，インターネットを通じて提供しています。

◆ 統計局ホームページ　https://www.stat.go.jp/data/jinsui/index.html

人口推計　検索

◆ 政府統計の総合窓口（e－Stat）　https://www.e-stat.go.jp/

資料の閲覧

資料は，総務省統計図書館のほか，国立国会図書館及び各支部，都道府県統計主管課，都道府県立図書館などで閲覧することができます。

◆ 総務省統計図書館　〒162-8668　東京都新宿区若松町19－1
TEL　03(5273)1132

資料の入手

資料は，一般財団法人 日本統計協会を通じて入手できます。また，全国各地の官報販売所でも取り扱っています。

◆ 一般財団法人　日本統計協会　〒169-0073 東京都新宿区百人町2－4－6
メイト新宿ビル6Ｆ
TEL　03(5332)3151

◆ 政府刊行物センター（霞が関）　〒100-0013　東京都千代田区霞が関1－4－1
日土地ビル1Ｆ
TEL　03(3504)3885

《引用・転載について》

本書の統計データ，図表を利用する場合は，出典を記載してください。出典を編集・加工等して利用した場合はその旨も明記してください。

（出典記載例）「人口推計資料」（総務省統計局）
「人口推計」（総務省統計局）

総務省統計局編集等・（一財）日本統計協会発行の新刊案内

新版　日本長期統計総覧（全５巻）　A4判　586頁～746頁　CD-ROM付
我が国の統計を集大成した「日本長期統計総覧」を20年ぶりに抜本的に改訂。　第1巻～第4巻は定価22,000円、第5巻は定価23,100円

書名	判型	頁数	CD-ROM	定価
第71回日本統計年鑑 令和4年	B5判	792頁	CD-ROM付	16,500円
統計でみる日本 2022	A5判	338頁		2,750円
日本の統計 2022	A5判	308頁		2,200円
世界の統計 2022	A5判	296頁		2,200円
STATISTICAL HANDBOOK OF JAPAN 2021	A5判	214頁		3,300円
社会生活統計指標 2022	A4判	548頁	CD-ROM付	9,680円
統計でみる都道府県のすがた 2022	A4判	180頁	CD-ROM付	3,190円
統計でみる市区町村のすがた 2021	A4判	324頁	CD-ROM付	5,500円
データ分析のための統計学入門	A4判	428頁		1,980円
GDP統計を知る－大きく変わった国民経済計算－	A5判	176頁		2,200円
日本を彩る47都道府県と統計のはなし	B5判	386頁		2,970円
国勢調査からみた市区町村人口 -大正9(1920)年～令和2(2020)年までの100年間の人口の推移-	A4版	424頁	CD-ROM付	8,800円
平成27年国勢調査報告				
我が国人口・世帯の概観	A4判	192頁		4,070円
地図シリーズ　我が国の人口集中地区－人口集中地区別人口・境界図－	A4判	130頁		36,300円
ライフステージでみる日本の人口・世帯	A4判	60頁		990円
第1巻 人口・世帯総数	A4判	816頁	CD-ROM付	9,680円
第2巻 人口等基本集計結果 全国編、都道府県・市区町村編	A4判	296頁～782頁	CD-ROM付	7,590円～9,900円
第3巻 就業状態等基本集計結果 全国編、都道府県・市区町村編	A4判	326頁～522頁	CD-ROM付	7,480円～8,360円
第4巻 世帯構造等基本集計結果 全国編、都道府県・市区町村編	A4判	356頁～654頁	CD-ROM付	10,010円～10,670円
第5巻 抽出詳細集計結果 全国編、都道府県・市区町村編	A4判	424頁～888頁	CD-ROM付	10,010円～11,550円
第6巻 第1部 従業地・通学地による人口・就業状態等集計結果 全国編、都道府県・市区町村編	A4判	308頁～772頁	CD-ROM付	8,690円～11,220円
第6巻 第2部 従業地・通学地による抽出詳細集計結果	A4判	654頁	CD-ROM付	11,000円
第7巻 人口移動集計結果 全国編、都道府県・市区町村編	A4判	180頁～562頁	CD-ROM付	9,240円～10,230円
最終報告書 日本の人口・世帯	A4判	548頁	CD-ROM付	10,120円
平成28年経済センサス-活動調査報告				
第1巻 事業所数及び従業者数に関する集計	A4判	788頁		10,120円
第2巻 事業所の売上（収入）金額に関する集計	A4判	898頁		11,110円
第3巻 企業等数及び従業者数に関する集計	A4判	582頁		9,900円
第4巻 企業等の売上（収入）金額及び費用に関する集計	A4判	552頁		9,460円
第8巻 建設業、医療・福祉、学校教育及びサービス関連産業に関する集計	A4判	426頁		8,360円
平成28年社会生活基本調査報告				
第1巻 生活時間編	A4判	588頁	CD-ROM付	10,010円
第2巻 生活行動編	A4判	528頁	CD-ROM付	9,680円
第3巻 詳細行動分類による生活時間編	A4判	362頁	CD-ROM付	9,240円
平成29年就業構造基本調査報告				
第1巻 全国編	A4判	666頁	CD-ROM付	10,120円
第2巻 都道府県編	A4判	664頁	CD-ROM付	10,230円
平成30年住宅・土地統計調査報告				
全国編（平成の住宅事情 － 時系列）	A4判	412頁	CD-ROM付	13,200円
都道府県編（12分冊）	A4判	322頁～560頁	CD-ROM付	各10,450円
令和元年全国家計構造調査報告（旧 全国消費実態調査）				
第1巻 家計収支編 その１ 世帯属性に関する結果	A4判	800頁	CD-ROM付	9,900円
第1巻 家計収支編 その２ 世帯類型、高齢者、就業者に関する結果	A4判	816頁	CD-ROM付	9,900円
第1巻 家計収支編 その３ 購入形態等に関する結果	A4判	754頁	CD-ROM付	9,350円
第2巻 所得編	A4判	730頁	CD-ROM付	9,350円
第3巻 資産・負債編	A4判	574頁	CD-ROM付	8,470円
経済構造実態調査報告 2020年	A4判	238頁		6,930円
労働力調査年報 令和２年	A4判	344頁	CD-ROM付	6,600円
人口推計資料No.94 人口推計 -国勢調査結果による補間補正人口-	A4判	192頁		3,520円
住民基本台帳人口移動報告年報 令和２年	A4判	282頁	CD-ROM付	4,180円
家計消費状況調査年報 令和２年	A4判	178頁		3,080円
家計調査年報〈Ⅰ家計収支編〉 令和２年	A4判	434頁	CD-ROM付	7,810円
家計調査年報〈Ⅱ貯蓄・負債編〉 令和２年	A4判	246頁	CD-ROM付	5,610円
小売物価統計調査年報 令和２年	A4判	320頁	CD-ROM付	7,260円
サービス産業動向調査年報 令和２年	A4判	126頁		2,860円
科学技術研究調査報告 令和２年	A4判	328頁	CD-ROM付	4,400円
消費者物価指数年報 令和２年	A4判	362頁	CD-ROM付	6,380円
個人企業経済調査報告 令和２年	A4判	300頁		3,850円
「月刊 統計」・・年間購読(割引あり)もできます。	B5判			990円

（定価は、税込価格です）

人口推計資料No.94
人口推計 国勢調査結果による補間補正人口
Population Estimates Series No.94
INTERCENSAL ADJUSTMENT OF CURRENT
POPULATION ESTIMATES

令和4年3月発行　定価：3,520円（本体価格 3,200円 + 税10%）
Issued in March 2022　Price: 3,520yen (3,200yen + tax10%)

編集：総務省統計局

発行　一般財団法人 日本統計協会
Published by Japan Statistical Association

東京都新宿区百人町2丁目4番6号メイト新宿ビル内
Meito Shinjuku Bldg, 2-4-6, Hyakunincho, Shinjuku-ku,
Tokyo, 169-0073
ＴＥＬ：(03)5332-3151　ＦＡＸ：(03)5389-0691
E-mail：jsa@jstat.or.jp
振替：00120-4-1944

印刷：名取印刷工業有限会社

ISBN978-4-8223-4142-8　C0033　¥3200E